두 개의 미국

루아드와 에드워드에게

두 개의 미국

조너선 닐 지음 | 문현아 옮김

책갈피

두 개의 미국

지은이 | 조너선 닐

옮긴이 | 문현아

펴낸곳 | 도서출판 책갈피

주   소 | 서울특별시 중구 필동2가 106-6 2층(100-272)

등   록 | 1992년 2월 14일(제18-29호)

전   화 | (02) 2265-6354

팩   스 | (02) 2265-6395

홈페이지 | www.chaekgalpi.co.kr

첫 번째 찍은 날 2008년 8월 20일

세 번째 찍은 날 2011년 10월 7일

값 15,000원

ISBN 978-89-7966-055-5 03300

잘못된 책은 바꿔 드립니다.

차례

일러두기

1. 인명과 지명 등의 외래어는 최대한 외래어 표기법에 맞춰 표기했다.
2. 본문에서 [ ]는 옮긴이가 우리말로 옮기는 과정에서 독자의 이해를 돕고 문맥을 매끄럽게 하기 위해 덧붙인 것이다. 단, 인용문에서 옮긴이 첨가와 지은이 첨가를 구분하기 위해 [─ 지은이] 라는 표기를 뒀다. 더 자세한 설명이 필요한 것은 해당 쪽 맨 아래에 설명해 놓았다.
3. 원서에서 이탤릭체로 표시된 부분은 고딕체로 표시했다.
4. 책과 잡지는 ≪ ≫로, 신문, 주간지, 영화, TV 프로그램은 〈 〉로, 논문과 신문 기사 제목은 " "로 표시했다.
5. 본문에서는 사람·신문·책·단체 이름의 영문은 거의 표기하지 않았다. '찾아보기'와 '후주', '참고도서'를 참조하기 바란다.
6. 한국어판을 출간하면서 지은이가 이 책의 영어판이 출간된 2004년 이후 상황을 정리해 후기 형식으로 보내왔다. 사실상 추가된 장(章)이므로 놓치지 말고 꼭 읽기를 권유한다.

감사의 말

두 사람에게 특히 감사를 전하고 싶다. 이 책을 내자는 아이디어는 샬럿 콜이 꺼냈다. 콜은 현명하고 신중하며 많은 도움이 되는 편집자다. 내 인생의 동반자인 낸시 린디스파른은 매우 정확하게 모든 단어를 하나하나 검토해 줬다. 사실 낸시의 생각이 수년 동안 내 생각의 틀을 잡아 줬다. 샬럿과 낸시 두 사람에게 다시 한 번 감사를 전한다.

영국 쪽 계약을 맡은 데이비드 스미스는 이 책을 펴내야 하는 정치적 중요성에 공감하며 일을 잘 진행해 줬다. 안나 라에르케의 뛰어난 편집에는 그저 고마울 뿐이다. 안나 스테닝은 어려움 속에서도 교정·교열을 정말 잘 봐 줬다. 심오한 회의주의 경제학자이며 미국 자유주의의 최선의 사례인 우리 아버지 테리 닐에게도 여전한 감사를 드린다. 옥스퍼드 대학교의 보들리언 도서관, 영국국립도서관, 아시아·아프리카학 대학 도서관, 런던 대학교 도서관의 직원들, 특히 바스스파 대학교 도서관 직원들 덕분에 이 책을 완성할 수 있었다는 점도 밝혀야겠다.

끝으로 지난 3년간 투쟁의 현장에서 사회주의노동자당, 국제사회주의자들, 저항의 세계화, 전쟁저지연합, 제노바사회포럼, 유럽사회포럼의 수백 명에 달하는 동지들과 나눈 무수한 대화들 덕분에 이 책을 쓸 수 있었다는 점도 일러두고 싶다. 이 책을 그중 두 동지에게 바친다.

머리말

　이 시대는 우리를 생각하게 만든다. TV 뉴스를 보면 세상이 가망 없어 보일 때가 있다. 수많은 사람들이 난생 처음으로 다른 세상이 가능하다고 생각할 때도 있다. 때와 장소를 잘못 만난 수많은 사람들이 몇 시간이나 몇 년 동안 죽음의 공포 속에서 살아간다. 그래서 대다수 사람들은 변화하는 세계를 이해하려고 애쓰면서 정말로 열심히 생각한다.

　미국 안팎에 조지 W 부시 개인을 혐오하는 사람이 아주 많다는 것 또한 주목할 만하다. TV에 나오는 부시를 보노라면, 이자가 잔인함을 즐기는 불량배라는 사실이 더 분명해진다. 많은 사람들이 부시는 바보이거나 제정신이 아니라고 생각한다. 자신들이 현재 보고 듣는 상황을 믿기 어렵다는 투다. 미국의 상황이 뭔가 심하게 나빠지면서 이 상황이 전 세계로 번져 나간다고 결론 내리는 것이다. 물론 이것이 단지 조지 부시에 관한 일만이 아님을 안다. 부패는 그보다 더 깊은 곳에 뿌리박고 있다.

　이 책은 조지 부시 같은 자가 세상에서 가장 강력한 인물이 된 과정을 설명한다. 내 주장의 핵심은 미국의 부자들과 권력자들이 평범한 미국인을 다루는 방식으로 전 세계 사람들을 다루려 한다는 것이다.

나는 미국인들에게 맞서려는 것이 아니다. 평범한 미국인들은 양식 있는 남성이고 여성이며, 대체로 사려 깊게 행동하려고 노력한다. 다만, 세상을 이처럼 추악한 곳으로 만들어 버리는 과정 속에 휘말려 들었을 뿐이다.

미국은 유별난 악의 제국이 아니다. 이란, 짐바브웨, 프랑스, 영국을 통치하는 자들도 더 나을 것이 없다. 문제는 지금 이 순간 미국을 통치하는 사람들이 더 강력하다는 것이다. 그래서 이들이 더 큰 문제다.

이 책은 미국 안팎에서 살아가는 사람들을 위한 것이다. 주변 사람들에게 무엇을 설명해야 하는지 이미 안다면 불필요하게 느껴지는 부분도 있을 것이다. 이 책의 논조가 미국인들을 놀라게 할 수도 있다. 미국 좌파 진영의 글 쓰는 사람들은 변명해야 한다는 압력을 느끼기 때문이다. 이를테면 "괜찮아요. 저도 미국인이에요. 저도 미국을 사랑해요. 진심으로" 하는 식이다.

나 자신도 미국인이지만, 이 책에서 변명하는 분위기는 별로 느낄 수 없을 것이다.

다른 측면에서도 나의 방식이 특이해 보일 수 있다. 미국이 어떻게 돌아가는지 분별력 있게 설명하거나 분노를 표출하는 책은 많다. 대부분 미국인들 자신이 노동조합, 낙태, 에이즈, 복지, 교도소, 가난, 마약, 음식, 교육, 건강 등에 관해 쓴 책들이다. 나 역시 자료 조사를 하면서 이 책들에 의존했다. 그러나 한계가 있다. 이 책들은 상위 20퍼센트의 부자들이 빈민이나 흑인, 마약중독자, 교도소 재소자 같은 소수자들을 어떻게 대하는지만 다룬다. 그 결과, 똑같이 조종당하고 있는 중간에 있는 사람들은 사라져 버린다. 그들이 미국에서 가장 많은 수를 차지하고 있는데도 말이다.

사실 이런 책들은 많이 나아가긴 하지만, 어느 선 이상은 넘어서지 않는다. 금지된 단어는 '지배계급'과 '자본주의'다. 미국인들은 대부분 미국이 부자들과 권력자들에 의해 굴러간다는 사실을 쓰라린 경험을 통해 터득한다. 그런데 이를 지배계급과 자본주의라고 표현하면, 구닥다리 골수 마르크스주의자로 몰린다. 이런 식으로 금기가 작동하는 것이다.

그러나 이런 단어를 사용하지 않으면 진실을 직시할 수가 없다. 미국의 정책에만 분노할 뿐 지배계급을 비난하지 않는다면, 우리는 너무 쉽게 모든 미국인을 탓하는 반미反美로 빠지고 만다. 지배계급이 자본주의 세계경제의 요구에 따라 움직인다는 것을 이해하지 못하면, 그들이 무엇을 하는지 설명하지 못한다. 결국, 특정한 인물 몇몇이 바보 같다거나 무식하다거나 공정하지 못하다는 결론을 내리기 쉽다. 총체적 그림을 이해할 수 없는 것이다.

미국 자체에 대한 책들 외에 미국 안팎에서 미국의 외교정책과 세계화에 관해 쓴 책들도 있다. 이런 책들은 세계 정치를 이해하는 데 전적으로 필요하다. 그러나 외교정책에 관한 책은 전쟁에 집중하면서 경제적 측면은 그다지 언급하지 않으며, 세계화에 관한 책은 전쟁보다는 경제적 측면만 집중해서 다룬다. 그런데 전쟁과 경제적 측면은 동일한 정책의 양면이다. 게다가 이런 책들은 갈등이 국가들 사이에서만 일어나거나, 아니면 부유한 북반구와 가난한 남반구 사이에서만 일어나는 것처럼 서술한다. 똑같은 정책 때문에 미국인들도 고통받는다는 사실은 간과해 버리는 것이다. 가난한 나라에도 그들 나름의 이유로 세계화와 미국의 힘을 지지하는 지배계급이 존재한다는 사실 역시 간과한다.

이 책은 국내 정책과 외교정책, 전쟁과 경제, 소수자 억압과 대중 억압 등을 다 함께 결합하려고 한다. 이렇게 폭넓은 밑그림을 그리기 위해서는 입증하는 방식보다 나 자신의 논지를 주장하지 않을 수 없었다. 내가 인용한 책이나 기사들은 후주에 밝혔으니 여러분이 나중에 읽고 스스로 판단하기 바란다. 더 넓은 맥락에서 이 책을 평가하고 싶다면, 이 책이 여러분의 사고에 도움이 됐는지 여부를 생각하면 될 것이다. 세상을 이해하는 데 이 책이 도움이 된다면, 이 책은 제 구실을 충분히 해낸 셈이다.

요지

먼저 이 책의 요지를 정리해 보자. 1960년대 중반 이후로 미국을 포함한 전 세계 부유한 산업국가들마다 산업부문에서 이윤이 급감하고 있다. 그 상황이 너무도 심각해서 전 부문에 걸쳐 이윤이 하향화하는 실정이다. 이 때문에 세계 대부분의 지역에서 차례로 경제성장이 둔화했고, 이것이 실업률 상승과 금융 투기 확대로 이어지고 있다.

이윤은 전 세계의 모든 기업과 정부에게 매우 중요하다. 이윤이 충분하지 않으면 투자를 할 수 없고, 투자를 못 하면 경쟁을 할 수 없다. 경제적 경쟁에서 지면 뒤처질 수밖에 없다. 따라서 1970년대 이후로 부유한 나라의 기업과 정부의 소수 특권층들은 이러한 이윤 문제를 해결하기 위한 정책에 총력을 기울였다. 기업 세금 감면, 복지 예산 삭감, 노동조합 파괴, 임금 삭감, 환경 규제 폐지에 이어 움직이는 모든 것을 민영화하는 방식을 채택했다. 그 결과 더욱 불평등한 세상이 되고 있다.

1980년대 이 과정을 미국에서는 레이건주의, 영국에서는 대처리즘이라고 불렀다. 세계 차원에서는 세계화라고 불렀다. 사실 우리는 몇 세기에 걸쳐 통합된 세계경제 속에 살아왔다. 노예무역과 아메리카 대륙 이주의 역사를 떠올려 보라. 그러나 지금의 세계화는 특히 '워싱턴 컨센서스' 방식이 세계경제를 구조조정하는 것을 뜻한다.

미국 정부와 기업 특권층의 관점에서 세계화는 두 측면으로 진행된다. 한 측면은 복지 예산을 삭감하고 시장이 멋대로 행동하게 내버려 둠으로써 전 세계에 걸쳐 이윤을 증진하려는 것이고, 다른 측면은 미국의 기업과 정부가 다른 나라의 기업과 정부를 지배하려는 것이다.

이윤 하락에 대한 미국의 정치적 대응은 1981년 로널드 레이건이 백악관에 입성하면서 시작됐다. 레이건 정부는 1930년대의 노동조합운동과 1960년대의 공민권운동, 반전운동, 여성해방운동, 동성애자해방운동 같은 과거 저항운동의 유산을 공격하기 시작했다. 이 저항운동들은 서로 다른 방식으로 평등과 인간에게 필요한 조건을 옹호했으므로 부자들과 권력자들이 불평등한 미국을 만들려고 한다면 이러한 유산들부터 파괴해야 했다.

이러한 유산 파괴는 두 방향으로 진행됐다. 첫째, 상층의 하층부에 여성과 아프리카계 미국인 지도자들을 위한 자리를 만들었다. 이를 통해 콜린 파월, 콘돌리자 라이스, 오프라 윈프리가 등장했다. 둘째, 나머지는 공격했다. 우선 공장을 폐쇄하고 파업을 분쇄함으로써 노동조합을 맹렬히 공격했다. 과거 노동조합의 핵심으로 높은 임금을 받던 블루칼라 노동자들은 혼란에 빠졌고 두려워하기 시작했다. 대대적 투옥 정책이 평범한 아프리카계 미국인들의 가정생활과 개개인의 정신을 파괴했다. 특권층은 또한 가족 가치 운동이라는 반격을 통해 여성해방운동을 공격하고 남성 동성애자들이 에이즈 전염병으로 죽어 가도록 내버려 뒀다. 동시에 그들은 사람들의 머릿속 생각도 바꾸려고 했다. 개인의 문제는 그 자신이 책임져야 한다고 주장하며, 인종 분리, 탐욕, 성 차별, 불평등, 광기, 폭력 등 인간이 겪는 모든 형태의 고통을 생물학 탓으로 돌렸다.

레이건과 부시 1세의 12년에 걸친 공화당 시절에 뒤이어 클린턴이 8년의 임기를 채웠다. 클린턴 정부는 어떤 측면에서는 유화적이었고 어떤 측면에서는 더 잔인했지만 변화의 과정은 지속됐다. 1980년부터 2000년까지 진행된 경제 변화와 사회 투쟁의 역사 서술에서 대통령이 누구였는지는 별로 중요하지 않다.

세계 차원에서 세상을 바꾸는 데 가장 큰 장애물은 유럽의 사회주의 정당과 노동조합 그리고 과거 식민지였던 가난한 나라들의 민족주의 정부였다. 사회주의 정당과 민족주의 정부의 지도자들은 세계경제에 문제가 있음을 인정했다. 그러나 워싱턴 컨센서스에 입각한 세계화 말고는 다른 대안이 없었기 때문에 시장의 독재를 강행했다. 결국 그들은 자신을 지지해 준 사람들과 사이가 벌어졌고 자신의 정당을 속빈 강정으로 만들고 말았다. 토니 블레어와 로버트 무가베+가 이 과정의 산물이다.

공산주의가 무너지면서 세계 체제의 변화 속도가 더 빨라졌다. 러시아와 중국에서 억압받던 사람들만큼이나 나도 러시아와 중국의 독재를 혐오했다. 그러나 외부인들은 대부분 이 나라들을 모종의 사회주의로 간주했고, 그들은 이제 더는 대안이 없다고 느꼈다. 미국 정부의 전 세계적 대리인인 IMF, 세계은행, 북미자유무역협정NAFTA, WTO가 맹위를 떨치는 것처럼 보였기 때문이다.

미국은 세계를 지배하고 이윤을 끌어올리기 위해 경제력이 필요했다. 경제력이 뜻대로 작동하지 않는 결정적 순간에는 군사력도 필요했다. 경제력에서는 미국과 서유럽이 대략 비슷한 수준인 반면, 군비 지출은 미국이 훨씬 높다. 1980년 이후로 미국은 그레나다, 파나마, 쿠웨이트, 소말리아, 아이티, 리비아, 레바논, 코소보, 세르비아, 아프가니스탄, 이라크를 폭격하거나 침공했다. 이 모든 군사적 개입에는 두 가지 목적이 있었다. 하나는 전 세계에 미국의 힘을 보이기 위함이었고, 다른 하나는 마음 내키지 않아 하는 평범한 미국인들에게 또다시 전쟁이 좋은 것일 수 있다고 설득하기 위해서였다.

1980년대와 1990년대 내내 전 세계 차원의 경제적 구조조정에 맞서 저

+ 짐바브웨의 대통령.

항이 일어났고, 가끔은 성공하기도 했다. 미국에서만도 낙태 합법화를 둘러싼 투쟁, UPS 파업, 로스앤젤레스 폭동, 에이즈에 맞선 투쟁에서 보여 준 남성 동성애자들의 연대가 있었다. 세계 차원에서는 두 가지 형태의 운동이 불거져 나왔다. 하나는 중동에서 정치적이며 민족주의적인 이슬람의 형태로 분출했다. 다른 하나는 1999년 시애틀에서 폭발적으로 터져 나와 유럽 전역의 파업과 라틴아메리카의 반란, 전 세계 반전운동에 불을 붙인 반자본주의 운동이다.

그리고 2001년 9월 11일에 이르렀다. 미국의 힘에 도전장을 날린 사건이었다. 미국의 힘을 회복하기 위해서는 누군가가 처벌받아야만 했다. 9·11은 미국의 소수 특권층에게는 선물이기도 했다. 한동안은 이를 통해 평범한 미국인들을 군사적 내정간섭의 후원 세력으로 결집할 수 있었기 때문이다. 미국의 지배자들은 기대한 대로 베트남을 기억 뒤편 저 너머로 지워 버릴 수도 있었다. 그러나 아프가니스탄과 이라크 침공은 전 세계 반전운동에 불을 붙이고 말았다. 반전시위는 이라크 저항 세력에게 침공 이후에도 맞서 싸울 수 있다는 충분한 확신을 줬다.

내가 이 글을 쓰는 동안에도 부시의 점령은 패배하고 있으며 평범한 미국인들은 또다시 전쟁에 등을 돌리는 듯하다. 만약 미군이 철수하면, 미국은 이라크의 석유는 물론이거니와 중동 전체의 석유 통제권을 상실할 것이다. 미국의 군사·경제적 위신은 전 세계에서 심각하게 실추될 것이다. 세계화의 전체 프로젝트인 이윤을 위한 경제적 구조조정은 미국의 힘과 뒤얽혀 있다. 미국의 패배는 정치적 이슬람과 반전 시위대, 그리고 반자본주의 운동에도 승리가 될 것이다. 따라서 미국의 지배자들은 이라크를 떠나든 계속 버티든 유쾌하지 않은 결과에 직면할 것이다. 걸려 있는 판돈이 크다.

끝으로 한마디만 덧붙이자. 내가 미국이나 미국인을 아메리카나 아메리칸이라고 말할 때 북아메리카와 남아메리카 대륙에 미국 말고 다른 나라들도 존재한다는 것을 모르고 하는 소리는 아니다. 그곳 사람들은 보통 미합중국과 북아메리카 사람들이라고 표현한다. 다른 아메리카 사람들을 기분 상하게 하려는 의도는 전혀 없었다.

다음 장에서는 이윤에 어떤 문제가 생겼는지를 다룰 것이다.

1장 이윤

이 장은 세계경제를 다룰 것이다. 흔히 경제학이 매우 어렵다고 생각하는데, 여기에는 이유가 있다. 우리가 대학에서 배우는 주류 경제학은 사실 말이 안 된다. 그래서는 안 되는데 말이다. 경제학은 자본주의 체제를 설명하기보다는 정당화하는 방향으로 발전했다. 사람들의 삶을 불행하게 만드는 불평등한 체제를 옹호하려고 해 보라. 그것이 작동하는 방식에 대해 지독히 많은 부분을 감춰야 하지 않겠는가.

반면에 주류 지질학은 말이 된다. 기술 측면도 존재하겠지만, 세상을 통치하는 사람들은 석유를 찾아낼 수 있는 석유 지질학자를 원하기 마련이다. 주류 공학도 의미가 있다. 다리가 무너지는 걸 원하는 사람은 없기 때문이다.

당신이 부자들과 권력자들이 알려 주지 않으려는 것들에 다가갈수록 분과 학문은 더욱 미궁에 빠진다. 경제학은 체제의 핵심에 가장 가까이 있는 분과 학문이다. 따라서 주류 경제학 책을 읽다 보면 드는 생각이 있다. '뭔가 중요한 점을 빠뜨린 것 같은데.' '아니야, 이 설명은 아닌 것 같은데.' '이건 말이 안 되잖아.'

당신의 생각이 옳다. 말이 안 되는 것이 사실이다. 그런데 사람들은 그렇게 생각하지 않는다. 오히려 이렇게 생각한다. '나보다 똑똑한 사람들은 말이 된다고 생각할 거야. 바보가 된 것 같아 불쾌하군. 그만 읽자.'

재미있는 건 주류 경제학이 워낙 말이 안 되기 때문에 기업가들이 활용하지 않는다는 점이다. 주류 경제학 사상은 〈월 스트리트 저널〉의 사설에는 등장한다. 그러나 자신들의 세상을 이해하기 위해 기업가들은 회계학, 〈파이낸셜 타임스〉의 기사들, 하버드 경영대학원에서 가르치는 기술이나 분석적 테크닉을 활용한다. 이런 것들은 주류 경제학과 별 관련이 없으며, 그래서 오히려 합리적이다.

이 장에서 나는 급진 마르크스주의 경제학자들의 연구를 활용할 것이다. 그들은 이 세상에서 실제로 무슨 일이 일어나는지 설명하기 위해 애쓰는 반체제 고집쟁이들이다. 후주에서 더 상세한 논의를 살펴볼 수 있다.[1]

이윤

1965년 이후로 전 세계 부유한 나라의 제조업(공장)에서 이윤율이 하락했다. 그 이후로 이윤율은 계속 낮은 상태다. 이 좀처럼 나아지지 않는 현실이 '레이건주의', '대처리즘', '신노동당', '신자유주의', '세계화'라는 모든 정책의 이면에 깔려 있다. 우선 이윤율이 왜 이렇게 문제가 되는지를 설명하고 나서 수치를 제시해 보겠다.

우리는 자본주의 체제에 살고 있다. 그 전에는 다른 체제들도 있었다. 예컨대, 봉건사회에서는 지방에 광범위한 토지를 소유한 남성이 막강한 경제적 정치적 힘을 갖고 있었다. 자본주의는 간단히 말해 돈을 투자해 사람을 고용하고 생산품을 판매하는 기업들이 크나큰 경제적 힘을 갖는 것이라고 할 수 있다.

'자본'이라는 말이 혼돈을 줄 수도 있는데, 이것이 두 가지 서로 다른 뜻을 지니기 때문이다. 자본은 어떤 때는 돈을 의미하지만, 어떤 때는 '고정 자본'이나 설비 시설, 즉 공장·기계·트럭·지게차·사무실·컴퓨터·유니폼·연장·청소 도구 등 기업이 소유한 모든 실물의 가치를 의미하기도 한다.

　경쟁이 자본주의 체제를 추동한다. 기업들은 생산물을 판매하기 위해 경쟁하고, 경쟁하기 위해서 계속 투자해야 한다. 그 결과 언제나 새롭고 더 정교한 기계가 만들어진다. 어떤 기업이든 뒤처지지 않으려면 새로운 기계에 투자해야 하는데, 새로운 기계는 구식 기계보다 비쌀 때가 많다. 그러나 새로운 기계를 갖춰야 노동자들이 더 많은 제품을 더 빨리, 더 좋은 품질로 만들어 낼 수 있다. 새로운 기계를 구입하지 않은 회사는 몇 년 후면 자기네 제품이 다른 경쟁사 제품보다 조잡하고 비싸다는 것을 알게 된다. 결국 사람들은 이 회사 제품을 사지 않을 것이고, 회사는 망할 것이다.

　그런 식으로 예컨대 한국의 새롭고 더 좋은 조선소들이 스코틀랜드의 조선소들을 몰아냈다. 이는 제조업에서만 일어나는 일이 아니다. 맥도널드는 대규모 생산 체계를 갖추는 데 투자해서 가족이 경영하는 작은 식당들을 몰아냈다. 식품 체인점마다 서로 경쟁하느라 점점 규모를 키우고 가게를 단장하는 것도 마찬가지다. 그러나 월마트가 들어와 식품 체인점, 서점, 옷가게, 철물점들을 한꺼번에 몰아내 버린다.

　자본주의 경쟁에서는 현상 유지가 불가능하다. 결국 기업은 성장하지 않으면 망하게 돼 있다. 계속 투자하지 않을 수 없는 것이다. 투자하기 위해서는 이윤이 필요하다. 대형 식품 체인점인 세이프웨이를 예로 들어 보자. 체인점은 매장, 트럭, 쇼핑 카트 같은 고정자본을 위해 돈을 지출한다. 또한 바나나나 참치 통조림처럼 자신들이 판매하는 제품에 대해서도 지출한다. 노동자들에게 임금도 지불한다. 세이프웨이는 이 모든 비용을 지출하고 나서 고객들에게 제품을 판매한다. 그들의 '총이윤'은 자신들이 지출한 돈과 제품을 팔아서 받은 돈 사이의 차액이 된다.

총이윤은 정부와 관련 소유주들에게 분배된다. 정부에게는 세금으로 납부되고, 일부는 주주들에게 돌아간다. 일부는 그 땅의 소유자에게 임대료로 지불되기도 한다. 얼마가 남든 세이프웨이는 투자할 수 있다.

'얼마가 남든'이라는 마지막 부분이 진짜 핵심이다. 이 액수가 충분하면 세이프웨이는 매장과 트럭 등 새로운 고정자본에 투자할 수 있으므로 경쟁에서 성공하는 것이다. 그러나 이 액수가 충분하지 않다면 결국 파산하고 만다. [그렇게 되면] 월마트가 이를 사들일 것이다.

그래서 자본주의가 탐욕스럽게 보이는 것이다. 물론 부자들은 대체로 탐욕스럽고, 기업들은 언제나 필사적으로 이윤을 추구한다. 그러나 자본주의 체제를 추동하는 요인은 단지 부유한 주주들을 위한 돈을 얻으려는 것만이 아니다. 다시 투자할 수 있을 이윤을 충분히 남겨서 경쟁을 계속하는 것이야말로 추동 요소다. 이윤이 엄청나게 중요한 이유다.

이윤율 하락

이제 1970년대에 이윤율이 어떻게 하락했고, 그것이 세계경제에 미친 영향이 무엇인지를 설명하려고 한다.

이야기는 1930년대로 거슬러 올라간다. 전 세계가 공황에 시달리고, 제2차세계대전이 시작됐다. 전쟁의 수요가 전 세계 산업 경제에 시동을 걸었다. 군대는 비행기, 총, 탱크, 지프차, 군복, 양동이, 포크, 군화, 숟가락이 필요했다. 사람들은 급작스럽게 이런 것들을 만드는 직업을 갖게 됐다. 사람들은 급료로 공장에서 만들어지는 물건들을 샀고, 그 덕분에 새로운 직장이 만들어졌다. 일종의 선순환이었다.

1945년에 전쟁이 끝나자 기업과 정부를 비롯한 모든 사람들이 세계경제가 다시 불황에 빠져들까 봐 두려워했지만, 그런 일은 일어나지 않았다. 마르크스주의 경제학자들을 포함해 많은 경제학자들이 서로 다른 해석들을 내놓았다. 내가 보기에 가장 설득력 있는 주장은 군비 지출 때문에 상황이 달라졌다는 설명이다.[2] 미국은 소련과의 냉전에 대응해 역사상 최초로 평화 시기에 전시경제를 운영했다. 이 어마어마한 수준의 군비 지출이 다음 25년 동안 세계경제를 자극했다. 1950년대와 1960년대의 몇 년간 미국은 국민총생산GNP의 10퍼센트 이상을 국방비로 지출했다.

한동안 미국이 세계를 지배했다. 단순히 군사력 때문만은 아니었다. 미국은 1945년에 전 세계 산업 생산의 절반 이상을 담당할 정도였다.[3] 그러나 미국과 소련, 영국은 군비로 상당히 많은 지출을 하고 있었다. 이 나라들이 새로운 기계와 공장에 투자할 여유 자금을 충분히 갖지 못했다는 의미다. 반면 제2차세계대전의 패전국인 일본과 독일은 군대를 만들지 못하도록 금지당하자 투자 자금이 많아졌고, 그 덕분에 경제가 빨리 성장했다. 총기류에 대한 지출을 줄일수록 버터를 만드는 기계에 더 많이 투자할 수 있었던 것이다.

1945년 이후 25년 동안 이윤은 증가했고, 세계경제는 역사상 전례가 없는 빠른 성장을 기록했다. 서방과 일본에서는 일자리를 원하는 사람은 누구나 취직했다. 물론 가난한 [나라의] 경제도 성장했다. 애당초 너무도 가난했기 때문에 이 부분은 쉽게 간과되곤 하는데, 아프리카와 인도에서도 사람들의 형편이 나아졌다.

1973년에 세계의 산업은 1953년의 3배를 생산했다. 군비 지출에 발 묶이지 않았던 일본과 독일이 가장 앞서 나갔다. 1970년에 독일은 1949년의

5배를 생산했고, 일본은 13배를 생산했다. 이제 이들은 미국에게 만만찮은 경쟁 상대가 됐다. 1957년에는 세계 100대 기업 중 74개가 미국 기업이었다. 1972년에는 53개로 낮아졌다. 여전히 미국이 막강했지만, 다른 국가들이 열심히 추격해 오고 있었다.[4]

그 후 전 세계의 부자 나라마다 산업 이윤율이 하락했다. 1965~1970년의 어느 시점에 벌어진 일이다. 경제학자들은 시기에 관해 견해 차이를 보이는데, 계산 방식에 따라 달라지기 때문이다. 다만 드러나는 수치는 경악할 만한 수준이다.[5]

1948~1969년의 21년간의 호황기에는 미국의 제조업 회사(공장과 기타 등등)들이 한 해에 투자 금액 1달러당 25센트를 벌어들였다. 1970년대에는 1달러당 15센트를 벌었고, 1980년대에는 1달러당 13센트를 벌었다.[6]

13센트는 25센트의 절반을 겨우 넘는 수준이다. 미국의 제조 기업들은 이제 호황기에 벌던 이윤의 절반밖에 못 벌어들이는 셈이다.

이는 단지 미국만의 문제가 아니었다. 독일에서는 1950년대와 1960년대 호황기의 평균이윤율이 23퍼센트였다. 1970~1993년의 불황기에는 평균이윤율이 11퍼센트로 절반에도 못 미쳤다. 일본의 경우, 호황기에는 이윤율이 환상적인 수준이어서 대략 40퍼센트에 달했다. 1970~1993년 불황기의 평균이윤율은 20퍼센트였다. 또다시 이윤율이 절반으로 하락했다.

나머지 'G7' 국가들(영국, 프랑스, 이탈리아, 캐나다)도 상황은 마찬가지였다. 7개 국가 전체를 놓고 봤을 때, 해마다 투자한 1달러당 산업 이윤이 호황기에 27센트에서 불황기에 16센트로 떨어졌다.[7]

이 수치 중 어느 것도 아주 정확하지는 않다.[8] 그러나 이 비교를 통해 알 수 있는 것은 1960년대 후반으로 접어들면서 산업 이윤율이 전 세계적으로 하락했다는 점이다.

물론 부유한 산업국가에서조차 모든 이윤이 제조업(공장, 제철소, 섬유 공장, 광산, 건설업 등등)에서만 얻어지는 것은 아니다. 민간 '서비스' 회사, 예컨대 상점, 식당, 미디어, 방송, 사무실 청소, 어린이집에서 일하는 사람이 더 많다. 이 같은 서비스업 부문의 이윤도 급격한 정도는 아니지만, 마찬가지로 하락했다. 어쨌든 서비스업의 이윤은 언제나 산업부문보다 낮았고, [이윤] 하락 이후에도 여전히 낮았다. 산업부문은 그 부문의 이윤 하락이 전반적으로 부자들의 이윤에 손해를 입힐 만큼 여전히 큰 부분을 차지하고 있었다.

이윤율 하락의 영향

이윤율의 하락이 미치는 영향을 이해하려면 왜 이윤율이 문제인지를 다시 살펴봐야 한다. 이윤율이 하락하면 기업들은 투자하는 데 곤란을 겪고, 경쟁력을 잃는다. 즉, 이윤율이 하락하면 경쟁이 급작스럽게 훨씬 더 심해진다.

세계경제가 완만히 성장하던 1945~1970년에는 장기 호황이 오랫동안 지속될 것처럼 보였다. 크라이슬러는 미국에서 포드만큼 잘나가지 못했다. 크라이슬러의 자동차 생산 기계는 낡았고 새로운 모델도 경쟁에서 밀렸다. 포드는 혼다와 폴크스바겐만큼 잘나가지는 못했다. 그러나 모두 그럭저럭 버텼고, 크라이슬러도 느릿느릿 따라올 수 있었다.

그 후 이윤율이 무너져 내렸다. 기업과 은행은 산업투자를 줄이는 방식으로 대응했다. 전체 G7 국가에서 고정자본에 투자하는 규모는 1960~1973년에 매년 5.5퍼센트씩 증가했다. 그러다가 1979~1989년에 이 수치가 거의 절반 수준인 3.25퍼센트로 급감했다. 6.4퍼센트였던 제조업 생산 증가율도 3분의 1 수준인 2.1퍼센트로 떨어졌다.

물론 투자와 제조업 생산은 둘 다 여전히 성장세였지만, 성장 속도는 느려졌다. 기업들은 여전히 새로운 기계를 사들여야 했다. 새로운 기계들은 더 적은 수의 노동자로 더 많은 제품을 생산할 수 있었다. 그래서 투자가 5.5퍼센트씩 성장하던 호황기에도 제조업 노동자 수는 한 해에 고작 1퍼센트만 증가할 뿐이었다. 1980년대에는 투자가 둔화하면서 G7 국가의 제조업 노동자 수가 연간 1퍼센트 남짓씩 줄었다.[9]

이 측면이 중요하다. 미국에서 상황이 악화되자 많은 사람들은 공장이 다른 나라로 이동하기 때문이라고 이야기했다. 부분적으로는 맞는 말이다. 그러나 주된 이유는 미국에서 더 적은 수의 제조업 노동자들이 더 많은 재화를 생산하는 데 있었다.

제조업 일자리가 줄어들면서 전체 경제가 피해를 입었다. 직장을 잃은 노동자들은 다른 노동자들이 공급하는 재화와 서비스를 구매할 수 없었다. 기업들은 새로운 공장을 지어도 거기서 만들 상품이 팔리지 않을까 봐 주저했다. 1960~1973년에 G7 국가의 평균 실업률은 3퍼센트였다. 1980년대에는 6퍼센트를 넘었고 1990년대 내내 이 수준이 유지됐다. 1960년대 미국의 국내총생산GDP은 4.6퍼센트씩 증가했지만, 1980년대에는 겨우 2.9퍼센트씩 증가했다. 전체 G7 국가에서는 GDP가 1960년대에 5퍼센트 남짓씩 증가했지만, 1980년대에는 3퍼센트에 불과했다.[10]

다시 말하면, 세계경제는 여전히 성장하고 있었지만, 그 성장 속도가 느려졌다. 기업들은 여전히 이윤을 남기고 있었지만, 이전만 못했다. 노동자들이 점차 일자리를 잃고 있었으며, 경쟁이 더 치열해지고 있었다.

그리고 새로운 문제가 있었다. 바로 경기후퇴였다. 적어도 150년 동안 자본주의 국가들은 '경기순환'을 겪었다. 5~8년마다 호황이 있고 경제가 급속하게 성장한다. 그 후 경기후퇴가 시작돼 1~2년 지속되면서 경제가 둔화하거나 성장을 멈춘다. 이후 경제가 다시 회복돼 새로운 호황이 시작된다. 경기순환은 1945년 이후 호황기에도 계속됐다. 그러나 경제가 전반적으로 좋았기 때문에 호경기에는 매우 좋았고 경기후퇴 때도 그다지 나쁘지 않았다. 일례로 1958년은 미국에서 경기가 후퇴한 해였다. 그런데 1958년을 기억하는 사람이 없는 것은 경기가 별로 나쁘지 않았기 때문이다.

일단 이윤이 하락하자, 불황기의 회복기에도 호황기의 후퇴기보다 상황이 더 나빠졌다. 회복기의 실업률이 1958년보다 높았다. 경기후퇴는 심각한 문제를 몰고 왔다.

미국과 나머지 나라들에서 1973, 1979, 1989, 2001년에 시작된 경기후퇴가 있었다. 이런 경기후퇴는 대규모 실직 사태를 낳았다. 수많은 중소기업들이 문을 닫았고 대기업조차 도산했다. 그런데 흔히 전체 평균이라는 이름 아래 기업들 간의 편차가 묻히곤 했다. 제2차세계대전 이후 25년간 이윤율이 1달러당 25센트를 기록하면서 일부 기업은 25센트보다 훨씬 많은 이윤을 벌어들였지만 일부 기업들은 25센트도 벌지 못했다. 그러나 가장 경쟁력이 떨어지는 기업들조차 부분적으로 이윤을 벌어들였다. 이제 1달러당 평균이윤이 13센트가 되면서 많은 기업들이 아주 적은 이윤만 남겼고, 일부는 적자를 봐야 했다.

호황기에는 크라이슬러도 괜찮았다. 이제는 경기가 후퇴하면 크라이슬러처럼 취약한 기업들은 파산에 직면한다. 급작스럽게 모든 기업이 경쟁에 시달리게 됐다. 경기가 후퇴할 때마다 갑자기 경쟁이 심해지면서 많은 기업들이 심각한 곤란에 처했다.

국제 경쟁이 특히 심했다. 독일과 일본의 기업들이 미국의 기업보다 많이 투자했기 때문에 더 저렴한 비용으로 더 나은 재화를 생산했다. 따라서 다른 나라 사람들이 미국산을 구입하려 하지 않았고, 이 때문에 미국 기업들의 자동차·철강·신발 같은 산업 생산품 수출이 줄어들었다. 미국인들도 값싸고 질 좋은 자동차와 신발을 사고 싶어 했기 때문에 오히려 수입이 늘어나기 시작했다.

1980년대와 1990년대에 세력균형이 바뀌었다. 처음에는 미국이 앞서고 일본이 뒤처졌다. 그러나 국제 경쟁이 줄곧 격렬해져서 몇몇 국가에서는 파괴적인 상황이 벌어지기도 했다. 1960년대만 해도 아프리카의 평범한 사람들이 인도 사람들보다 부유했다. 그런데 1970년대 이후 기업들이 아프리카 투자를 멈추자, 2000년에는 평범한 아프리카 사람들이 인도 사람들보다 훨씬 가난해졌다.

국제 경쟁은 산업부문에서 특히 중요했다. 한 나라 안에서는 사람들이 주로 서비스 부문, 즉 햄버거·청소·교통·문화 활동 등에 돈을 썼다. 그러나 국가들 간의 무역은 산업부문의 재화를 중심으로 진행됐다. 포드가 가격을 지나치게 높게 책정하면, 경쟁사인 폭스바겐과 혼다가 포드를 곤란에 빠뜨릴 터였다. 그래서 포드, 폭스바겐, 혼다는 모두 가격을 낮게 유지해야 했고, 이러한 과정이 세 기업의 이윤을 모두 압박했다.

국제무역이 산업부문을 중심으로 이뤄졌기 때문에 전체 국가 경제의 경쟁력이 산업에 의존할 수밖에 없었다. 따라서 단지 포드만 자동차 판매를 걱정한 게 아니었다. 피자헛과 맥도널드, 시티은행도 포드의 자동차 판매를 걱정해야 했다.

1973년에 최초의 심각한 경기후퇴가 시작됐을 때만 해도 정부와 기업을 운영하는 사람들은 그것이 무엇을 의미하는지 알지 못했으므로 1970년대 내내 논쟁만 했다. 1979년에 두 번째 경기후퇴가 불어 닥쳐서야 상황을 실감하기 시작했다. 무언가 해야 했다.

이윤은 어디에서 생기나?

첫 번째 문제는 왜 이윤이 하락하는지 전혀 알 수 없었다는 것이다. 그들은 아직도 제대로 설명하지 못한다.[11] 급진 경제학자들은 다양한 설명들을 내놓는다. 크리스 하먼은 산업부문의 이윤율이 하락하는 장기적 경향을 지적한 마르크스의 주장을 따른다. 장기 호황기에 미국의 군비 지출이 이 하락을 지연시켰지만, 최후의 심판을 오랫동안 미뤘을 뿐이라는 것이다. 로버트 브레너는 독일·일본과의 경쟁 때문에 이윤이 하락했다고 주장한다. 데이비드 하비는 산업이 세계적 규모로 너무 크게 발달해서 사람들이 구매하는 양보다 더 많이 생산한 것이 결정적 요인이라고 말한다.[12]

부분적으로 타당한 주장들이다. 이런 논쟁은 중요하기 때문에 나중에 다시 다룰 것이다. 여기에서 중요한 점은 급진 경제학자들이 모두 자본주의 체제 자체의 구조 문제를 지적했다는 것이다. 1980년대에 주류 경제학자들과 기업 경영진들은 문제의 근원을 찾을 수 없었다. 근원을 찾으려면 체제 자체를 문제 삼아야 했는데, 그들은 드러나는 증상만 고치려고 들었다.

그들이 할 수 있는 일이라고는 체제 내에서 이윤율 회복을 시도하는 것뿐이었다.

우선 이윤이 노동자한테서 나오기 때문에 기업은 노동자들을 쥐어짜야 했다. 이것이 핵심이다. 총이윤은 기업이 판매를 통해 얻는 것과 고정자본, 재료, 임금에 대해 지출하는 것의 차액이다. 기업의 총이윤은 세금, 주주 배당금, 임대료, 은행 이자와 투자할 몫으로 남기는 것 사이에서 분배된다.

겉으로 보기에 이윤은 기업이 영리하게 굴어서, 즉 값싸게 사들여 비싸게 팔아 생겨난 것 같지만, 실제로는 모든 단계에서 이윤은 노동자로부터 나온다. 스페인의 대형 식품 체인점에서 판매하는 바나나를 예로 들어 보자. 파나마의 바나나 플랜테이션은 바나나를 기르고 수확해서 포장하는 노

동자들을 고용한다. 플랜테이션 소유주는 바나나 회사에서 돈을 받아 일정
몫을 노동자들에게 지급하고 나머지를 갖는다. 그리고 바나나 회사는 바나
나를 유럽으로 운반할 선원과 항만 노동자들을 고용한다. 회사는 바나나를
팔아 일정 몫을 노동자들에게 지급하고 나머지를 갖는다. 식품 체인점은
스페인의 항구에서 바나나를 사들인다. 체인점은 트럭 운전사에게 돈을 지
불해 바나나를 창고와 상점으로 운반한다. 또한 바나나를 선반에 진열하고
상점을 청소하고 계산대에 서 있을 노동자를 고용한다. 그러고는 바나나를
팔아서 판매 금액의 일부를 트럭 노동자와 상점 노동자에게 지불하고 나머
지를 갖는다.

대형 식품 체인점들은 직접 트럭을 소유하기도 한다. 트럭을 만들기 위
해 공장노동자와 사무직 노동자를 고용한 어느 회사에서 트럭을 사는 것이
다. 그 회사는 트럭을 팔아 노동자들에게 임금을 지불하고 나머지 돈을 갖
는다.

트럭 만드는 회사는 철강 공장에서 철강을 구매한다. 그 철강 공장은
철강을 만드는 노동자를 고용한다. 철강을 팔아 생긴 이익의 일부를 노동
자에게 지불하고 나머지를 갖는다. 철강 공장은 어딘가 멀리 있는 광산에
서 철광석을 구입한다. 광산 회사는 땅에서 철광석을 파내기 위해 광부들
과 감독관, 경리에게 돈을 지불한다. 광산 회사가 철광을 팔면 노동자들에
게 임금을 지불하고 나머지를 갖는다.

체인점이 상점을 소유할 수도 있다. 체인점은 건축 사무소에 돈을 주고
설계를 맡긴다. 사무소는 건축사, 접수 안내원, 차 심부름하는 여성에게 일
부를 지불하고 나머지는 갖는다.

또한 체인점은 상점을 짓는 건설업자에게 돈을 지불한다. 건설업자는
받은 돈의 일부를 건설 노동자들에게 주고 나머지는 갖는다. 건설업자는

목재상한테서 목재를 구입하는데, 목재상은 목재를 판매한 현장 감독과 벌목꾼에게 일부를 주고 나머지를 갖는다.

이런 방식이 경제 전체에서 계속되는 것이다.

여러분이 어느 회사의 회계장부를 보면, 그 회사에 고용된 노동자들에게 지불한 비용은 대체로 주요 지출이 아닌 것처럼 보일 것이다. 그러나 전체 회사들을 모두 합하면 그들의 전체 이윤이 노동자들에게 [제대로] 지급하지 않은 데서 나온 것임을 알게 될 것이다.

기업들은 살아남기 위해 경쟁해야 한다. 경쟁하기 위해서는 투자해야 한다. 투자하기 위해서는 이윤을 남겨야 한다. 그리고 이윤을 남기려면 노동자를 착취해야 한다. 기업은 임금을 낮추고 노동강도를 높여서 노동자를 더 많이 착취한다. 이 때문에 우리가 노동 현장에서 보듯이 관리자들은 항상 압력을 가한다. 여러분이 6분 지각했을 때 관리자가 그런 표정을 짓는 것도 바로 이 때문이다. 기업들이 건강과 안전에 관해 툭하면 거짓말을 해 대고, 주문이 급증하면 무급으로 초과근무를 하라고 요구하고, 휴식 시간을 줄이려고 하는 것도 바로 이 때문이다. 기업들은 압력 때문에 경쟁할 수밖에 없다. 기업은 투자를 해야 하고, 그러려면 여러분이 만드는 이윤이 필요하다.

이윤 하락 때문에 기업이 더 심하게 경쟁할 수밖에 없어지자, 이런 압력이 더 커졌다. 압력이 커졌다는 것은 기업이 가능한 한 임금을 낮춘다는 것을 의미했다. 그것이 정치적으로 가능하지 않으면, 현행 임금 수준을 유지했다. 이를 위해 두 가지가 필요했다. 첫째, 실업자가 많아야 했다. 그래야 노동자들이 일자리를 잃을까 봐 두려워할 터였다. 이렇게 되면 노동조합이 없는 노동자들은 자기에게 주어지는 것을 군말 없이 받아들이고, 노동조합이 있는 노동자들도 덜 맞서 싸운다. 둘째, 노동조합을 약화시켜야 했다.

가능한 경우, 고용주들은 노동조합을 말 그대로 파괴해 버렸다. 가능하지 않은 경우에는 기업이나 정부가 거대한 파업을 유발해 단호하게 파업 노동자들을 물리쳤다. 이런 식으로 전체 노동조합운동을 위협해 복종시켰다.

고용주들은 또한 노동강도를 높여서 노동자들을 더 쥐어짤 수 있었다. 또다시 기업은 약한 노동조합을 원했고 이를 위해 노동자들을 위협했다. 건강과 안전에 관한 정부의 규제를 제거하는 것도 역시 도움이 됐다. 정부 규제를 따르려면 비용이 들기 때문이었다. 환경 규제도 마찬가지였다. 고용주들은 건강보험 등 노동자들에게 지급하는 어떠한 직접적 혜택도 삭감하고 싶어 했다.

기업들은 세금도 줄이고 싶어 했다. 기업의 관점에서는 거의 모든 종류의 세금이 이윤의 손실이었다.

이윤에 대한 직접세는 명백하게 이윤을 축소시켰다. 부자들에게 부과하는 세금도 마찬가지였다. 부자가 소득세를 덜 내면, 기업도 세금을 덜 낼 수 있어서 기업주에게 즐거운 일이었다. 노동자들이 내는 사회보장세만큼을 내야 하는 세금도 아까워할 정도였다. 그뿐만 아니라 노동자들이 내는 세금도 아까웠다. 기업이 노동자들이 내는 세금을 줄일 수 있다면, 노동자들이 집으로 갖고 가는 몫이 더 커질 것이고, 그러면 기업은 그들에게 덜 지불할 수 있을 터였다.

이런 모든 세금을 삭감하기 위해 정부는 지출을 줄여야 했다. 미국을 비롯한 대부분의 산업사회에서 이런 세금들은 건강보험, 교육, 연금, 주택과 복지처럼 주로 노동자들에게 필요한 분야에 쓰인다. 따라서 기업은 사회 지출도 삭감하고 싶어 했다.

또 다른 전략은 이윤을 창출하는 새로운 방법의 모색이었다. 한 가지 방법이 민영화였다. 많은 나라에서 국영기업이 철도, 항공, 버스, 전기, 천연가스, 물, 전화, 우체국, TV 방송의 일부나 전부를 운영했다. 일부지만 정부가 석유기업, 제철소, 항공기 생산, 자동차 공장, 광산까지 소유하는 나라도 있었다. 국영기업의 이윤은 정부의 몫이었다. 그런데 국영기업을 헐값으로 사기업에 팔아넘길 수 있다면 국민소득에서 사적 이윤으로 넘어가는 몫이 늘어날 터였다.

대부분의 나라에서 철도 같은 일부 국영기업은 적자를 보기 때문에 정부의 지속적인 보조금을 전제로 매각됐다. 납세자들이 사기업을 보조하는 셈이 된 것이다.

그러다 보니 사회복지, 학교, 병원처럼 즉각적 민영화가 정치적으로 불가능한 서비스 분야만 남았다. 기업들이 이 부문에 대해서는 부분적 민영화만을 원하자, 서비스는 공공의 소유로 남았다. 그러나 많은 부분이 병원과 지역의 학교를 운영하거나 관공서 청소 하청을 담당하는 사기업들에게 경영이 위탁됐다. 또다시 공공 지출이 사적 이윤을 늘리는 데 동원된 것이다.

대략 1975년 이후로 전 세계의 기업들과 정부들은 임금을 낮추고 공공지출을 삭감하고 민영화하는 정책을 추구하기 시작했다.[13] 미국에서만 그런 것이 아니라 전 세계에서 진행됐다. 이는 모든 나라에서 힘 있는 부자들이 이윤율 하락에 대해 벌인 대응이었다.

전 세계 파이에서 더 큰 몫을 차지하려는 미국 기업들의 개입이 늘어나면서 이런 추세가 더욱 확장됐는데, 이것이 바로 '세계화'였다. 미국 기업 정책의 도구가 된 것이 미국 정부, IMF, 세계은행, NAFTA, WTO였다. 이런 기구들은 모두 미국 바깥의 정부들에게 사회 지출을 삭감하라고 부추겼다. 또한 미국이 더 많이 수출할 수 있도록 관세장벽을 축소하라고 요구했다. 이 기구들은 해외투자를 허용하고 보호하는 협정을 포괄해서 다룸으로써 미국 기업들이 다른 나라의 시장을 넘겨받도록 해 줬다. 이 과정에 대해서는 뒤에서 더 상세하게 다룰 것이다.

'세계화'는 노동자와 공공서비스를 쥐어짜는 방식과 미국 기업들이 자신의 경쟁자를 쥐어짜는 방식을 일컫는 용어로 자리 잡았다.

끝없는 압력

요약하면 1970년대 이후로 거의 모든 나라에서 부자들과 권력자들의 전략은 실업을 양산하고 세금을 낮추고 사회 지출을 삭감하고 '세계화'를 꾀하는 것이었다.

쉽지는 않았다. 이런 정책들 때문에 세상은 훨씬 더 불공평한 곳이 됐고, 사람들이 쉽게 조직해 되받아 싸울 수 있는 민주주의 국가들에서는 종종 저항에 부딪혔다. 이 때문에 기업과 정부는 저항(파업이든 낙태권을 위한 여성들의 행진이든 남성 동성애자들이 입맞춤하는 것이든)을 물리쳐야만 했다. 저항을 통해 승리할 수 있다는 생각을 분쇄해야만 했다. 또한 불평등은 나쁜 것이고 사회는 인간의 욕구에 부응해야 한다는 상식과도 싸워야 했다. 따라서 이윤을 위해 노동자를 쥐어짜는 것과 나란히 우파의 정치사상이 전 세계에 보급됐다.

지배자들은 승리를 선언할 수 없었다. 경제적 착취가 자신들의 문제를 해결하지 못했기 때문이었다. 미국에서는 1990년대에 산업 이윤이 다소 회복됐지만 수치가 의심스럽다. 1990년대에 미국의 기업들은 자신들의 주가를 올리기 위해 이윤 수치를 조작하고 싶어 했다. 그래서 이윤 보고를 부풀리기 위해 회계 시스템을 바꾸고 공공연히 거짓말을 시작했다. 이윤 수치는 믿을 수 없는 것이 돼 버렸다. 가장 관대한 수치를 보더라도 미국의 산업 이윤은 호황기 이후 기업들이 잃어버렸던 수준의 절반가량만 회복했을 뿐이다. 그러나 이 수치도 1990년대에 이윤이 가장 높았던 해와 1960년대의 평년 이윤을 비교할 때만 그렇다. 이윤이 가장 높았던 해를 서로 비교하면 이윤 회복은 4분의 1 수준밖에 되지 않는다. 우리가 확실하게 이야기할 수 있는 것은 미국의 산업 이윤이 25~50퍼센트 수준만 회복됐다는 것이다.[14] 나머지 산업국가들에서는 이윤이 전혀 회복되지 않았다. 1990년대 미국 경제는 무역과 투자를 통해 유럽이나 일본의 다른 산업 경제와 더 밀접하게 연결돼 있었다. 미국 혼자만의 회복은 다른 나라로 확산되지 않으면 유지될 수 없었다. 착취 강화와 세계화 정책이 이윤 회복의 핵심에 있는 한, 미국 기업들은 자신들이 계속 착취에 의존할 수밖에 없음을 알고 있었다.

그러나 이런 정책들로 세계 체제에 내재된 문제를 해결할 수는 없었다. 전 세계의 고용주들은 혹사 공장의 고용주들이 당면한 것과 동일한 문제에 맞닥뜨렸다. 당신이 이탈리아의 나폴리에 허름한 건물과 재봉틀 20대를 갖고 있다면, 인도네시아와 중국의 거대 공장과 경쟁을 벌여야 한다. 결국 경쟁에서 살아남기 위해서는 거대 공장들이 투자하는 만큼 자금을 투자하는 방법밖에 없다. 그러나 나폴리의 영세업자에게는 그런 돈이 없다. 그에게는 자신을 위해 일하는 20명의 여성만이 있을 뿐이다. 그래서 이 여성들을 '혹사'시킬 수밖에 없다. 임금을 적게 주고 장시간 노동시키고, 불평을 늘어놓으면 이민국에 신고하겠다고 협박하는 것이다. 그는 자본을 투자하는 대신 더 착취한다. 한동안은 이윤을 유지할 수 있을 테니 이 방법이 타당하다고 생각하는 것이다. 그러나 이런 방법은 궁극적 해결책이 되지 못해 혹사 공장은 망하고 만다.

바로 이것이 세계적 규모로 일어난 문제였다. 나는 앞에서 급진 경제학자들이 산업 이윤 하락에 관해 세 가지 설명을 했다고 말했다. 각각의 설명은 이 체제에 노동자를 쥐어짜는 방식으로는 해결할 수 없는 구조의 문제가 있다고 지적한다.

급진 경제학자인 로버트 브레너는 국제 경쟁이 문제라고 주장한다.[15] 기업과 국민경제들이 모두 경쟁을 벌였다. 한 고용주나 정부가 자신의 노동자나 국민을 쥐어짜는 동안, 다른 고용주나 정부도 똑같이 했다. 그러다 보니 재화를 살 수 있는 사람이 점차 적어져 시장이 줄어들었다. 바닥을 향한 경쟁에서 어느 누구도 1등을 차지할 수 없게 된 것이다.

데이비드 하비와 패트릭 본드는 이미 세상에 자본이 너무 많은 것, 즉 공장과 조선소가 너무 많은 것이 문제의 핵심이라고 말한다.[16] 이들은 상품을 판매할 수가 없다. 투자를 늘려 봤자 늘어난 생산품 판매가 더 어려워질 뿐이다. 이 문제 역시 해결되지 않았다.

크리스 하먼은 급진 경제학자의 세 번째 그룹을 대변한다.[17] 마르크스의 분석을 따라서 하먼은 산업자본주의가 근본 모순에 직면했다고 주장한다. 산업이 발전할수록 기업들은 고정 설비에 더 많이 투자한다. 그러나 기업의 이윤은 노동자들에게 분배하지 않은 몫에서 나온다. 고정 설비가 지출에서 작은 부분만 차지한다면 노동자들과 함께 나눌 파이가 커진다. 그러나 고정 설비가 지출의 대부분을 차지하면 노동자들과 나눌 수 있는 부분이 조금밖에 안 된다. 이 때문에 임금을 낮추라는 압력이 발생한다. 그러나 경쟁에서 살아남으려면 여전히 설비에 더 투자해야 하고, 그럴수록 이윤은 점점 더 낮아질 뿐이다. 단순하게 노동자들을 쥐어짜는 것만으로는 장기적으로 이런 압력을 완화할 수 없다.

이런 과정들 중에서 무엇이 더 중요한지에 관해서 나는 하먼의 주장에 동의한다. 그러나 세 견해 모두 이제껏 정부와 기업이 펼쳐 온 정책으로는 문제의 근원을 해결할 수 없다고 주장한다. 이 경제학자들의 이론이 세부적 측면에서 옳든 그르든 간에 세계화와 노동자 착취가 산업 이윤의 하락이라는 문제를 해결하지 못했다는 것은 사실이다. 물론 다른 부문의 이윤도 오르지 않았다.

세상을 착취하는 것으로는 문제를 해결할 수 없었다. 자본가들은 아직도 이윤을 회복할 수 있는 방법을 모른다. 이 때문에 1980년대와 1990년대에 세상을 바꾼 압력이 새로운 세기에도 여전히 지속되고 있는 것이다.

이러한 착취와 그 결과 때문에 미국과 이 세계가 잘못돼 가고 있다. 앞으로 이 과정을 상세하게 추적할 것이다.

투기와 거품

그 전에 마지막으로 한 가지 의문이 남았다. '만일 이윤이 곤란을 겪는 상황이라면, 왜 주식시장은 성공했는가?' 정답은 명확하다. 주식시장은 이윤이 곤란을 겪고, 기업과 부자들이 산업에 투자하려 하지 않기 때문에 폭등했다. 기업과 부자들은 산업에 투자하는 대신 그 돈을 주식시장과 금융 투기에 쏟아 부었다.

'투자'라는 말이 혼돈을 일으키기 쉬운데, 내가 이야기하는 투자는 기업이 고정자본, 원료, 임금에 지출하는 자금을 뜻한다. 사람들은 투자라고 하면 주식 구매를 떠올린다. 자, 내가 회사를 차릴 생각으로 새로운 회사의 주식을 여러분에게 판다고 하자. 나는 그 돈으로 설비, 원료, 노동자를 사들일 것이다. 여러분이 나에게 돈을 줘서 '실물'에 투자시킨 것이다.

이미 설립된 기업의 주식 구매는 이와 다르다. 누군가 당신에게 포드의 주식을 팔면, 당신은 지분을 갖고 있다가 나중에 포드한테서 정규 배당금을 받는다. 돈은 당신에게 주식을 판 사람이 갖는다. 포드는 아무것도 얻지 못한다. 그렇다. 당신은 투자를 하는 것이다. 그러나 포드 자체는 '실물경제'에 투자할 자금을 전혀 얻지 못한다.

이것이 투기다. 새로운 회사가 사무실 건물을 짓기 위해 돈을 지출하는 것과 부동산 회사가 이미 존재하는 건물을 단순히 사고파는 일이 서로 다른 것과 마찬가지다.

이처럼 전체 기업이 새로운 기계와 공장을 사들이는 데 자신의 돈을 투자한다는 결정을 내릴 수 있다. 아니면 다른 기업을 사들이는 데 돈을 쓸 수도 있다. 다시 말하지만 후자의 경우는 새로운 기업이 실제의 것들을 사들이는 데 투자할 돈이 조금이라도 더 생기는 것은 아니다.

금, 다이아몬드, 옛 거장들의 그림, 통화옵션, 철강 · 석유 · 옥수수 · 돼지에 대한 선물거래 등 다양한 종류의 투기가 존재한다. 산업 이윤율이 곤란을 겪고 있기 때문에 점점 더 많은 돈이 이런 투기로 흘러 들어가는 것이다. 이 모두가 거품을 만들어 낸다.

거품의 작동 방식은 이렇다. 사람들이 부동산을 구입한다. 집과 사무실 가격이 오르기 때문이다. 더 많은 사람들이 부동산에 투자할수록 가격은 더 빨리 오른다. 이렇게 투기에 대한 열광이 치솟는다. 어느 날 문득 큰손들은 부동산 가격이 너무 올라 사람들이 지불할 수 있는 임대료 수준을 넘어섰음을 깨닫는다.

마찬가지의 열광이 주식시장에서도 생긴다. 사람들은 주가가 오르기 때문에 주식을 산다. 어느 날 큰손들은 기업들이 지불하는 배당금과 비교해 주가가 지나치게 높다는 것을 깨닫는다. 큰손들은 이번에도 재빨리 빠져나온다. 몇 시간이나 며칠 뒤, 거품이 터지고 개미 투자자들은 무일푼 신세가 된다.

손해 보는 것은 대개 소규모 투자자들이다. 전체 그림에서 어느 누구도 실제 생산에 투자할 돈을 벌지 못했다. 돈은 그저 돌아다니면서 소유권만 계속 바뀌었다. 투기는 전체 경제의 이윤율 하락이라는 문제를 해결하는 데 아무 일도 한 것이 없다.

다음 장에서는 미국의 계급 체계를 살펴볼 것이다.

2장 미국의 계급

전 세계 어느 나라나 마찬가지로 미국 역시 이윤을 회복하려는 지배계급과 그들이 쥐어짜야 하는 노동계급으로 나뉘어 있다. 이렇게 말함으로써 나는 '지배계급'과 '노동계급'이라고 말하기를 꺼리는 미국의 금기와 부유한 미국인이라는 유럽의 신화에 도전하려 한다. 이 장에서 내가 무엇을 말하려는 것인지 설명하겠다.

계급에 관해 이야기하는 방식에는 두 가지가 있다. 하나는 위계를 강조하는 방식이고 다른 하나는 권력을 강조하는 방식이다.

위계 모델은 사람들을 서열화된 사회집단으로 구분한다. 간혹 이 모델은 사람들을 상층계급, 중간계급, 하층계급이라는 세 개의 범주로 구분한다. 아니면 소득을 기준으로 부유층, 중산층, 빈민층으로 구분한다. 또는 생활양식을 기준으로 생각할 수도 있다. 이렇게 보면 상층계급은 록펠러와 부시 가문이고, 중간계급은 드라마 〈프렌즈〉의 등장인물들이며, 하층계급은 만화 〈심슨 가족〉의 호머 심슨과 조 식스팩+이다. 미디어는 흔히 미국

+ Joe Sixpack. 평범한 미국 남성 노동자를 부르는 명칭으로 6개들이 캔 맥주 한 팩을 사 들고 귀가한다는 뜻.

의 계급을 이런 방식으로 구분한다.

사람들을 구분하는 또 다른 방식은 계급을 권력관계로서 고찰하는 것이다.[1] 지배계급이 존재한다. 지배계급은 거의 모든 것을 소유하며 기업과 정부를 운영한다. 노동계급이 존재한다. 노동계급은 지배계급을 위해 일할 수밖에 없다. 이 둘 사이에는 위에서 내려온 명령을 전달하는 중간계급이 존재한다. 여기서 요점은 사람들이 어떻게 서열화되는지가 아니라, 그들이 서로 관계 맺는 방식이다.

계급을 관계로서 고찰하는 것은 앞 장에서 이윤에 관해 이야기한 방식과 잘 들어맞는다. 지배계급은 이윤을 벌어들여야 하고, 노동계급은 이윤을 산출해야 한다.

노동계급

미국의 노동계급은 유럽의 노동계급과 상당히 유사하다. 유럽과 미국 사람들은 상당히 비슷한 비율로 동일한 일을 한다.

내가 작업장의 권력관계를 기준으로 노동계급을 규정하는 방식은 심슨 가족보다 훨씬 더 많은 사람들을 포괄한다. 미국인 중 절반에 약간 못 미치는 정도의 사람들이 현재 블루칼라 노동자다. 그러나 이 수치에는 수많은 서비스 노동자들이 빠져 있다. 소방관, 마트 계산원, 호텔 종업원, 경비원, 맥도널드 노동자 등 서비스 노동자의 삶은 블루칼라 노동자와 그다지 다르지 않다. 이 사람들도 노동계급에 포함시키면 미국인의 대략 60퍼센트가 노동계급이 되는 셈이다.[2]

또한 생계를 위해 일해야 하며 직장에 나가면 시키는 대로 해야 하는 그 밖의 사람들도 모두 포함시켜야 할 것이다. 여기에는 많은 전문직과 화이트칼라 직종들이 포함될 것이다. 1996년 미국 정부의 통계를 보면 민간

부문 종사자의 82퍼센트가 "감독·관리직이 아니다."[3] 공공 부문의 비율도 크게 다르지 않다.

이들 전문직·화이트칼라·블루칼라 노동자는 융자를 받아서 집을 사거나 자동차를 소유했을 수도 있다. 심지어 주식을 갖고 있거나 연금을 받는 사람도 있다. 그러나 생계를 유지할 만큼 충분한 재산을 가진 사람은 없다. 살아남기 위해서는 일을 해야만 한다. 일을 못 하게 되면 복지 수당을 신청하거나 구걸하거나 대출받거나 생존을 위해 돈을 훔쳐야 한다. 나는 교사, 공무원, 간호사, 비서, 도서관 사서, 사회 복지사 등도 이 집단에 포함시키려고 한다. 이들은 대개 자신이 중간계급이라고 생각한다. 그러나 이런 생각은 그들이 경제적 사회적 권력과 맺는 관계를 모호하게 만든다. 중간계급에 관해서는 뒤에서 더 이야기하겠다. 우선 지적해야 할 것은 도서관 사서나 간호사들이 숙련 노동조합의 공장노동자들이나 배관공보다 많이 벌지 못하며 때로는 더 적게 번다는 사실이다. 이 모든 노동계급은 시키는 대로 일해야 한다. 그러나 이윤을 높여야 할 때는 가장 먼저 해고되는 사람들이다. 작업장에서 약자가 괴롭힘을 당할 때 그 대상이 되는 것도 이들이다.

이 사람들이 미국인의 대략 80퍼센트를 구성한다. 감독·관리직이 아닌 82퍼센트의 사람들, 평균임금보다 적게 버는 80퍼센트의 사람들이다. 유럽에서 노동조합에 가입하는 사람들과 비슷하며, 한때 유럽인들보다 부유했지만, 이제는 아니다.

1인당 국민소득을 단순 비교하면 미국인들은 일본인이나 독일인보다 가난하다. 그러나 미국은 물가가 싸다. 소득으로 무엇을 살 수 있는지를 고려해 통계를 적용하면 평균적인 미국인들은 전 세계의 어느 누구보다 부유하다. 이것을 적용한 1인당 연간 국민소득은 다음과 같다.[4]

국가	1인당 연간 국민소득
미국	36,836
아일랜드	31,267
캐나다	30,060
일본	27,267
독일	26,267
프랑스	25,363
영국	23,889

단위 : 달러

다시 말해서 일본에 사는 사람은 미국인 평균 실질소득의 4분의 3을 벌며, 영국인은 3분의 2 정도다. 그러나 이 수치들은 평균치일 뿐이다. 정말 많이 버는 고소득자들이 평균을 끌어올린다. 이것은 어디나 마찬가지이지만, 미국은 산업국가들 중에서 가장 불평등한 나라이기 때문에 부자들이 평균을 훨씬 더 높이 끌어올린다. 2000년에는 미국인 79퍼센트가 평균임금보다 적게 벌었다.[5]

둘째, 미국인들은 더 많이 일함으로써 가족의 소득 수준을 유지한다. 전일제 피고용인들은 다른 'OECD' 국가(캐나다, 서유럽, 호주, 뉴질랜드, 일본)의 사람들보다 1년에 더 많은 시간을 일한다.[6] 한편으로는 미국인들이 매주 더 오랜 시간을 일하기 때문이며, 다른 한편으로는 대부분의 사람들이 1년에 휴가를 2주밖에 갖지 못하기 때문이다. 또한 여성이 노동하는 비율도 다른 부유한 나라들보다 높다. 영국은 53퍼센트, 독일은 45퍼센트, 프랑스는 44퍼센트인 데 비해, 미국은 58퍼센트의 여성이 일한다.[7]

그러니 미국인들이 실제로 어떻게 사는지 알고 싶으면, 평범한 노동자가 시간당 임금으로 무엇을 살 수 있는지를 살펴봐야 한다. 몇몇 나라들의 '제조업 노동자', 즉 평범한 공장노동자들의 수치를 살펴보자. 2000년에 그들의 시간당 임금이 어떤 수준이었는지를 보자.

○ 독일·캐나다·오스트리아·벨기에·핀란드·네덜란드 노동자들의 임금이 미국 노동자들의 임금보다 높았다.
○ 스웨덴·스위스·덴마크·노르웨이·호주 노동자들의 임금은 미국 노동자 임금의 90퍼센트 수준이었다.
○ 영국 노동자들의 임금은 미국 노동자 임금의 81퍼센트 수준이었다.[8]

이 수치들조차 미국인들의 실제 소득을 과장한 것이다. 군대에 복무하거나 65세 이상의 미국인들은 정부의 의료보험 혜택을 받는다. 나머지 사람들은 민간 의료보험에 돈을 내야 한다. 미국은 전 세계에서 의료비가 가장 비싼 나라다. 아파서 병원에 가도 자신들이 지불한 비용의 일부만 보험 혜택을 받는다. 미국인들은 거의 다 자동차를 소유하고 있지만, 이는 일하러 가기 위해서 어쩔 수 없이 사는 것이다. 미국인들은 고등교육을 받기 위해 다른 나라 사람들보다 더 많은 비용을 지불해야 하고 보육비도 훨씬 더 많이 든다.

더욱 중요한 점은 일하다가 운 나쁘게 실직하는 경우, 자신을 받쳐 줄 안전판이 없다는 사실을 깨닫게 된다는 것이다. 실직한 사람들 중에 실업 급여를 신청할 수 있는 경우는 절반이 채 되지 않는다. 4700만 명은 의료 보험을 적용받지 못하는데, 주로 저임금 노동자와 그 자녀들이다. 복지 혜택은 적고 점점 더 신청하기 어려워지고 있다. 하루 입원비가 1000달러 이상 들어가는 상황에서 중병에 걸리면 개인에게나 가족에게나 재난이 닥치는 셈이다.

요약하면, 평범한 프랑스 노동자들과 평범한 미국인들은 상황이 비슷하다. 독일, 호주, 캐나다, 벨기에, 네덜란드, 아일랜드, 오스트리아, 스위스, 스칸디나비아 사람들은 구매력, 건강, 복지 혜택 면에서 미국인보다 상황이 낫다. 영국 노동자들은 상황이 조금 더 안 좋다.

지배계급

반대편에는 결정권을 가진 소수의 지배계급이 있다.[9] 1995년에 미국에서 500명 이상을 고용한 기업은 1만 6000개에 달했다. 각 회사마다 소유주, 최고 경영자, 그 밖의 부자들이 포함된 이사회가 있다. 이사들의 수는 대략 20만 명이다.

경제의 각 부문에서 손꼽히는 기업들은 더 소수여서 가장 큰 1000개의 기업들이 이에 해당한다. 이 기업들의 이사회는 1500명 정도로 구성되는데, 이들은 대부분 남성이고 최소한 두 개 이상의 이사회에 포함돼 있다. 이 사람들이 서로 다른 회사들을 연결한다. 각각의 이사회는 매달 회의를 한다. 주요 기업의 최고 경영자는 대체로 여러 회사의 이사를 겸한다. 한 예로 거대 은행의 이사회에는 몇몇 주요 산업체의 이사들이 포함돼 있다. 이로 인해 밀집된 인적 네트워크가 만들어지는 것이다. 한 달 동안 수천 명의 남성들이 중역 회의실, 클럽, 골프장에서 무수한 대화를 주고받는다. 몇 달이 지나면 그러한 대화의 결과로 집단 정책이 만들어진다.

그들은 정부 고위 관료, 저명한 변호사, 유력한 로비스트, 대학 총장, 재단 이사장, 고위 법관, 고위 장성으로 연결된 서로 중첩되는 네트워크를 통해 정기적으로 교류한다. 미디어와 여론 지도층도 이 네트워크에 연결돼 있다. 기업이 미디어를 소유하며 편집장들 역시 이 세계의 일원이다. 다른 여론 지도층도 마찬가지다. 할리우드 영화판의 감독들 역시 한 개인이 수백 명을 거느리고 있다. 이를테면 오프라 윈프리는 미국에서 가장 부유한 개인 500명에 든다.

고위 정치인들은 선거운동 자금을 기업에 의존한다.[10] 더 중요하게는, 그들은 대부분 지배계급 출신이거나 지배계급이 되고 싶어 한다. 고위 정치인들은 임기가 끝나면 대체로 대형 로펌이나 대기업에 합류해 이사회에 들어간다. 놀라운 점은 얼마나 많은 정치인들이 선거 기부금이나 로비스트들에게 의존하는지가 아니라, 정치인들에게 청탁하는 데 드는 비용이 매우 저렴하다는 사실이다. 대체로 5000~1만 달러 정도면 하원 의원이나 주지사의 관심을 끌 수 있다. 그들이 본능적으로 기업의 편을 들기 때문이다. 정치인들은 어떤 기업을 지원할지 자문받기 위해 로비스트와 기부자들을 찾는 것일 뿐, 이미 기업은 좋은 것이며 모든 미국인에게 득이 된다고 생각한다. 그들은 자신이 지배계급이라고 생각한다. 근본적으로 이는 정치인들이 어느 한 기업에 매수되기 때문이 아니라, 그들이 대부분 전체로서 기업에 충성하기 때문이다.

기업, 미디어, 정계의 이 모든 사람들이 일상의 지배자다. 그들은 다른 사람들에게 무엇을 하라고 지시한다. 그들의 소득은 임금, 스톡옵션, 채권, 인세, 부동산, 배당금의 혼합에서 나온다는 점에서 다른 계급과 구분된다. 문제의 핵심은 그들이 다른 사람의 삶을 통제한다는 것이다. 그들은 하는 일이 지배하는 일이기 때문에 지배계급이다.

지배계급 중에는 부를 물려받은 사람들도 있다.[11] 그들 중 일부는 이사가 되고, 일부는 고위 경영자가 되며, 일부는 사회사업을 하기도 하지만, 더 많은 사람들은 그저 빈둥거리며 산다.

이들 지배계급의 구성원은 자기들끼리 그날의 중요한 정치 쟁점에 관해 이야기를 나눈다. 때로는 자신들이 다루기 힘든 문제, 예컨대 1960년대의 베트남이나 오늘날의 이라크 같은 문제를 두고 극심하게 대립하기도 한다.

간혹 이해관계가 서로 엇갈리기도 한다. 석유 기업은 이걸 원하고 은행은 저걸 원할 수도 있다. 그러나 보통은 합의가 이뤄진다. 그러고 나서 그 결정이 연방 정부, TV 앵커, 대법원, 〈월 스트리트 저널〉, 〈뉴욕 타임스〉, 〈워싱턴 포스트〉, 〈뉴스위크〉, 〈타임〉을 통해 알려진다. 그들의 견해가 거의 모두 일치할 경우, 여러분은 지배계급이 특정한 정치적 경제적 문제에서 합의에 도달했음을 알게 된다. 그들의 견해가 불일치하면 지배계급이 자기들끼리 논쟁 중이라고 이해하면 된다.

물론 음모도 존재한다. 국방부의 합동참모본부가 그렇듯이 대통령과 각료들 역시 비밀회의를 한다. 기업과 은행의 이사회, 미디어의 데스크진도 마찬가지다. 소수 특권층의 의견을 모으는 대화들은 대부분 비밀리에 진행된다.

이 때문에 부자들과 권력자들의 의도를 해석하는 데 어려움이 발생한다. 지배계급 중에서 자신의 의도를 숨김없이 털어놓는 경우도 있다. 그러나 민주주의 사회에 살다 보니, 대중에게 연설하고 글을 쓸 때는 다수에게 받아들여질 만한 방식으로 해야 한다. 예컨대 석유를 위한 전쟁이 좋은 일이라거나 경찰과 교도소를 동원해 흑인을 공포에 몰아넣는 것이 정치적으로 유용하다고 대놓고 이야기할 수는 없는 것이다. 심지어 사적인 자리에서도 그런 일들에 관한 생각을 분명히 표현하는 데는 제약이 따른다. 잡담이나 만찬 연설, 메모, 이메일을 통해서도 새 나갈 수 있기 때문이다. 가장 안전한 최상의 방법은 암호다. 일단 정기적으로 암호로 이야기하기 시작하면 생각도 암호처럼 하게 된다. 따라서 지배계급의 의도를 대놓고 이야기하는 '내부 메모'는 좀처럼 없다고 봐야 한다.

부시가 대통령이 되기 전에 그의 보좌관들이 쓴 "새로운 미국의 세기를 위한 프로젝트Project for a New American Century"처럼 지배계급의 의도가 세상에 알려질 때도 있다.[12] 그러나 그런 증거가 존재할 때조차, 단지 지배계급의 일부가 그런 논의를 하고 있다는 정도만 알 수 있을 뿐이다. 예컨대 교도소에 관한 미국 지배계급의 견해가 왜 1975년에는 자유주의 관점을 취하다가 1985년에는 대규모 구금을 지지하는 것으로 돌아섰는지에 관해서는 아무것도 알려 주지 않는다. 또한 지배계급이 2000년에는 대부분 이라크 침공에 반대하다가 2002년에는 지지하게 된 이유도 말해 주지 않는다.

그러면 전체 지배계급의 의도를 우리가 어떻게 추측할 수 있을까? 최상의 방법은 우리가 일상생활에서 사용하는 방법을 활용하는 것이다. 일상생활에서도 타인의 의도를 추측하기는 쉽지 않다. 개인의 의도를 이해하는 최선의 방법은 그가 의도적인 결과를 노리고 행동했다고 가정하는 것이다. 물론 언제나 확실한 방법은 아니다. 사람은 실수를 하기 때문이다. 그러나 당신의 의도는 무엇이었냐고 직접 묻는 것보다는 나은 방법이다.

그러면 부자들과 권력자들에게 이 방법을 써 보자. 그들의 집단적 의도를 살피는 최선의 방법은 그들이 의도적인 결과를 노리고 행동했다고 가정하는 것이다. 심지어 그들이 의도하지 않았을 때조차, 우리는 여전히 그들이 그런 결과를 묵인한 것이라고 말할 수 있다. 여러분이 이해하기 쉽게 예를 들어 보기로 하자. 1970년대에 나는 런던의 한 병원에서 청소운반노동조합의 현장위원으로 있었다. 우리는 급료를 주급으로 받았다. 나는 매주 금요일마다 야근수당과 시간외수당이 잘못 계산된 노동조합원들과 함께 총무실에 올라갔다. 총무실 사람들은 모두 넥타이를 맨 고학력 남성들이었다. 많은 환자 운반원들이나 청소부들은 교육을 제대로 받지 못했고 셈에도 익숙지 않았다. 그런데도 우리는 자기 주급에 관해서는 단 한번도 실수하는 법이 없었다.

내 동생 피터는 서섹스의 한 공장에서 컴퓨터 프로그래머로 일했다. 어느 날 동생에게 우리 병원 총무실 사람들이 고의로 실수하는 것 같지는 않지만, 그들이 저지르는 실수는 모두 노동자들을 속이는 것이었다고 말했다. 동생은 매우 간단한 문제라면서 설명했다. 모든 컴퓨터 프로그램에는 오류가 생기는데, 간혹 노동자들에게 임금을 더 주는 오류가 생기면 관리자들이 프로그램을 수정하라고 지시하지만, 이따금 노동자들에게 임금을 덜 주는 오류가 생기면 관리자들이 묵인한다는 것이었다.

나는 지배계급의 의도가 이와 같다고 생각한다. 그들은 어떤 일에 관해 이야기를 나누고 정책을 만든다. 지배계급의 중요한 일부가 그 결과에 만족해하지 않으면 금세 알아내서 이야기를 나누고 정책을 바꾼다. 그러나 지배계급이 대부분 만족해하는 경우에는 그 때문에 노동자들이 고통받더라도 그대로 내버려 둔다. 따라서 대강의 경험으로 미뤄 볼 때, 우리의 지배자들은 의도적인 결과를 노리고 행동한다.

중간계급

노동계급은 미국인의 약 80퍼센트를 차지한다. 그들은 노동하지 않을 수 없고 시키는 대로 해야 하는 사람들이다. 지배계급은 소수다. 꼭대기에는 대기업과 정부의 고위직 5만여 명과 그 가족들이 있다. 이 숫자는 미국인 전체 인구의 0.1퍼센트도 안 되지만 이들이 전국적으로 권력을 행사하고 있다. 500명 이상을 고용한 기업의 경영진과 이사들을 모두 포함해 더 광범위하게 정의할 수도 있다. 그렇게 해도 채 50만 명이 되지 않는다. 그들의 가족까지 모두 합해도 전체 미국인의 1퍼센트가 안 된다.

그런데 1퍼센트의 지배계급과 80퍼센트의 노동계급 사이에는 수많은 사람들이 존재한다. 보통 이들을 중간계급이라고 부른다. 이 용어는 혼란을 일으킬 수 있다. 이 용어를 다양한 사람들이 매우 다양한 방식으로 사용하기 때문이다. 그러나 나로서는 중간계급보다 나은 용어를 찾기가 쉽지 않다. 내가 떠올리는 사람들은 관리직, 전문직, 소규모 자영업자들이며, 이 사람들이 앞서 언급한 두 계급 사이에 있다.

먼저 관리직을 살펴보자. 꼭대기의 고위 관리직은 차츰 지배계급으로 변해 간다. 밑바닥에 있는 자동차 공장의 현장 주임은 생산 라인의 노동자와 일상 경험이 매우 비슷하고, 대체로 노동계급과 결혼한다. 중간 관리자들은 지배계급을 위해 일상의 지배를 관리한다. 그러나 이 사람들에게는 결정권이 없다 보니 위와 아래에 있는 사람들을 모두 원망하는 경향이 있다.

그리고 소규모 자영업자가 있다. 또다시 맨 꼭대기에 있는 사람들은 지배계급으로 변해 간다. 밑바닥에는 자기 차로 돌아다니며 수선하는 자영업 배관공과 그를 가끔 돕는 조카가 있다. 둘 다 대체로 노동계급 여성과 결혼한다. 자영업 배관공은 사업가들에게 공감하기도 하지만, 간혹 노동자들에게 공감하기도 한다. 식료품 가게를 운영하며 20명의 직원을 고용한 여성 역시 대기업을 싫어할 가능성이 높다. 대형 마트들이 이 여성의 가게를 몰아내기 때문이다. 그러나 이 여성 역시 사장이고 날마다 노동자들을 통제하려다 보니 대기업을 지지하기도 한다.

그리고 의사, 변호사, 회계사, 교수 등의 전문직이 있다. 이들 중 효율적으로 자신의 사업을 경영하는 일부는 정부와 기업의 소수 특권층 세계에서 컨설턴트 일을 하거나, 부자들의 건강을 전문적으로 책임진다. 다른 전문직들은 점점 더 화이트칼라 노동자의 지위로 전락한다.

계급이라는 용어가 흔히 사회적 지위에 따라 사람들을 서열화하는 데 쓰이기는 하지만, 계급들 사이의 경계는 고정되지 않았다. 이러한 경계는 단순한 이름 붙이기가 아니라 상응하는 권력에 기초를 둔 관계다. 사람들은 어떤 측면에서는 지배하면서도 어떤 측면에서는 지배당할 수 있다. 사람들의 삶에서 어느 측면이 더 유력한지가 관건이다. 즉 고위 관리직은 시키는 대로 해야만 한다. 그러나 대부분의 일상에서 다른 사람에게 무엇을 하라고 시키는 사람이며, 모든 사람이 자기 명령에 따라야만 사회적 지위를 유지할 수 있다. 병동을 책임지는 수간호사는 지시를 내리기도 하지만, 대부분의 일상에서 다른 간호사들처럼 병실을 정돈하고 환자를 돌보는 일을 한다. 수간호사는 하급자들 편에 설 가능성이 있다.

여러분은 노동계급의 일부는 중간계급이라거나 지배계급의 수가 꽤 많다고 논박할 수도 있다. 모든 세대마다 일부는 빌 클린턴처럼 지배계급으로 도약하고, 일부는 추락한다. 전문직 부모들은 흔히 자기 아이들이 강등될지 모른다는 두려움 속에 살아간다.

중간계급은 지배자와 피지배자의 중간에 있기 때문에 주요한 사회적 논쟁에서 어느 편에든 설 수 있다. 일반적으로 아래로부터 확고한 대중운동이 일어나면 중간계급은 이에 이끌린다. 그런 일이 1960년대에 중간계급 미국인들에게 벌어졌으며 다시 벌어지려 하고 있다. 그러나 지배계급이 확고하면 중간계급은 지배계급의 가치에 동조하는 경향이 있다. 그런 일이 1980년대 레이건과 대처 집권기에 벌어졌다. 중간계급의 삶에 이처럼 모순이 있기 때문에 개성과 가정환경의 차이 역시 개인의 생각과 정치 관점의 차이를 낳는다.

계급에 관해 이야기하기

이제껏 나는 권력을 기준으로 계급에 관해 이야기했다. 이런 기준으로 보면 여러분의 생활양식이 어떠한지, 자신이 어느 계급이라고 생각하는지는 실제 계급과 아무런 상관이 없다. 여러분이 돈이 없어서 밤에는 피자 가게에서 일하고 낮에는 프랑스 철학을 공부한다고 해 보자. 여러분은 노동계급이다.

자기 자신이 계급에 관해 어떻게 생각하는지는 분명히 중요하다. 노동계급이 노동자로서 긍지를 느낀다면 국가 정치는 변할 것이다. 다양한 미국인들이 계급에 관해 서로 다른 방식으로 생각한다. 신분상의 위계질서와 권력관계 모두를 기준으로 생각하는 것이다.

미국에서 가장 부유한 10퍼센트의 사람들은 3분위 모델을 믿는 경향이 있다. 3분의 1은 여유 있는 사람들이고, 3분의 1은 노동하는 사람들이며, 3분의 1은 가난한 사람들이라는 모델이다. 그들은 지배계급의 존재를 못 본 체하며 여유 있는 사람들과 가난한 사람들의 수를 과대평가한다. 그 결과 노동계급을 실제보다 소수로 축소해 버린다. 이 상위 10퍼센트의 사람들이 자유주의 정치를 따를 경우, 그들은 자신의 임무가 노동계급 다수의 편에 서는 게 아니라 가난한 소수를 돕는 것이라고 생각한다.

미국인의 80퍼센트를 차지하는 노동계급은 일반적으로 사회를 조금 다르게 본다. '노동계급'이라는 단어는 언론이나 대중 담론에서 좀처럼 쓰이지 않는다. 간혹 쓰일 때는 '정말 정말 가난한' 사람들을 뜻한다. 일반적인 구분법은 상층·중간·하층 계급으로 나누는 것이다. 이 중 어디에 속하느냐고 물으면 미국인들은 대개 '중간계급'이라고 답한다. 누가 하층계급이 되고 싶겠는가?

민주당이나 노동조합 지도자들이 노동계급을 언급할 때는 '중간계급'이라거나 '평범한 미국인' 또는 '보통의 미국인'이라고 표현한다. 이것은 영국인이나 프랑스인이 "우리는 이제 모두 중간계급입니다" 하고 말하는 의미와 다르다. 노동계급이 중간계급과 유사하다는 뜻도 아니다. 노동계급의 완곡어법으로 중간계급이라는 단어를 쓰는 것뿐이다.

그러나 미국인들은 노동계급에 대한 어떤 개념을 여전히 갖고 있다.

1996년에 자신이 상층계급인지, 중간계급인지, 노동계급인지 묻는 여론조사의 응답 결과를 보면 53퍼센트가 노동계급, 45퍼센트가 중간계급이라고 답했고, 2퍼센트는 모른다고 답했다.[13] 자신이 상층계급이라고 답한 사람은 아무도 없었다. 중간계급이라고 답한 45퍼센트 중 대부분은 단지 자신이 가난하지 않다는 의미로 응답한 것이라고 했다.

미국의 노동계급은 '지배계급'이라는 단어를 좀처럼 쓰지 않는다. 1930년대에는 공산주의자들과 사회주의자들이 이 단어를 사용했지만, 1950년대에 이르러 매카시즘의 빨갱이 마녀사냥이 이 단어를 지하로 밀어 넣었다. 그러나 노동계급은 자신들이 스스로 통제할 수 없는 체제에서 산다는 것을 인식하고 있다. 체제에 관해 이야기하는 나름의 방식도 있다. 대결을 피하려는 방식이라 애매모호하지만 말이다.

지배계급에 관해 이야기하는 가장 흔한 방식은 저들이라고 말하는 것이다.

"저들은 또 다른 전쟁을 일으켜 우리를 수렁에 빠뜨리고 싶어 해." "항의하려고 전화해 봤자 사람하고는 통화할 수가 없어. 저들은 언제나 자동응답기만 들려 줘." "저들이 모든 일자리를 멕시코로 넘겨 버리고 있어." "저들이 의료보험 제도를 바꿔 버렸어."

저들이 누군지는 다 안다. 저들은 내가 지배계급이라고 부른 바로 그 사람들이다. 그러나 여러분이 어떤 사람에게 "저들이 누구를 말하는 겁니까?" 하고 물으면 그 사람은 대체로 대화를 멈추거나 얼버무릴 것이다. 또한 이런 맥락의 저들은 공개적인 글에서는 결코 쓰이지 않는다. 여러분이 이런 맥락으로 이 단어를 사용하려고 하면 편집자나 교사가 당장 이렇게 말할 것이다. "저들이 누구를 말하는 겁니까?" 그 순간 여러분은 문장을 바꿀 수밖에 없을 것이다.

저들이라는 개념에는 또 다른 약점이 있다. 그 반대가 '우리'가 아니라는 것이다. 라틴아메리카나 유럽에서는 많은 노동계급이 노동계급과 부자들을 우리와 저들이라는 말로 표현한다. 미국에서는 '저들'에 대해서는 분명한 시각을 갖고 있지만, 같은 편인 '우리'라는 의식은 분명하지 못하다.

다시 말하지만, 미국의 노동계급은 중간계급이라는 단어를 쓰면서도 야간 근무를 하는 간호사와 월 가街에서 일하는 변호사가 다르다는 것을 안다. 미국인들은 지배계급과 확실히 같은 편인 중간계급을 지칭하는 단어로 '여피'⁺라는 말을 사용한다. 여피는 더는 젊은 사람들에게만 국한되지 않고 모든 세대를 지칭하는 단어로 쓰인다.

요약하면 다른 나라처럼 미국도 이윤을 끌어올리고 싶어 하는 지배계급과 그들이 착취하는 노동계급으로 나뉜다. 평범한 미국인들은 계급 체제를 뼛속 깊이 이해한다. 결국 그들은 그 안에서 살아가지 않을 수 없다. 그러나 미국인들은 이 계급 체제에 관해 솔직하게 이야기하는 것을 유럽인들이나 라틴아메리카 사람들보다 더 어려워한다. '지배계급'이라는 단어는 금기이며, '노동계급'이라는 단어에는 낙인이 찍혀 있다. 미국인들은 억압자들을 '저들'이라고 부를 뿐, 더 분명한 이름으로 부르지는 못한다.

다음 장에서는 미국 내 평등 운동의 강점과 약점에 관해 이야기해 보자.

+ yuppie. 젊고(young) 도시적인(urban) 전문직(professional)의 세 머리글자를 딴 'yup'에서 나온 말.

3장 저항 세력

1980년 로널드 레이건의 당선과 함께 지배계급은 공세에 나섰다. 지배계급은 세금과 복지 예산, 임금을 삭감해서 이윤을 끌어올리고 싶어 했다. 그러기 위해서는 평등이라는 사상 전체에 맞서 싸워야 했다. 그래서 지배계급은 1930년대와 1960년대의 유산, 즉 뉴딜식 복지국가, 노동조합, 공민권, 여성해방운동, 동성애자해방운동, 반전운동의 유산과 대결해야 했다.

기업들이 이윤을 끌어올리기 위해 무엇에 맞서야 했는지를 드러내기 위해 이 장에서는 1930년대와 1960년대 저항운동의 정서와 장점을 제시하고자 한다. 동시에 이 운동들의 약점도 분석할 것이다. 미국에서 무엇이 잘못됐는지를 설명하기 위해 나는 지난 30년간 미국인들에게 어떤 일이 벌어졌는지를 설명하지 않을 수 없다. 그것을 이해하려면 여러분은 레이건이 어떻게 과거의 운동들을 공격할 수 있었는지, 그 운동들이 반격하는 데 왜 그토록 어려움을 겪었는지 알아야만 한다.

이 장의 주장을 간단명료하게 정리하면 이렇다. 미국인들은 다른 나라 사람들처럼 거대한 대중운동을 건설할 수 있었다. 그러나 1930년대의 노동조합운동은 1950년대의 빨갱이 마녀사냥에서 급진 진영을 잃었다. 그러나가 1960년대의 운동이 모든 세대의 사람들을 변화시켰지만, 노동조합은 허약했고 사회주의자들은 거의 존재하지 않았다. 그러다 보니 1960년대의 급진주의자들은 흑인은 흑인만을 위해 싸우고 여성은 여성만을 위해 싸우는 분리주의적 정체성 정치에 빠져들었다. 이 때문에 운동이 패배하고 말았다. 레이건이 당선되는 시점에는 1960년대의 저항 세력은 모래알처럼 흩어지고 노동조합만 홀로 남아 있었다.

노동조합

현대 미국의 노동조합에 관한 이야기는 1929년 대공황과 더불어 시작된다. 대공황은 유럽보다 미국에 더 큰 충격을 안기면서 미국 남성의 3분의 1을 실업자로 만들었다. 공화당 소속의 대통령 후버는 정부 지출을 줄여야 한다면서 아무것도 하지 않았다. 민주당의 프랭클린 루스벨트가 1932년 대선에서 후버를 이겼다. 루스벨트는 '뉴딜'을 약속했다. 정부가 공공 지출과 공공 부문 일자리를 늘려서 경제를 촉진시켰다. 일자리와 공공사업을 늘려서 사람들이 돈을 더 많이 벌면, 소비가 늘어나 기업들이 더 많은 재화를 만들어 낼 것이라는 발상이었다. 그러니까 더 많은 사람들이 일자리를 가지면 더 많이 소비할 것이라는 일종의 선순환인 셈이었다. 그러나 이 계획이 잘 먹혀들지 않았고, 미국 경제는 제2차세계대전이 터지기 전까지는 실질적으로 회복되지 못했다. 그러나 미국인들은 루스벨트가 적어도 신경은 쓰고 있으며 노력한다고 느꼈다. 공공 지출로 경제를 촉진하는 뉴딜 방식은 오늘날 흔히 '케인스주의'라고 부른다. 이 정책을 정당화하는 경제 이론을 제공한 영국의 경제학자 존 메이너드 케인스의 이름에서 유래한 것이다.

또한 루스벨트 집권기에 민주당 의원들은 노동조합이 훨씬 수월하게 조합원을 조직할 수 있는 법을 통과시켰다. 그리고 루스벨트는 전 국민을 위한 국민 연금인 '사회보장제도'를 도입했다. 이 덕분에 민주당은 이후 50년간 노동조합과 블루칼라 유권자들의 지지를 얻었다.

루스벨트가 취임했을 때, 미국에서 노동조합에 가입한 노동자는 20퍼센트도 안 됐다. 대공장과 제철소에는 노동조합이 없었다. 노동조합을 조직하려는 사람은 누구든 해고됐고 종종 심하게 구타를 당하기도 했다. 1930년대의 새로운 법에 대응하기 위해, 더 전투적인 노동조합들은 산업별노동조합회의CIO를 만들었다.[1] 대규모 실업 덕분에 고용주들은 대체 인력을 고용해 어떤 파업이든 물리칠 수 있었다. 새로운 CIO는 답을 알고 있었다.

1936년 겨울에 미시간 주의 플린트에 있는 제너럴모터스GM 자동차 공장의 파업 노동자들은 공장 입구마다 바리케이드를 쳤다. 공장 밖의 거리에서는 노동자들의 아내와 애인들이 플린트 주민으로 구성된 거대한 군중 집회의 선봉에 섰다. 경찰이 병력을 이끌고 왔지만, 여성들은 손에 손을 잡고 맞서 싸웠고, 결국 경찰이 도망쳤다. 이듬해인 1937년에는 그러한 '연좌' 파업이 200건이 넘었다. 노동조합원도 두 배로 늘어났다. 1941년에 이르러 노동조합은 인가를 받았고 모든 주요 산업에서 교섭권을 따 냈다. 그야말로 아래로부터의 반란이었다.

제2차세계대전 기간에 미국 정부는 파업을 금지했다. 그러나 기업들에게는 노동조합과 협상해야 한다고 종용했다. 전쟁이 끝난 1945~1946년 겨울에 여러 산업에서 파업이 일어났다.[2] 당시로서는 인류 역사상 가장 큰 파업 물결이었다. 구체적 요구는 파업마다 다양했지만, 모든 파업의 근원에는 노동조합이 작업장에서 영향력을 유지할 것인지의 문제가 있었다. 노동조합이 승리했다.

기업들은 당황했다. 뒤이은 여러 해 동안 기업들은 공장에서 현장 조합원들의 조직을 약화시키면서 노동조합 지도자들을 체제 내로 끌어들이는 이중 전략을 고안해 대응했다.[3]

이 전략은 우선 노동조합 지도자들을 인정하는 것이었다. 지도자들은 자기 조합원들을 위한 괜찮은 단체협약들을 맺을 수 있었다. 경영진은 더는 노동조합의 교섭권에 도전하지 않았다. 장기 호황 덕분에 임금 협상이 가능해져서 1945~1960년에 미국 노동자들의 실질임금이 두 배 가까이 뛰었다. 공장노동자들은 토요일에도 일했고 휴가를 갖지 못했지만, 이제는 주말에 쉬고 병가도 받을 수 있고 1년에 2주의 휴가를 받았다.

그 대가로 기업은 노동조합에게 3년 금지 협약을 받아들이라고 요구했다. 이 협약 때문에 공장에서 현장 조합원들과 활동가들의 힘이 약화됐다. 이 협약은 모든 공장에서 임금만이 아니라 노동조건에도 적용됐다. 회사가 하는 일이 마음에 들지 않으면 노동자들은 불만을 이야기했고 노동조합이 이를 대변했다. 그러나 이 협약 때문에 모든 지역적 · 전국적 파업이 3년간 금지됐다. 노동자들이 파업하면 '비공인' 파업으로 몰아붙였다.

1947년에 기업들은 의회를 설득해 '태프트-하틀리'법을 통과시켰다. 이 법은 노동조합의 연대를 불법화했다. 노동자들은 다른 사람들의 피켓라인에 동참할 수 없었고, 대체 인력이 생산한 제품의 취급을 거부해 다른 회사의 노동자들을 지원하거나 연대 파업을 할 수도 없었다. 이 법에 따르면 노동조합 지도자들은 모든 수단을 동원해 비공인 파업을 막아야 했다. 그러지 않으면 법원이 노동조합에 막대한 벌금을 물렸다. 노동조합 지도자들은 회사가 고용한 갱단에게 폭행당하고 법을 어기고 감옥에 갈 각오는 돼 있었지만, 노동조합의 근간을 파괴할 수도 있는 벌금에 맞설 준비는 안 된 상태였다.

1930년대의 노동조합 조직은 기꺼이 법을 어기고 경찰에 맞서 싸우면서 건설됐다. 지역 쟁점을 둘러싼 파업들 덕분에 노동조합의 지역 지부들이 강력해졌다. 그런데 태프트-하틀리법 때문에 노동조합 내부의 힘 균형이 바뀌었다. 지도자들은 강해지고 현장 조합원들은 약해졌다. 동시에 고용주들과 연방 정부는 공산주의에 반대하는 전국적 캠페인을 만들어 가기 시작했다.[4]

반공산주의와 냉전

공산주의에 대한 공격이 국내 정치와 국제 정치를 연결시켰다. 제2차세계대전이 터졌을 때, 미국은 영국 · 프랑스 · 독일 · 일본 · 소련과 함께 이 세계의 몇 안 되는 강대국이었다. 전쟁이 끝난 1945년까지 남아 있는 강대국은 미국과 소련뿐이었다. 두 강대국은 정상회담을 통해 세계를 두 개의 '세력권'으로 나눴다. 사실상 이 둘이 제국인 셈이었다. 소련은 전쟁 말기에 점령한 동유럽, 동독, 몽골, 북한을 얻었다. 그리고 1949년에 공산주의 혁명을 일으킨 중국이 이 목록에 추가됐다.

미국은 나머지 세계에 지배력을 행사했다. 1945년에 미국은 전 세계 산업 생산의 절반 이상을 책임지는 최대 규모의 산업 생산력을 갖추고 있었다. 1945년이 지나면서 옛 프랑스, 영국, 네덜란드 제국들은 식민지였던 아프리카와 아시아에서 독립운동들에게 통제권을 넘겨주기 시작했다. 미국은 새로운 제국으로서 그 자리를 차지하려고 했다. 미국은 자신이 라틴아메리카와 카리브 해 지역에서 1세기 넘게 통치하던 방식을 모델로 삼았다. 라틴아메리카의 지배계급과 긴밀한 동맹 관계를 맺고, 필요할 때면 쿠데타를 부추기거나 해병대를 보내는 방식이었다. 미국의 지배계급은 과거 식민지였던 나라들뿐만 아니라, 그리스 · 터키 · 스페인 · 포르투갈에서도 동일한 전략을 구사할 생각이었다.

북부 유럽(서독, 프랑스, 영국, 스칸디나비아와 베네룩스 3국)에서도 미국의 지배계급은 현지 지배계급과 긴밀한 동맹 관계를 형성했다. 이 동맹의 접착제는 소련과의 대립이었다.

소련 제국도 미국보다 나을 것이 없었다. 소련은 미완의 노동계급 혁명으로 탄생했다. 1945년에 이르러서는 그런 측면들은 모두 사라지고 일부 조각상들과 사회주의 용어에 대한 왜곡만 남아 있었다. 소련과 동맹국들은 잔인함의 정도가 다를 뿐 모두 독재국가들이었다. 노동자들은 전혀 권력을 갖지 못했으며 대중 집회도 열 수 없었고, 시위를 하려고 했다가는 총살을 당했고 파업도 허용되지 않았다. 미국과 마찬가지로 소련도 종속국 정부들을 마음대로 교체하면서 필요할 때는 탱크를 동원했다. 1956년 이후 중국은 소련과 갈라섰지만 비슷한 종류의 독재국가로 남았다.

이론적으로 공산주의 나라에서는 민중이 산업을 소유해야 한다. [그러나] 현실에서는 공산주의 지배계급인 상층 관료들이 산업을 통제했다. 그들 역시 이윤과 축적의 명령에 따라 움직였다. 소련과 중국은 군사적으로 경쟁했으며, 미국하고도 마찬가지였다. 그들은 자국 노동자를 쥐어짜지 않으면 산업에 투자할 수 없었다. 산업을 건설하지 못하면, 탱크 · 비행기 · 석유 · 핵무기가 관건인 현대 전쟁에서 힘을 쓸 수 없었다. 끊임없는 군사적 압력 때문에 공산주의 국가의 고용주들도 자기 나라 노동자들에게 제너럴모터스처럼 행동해야 했다. 사실상 공산주의 나라에서 더 잔인했는데, 이는 미국보다 훨씬 더 가난한 경제에서 출발했으므로 따라잡으려면 더 많이 투자해야 했기 때문이었다. 이들은 비밀경찰과 강제수용소의 네트워크를 통해 작업장의 규율을 뒷받침했다.[5]

1946~1989년 세계는 공산주의 블록과 미국이 이끄는 '자유세계'로 나뉘

었다. 이 끊임없는 경쟁을 냉전이라고 불렀다. 핵무기를 갖춘 미국과 소련이 서로 싸우지는 않았기 때문이다. 그 대신 한국, 앙골라, 모잠비크, 에티오피아, 캄보디아, 라오스, 예멘, 말라야, 베트남 등의 제3세계에서는 피비린내 나는 대리전쟁이 벌어져 2000만 명이 죽어 갔다.

미국이 지원한 독재가 공산주의자들에게 그랬듯이, 공산주의 독재의 잔인성은 미국의 선전 활동에 도움이 됐다. 두 제국 모두 자국의 통치자에 가장 반대하는 사람들은 상대편의 통치자를 이상화했다. 정치학에서는 언제나 오류인 '적의 적은 친구'라는 원칙을 고수한 것이었다. 이 때문에 동유럽에서 일어난 저항운동들은 자국의 통치자를 무시하고 서방의 민주주의와 자유 시장을 동경했다. 서유럽, 아프리카, 아시아, 아메리카 대륙에서는 사회정의를 진지하게 원하는 사람들일수록 공산당에 가입했다.

'서방'의 공산당들은 이중 성격을 띠고 있었다. 공산당 지도자들은 결국 항상 러시아 지도자들이 시키는 대로 했다. 러시아 지도자들은 어디서도 노동자들의 혁명을 고무할 의도가 전혀 없었다. 혁명이 본국의 권력에 너무 큰 부담이 되기 때문이었다. 그러나 공산당의 기층 당원들은 강력한 노동조합이나 토지개혁을 위해 싸우려고 공산당에 가입했다. 다시 말해서 공산당은 강력한 저항 세력이었지만, 권력을 장악할 가능성이 보이면 항상 후퇴했다.

미국에서 기업이 노동조합을 공격하기 시작한 것은 냉전의 시작과 일치한다. 냉전은 미국의 지배계급이 노동조합을 길들이는 데 외교정책을 이용하는 빌미가 됐다. 1930년대에 노동조합을 건설한 활동가들은 대부분 공산당원이었다.[6] 이제 그들은 러시아의 간첩이자 앞잡이로 그려졌다. 그러나 핍박받던 이 사람들은 간첩이 아니었다. 압도적인 대다수는 공산주의 노동조합의 투사들과 현장위원들이었다. 2만 명이 해고됐고 수백 명이 감옥으로 끌려갔으며 간첩으로 몰려 기소된 두 명의 공산당원은 처형을 당했다.

이 같은 공산주의자 마녀사냥을 매카시즘이라고 부른다. 공화당 의원인 조 매카시의 이름을 딴 것이다. 그러나 매카시가 마녀사냥에 뛰어든 것은 후반부다. 초기부터 핵심 구실을 한 인물은 민주당 대통령 해리 트루먼, 공화당의 우파 하원 의원 리처드 닉슨, 극우 인종차별주의자인 연방수사국FBI 국장 J 에드거 후버, 당시 영화배우노동조합의 민주당 자유주의 분파 지도자였던 로널드 레이건, 극우파 할리우드 제작자인 월트 디즈니, 가장 강력한 노동조합이던 자동차노조의 민주당 자유주의 분파 지도자 월터 로이터 등이었다. 온건하고 자유주의적인 노동조합 지도자들도 노동조합의 통제력을 강화하기 위해서 빨갱이 마녀사냥을 지지했다. 노동총연맹AFL과 CIO는 전국·지역 단위 노동조합에서 공산당원이 직책을 맡지 못하게 하는 규약을 통과시켰다.

그러나 중요한 문제는 해고된 2만 명의 활동가가 아니었다. 문제는 그 활동가들을 알고 있었지만 너무 두려워서 그들을 방어하지 못한 수많은 현장 투사들에게 미칠 영향이었다. 비공인 파업이 금지된 사례에서 볼 수 있듯이 반공산주의 캠페인은 투사들과 지역의 조직들을 전반적으로 약화시켰다. 빨갱이 마녀사냥은 미국인들의 사회생활과 노동조합에서 사회주의와 공산주의라는 사상을 쓸어 냈다. 온건한 AFL과 급진적인 CIO는 1950년대에 하나의 연맹으로 통합했다. 1956년 소련의 새로운 일인자 니키타 흐루시초프가 스탈린 치하 억압의 공포를 상세하게 묘사하며 자신의 정부는 좀 더 부드러워질 것이라고 연설했다. 미국의 공산당원들은 박해에 시달리면서도 당을 지지했다. 그런데 이제 자신을 박해했던 자들이 했던 이야기가 모두 사실인 것처럼 보였다. 1년 사이에 미국 공산당원의 절반 이상이 당을 떠났다.

반노동조합 법률들과 3년 [파업] 금지 협약, 공산주의 박해가 어우러져 작업장의 전투성이 결정적으로 약화됐다. 이후 50년 동안 노동조합 지도자들은 가능하면 언제든 비공인 파업을 막았다. 1930년대의 노동조합은 스스로 사회정의를 위한 전체 운동의 일부라고 생각했다. 그러나 이제 노동조합 지도자들은 자신을 민주당의 완전한 하위 파트너로 종속시켰다. 1960년 대와 1970년대에 전투성이 쇠퇴하면서 노동조합의 조직률 역시 서서히 감소했다. 조합원들의 전투성이 쇠퇴할수록 노동조합 지도자들은 우경화했고, 때로는 노골적 부패에 물들기도 했다.

1950년대는 반동의 시기였다. 저항 세력이 1960년대에 다시 일어섰을 때, 새로운 운동에 합류할 만한 공산주의자나 사회주의자는 사실상 남아 있지 않았다. 사회운동은 되살아났지만, 노동조합은 되살아나지 못했다. 노동계급 조직이 모든 진보 운동의 중추라는 사상은 사라져 버렸다. 1960년 대 평등을 위한 새로운 운동이 등장했을 때, 운동은 더는 노동조합에 기대를 걸지 않았다.

공민권

공민권 투쟁은 1960년대에 일어난 저항적 사회운동 중에서 가장 먼저 일어났고 가장 규모가 컸다. 인종차별은 미국 사회에서 언제나 중심을 차지하는 문제였다. 원주민한테서 토지를 강탈한 것 역시 인종차별주의에 의해 정당화됐다. 흑인 노예제도는 남부 경제의 핵심이었다. 1861~1865년의 남북전쟁은 노예제도를 둘러싸고 벌어진 전쟁이었다. 남부의 주들은 플랜테이션의 노예노동에 의존했고, 북부의 주들은 산업과 자유노동의 본거지였다. 이 전쟁은 서로 다른 경제체제 간의 충돌이었고, 북부의 산업자본가들이 승리했다. 그러나 북부를 위해 싸우고 죽어간 수많은 사람들은 노예제도와 인종차별주의를 혐오한 평범한 백인과 흑인들이었다.

남북전쟁이 끝난 뒤 남부의 흑인들은 종종 가난한 백인들과 함께 정치적으로 조직화했다. 노동자, 소농, 소작농의 지지를 받은 수많은 흑인·백인 '포퓰리스트'들이 남부에서 공직에 선출됐다. 1877년 북부의 산업자본가들과 남부의 지배계급이 이런 분위기를 끝내기 위해 연합했다. 이후 30년이 넘도록 남부 지역에서 흑인 투표권이 체계적으로 부정당하고, 동시에 인종분리정책이 도입됐다. 이는 남아프리카공화국의 아파르트헤이트와 무척 유사했다. 흑인들은 분리된 거주지에서 살도록 강요당했으며, 학교·대학·병원·레스토랑·공중화장실도 분리됐고, 버스·기차·극장에서도 구역이 분리됐다. 연방과 각 지방 법률에 의거한 분리였다. 흑인과 백인의 결혼도 법으로 금지됐다. 비밀결사인 큐 클럭스 클랜KKK은 백인 여성과 성관계를 맺었다고 의심되거나 그저 건방져 보인다는 이유로 흑인 남성들을 목매달아 죽였다.

북부에도 인종차별주의가 있었지만 형태가 달랐다. 거주지는 분리돼 있었지만 공공서비스는 구분이 없었다. 남부처럼 흑인과 백인은 같은 작업장에서 함께 일했다. 다만 흑인이 가장 낮은 지위에서 일했다. 군대 조직은 제2차세계대전이 끝날 때까지 분리된 채로 남았지만 연방 정부 직무는 통합돼 있었다.

1945년에 아프리카계 미국인은 미국인의 8분의 1을 차지했으며 이 비율은 지금도 비슷하다. 1945년 이후로 아프리카와 아시아에서 일어난 새로운 운동들 때문에 미국의 지배계급은 두려움을 느꼈고 흑인들은 고무받기 시작했다. 이 운동들은 옛 유럽 통치자들로부터 독립을 쟁취하고, 노동자, 농민, 도시의 중간계급을 결집했다. 중간계급 지식인들이 운동을 주도했다. 중간계급 지식인들은 자기 나라에서 새로운 지배계급이 되어 인종차별을 없애고 독자적으로 경제를 발전시킬 수 있는 권리를 원했다.

미국은 이 나라들을 세계경제라는 자신의 제국으로 끌어들이려 했다. 그러나 미국의 만연한 인종차별주의가 아프리카와 아시아의 새로운 지배계급의 지지를 획득하는 데 장애물이 됐다. 특히 미국 남부의 인종 분리가 문제였다. 그래서 1954년 미국 대법원은 남부의 학교 분리 정책이 헌법에 위배된다는 결정을 내렸다. 수세대 동안 분리에 반대해 조직적으로 저항했던 북부와 남부의 흑인들이 드디어 기회를 잡았다.

1960년에 흑인 대학생 네 명이 노스캐롤라이나 주의 그린즈버러에 있는 울워스 식당 간이 식탁에 앉아 커피를 한 잔씩 주문했다. 식당은 주문을 거절했다. 학생들은 그 자리에 눌러앉았고 식당은 문을 닫았다.

이 사건이 이후 2년간 남부 전역의 극장, 버스, 수영장, 상점에서 '연좌시위' 물결을 폭발시켰다.[7] 마틴 루서 킹 목사가 이끈 남부기독교지도자회의의 흑인 목사들이 이 운동을 지도했다. 목사들은 장의사, 의사, 치과 의사들과 마찬가지로 다른 흑인들에게 고용된 터라 해고당할 염려가 없었다. 또한 목사들은 대중 연설가로 훈련받은 사람들이었으며 이미 지역사회의 지도자들이었다. 흑인 교회는 새로운 운동들이 만나는 유일한 공공장소였다. 또한 마틴 루서 킹 목사는 하버드 대학교에서 박사 학위를 받은 데다 불굴의 용기, 뛰어난 연설 능력, 깊은 인류애로 특별한 지도력을 발휘했다.

킹 목사와 활동가들은 세계적 상황에서 정치적 영감을 얻었다. 1950년대의 빨갱이 마녀사냥 때문에 운동 안에는 흑인 사회주의자나 공산주의자가 남아 있지 않았고, 있다 해도 자신의 정치적 견해를 드러내지 못했다. 킹 목사와 활동가들이 주목한 것은 백인 인종차별주의자들의 식민주의를 물리친 아프리카와 아시아의 민족해방운동이었다. 이 민족주의 운동의 지도자들은 전문직과 중간계급이었다. 그들의 민족주의는 양면적이었다. 민족주의자들은 식민주의자들과 싸울 때는 사회정의와 노동자, 농민, 빈민의 결집에 관해 이야기했다. 동시에 독립국가를 건설해 자신들이 당당하게 그 지역의 새로운 지배계급이 되기를 원했다. 일단 권력을 장악하고 나자, 제3세계 민족주의자들은 사회를 불평등하게 운영하며 더는 사회정의를 이야기하지 않았다.

이 같은 제3세계 민족주의가 공민권, 여성해방, 동성애자해방 등 1960년대 미국 내 모든 운동의 정치를 형성했다. 사회정의를 위한 이 개혁 운동들은 평범한 사람들의 운동을 건설했지만, 언제나 전문직과 기업가를 위한 권리와 권력이 중심을 이뤘다. 미국의 운동과 제3세계의 운동은 역사적으로 인간의 평등을 위한 중요한 승리를 쟁취할 수 있었다. 그러나 일단 승리하기 시작하자, 지도자와 지지자들 사이의 간극이 드러났다. 물론 또 다른 차이점은 [제3세계 민족주의자들과 달리] 여성, 흑인, 동성애자들은 미국 안에서 자신들만의 고유한 국가를 세울 수 없었다는 것이다. 미국에서는 제3세계 민족주의 사상이 변형돼, 훗날 '정체성의 정치'가 됐다.

마틴 루서 킹 목사 자신은 특히 마하트마 간디가 이끈 인도의 독립운동에서 영감을 얻었다. 간디의 운동은 시위와 시민 불복종에 의지했으며 평화주의를 내세웠다.

킹 목사의 운동은 압도적으로 도시에 기반을 뒀다. 특히 셀마, 앨라배마, 올버니, 조지아, 내슈빌, 테네시, 버밍햄이 대표적이었다. 최초의 연좌시위 물결이 휩쓸고 간 뒤에 공민권 지도자들은 투표권과 평등한 고용 기회를 요구하는 시위로 전환했다. 이 시위는 헌신적 소수의 시민 불복종이라는 상징적 행동과 달리, 분노한 군중의 무시무시한 행진이었다. 시위 조직자들은 군중에게 비폭력을 유지하라고 주장했다. 킹 목사에게는 이것이 기독교 교리의 문제였지만, 대부분의 사람들에게는 전술의 문제였다. 사람들은 폭력을 피하려고 하지 않았다. 경찰이 폭력적으로 대응하리라는 것은 누구나 알고 있었다. 행진에 참가한 사람들은 연행과 구타를 유발하려고 노력했다. 그들은 골수 인종차별주의자들이라는 평판 때문에 북부의 기업들이 자기 지역에 투자하지 않을까 봐 두려워하는 그 지역의 기업가들을 난처하게 만들고 싶어 했다. 동시에 전 세계가 보는 앞에서 미국을 곤경에 빠뜨려 연방 정부가 개입하게 만들려고 했다.

예컨대 앨라배마 주의 버밍햄에서 킹 목사가 식당의 분리를 없애는 캠페인을 이끌 때였다. 한번은 조금도 양보할 의사가 없는 불 오코너라는 경찰서장과 맞닥뜨렸다. 킹 목사는 기자들에게 말했다. "우리는 유리한 위치에서 협상할 생각이다."[8] 그는 수백 명의 고등학생들을 폴리스 라인으로 행진시켰다. 학생들이 물대포에 나가떨어지자 경찰견이 등 뒤에서 달려들어 물어뜯고 옷을 찢어 버렸다. 킹 목사의 전기 작가 데이비드 개로의 서술을 보자.

금요일의 충돌이 전국에서 토요일자 신문의 머리기사에 떴다. 으르렁거리는 개들과 고압 소방 호스가 물을 뿜는 충격적인 사진이 모든 곳에 실렸다. …… 반응도 강렬했다. 토요일 아침에 케네디 대통령을 방문한 사람들의 얘기를 들어 보면, 대통령은 사진 때문에 "골치가 아프다"고 말했다.[9]

남부에서 공민권운동에 참가한 백인들은 극소수였고, 대부분 교회나 노동조합 사람들이었다. 그러나 백인 참가자들은 흑인 활동가들이 살아남는 데 중요한 구실을 했다. 흑인 활동가는 목숨을 잃어도 누구 하나 신경 쓰지 않았지만, 흑인 활동가 한 명과 백인 활동가 두 명이 미시시피에서 살해당하자 신문 1면을 장식했다.

북부의 백인 노동자들도 경찰견 만행과 활동가 살해는 잘못이라고 여겼다. 운동은 특히 북부의 흑인 노동자들에게 강력한 영향을 미쳤다. 많은 사람들이 TV 앞에 앉아 경찰견이 앨라배마의 아이들을 공격하는 장면을 보며 분노의 눈물을 흘렸다. 그러나 북부에서 흑인 노동자들이 당면한 문제는 조금 달랐다. 그들은 이미 공민권을 획득했다. 투표권도 있고 공공장소도 통합돼 있었다. 그들의 문제는 가난과 경찰의 만행, 작업장의 차별이었다. 공민권 정신은 북부의 흑인 노동자들을 변화시켰지만, 상황이 달랐기 때문에 싸우는 방식도 달랐다.

1963년부터 북부의 많은 도시에서 폭동이 일어났다. 가장 큰 폭동이 일어난 곳은 디트로이트와 와츠였다. 디트로이트는 자동차 산업의 중심지였고, 와츠는 폭동 이후 사우스센트럴로스앤젤레스로 이름이 바뀌었다. 이 폭동들 역시 경찰의 흑인 청소년 구타와 살해에 대한 분노에서 촉발됐다. 그런 일이 발생하면 사람들은 이틀이나 사흘 동안 상점을 약탈하고 불태웠다. 어느 정도는 분노 때문이었고, 어느 정도는 가난 때문이었다. 1970년에 노동계급 가정 출신의 흑인 대학생들에게 폭동의 목적이 무엇이냐고 물어본 적이 있다. 그들은 "컬러 TV를 얻지요" 하고 대답했다. 사람들은 또한 먹을거리, 술, 신발, 아이들 옷가지를 잔뜩 챙겼다. 연행자 기록을 보면 폭동 가담자들이 대부분 직업이 있음을 알 수 있다. 폭동이 벌어지면 경찰은 일반적으로 하루나 이틀 동안 그 지역에서 철수했다. 그리고 나서 경찰, 주방위군, 때로는 군대가 돌아와 질서가 회복될 때까지 사람들에게 총질을 해 댔다.[10]

폭동을 통해 사람들은 의기양양했고, 자신들의 힘을 느낄 수 있었다. 그러나 그게 다였다. 사람들은 파괴, 화재, 죽음, 부상을 되풀이하고 싶어 하지 않았다. 그러나 다른 도시들이 뒤를 따랐다. 폭동은 경찰, 정부, 기업주들에게 압력을 가했다. 지배계급은 자신들이 도시에서 통제력을 잃어 가고 있으며 뭔가 대책을 세워야 한다고 느꼈다. 그 결과, 1965년에 존슨 대통령은 '가난과의 전쟁'을 제시했다. 그 내용은 대규모 직업훈련 프로그램과 연방 정부의 복지 보조금, 가난한 사람들을 위한 보육 시설이었다. 이 '전쟁'의 업적이 지속돼, 노인과 저소득층을 위한 무상 의료보험이 생겨났다.

북부에서 일어난 폭동의 영향으로 남부의 공민권운동이 분화하기 시작했다.[11] 남부 공민권운동의 지도자들은 흑인 목사들과 전문직 종사자들이었지만, 행진에 참가한 사람들은 대부분 젊은 노동계급이었다. 활동가들은 대부분 노동계급 가정 출신이지만 전문직이 되기를 열망하는 남부의 흑인 대학생들이었다. 활동가들은 투쟁 경험을 통해 자신감을 얻으면서 점점 더 분노하고 급진화했다. 동시에 비폭력은 활동가들이 지키기에는 어려운 것이었다. 남부의 작은 도시들에서 활동가들은 언제나 두려움에 떨었다. 집 밖에서 나는 차 소리에도 구타당할지 모른다는 공포에 어깨를 움츠려야 했다. 비폭력 전략의 성공은 연방 정부의 개입에 달려 있었다. 그러나 연방 정부는 국제사회에 잘 보이고 싶다는 바람과 남부에서 지역의 권력 구조와 경찰력이 약화될지 모른다는 두려움 사이에서 왔다 갔다 했다. 특히 FBI가 개입해야 했지만, FBI의 국장은 J 에드거 후버였다. 후버는 마틴 루서 킹 목사를 미국적 생활양식의 주된 위협으로 간주하는 강박적 인종차별주의자였다.

남부 공민권운동의 지도자들은 학생 활동가들에게 지나치게 나아가지 말라고 끊임없이 당부했다. 너무 멀리 나아가면 우리의 동료인 백인 자유주의자들로부터 고립돼 아무것도 얻지 못할 것이다. 이것이 지도자들의 주장이었다. 그러자 활동가들은 더는 들으려 하지 않았다. 활동가들은 본능적으로 북부의 반란자들을 편들었다.

학생 활동가들은 자신들과 함께 활동하던 백인 참가자들을 거부하기 시작했다. 이는 당시에 그들이 접할 수 있었던 정치사상과 들어맞았다. 1930년대에는 급진화된 흑인들이 공산주의를 향했다. 미국 공산당은 압도적으로 백인 중심으로 시작했지만, 가장 급진적인 흑인 활동가들을 끌어들이기 위해 단호하게 노력했다. 공산당은 흑인 활동가들에게 세상을 바꾸려면 백인 노동자들과 단결해야 하며 인종차별주의에 맞서 백인 노동자들 사이에서 캠페인을 벌여야 한다고 주장했다. 그러나 1960년대에는 킹 목사보다 더 급진적인 정치를 주장하면서 흑인과 백인의 단결을 강조하는 사람이 없었다. 살아남은 몇 안 되는 공산주의자들조차 그런 주장을 할 만한 자신감이 없었다. 민족주의 정치가 급진적 대안이라고 믿어 의심치 않았던 백인 활동가들 역시 마찬가지였다.

그래서 학생 활동가들이 목사들과 갈라섰을 때, 그들은 급진 흑인 민족주의로 향했다. 워싱턴의 백인 자유주의자들은 학생들에게 지나치게 나아가지 말라고 했다. 학생 활동가들은 그들의 자유주의 정치가 아니라 피부색을 문제 삼았다. 그래서 독자적인 자신들만의 조직을 건설할 테니 백인 참가자들은 떠나라고 요구했다. 슬로건은 '블랙파워'였고, 수사修辭는 폭력적이었다. 그러나 미국의 현실에서 소수의 무장 저항이 자살 행위라는 것은 자명했다.

더욱 어려워지는 상황 속에서도 킹 목사는 분리돼 가는 운동을 단결시키려고 노력했다. 그는 모든 가난한 사람들을 단결시키는 운동을 건설해야 온건파와 급진파를 단결시킬 수 있다고 느꼈다. 그런 활동의 일환으로 킹 목사는 1967년에 베트남 전쟁에 반대하는 격렬한 대중 연설을 했다. 1968년에는 대부분이 아프리카계 미국인으로 구성돼 있는 환경 미화원들의 파업에 연대를 표명하기 위해 테네시 주의 멤피스에 갔다. 여기서 킹 목사는 자신이 묵던 모텔의 발코니에서 총에 맞아 숨졌다. 누가 그랬는지는 아무도 몰랐다. 그러나 아프리카계 미국인들은 이 죽음이 어떻게든 '백인 권력 구조'와 연관돼 있다고 느꼈다. 아프리카계 미국인들은 이제 자신들이 이해하는 유일한 방식으로 자신들의 평화주의 지도자를 추모했다. 그들은 폭동을 일으켰다. 100개가 넘는 도시가 불탔다.

베트남

공민권운동은 분열했다. 흑인 활동가들은 백인 활동가들을 쫓아내며, 가서 백인들을 조직하라고 말했다. 그리고 갑자기 경험 많은 백인 활동가들이 할 일이 생겨났다. 1965년 1월에 존슨 대통령은 베트남을 맹렬하게 폭격하기 시작했고 그해 여름에는 50만 명의 군대를 파병했다. 백인 공민권 활동가들은 반전운동을 조직하기 시작했다.[12]

베트남 전쟁은 냉전의 산물이었다. 베트남은 원래 프랑스의 식민지였다. 1945년에 공산당원들이 이끄는 농민 봉기가 시작됐다. 공산당원들은 프랑스 정부에 대항해 9년 동안 독립과 토지 분배를 위해 싸운 끝에 1954년, 마침내 승리했다. 그러나 최종 평화협정은 한국전쟁의 종식과 맞물려 미국, 소련, 중국 사이의 거래에 휘말리고 말았다. 그 결과 베트남이 둘로 양분됐다. 북베트남에서는 대중의 엄청난 지지를 받은 공산당 독재국가가 등장해 러시아와 동맹을 맺었다. 남베트남에서는 대중적 지지를 거의 받지 못한 사적 자본주의 독재국가가 수립돼 미국의 동맹국이 됐다.

베트남 공산당은 자신들의 지역 조직자들과 게릴라 군대, 지식인들을 남베트남에서 철수시켰다. 이후 5년이 넘는 기간 동안 남쪽의 독재국가는 남아 있던 공산당원의 90퍼센트 이상을 체포해 감옥에서 처형했다. 소련의 명령에 따라, 북베트남의 공산당 정부는 남베트남의 공산당원들에게 맞서 싸우지 말라고 이야기했다. 1959년 남베트남에서 살아남은 공산당원 소수가 명령을 어기고 농민 봉기를 감행했다. 민족주의 정서를 갖고 있던 북베트남의 지도자들은 이제 남쪽의 공산당원들을 지원했다. 1964년 말에 이르자, 공산당원들이 이끄는 봉기가 남베트남에서 권력을 장악할 것이 분명해졌다. 운동의 지도자들은 주로 가난한 농민들이었다. 지식인들은 북쪽으로 가 버리고 없었다. 농민이 농촌 지역을 장악하자, 공산당원들이 지주의 토지를 몰수해 자신들과 같은 가난한 농민들에게 돌려줬다. 이 덕분에 공산당원들은 농민들의 용감하고 지속적인 지원을 받았다.

미국 정부는 남베트남에 이미 2만 명의 군대를 파병한 상태였다. 이제 미국 정부는 대규모 군사력으로 개입했다. 베트남 자체는 미국에게 그다지 중요한 나라가 아니었다. 주요 수출품은 쌀이었다. 그러나 미국의 영향력이 제3세계 곳곳에서 위협받고 있었다. 피델 카스트로와 체 게바라가 이끄는 급진 게릴라 집단이 1959년 쿠바에서 권력을 장악하고 나서 소련과 동맹을 맺었다. 이런 분위기가 라틴아메리카 전역으로 확산됐다. 베트남에서 가깝고 석유가 나는 인도네시아에서는 300만 당원을 가진 공산당이 권력을 다투고 있었다. 남베트남의 수도 사이공에서 미국이 후원하는 정권이 공산당이 이끄는 농민 봉기에 무너진다면, 제3세계의 억압받는 사람들이 용기를 얻을 것이었다. 그리고 그 지역의 지배계급들이 미국과의 동맹이 생존에 별 도움이 되지 않는다고 판단해 다른 쪽과 거래를 틀지 모를 일이었다.

그래서 미국 정부는 남베트남을 침공해 미국의 세계적 영향력을 보존하고 국내의 반공산주의 캠페인을 지켜 내고자 했다. 빨갱이 마녀사냥 덕분에 노동조합도 정화됐고 현장 조합원들도 온순해졌다. 이런 상황에서 미국의 지배계급이 베트남의 성공적인 공산주의 운동을 문제 삼지 않는다면,

국내에서 매카시즘을 통해 이룩해 놓은 이데올로기적 우위의 상당 부분을 잃어버릴 수도 있었다.

미국의 지배계급은 자신들이 베트남에서 승리를 거둘 것이라고 생각했다. 그러나 미군의 특징은 병참 부대가 너무 많다는 것이었다. 베트남에 있던 50만 명 중 전투부대는 8만 명에 불과했다. '베트콩(민족해방전선)'에게는 25만 명의 상비 게릴라 전투원들이 있었고, 농사를 지으면서 전투에 참가하는 사람들은 더 많았다. 지상전에서 미군은 수적으로 열세였다. 승리할 수 있는 유일한 방법은 막강한 화력을 이용하는 것뿐이었다. 미국 국방부의 전략은 베트남 사람들을 최대한 많이 죽여서 생존자들의 기를 꺾는 소모전이었다. 주된 무기는 공중폭격이었다. 이후 10년간 전쟁은 '인도차이나' 반도의 이웃 세 나라, 캄보디아·라오스·북베트남으로 확산됐다. 모두 합해 300만~400만 명이 죽었고 그중 대부분이 민간인이었다. 또 학살당한 민간인들은 미군의 폭격으로 죽어 갔다.

지상전도 역시 소모전에 입각해 전개됐다. 가장 중요한 것은 '사망자 집계'였다. 날마다 각 미군 전투부대들은 자신이 죽인 사람의 수를 집계했다. 대대 사령부가 그 숫자를 부풀려 사이공에 보내면, 거기서 합계를 내어 다음 날 아침 워싱턴에 보냈다. 해병대 중위 필립 카푸토는 이렇게 회고한다.

웨스트멀랜드 장군의 소모전 전략은 우리의 행동에도 영향을 미쳤다. 우리의 임무는 어느 지역을 확보하거나 진지를 탈환하는 것이 아니라 그저 죽이는 것이었다. 공산주의자들을 죽여라. 가능한 한 많이 죽여라. 시체들을 장작더미처럼 쌓아 올려라. 사망자 집계 수가 많으면 승리였고, 적으면 패배였다. 전쟁은 한마디로 숫자의 문제였다. 부대 지휘관들에게 적의 시체를 늘리라는 압력이 엄청나게 심했다.[13]

장교들은 자신의 진급이 이 숫자에 달려 있다는 것을 알고 있었다. 더 많이 죽여야 한다는 압박 때문에 미군이 잔인해지기도 했다. 그러나 밀라이에서 벌어진 것과 같은 대량 학살은 모두 상관의 지시에 의한 것이었다. 이는 워싱턴의 장군들과 정치인들이 개인적으로 잔인해서 생겨난 문제가 아니었다. 농민 대중이 공산당을 지지하는 상황에서 장군들이 전쟁 승리를 위해 떠올릴 수 있는 유일한 방법이 바로 대량 학살이었다.

미군 병사들은 블루칼라와 평범한 화이트칼라 노동자들의 자식이었다. 전문직 중간계급의 자식들은 징집을 피하기 위해 학업이나 질병을 핑계로 입대를 연기하거나 조지 W 부시처럼 주 방위군에 입대했다. 일부는 베트남을 피하기 위해 해군에 입대했으며 그중 소수는 2004년 민주당 대통령 후보로 출마한 존 케리처럼 베트남에서 전역했다. 또 다른 사람들은 나처럼 참전을 거부하며 양심적 병역 거부자가 됐다. 캐나다로 도피하는 사람들도 있었다.

전쟁의 잔혹함 때문에 미국에서 거대한 평화운동이 곧 생겨났다. 참전 군인들이 핵심 구실을 했다. 고향으로 돌아온 참전 군인들은 말이 없었지만, 그들의 표정이 끔찍한 곳에 있었음을 말해 주고 있었다. 그들은 이렇게 말했다. "나는 그 나라에서 무엇이 옳고 그른지 잘 알지 못합니다. 그러나 그곳에서 존경할 만한 유일한 사람들은 바로 우리의 적들입니다."

반전운동은 공민권운동이 없었더라면 가능하지 않았을 것이다. 남부의 운동을 주도했던 활동가들은 어떻게 조직하고, 회의를 진행하며, 시위를 벌이고, 점거하고, 리플릿을 작성하는지를 배웠다. 그들은 연방 정부의 정책에 문제를 제기할 준비가 돼 있었다. 공산주의라는 비난은 공민권운동에서도 거듭 반복됐기 때문에 반전 시위자들에게는 먹혀들지 않았다. 또한 공민권운동이 평범한 미국인들 사이에서 매카시즘의 영향력을 약화시켰다.

덕 다우드는 1950년대 버클리 대학교의 급진적인 교수였다. "세상에, 한국전쟁에 반대한다고 한마디라도 하는 사람이 아무도 없었다. …… 모든 사람들이 몹시도 겁을 먹었다." 그러나 베트남 시위가 시작되자 다우드는 이렇게 이야기했다. "마치 기나긴 빌어먹을 겨울이 지나고 마침내 봄이 온 것 같았다."[14]

1965년의 첫 시위는 규모가 작았다. 워싱턴에서 2만 5000명, 샌프란시스코에서 1만 5000명, 뉴욕에서 5만 명이 모였다. 그러나 조직자들은 들떠 있었다. 활동가들은 흑인들의 '연좌시위sit-in'에서 이름을 딴 '티치인'+을 대학 캠퍼스에서 조직했다. 최초의 티치인은 1965년 미시간 대학교에서 저녁 6시에 시작했다. 3000명의 학생들이 참가했고 다음 날 아침 8시에 끝났다. 그해에 100개가 넘는 티치인이 열렸다. 캘리포니아 버클리 대학교에서 열린 첫 티치인은 36시간 동안 진행됐으며 3만 명이 참가했다.

1967년 말에 이르면 여론조사 결과 대다수가 전쟁에 반대했다. 1969년 11월 워싱턴에서 50만 명이 행진했는데, 이는 미국 역사상 가장 거대한 시위였다. 1970년 5월에 오하이오에서 주 방위군이 대학생 4명을 쏴 죽였다. 400만 명이 넘는 학생들이 항의했고 536개 대학이 동맹휴업에 들어갔다.

학생운동은 대체로 노동계급을 무시했다. 그러나 극소수의 평화주의자들과 사회주의자들이 몇몇 군사기지 앞에 커피하우스를 차렸다. 이것이 군대 안에서 거대한 노동계급 반전운동을 촉발시켰다.[15] 군복을 입은 사병 활동가들이 서로 다른 군사기지에서 250종이 넘는 반전 신문들을 만들어 냈다. 신문을 찍어 낸 병사들, 해군 병사들, 해병대원들은 대부분 감옥이나 베트남으로 끌려갔다. 일부 신문들의 제호를 보면 그 운동의 분위기를 알 수 있다. 알래스카 주 포트그릴리의 〈그린 머신Green Machine〉, 캔자스 주

+ teach-in. 학생들과 교수들이 사회적 항의의 방법으로 개최하는 장시간 토론회.

포트라일리의 〈커스터 장군의 최후Custard's Last Stand〉[+], 뉴저지 주 포트딕스의 〈궁극의 무기Ultimate Weapon〉, 일본 오키나와의 〈인간은 웃는 자에게는 이길 수 없다The Man Can't Win if You Grin〉, 일본 캠프 드레이크의 〈평화를 위해 죽여라Kill for Peace〉, 켄터키 주 포트녹스의 〈군대를 말아먹자FTA(Fuck the Army)〉[++], 샌디에이고 해군기지의 〈덕 파워Duck Power〉[+++], 일리노이 주의 〈장교들을 괴롭히자Harass the Brass〉, 로드아일랜드 주 뉴포트의 〈모두 배를 포기하라All Hands Abandon Ship〉, 그리고 아이슬란드 케플라비크의 공군기지에서 의식 있는 장교들이 발간한 신문 〈박살 난 바닷새Busted Puffin〉.[16]

'전쟁에 반대하는 베트남 참전 군인회'는 중요한 시위마다 참가했다.[17] 1971년에는 워싱턴 중심의 공원에 캠프를 차렸다. 1000명이 넘는 참전 군인들이 훈장을 반납하러 의회를 향해 행진했다. 참전 군인들이 국회의원들에게 가지 못하게 경찰이 담을 치고 막아섰다. 참전 군인들이 한 명씩 앞으로 나서 훈장을 담 너머로 던지며 한마디씩 했다.

"내 이름은 피터 브래너건입니다. 나는 명예 전상장戰傷章을 하나 받았습니다. 이제 저 빌어먹을 놈들과 싸워 하나 더 받고 싶습니다."

"시간이 흘러서 나와 내 전우들이 저지른 짓들을 용서받기 바랍니다."

"제1해병대 2대대, 민중에게 권력을."

"훈장을 반납한다고 하니 아내가 이혼을 요구하더군요. 아내는 내가 이

[+] 1876년 아메리칸 원주민들이 제7기병대를 물리쳐 유명해진 리틀빅혼 전투의 또 다른 명칭. 이 전투에서 전사한 제7기병대 지휘관이 커스터 장군이었다.

[++] 이 제호의 FTA는 "Fuck the Army", "Free the Army" 이중의 의미로 쓰였다.

[+++] 여기서 오리(duck)는 해군 병사들을 의미한다.

훈장을 간직해야 아이들이 나를 자랑스럽게 여길 수 있다고 했습니다. 그
러나 내 가장 절친한 전우 셋이 죽었고, 그래서 내가 이 훈장을 받은 것입
니다."

또 한 사람이 의회 계단을 가리키며 말했다. "우리는 더는 싸우지 않을
것입니다. 그러나 또다시 싸워야 한다면, 그것은 저 계단을 장악하기 위해
서일 것입니다."[18]

존 케리는 그날 훈장을 반납한 사람 중 한 명이었다.

그러나 평화운동이 결정적 영향을 미친 곳은 베트남에 있는 미군들이었
다. 그들에게는 사병들의 신문도, 공식적 조직도 없었고, 집회도 거의 전무
했다. 그러나 1968년부터 사병들은 수색 정찰 명령을 받으면 장교와 하사
관들을 죽이기 시작했다. 사병들은 이것을 '프래깅fragging'이라고 불렀다.
장교 막사에 수류탄을 던져 넣는다는 뜻이었다. 그러나 많은 장교들이 수
색 정찰 중에 등 뒤에서 총을 맞았다. 요점은 누구든 사병들에게 전투를 강
요하는 장교는 벌을 주는 것이었다.

라몬트 스텝토는 1969년과 1970년에 제25보병사단의 장교였다. 그의
얘기를 들어 보자.

대체로 패턴이 있었다. 장교들이 사병들을 못살게 굴면 사병들이 경고를
보낸다. 잠자리로 돌아와 보면 최루가스 탄통이 놓여 있다. …… 그다음에
는 부비 트랩이 설치된다. 걸려 넘어지면 그것이 진짜가 될 수도 있음을 깨
닫는다. 세 번째는 진짜일 가능성이 높다.[19]

장교들이 얼마나 살해당했는지 정확하게 파악하기는 어렵다. 육군 당국

은 기지 내 살인이나 살인미수 혐의로 수백 명의 병사들을 기소했지만, 많은 경우는 흐지부지됐으며 장교들은 대부분 정찰 중에 살해당했을 것이다. 적게 잡아도 장교와 하사관 합쳐서 1000명은 살해당했을 것이다. 그 결과 가장 먼저 해병대가, 그다음에 육군이 전투를 중단했다. 그들은 베트남에서 철수해야 했다. 베트남의 가난한 농민과 미국의 학생, 사병, 해병대원들이 결합해 미 제국의 권력을 물리쳤다.

프래깅은 모든 세대의 미군 장교들에게 커다란 충격이었다. 그중 한 사람이 최근 20년간 국방부 책임자였던 콜린 파월이다. 그는 베트남에서와 같은 반란을 결코 다시 보고 싶어 하지 않는다. 부시의 국무장관인 파월은 1968년에 제46보병사단에서 복무했다. 팀 오브라이언은 같은 시기, 같은 사단의 사병이었다. 오브라이언이 속한 알파 중대의 일등상사는 백인이었다. 이 일등상사는 흑인 병사들을 후방에 배치하는 걸 거부했고, 흑인 병사들이 정찰 중에 그를 죽였다. 그 후 알파 중대는 새로운 연대장을 맞이했다. 도드 대령은 헬리콥터를 몰고 나가 공포에 질린 마을을 습격하는 전투를 즐겼다. 오브라이언은 훗날 이렇게 적었다.

이후 며칠 동안 공격 전투가 더 심해졌다. 우리는 도드 대령과 그의 헬리콥터 부대를 증오하기 시작했다. 야간공격 때 공병대가 도드 대령을 죽였다는 소식이 라디오를 타고 흘러나왔다. 중위 한 명이 주도해 우리는 노래를 불렀다. 외우기 쉽고 즐거운 축가였다. "딩동, 사악한 마녀가 죽었네." 우리는 멋진 화음에 맞춰 노래를 불렀다. 마치 성가대 같았다.[20]

이때부터 파월과 국방부는 어디든 미군이 장기적으로 점령하는 것을 꺼렸다. 지금까지 지속되는 또 다른 효과는 '베트남 증후군'이다. 이것은 병이 아니다. 베트남 전쟁 이후 30년 동안 노동계급 미국인들은 자기 아이들이 미국 정부의 외교정책을 위해 죽어 가도록 내버려 두지 않았다. 9·11 사건 이후 부시와 전체 지배계급은 이러한 저항을 드디어 극복했다고 믿었다. 그러나 미국인들이 재빨리 이라크 점령 반대로 돌아선 것을 보면 이 '증후군'은 여전히 건재하다.

더 많은 운동들

공민권운동이 먼저 시작되고 몇 년 후에 반전운동이 뒤따랐다. 미국의 지배계급은 국가와 세계에 대한 통제력을 잃어 가고 있음을 느끼기 시작했다. 1968년은 베트남에서 공산주의 게릴라들이 도심 일부를 탈환해 몇 주 동안 장악했던 구정 공세가 벌어진 해였다. 그해에 영국, 독일, 이탈리아, 아프가니스탄, 파키스탄, 그 밖의 수십 개 나라에서 학생들의 동맹휴업과 시위가 잇따랐다. 프랑스에서는 학생들의 항의가 인류 역사상 최대의 총파업으로 이어졌다. 뒤이은 몇 달에서 몇 년 동안 전 세계의 모든 지배계급들이 거대한 저항에 직면했는데, 특히 라틴아메리카가 두드러졌다.[21]

1969년 법무장관 존 미첼은 집무실 창밖으로 반전 시위대를 바라보며 러시아 혁명을 떠올렸다.[22] 로버트 맥나마라는 포드 자동차 회사의 최고 경영자를 역임하고 나서 베트남 전쟁 당시에는 국방장관이었다. 1968년에 맥나마라는 세계은행 총재가 됐다. 총재가 돼 첫 주에 한 일은 임원 회의를 여는 것이었다. 그는 미국과 세계은행이 세계의 빈곤에 대해 아무것도 하지 않는다면 더 많은 베트남과 직면하리라는 확신 때문에 여러 가지를 계획하고 있었다. 겁에 질려 적극적으로 변한 자신들의 새 총재의 얘기에 임원들은 긴장하며 귀를 기울였다. 오후 서너 시가 되자 하늘이 "무시무시하게 캄캄"해졌다. "충격" 속에 모임이 끝나고 임원들은 하늘이 어두워진 것이 연기 때문임을 깨달았다. 워싱턴 사람들이 마틴 루서 킹 목사 피살에 항의해 건물들을 불태우고 있었다.[23]

운동은 새로운 운동들을 만들어 냈다. 백인 공민권 활동가들이 뉴욕에서 여성해방운동을 시작했다. 많은 사람들의 어머니가 1930년대에는 공산주의자였다. 1년도 되지 않아 수백만 미국인들이 이 운동의 일부임을 자처했고, 5년이 채 안 되어 전 세계 수억의 여성들이 이 운동에 함께했다.[24]

여성운동의 정치적 공감대는 전적으로 공민권운동 덕이었다. 흑인들이 인종차별 때문에 고통받은 것처럼 여성들은 '성 차별'(이 용어 역시 새로 만들어졌다) 때문에 고통받았다. 성 차별에 맞서 싸우는 방식은 자신감, 조직, 시위였다. 세 가지 핵심 목표가 있었다. 하나는 공민권운동처럼 전문직 직종의 고용 평등이었다. 둘째는 개인 관계의 평등이었다. 이 측면에서 새로운 조직 전략이 생겨났다. 여성들은 소규모 자기 발견 모임에서 만나 자신들의 삶에 관해 이야기하는 중에 갑자기 그토록 오랫동안 겪어 온 모든 일들을 이해하기 시작했다. 몇 년 뒤, 우리 어머니는 TV 앞에 앉아 한 페미니스트가 여성의 저항에 관해 노래하는 것을 보고 계셨다. 눈물을 흘리시면서. 어머니의 인생을 이제야 이해하신 것이었다. 어머니는 "50년, 50년……" 하고 몇 번이나 되뇌시며 눈물을 흘리셨다.

셋째 핵심 요구는 낙태였다. 낙태는 모든 주에서 불법이었지만 실제로는 지켜지지 않았다. 노동계급 청년들은 베트남에 갔지만, 부잣집 아들들은 가지 않았다. 경제적 여유가 있고 잠자리를 함께한 상대가 영향력 있는 남성이라면 수술해 줄 의사를 찾을 수 있었지만, 평범한 여성들은 불법 낙태를 해야 했다. 때로는 친절하고 청결한 경우도 있었지만, 그렇지 않은 경우도 많았다.

많은 여성들은 겁에 질린 채 혼자서 스스로 낙태했다. 기자이자 역사가

인 신시아 고니는 1960년대 의학 잡지들을 면밀히 조사해 여성들이 사용한 도구 목록을 만들었다. 거기에는 "표백제, 정원에 물 뿌리는 호스, 커튼을 다는 막대, 옷걸이, 빨래집게, 바늘, 연필, 식초, 축음기 바늘, 자전거 공기펌프, 튜브, 젓가락" 등이 포함돼 있었다. 여성들이 병원에 입원하고 난 후 이런 것들이 자궁벽에서 발견됐다.[25]

1968년 로버트 드웰러는 수녀들이 운영하는 가톨릭 병원의 산부인과 의사였다. 간호사 중에 "키가 크고 똑똑하며 소신 있는" 주디스 위디콤이라는 여성이 있었다.

드웰러와 위디콤은 분만을 끝내고 수술복을 입은 채 벽에 기대 북새통을 지켜보곤 했다. …… [드웰러는 − 지은이] 위디콤보다 나이가 많았는데 그녀가 선배 의사인 자신에게 짜증을 내면서 자기들이 언제, 어디서 실수했는지 지적하는 것을 지켜보며 재밌어했다. 위디콤은 공손하지는 않았다. 그녀에게는 공손함이라는 개념이 없었다. …… [때때로 분만 후에 − 지은이] 위디콤은 드웰러를 쳐다보지도 않고 문득 이렇게 이야기하곤 했다. "장담컨대 이 여자는 아이를 진심으로 원하지는 않았어요."

"그럴지도 모르지." 드웰러는 간단히 공감하고는 다른 이야기로 대화를 이어 갔다. 그러나 드웰러는 …… 위디콤이 자신에게 신호를 보내고 있음을 알아차렸다. 어떤 암시가 있었지만, 드웰러는 그게 무슨 뜻인지 정확히 알지 못했다.[26]

한 달이 지나지 않아, 위디콤은 자신의 비밀 소개소에 드웰러를 가입시키고, 여성들을 시카고와 멕시코의 믿을 만한 불법 시술사들에게 보냈다. 여성들은 법정과 주 의회에서도 논쟁을 벌였다. 1970년 4월 뉴욕 주에서 낙태가 합법화됐다. 주디 위디콤 그룹은 아직은 합법이 아니었지만 더는 지하로 숨을 필요가 없었으므로 여성들을 뉴욕 주로 보내기 시작했다. 부자들은 비행기로 갔고, 나머지 사람들은 편도 2400킬로미터를 버스로 갔다.

댈러스포스 워스에서 노마 매코비라는 웨이트리스가 젊은 변호사인 사라 웨딩턴과 린다 커피를 찾아왔다. 매코비는 혼자서 아이를 키우고 있었는데, 다시 임신한 상태였다. 매코비는 그 변호사들이 텍사스의 낙태법을 개정하기 위해 판례가 될 만한 소송사건을 모집한다는 얘기를 듣고 찾아온 것이었다. 도움이 될 만한 판례가 전혀 없었기 때문에 매코비 스스로 책임을 떠맡아야 했다. 그런데도 매코비는 변호사들에게 기꺼이 고소인이 되겠다고 말했다. 변호사들은 그녀에게 '제인 로'라는 가명을 지어 줬다. 미국에서 소송사건의 익명으로 흔히 쓰는 '존 도'+ 같은 이름이었다. '로'는 댈러스 지역의 검사 헨리 웨이드를 고소했다.

로 대 웨이드 사건은 우여곡절 끝에 대법원까지 올라갔다. 사라 웨딩턴은 9명의 대법관들 앞에서 사건에 관해 주장을 펼칠 때 스물네 살이었다. 그녀의 아버지는 감리교 목사였다. 웨딩턴은 열아홉 살 때 멕시코에서 불법 낙태를 한 적이 있었고, 당시 자신을 멕시코까지 다녀오게 만들었던 그 남성과 결혼해 살고 있었다.

1973년 1월 22일, 대법원은 여성과 의사가 동의해서 임신 후 3개월 안에 이뤄지는 낙태에 주 정부가 개입할 수 없다고 7 대 2로 판결했다. 더 세부적인 판결에서는 사실상 이후의 임신 기간에도 낙태가 허용됐다. 낙태는 이제 모든 주에서 합법이 됐다. 댈러스의 웨이트리스가 승리를 거둔 것이다.

새로운 운동은 단순히 낙태권과 여성 문제에만 그치지 않았다. 여전히 '인디언'이라고 불리는 원주민들은 아메리칸 인디언 운동을 조직했다. 사우

+ 한국의 홍길동 같은 이름.

스텍사스, 뉴멕시코, 애리조나, 캘리포니아에서 치카노(멕시코계 미국인)들은 그들 고유의 공민권운동을 시작했다. 대다수가 치카노였던 캘리포니아의 이주 농업 노동자들은 노동조합을 결성하기 시작했다.

뉴욕에서는 경찰이 그리니치빌리지의 스톤월이라는 게이 바를 공격했다.[27] 수천 번도 더 벌어진 일이었다. 그런데 이번에는 푸에르토리코 출신의 노동계급 드래퀸+이 경찰차에 연행되자 하이힐로 경찰을 걷어찼다. 반란이 시작됐다. 몇 주 뒤 '동성애자해방전선'이라는 새로운 조직이 생겼다. 흑인들의 폭동이 없었더라면 스톤월 항쟁은 일어나지 못했을 것이다. 여성해방운동이 없었더라면 새로운 조직도 생겨나지 못했을 것이다. 실제로 동성애자들은 자신들의 조직 이름을 베트남 게릴라 조직인 민족해방전선에서 따왔다.

반란은 남성 동성애자들이 시작했지만 레즈비언들도 재빨리 새로운 운동에 동참해 행진을 벌이며 리플릿을 돌렸다. 동성애자들은 자신들에 대한 억압의 특수한 형태에 맞춰 주요 전술을 고안했다. 레즈비언들과 남성 동성애자들은 수모를 당하고 직장에서 해고될지 모른다는 두려움 때문에 일상에서 성 정체성을 숨기도록 강요당했다. 그러나 이제 동성애자들은 자신들이 누구인지 당당하게 밝히며 '커밍 아웃'할 수 있도록 서로를 격려하는 운동을 벌였다.

위기

이 새로운 운동들은 모두 확신에 차 있었다. 이 운동들의 승리는 실질적이고 국제적이었다. 새로운 운동들이 베트남 전쟁을 멈췄고, 미국에서

+ 여장 남성. 동성애자나 트랜스젠더일 수도 있지만, 단순히 공연을 위해 드래퀸 복장을 하는 아티스트들도 있다.

최악의 인종분리정책을 무너뜨렸다. 여성과 동성애자가 해방돼야 한다는 생각은 전 세계 수억 명의 삶을 변화시켰다. 그러나 1975년에 접어들면서 활동가들은 자신들의 운동이 모두 한계에 부딪혔다고 느끼기 시작했다. 왜 그랬는지 이해하기 위해서는 이 운동들의 약점을 살펴봐야 한다.

첫 번째 약점은 새로운 운동들이 노동조합과 노동자들을 간과했다는 점이다. 예컨대 반전운동에 관한 여론조사를 보면, 교육을 덜 받은 사람일수록 더욱 강력하게 전쟁에 반대했다. 이는 놀라운 일이 아니었다. 전쟁터에 끌려간 사람들이 바로 노동계급의 자식들이었기 때문이다. 그런데 학생들이 주도한 반전운동은 미국 전문직 계급의 뿌리 깊은 오만함을 벗어나지 못했다. 우리(나 역시 마찬가지였다)는 단순하게 노동자들이 우리보다 오른쪽에 있으며 덜 계몽됐다고 생각했다.

랠프라는 아들을 베트남에서 잃은 소방관의 아내는 1970년 어느 인터뷰에서 이렇게 말했다.

나와 남편은 우리 아들이 아무런 의미 없이 헛되이 죽었다고 생각하지 않을 수 없어요. 아무런 의미 없이 말이에요. …… 나는 [남편에게 시위대가 — 지은이] 전쟁이 끝나기를 바란다고 말했어요. 그래서 더는 랠프처럼 헛되이 죽는 사람들이 없게 말이죠. 그런데 남편은 아니라고 해요. 그들은 결코 랠프와 랠프 같은 부류의 사람들을 생각하지 않는다고 말이에요. 남편 말이 무슨 말인지 알겠어요. 그들은 그런다고 하지만, 나도 듣고 보는 게 있어요. 랠프가 죽은 후로 가능한 한 열심히 그들이 하는 이야기에 귀를 기울이고 지켜봤어요. 그 사람들의 마음은 미국의 민중, 이 나라의 평범한 사람들이 아니라 다른 사람들과 함께하고 있어요. 어떤 사람이 나와 내 아이들을 염려해 준다고 말하지만 실제로는 누군가 다른 사람들과 공감한다면 내가 그걸 모르겠어요? 그 사람들은 대부분 교외에 있는 고급 주택가의 부잣집 아이들이에요. …… 그들은 여기 와서 우리와 이야기를 나누려 하지 않아요.[28]

사실이었다. 물론 예외도 있었다. 소수의 사회주의자들과 평화주의자들이 군대 안에서 반전운동을 조직하기 시작했다. '전쟁에 반대하는 베트남 참전 군인회'는 대부분 노동계급이었다. 베트남에서 전투를 거부한 병사들, 공민권운동 참가자들, 북부의 흑인 폭동 참가자들도 거의 모두 노동계급이었다. 물론 해방운동에 함께한 여성들, 남녀 동성애자들도 마찬가지였다. 그러나 이 운동들의 지도력은 전문직 중간계급에서 나왔다. 결정적으로 그들의 정치는 어떤 형태로든 일종의 민족주의였다.

운동이 성장하면서 활동가들은 더욱 급진화했다. 사람들은 눈앞 체제의 추악함을 이해하기 시작했지만, 그것을 무엇이라고 이름 붙일지 알지 못했다. 유럽과 라틴아메리카에서는 비슷한 사람들이 노동조합과 노동자운동에 주목했다. 그들에게는 사회주의 전통이 있어서, 자신들이 살고 있는 체제를 자본주의라고 부를 수 있었고 대안을 상상할 수 있었다. 반면에 1950년대의 빨갱이 마녀사냥으로 상처 입은 미국에서는 그렇게 생각할 수 있는 활동가들이 거의 없었다. 그 대신 급진주의자들은 흑인 운동의 사례를 따라 조직을 분리하는 것으로 나아갔다. 남성 동성애자들이 자신들만의 조직을 꾸렸고 급진 레즈비언들도 따로 분리했다. 급진 페미니스트들은 남성과 단절했다. 반전운동에서는 일부 분노한 학생들이 미국의 백인 노동계급은 결코 세상을 바꿀 수 없다고 결론 내렸다. 제3세계의 억압받는 사람들과 미국 내 소수자들을 위해 투쟁해야 하는 것이지, 미국의 모든 노동자들을 위해 투쟁해서는 안 된다는 것이었다.

1970년대 정체성 정치의 약점을 가장 잘 보여 주는 것은 공민권운동일 것이다. 공민권운동이 가장 강력한 운동이었기 때문이다. 킹 목사가 살해된 후에 급진 활동가들은 대체로 블랙파워 운동으로 이동했다. 그러나 활동가들은 여기에도 문제가 있다는 것을 깨달았다. 아프리카계 미국인이 인구의 8분의 1밖에 되지 않는다는 확고부동한 사실 때문에 제3세계 민족 해방 모델이 가능하지 않았다. 흑인들은 자신들만의 국가와 자신들만의 정부를 건설할 수 없었다. 무장 반란은 피바다를 만들 뿐이었다. 흑표범당은 단순히 무기를 휴대할 수 있는 헌법상의 권리를 (무기를 사용하지는 않으면서) 행사하려고 했다. 연방 정부의 집중 공격으로 흑표범당 지도자들은 살해당하거나 감옥에 갇혔다.

블랙파워 운동은 식민지 세계 유색인들의 민족주의 정치에 눈을 돌렸다. 식민지 세계에서는 민족주의가 설득력이 있었다. 그 덕분에 다양한 중간계급과 상층계급 민족주의 정당들이 권력을 잡았다. 그들은 민족적 인종적 연대에 호소하면서 투쟁했는데, 99퍼센트가 같은 인종이었다. 아시아와 아프리카에서는 민족주의자들이 일단 권력을 장악하고 나자 미국만큼이나 불평등하게 권력을 휘둘렀다. 민족주의는 중간계급과 상층계급의 권력을 위한 무기였다.

[반면에] 미국에서는 흑인들이 계속해서 백인들과 함께 노동했다. 흑인 노동자들에게 영향을 미치는 모든 쟁점(단체협약, 복지, 연금, 차별, 건강보험, 경찰 폭력)은 백인들에게도 영향을 미쳤다. 흑인 급진주의자들은 동맹 세력 없이도 저항할 수 있었다. 그러나 승리를 거둘 수는 없었다.

디트로이트 흑인 급진주의자들의 사례를 살펴보자.[29] 디트로이트는 모타운Motown, 즉 자동차 도시였다. 자동차 산업이 도시를 지배했고 자동차노조가 저항운동을 지배했다. 이곳에는 작지만 활력 있는 마르크스주의·사회주의 전통이 있었다. 흑인 급진주의자들도 자연스레 노동자들을 조직했다. 단 그들은 오로지 흑인 노동자들만을 조직 대상으로 삼았다. 흑인 급진주의자들은 닷지 자동차에서 〈닷지 혁명적 노동조합운동DRUM〉을 발간하는 것부터 시작했다. 이를 시작으로 다른 자동차 공장에서도 흑인 혁명가들의 지부를 건설할 수 있었다. 그런데 한 번의 비공인 파업이 그들의 치명적 약점을 드러내고 말았다. DRUM의 선동가들은 흑인 노동자 대다수를 파업에 끌어들일 수 있었다. 그러나 DRUM의 피케팅 참가자들은 백인 여성 노동자들에게 리플릿을 돌리며 파업 동참을 호소하는 활동을 원칙적으로 거부했다. 당연히 백인 여성들은 일했고 파업은 패배했다. 자동차노조의 우파 지도부는 DRUM을 비난하며 공장에서 그들의 기반을 파괴할 수 있었다.

같은 일이 학생운동, 여성운동, 동성애자운동에서도 일어났다. 모두가 각자 자신만의 정체성, 자신 나름의 '민족주의'를 위해 자신만의 게토+에서 투쟁했다. 그러나 이렇게 분리된 조직은 제대로 작동하지 않았다.

1970년대가 지나면서 흑인 급진주의자들은 '백인 권력 구조'로 흡수됐다. 혁명적 분리주의는 그들에게 도움이 되지 않았다. 대부분은 분리주의가 아니라 혁명이 문제라고 생각했다. 정치적 재능이 있고 교육받은 사람들은 민주당이나 지역 정치, 전문직으로 이동했다. 그들은 더 온건하지만 여전히 민족주의 형태의 정체성 정치로 이동했다. 다른 사람들은, 예컨대 흑인 이슬람 단체인 '이슬람국가'의 회원들처럼 분리주의에 매달렸지만 체제를 문제 삼지는 않았다. 1980년대와 1990년대 내내 흑인은 흑인만을 위해, 여성은 여성만을 위해, 동성애자는 동성애자만을 위해, 노동조합은 노동조합만을 위해 투쟁했다. 분리는 그들을 모두 약화시켰다. 시위와 반란에서 언제나 다수를 형성해 온 흑인 노동자들의 의식도 퇴조했다.

+ 소수민족이나 소수자들이 모여 사는 빈민가.

1970년대 말에 이르자 1960년대의 모든 운동이 극도로 약화됐다. 그러나 노동조합과 마찬가지로 명맥은 유지해 나갔다. 1960년대의 운동들은 미국의 지배계급을 뒤흔들어 진정한 승리를 쟁취했다. 1981년에 이르자 기업들과 지배계급이 이윤을 회복하기 위해 미국을 훨씬 더 불평등하게 만들고 싶어 했다. 그러려면 옛 운동의 유산을 공격해야만 했다.

4장 파업과 세금

지금까지의 논의를 요약해 보자. 1960년대 중반 이후로 선진국에서 산업 이윤율이 하락하기 시작했다. 이 때문에 1973년 일련의 전 세계적 경기후퇴 중 첫 번째 위기가 시작됐다. 이후 세계경제는 1945~1970년보다 훨씬 느리게 성장했고 대부분의 나라에서 실업률이 높아졌다. 기업과 정부는 이윤율 회복을 원했다. 이는 규제 완화, 노동조합 분쇄, 민영화, 감세, 사회 지출 축소와 '세계화', 즉 미국의 이윤을 위한 새로운 시장 개방을 의미했다.

1973년의 첫 대규모 경기후퇴는 미국의 지배계급에게 경각심을 불러 일으킨 신호였다. 1970년대의 나머지 기간에는 경기 침체가 지속될지 분명히 알 수 없었다. 지배계급은 사회를 서서히 우경화시키려고 노력하면서 무엇을 해야 할지를 둘러싸고 자기들끼리 논쟁했다. 그러고 나서 1980년에 두 번째 전 세계적 경기후퇴가 닥쳤다. 이것이 자극제가 됐다. 뭔가 하지 않으면 안 되는 상황이었다. 미국의 지배계급은 미국과 세계를 더 불평등하게 만들어야만 했다. 1980년은 공화당의 로널드 레이건이 대통령으로 당선한 해였다. 레이건은 1981년 1월에 취임했다.

레이건은 모든 지배계급의 지원을 받았다. 그는 이른바 '테플론Teflon'

대통령이었다. 레이건이 무슨 잘못을 하든 행정부의 고위 인사가 어떤 범죄를 저지르든 언론은 레이건을 감쌌다. 테플론 프라이팬처럼 레이건에게는 아무것도 들러붙지 않았다. 로널드 레이건이 얼마나 제 스스로 정부를 이끌었는지 의심이 갈 정도다. 어쨌든 그의 정부 전체가 부자들과 권력자들의 광범위한 합의를 수행했다. 이 점에서 '레이건'이라는 단어는 이러한 합의의 상징이었다.

그러나 '레이건'의 경제 프로젝트는 더 폭넓은 우익 캠페인으로 확산돼야 했다. 사회를 좀 더 불평등하게 만들려면 모든 면에서 그렇게 만들어야 한다. 인간은 전체로서 존재하기 때문이다. 만일 내가 여성과 남성, 흑인과 백인, 동성애자와 이성애자가 평등해야 한다고 진심으로 믿는다면, 나는 부자와 가난한 사람도 평등해야 한다고 생각할 가능성이 높다. 우리는 서로 모순되는 생각들을 하거나 어느 정도까지는 직장과 가정에서 행동이 다를 수 있다. 그러나 정상적인 사고를 한다면 이런 모순과 분리에 한계가 있는 법이다.

남성과 여성, 부모와 자식의 관계는 우리가 세상을 살면서 가장 일찍, 가장 친밀하게 경험하는 유대 관계다. 이 관계의 불평등은 우리가 말을 배우기도 전에 우리 몸에 각인돼 자리 잡는다. 이 때문에 부자들과 우파들은 매우 강력하게 '가족 가치'를 옹호한다. 그것이 뿌리 깊은 성 불평등에 기반을 두고 있기 때문이다. 같은 이유로 좌파와 가난한 사람들은 해방을 옹호할 가능성이 더 높다. 이런 맥락에서 만일 여러분이 백인인데 그녀는 아니기 때문에 당신이 그녀보다 낫다고 여긴다면, 당신보다 돈이 많고 아름다운 사람은 당신보다 나은 대접을 받을 만하다는 생각을 받아들일 것이다.

이것은 거꾸로도 적용될 수 있다. 사람들이 어떤 부분의 평등을 위해 투쟁하면 그 덕분에 또 다른 평등을 위해서도 투쟁할 수 있는 자신감을 얻는다. 자신이 가르치는 학교에서 커밍 아웃한 레즈비언 교사는 임금 인상을 위한 파업을 지지할 가능성이 더 높다. 전 세계적으로 벌어진 2003년 2월 15일의 반전시위는 이듬해 베를린에서 복지 재정 삭감에 반대하는 30만 명의 시위로 이어졌다.

마찬가지로 평등을 위한 중요한 투쟁에서 패배할 경우, 사회 전체에 영향을 미친다. 1982년에 인도 뭄바이에서 섬유 노동자 125만 명이 1년 넘게 파업을 벌였지만 패배했다. 인도의 노동조합들과 좌파들은 그 패배의 충격에서 이제야 벗어나고 있다. 1984~1985년 영국의 광부 파업 역시 같은 영향을 미쳤다.

우경화 움직임 또한 점진적인 방식으로 진행된다. 1970년대 초 영국의 좌파와 급진주의자들은 자신감에 차 있었다. 그들은 수많은 파업에서 승리를 거뒀고 일자리를 구하기도 쉬웠다. 1973년 이후 대규모 실업이 생겨났고 노동조합들은 파업에서 패배했다. 세상의 모든 작업장에는 떠버리 우파가 최소한 한 명은 꼭 있기 마련이다. 1960년대에는 그들이 조용했다. 그런데 이제 입을 열기 시작해 우익 신문에서 읽은 내용을 떠들고 다녔다. 급진주의자들은 반박할 용기가 없었다. 그들은 두려웠거나 지쳤거나 승진을 원했거나 반박해 봤자 더는 먹히지 않을 거라고 체념했다. 결국 급진주의자들은 낱말 맞추기 게임을 하거나 함께 잡담할 만한 동료를 찾았다. 그러자 급진주의자들의 의견에 어느 정도 동의하지만 자신이 없던 중도파들은 사람들이 대부분 떠버리들의 말에 동의한다고 판단했다. 그리고 다들 그렇게 생각한다면 내 생각도 약간은 오른쪽으로 옮기는 게 좋겠다고 결론 내렸다.

이 모든 사실이 의미하는 것은 다음과 같다. '레이건 혁명'이 경제정책을 바꾸고 노동조합을 파괴하려는 것이었다면, 그를 위해 지배계급은 1930년대와 1960년대 저항운동의 유산, 특히 노동조합, 공민권운동, 북부 흑인 게토의 반란, 반전운동, 여성해방, 동성애자해방운동을 깎아내려야 했다. 그들의 정책은 어떤 부분도 다른 부분에 대한 고려 없이는 이해할 수 없다.

레이건이 노동조합을 공격하다

레이건이 취임한 시점은 미국의 지배계급이 이윤을 회복하기 위해 노동조합을 파괴해야 한다고 결정한 시점과 맞물린다. 그리고 지배계급은 노동조합이 많이 약해져서 충분히 파괴할 수 있다고 생각했다.

노동조합 지도자들은 1981년까지 30년 동안 비공인 파업을 저지해 왔다. 노동조합 안에 급진주의자나 사회주의자들의 네트워크도 별로 없었다. 일부 노동조합은 부패한 상태였다. 부패하지 않은 대부분의 노동조합도 지도자들이 조합원들을 제대로 대변하지 못했다. 그 결과 노동조합 가입률은 꾸준히 하락세를 이어가고 있었다.

1978년에 나온 할리우드 영화 〈블루칼라Blue Collar〉는 노동계급의 혼란을 훌륭하게 표현했다. 자동차 노동자 셋(백인 한 명과 흑인 두 명)이 바에 앉아서 노동조합에 관해 불평하는 장면이 있다. 그들은 노동조합이 부패했다고 투덜거리며 자기 지역의 지도부를 헐뜯는다. 주변 대학의 학생이 테이블에 끼어들어 부드럽게 노동조합을 비판하기 시작한다. 그러자 노동자들이 학생을 때려눕힌다. 아무리 그래도 자신들의 노동조합이기 때문이다.

1981년 대부분의 공장과 산업은 노동조합이 조직돼 있었고, 그들은 계속 파업을 벌였다. 즉 그들은 이윤을 회복하기 위한 어떤 시도에도 여전히 주된 방해 요소였다. 레이건은 취임하고 몇 달 후, 항공관제사노조PATCO를 본보기로 노동조합과 대결했다.[1] 관제사노조는 작고 민주적이며 전투적인 노동조합이었다. 조합원은 1만 4000명 남짓으로 관제사들이 대부분 가입해 있었다. 그들은 모두 연방 정부에 고용돼 있었고, 대부분 똑똑하고 자신만만하며 신체적으로도 잘 단련된 고숙련 노동자였다.

그러나 그들은 극도로 심한 스트레스에 시달렸다. 관제사들은 레이더 스크린 앞에 앉아 수십 대의 비행기가 서로 부딪히지 않도록 적정한 고도를 알려 줬다. 한 번의 실수가 수백 명의 목숨을 앗아 갈 수 있었다. 4시간 동안 짧은 휴식조차 없이 일하기도 했고, 의무적으로 초과근무를 해야 했다. 그들은 대부분 그럭저럭 일의 속도를 조절할 수 있는 소규모 공항에서 일을 시작하지만, 8년이나 10년 정도 경험이 쌓이면 의무적으로 더 크고 붐비는 공항으로 전근해야 했다. 그리고 남은 인생을 그곳에 묶여 일했다.

그들은 직장을 그만두고 싶어 하지는 않았다. 대부분 제대로 교육받지 못한 터라 다른 일로 그만한 돈을 벌 방법이 없기 때문이었다.

문제는 스트레스 때문에 오래 버티지 못한다는 점이었다. 대부분이 연금을 보장받을 수 있는 25년 만기 근무를 다 채우지 못하고 그만뒀다. 1980년 이전 3년 동안, 연금 혜택을 보장받지 못하고 직장을 그만둔 관제사의 89퍼센트가 건강 문제 때문이었다.

1980년 관제사노조의 새 위원장으로 로버트 폴리가 선출됐다. 단체협약 갱신이 다가왔고, 조합원들은 노동강도, 강제 초과근무, 임금 문제에서 변화가 있기를 간절히 바랐다. 폴리의 첫 번째 전략은 정치적 영향력을 미치는 것이었다. 그는 당시 대통령 후보였던 로널드 레이건에게 찾아갔다. 레이건은 폴리에게 관제사들을 돕겠다고 약속하는 공식 문서를 써 줬고, 그 보답으로 관제사노조는 레이건을 지지했다.

레이건은 대통령에 당선하고 나자 약속을 어기고 아무 일도 하지 않았다. 폴리는 어쩔 수 없이 자신이 할 수 있는 최선의 협약을 맺었지만 노동조합 집행위원회는 만장일치로 이 합의안을 거부했다. 집행위원회의 결정이 시카고에서 열린 전국 회의에서 발표되자 "500명의 지부장들이 격렬하게 환호하며 외쳤다. '파업하라, 파업하라, 파업하라.'"[2] 조합원들은 1만 3495표 대 616표로 이 합의안을 부결시켰다.

1981년 8월 3일 월요일, 관제사들은 파업에 들어갔다. 연방 정부는 레이건이 대통령이 되기 전부터 몇 달 동안 파업에 대비해 준비하고 있었다. 정부는 오클라호마 주의 비밀 시설에서 대체 인력을 훈련시켰다. 이제 정부는 국내선 운항 횟수를 절반으로 줄이고 대체 인력을 투입하며 그들이 '대체 노동자'라고 선언했다.

파업이 시작되자 레이건은 관제사들에게 48시간 안에 복귀하지 않으면 해고하겠다고 통보했다. 셋째 날인 수요일 정부는 모든 파업 노동자의 집에 편지를 보냈다. 금요일까지 1만 1500명의 관제사들이 업무 복귀를 거부했다.

관제사들은 다른 노동조합들이 피켓라인을 넘지 않고 동조 파업을 벌여야만 승리할 수 있었다. 파업이 시작되자 AFL-CIO 연맹 지도자들은 시카고에 모여 개별적으로 오헤어 공항의 피켓라인에 동참했다. 그러나 노조 지도자들은 자기 조합원들에게 피켓라인을 존중하라고 지시하지 않았다. 그렇게 하면 정부에게 고소·고발당할 수 있기 때문이었다. 노동조합들은 이 문제를 재고하지 않고 법을 지키기로 했다. 그동안 조종사들은 비행기를 운항했고 정비사들도 비행기를 정비했다. 대체 인력과 새로 고용된 사람들이 업무를 정상화하는 데 6년이 걸렸다. 해고된 관제사들은 모두 블랙리스트에 올랐다.

이 파업은 모든 노동조합에 커다란 본보기가 됐다. 그 전에는 연방 정부가 노동자들을 집단 해고한 적이 한 번도 없었다. 레이건은 몇 차례의 언론 담화를 통해 공개적으로 책임을 떠맡았다. 더욱이 누구나 관제사들이 매우 유리한 위치에 있다고 생각했다. 레이건은 그들을 해고할 경우 비행기 사고가 일어나 자신이 비난받을 수도 있다는 위험을 감수해야 했다. 노동조합 지도자들과 조합원들은 레이건이 관제사들을 별 문제 없이 해고한다면 고용주들이 무슨 짓이든 할 수 있을 거라며 웅성거렸다. 정부는 대량해고를 법제화해 놓고 노동조합운동에 맞선 주요 전투에서 승리를 거뒀다.

중서부 지역의 산업도시에서 공장들이 문을 닫기 시작했다. 노동조합 지도자들과 조합원들은 두려움에 떨었다. 관제사 파업이 벌어지기 전인 1980년에는 "임단협에서 임금이 동결되거나 삭감된 경우가 단 한 건도 없었다. 1982년이 되면서 새로운 임단협의 44퍼센트가 임금동결이나 노골적 삭감을 인정해야 했다."[3] 이러한 새로운 '기득권 반환 협약'은 임금을 20퍼센트 삭감하는 경우도 있었고, 대체로 기본적인 노동조건을 희생시켰다.

기나긴 후퇴

1982년 말에 접어들면서 산업부문의 경기후퇴는 더 극심해지고 너무 오래 지속됐다. 연방준비제도이사회FRB는 금리를 인하했고, 레이건은 국방비 지출을 늘려 경기를 부양하기 시작했다. 공장폐쇄는 계속됐지만 그 속도는 둔화됐다. 이윤율이 떨어지면서 일부 공장들은 파산했다. 새로운 투자도 별로 없었다. 투자하는 경우는 새로운 기계를 사들여 더 적은 노동력으로 더 많이 생산함으로써 사람들을 일터에서 내쫓기 위한 것이었다. 물론 기업들이 대놓고 그렇게 말하지는 않았다. 점점 더 많은 공장에서 회사 측은 노동조합이 악화된 노동조건과 저임금을 받아들이지 않으면 공장을 해외로 이전하겠다고 말했다.

뒤이은 몇 년 동안 연달아 파업이 일어났고, 고용주들은 레이건의 지도를 따라 파업 노동자 전원을 해고했다. 1980년대에는 이런 일이 주로 상대적으로 고립돼 있던 미네소타 주 오스틴의 정육 공장, 애리조나 주의 구리 광산, 메인 주의 제지 공장 같은 곳에서 일어났다. 1990년대에는 파업이 일리노이 주의 디케이터처럼 산업 중심지인 대도시 쪽으로 이동하기 시작했지만, 세간의 주목을 받지 못하자 언론에서도 크게 다루지 않았다. 그러나 노동조합 활동가들은 이 파업들을 지켜보며 사기가 떨어지고 말았다.[4]

오래된 공장들이 문을 닫으면서 노동조합도 조합원 수가 줄었다. 노동조합이 투쟁하려 하지도 않았고, 더 나쁘게는 투쟁해도 패배했기 때문에 새로운 노동자들이 노동조합에 가입하려 들지 않았다. 1955년에는 미국 노동자 3분의 1 이상이 노동조합에 가입했는데, 1973년에는 24퍼센트로 줄었고, 2000년에는 14퍼센트였으며, 이후 계속 감소하고 있다. 해외로 공장을 이전하겠다는 협박이 핵심이었다.

중요한 점은 대부분의 기업들이 실제로는 그럴 계획이 없었는데도, 노동조합과 노동자들이 그런 위협을 사실로 받아들였다는 것이다. 경제학자인 케이트 브론펜브레너가 1993~1995년에 노동조합이 조직 사업을 벌였던 기업들을 조사한 내용에 따르면, 전체 기업의 절반과 제조업 기업의 65퍼센트가 노동자들이 노동조합에 찬성표를 던지면 공장을 폐쇄하겠다고 협박했다. 이 조사는 기업을 해외로 이전하겠다고 위협했을 때 노동자들이 노동조합에 찬성표를 던지는 비율이 떨어졌음을 밝혀냈다. 그러나 노동조합이 투표에서 승리한 뒤 실제로 공장을 이전한 경우는 고작 12퍼센트밖에 되지 않았다.[5]

민주당의 빌 클린턴이 대통령에 선출된 1992년에는 노동조합들이 매우 약해져 있었다. 클린턴은 레이건과 달리 노동조합을 공격할 필요가 없었다. 그러나 연방노동관계청은 계속해서 고용주 편을 들었다.

스티븐 프랭클린 기자는 1994~1996년에 세 차례에 걸쳐 오랫동안 싸웠지만 처참하게 패배하고 말았던 일리노이 주의 디케이터 지역 파업에 관한 책을 썼다. 첫 번째 파업은 일본 기업이 소유한 파이어스톤 타이어 공장에서 일어났다. 두 번째는 미국인 소유의 캐터필러 트랙터 공장에서 일어났고, 세 번째는 영국계 기업인 테이트 앤 라일 소유의 스탤리에서 일어났다. 세 번 모두 경영진은 노동조합을 분쇄할 절호의 기회로 보고 파업을 환영했다. 프랭클린은 몇 년간 파업 노동자들과 대체 인력으로 활동한 파업 파괴자들을 인터뷰하면서 그들이 어떻게 느꼈는지 이해하려고 노력했다.

블루칼라 노동자들은 앞으로 펼쳐질 세상에 대한 두려움 때문에 자신감을 잃어 갔다. 그들은 해외무역에 노출된 공장들이 다름 아닌 저임금 노동을 찾아서 자신들을 내팽개칠 수 있다고 느꼈다. ……

한편 이웃들은 노조원들을 시샘하기 시작했다. …… 노조원들이 일하는 공장은 여전히 보수가 괜찮았지만 이웃들은 그렇지 못했다. 이웃들은 노동조합에 가입하지 않았다. …… 그들은 노조원들이 힘들다고 말하면 배부른 소리라고 여겼다. 노조원들이 온갖 혜택과 보호를 받는 응석받이 아이 같다고 생각했다. ……

디케이터의 일부 고임금 노조원들은 주변의 적대감을 감지했다. 그러나 대부분은 대중의 지지를 기대했다가 충격을 받았다. …… 그들 자신이 수년간 분노를 품고 살아왔기 때문에 이런 적대감을 납득하기가 어려웠다. 많은 사람들이 자신이 불합리한 전쟁, 즉 베트남 전쟁의 피해자와 비슷한 처지라고 생각했다. 그들은 학교에 다니다 군에 입대했는데, 돌아와 보니 아무도 환영해 주지 않았다. ……

미국이 뭔지 모를, 설명하기 어려운 쇠락의 길에 접어들었다고 느낀 것은 노조원만이 아니었다. 수많은 미국인들이 뭔가 잘못돼 간다고 느꼈다.

…… 그들, 공장노동자는 충실한 신도들이었다. …… 그들은 놀랄 만큼 참을성 있게 믿고 살았다. 열심히 일하면 직장, 특히 공장에서 좋은 일자리를 얻을 수 있고 보수도 좋아질 거라고 말이다. 신의 축복으로 괜찮은 삶을 살 수 있을 거라고 믿었다. 이 때문에 무슨 일이 벌어지고 있는지 이해하기가 훨씬 더 어려웠다.[6]

노동조합에서 활동하는 토머스 조지건 변호사는 1991년 이렇게 말했다.

'조직노동자.' 누구든 이 단어를 꺼내면 가슴이 철렁할 것이다. 나는 노동 변호사이지만 내 가슴도 철렁한다. 우둔하고 멍청한 조직노동자들, 그들이 내 의뢰인들이다. …… 이 도시의 다른 노동 변호사들을 둘러봐도 우리에겐 일거리가 별로 없으며 점점 더 빨리 줄어들고 있다. 어느 날 잠에서 깨면 노동조합이 사라져 버릴 것 같다. 완전히 말이다. ……

내가 느끼는 것, 다른 노동 변호사들이 느끼는 것은 이런 것이다. 의뢰인에게 전화해 신경질적으로 말한다. "조직을 해요, 조직을." 그러나 우리 모두 조직하는 게 불가능하다는 것을 알고 있다. …… 물론 의뢰인들도 알고 있다. 그들은 수백만 번도 더 고통을 참으며 조직하려고 노력해 왔다. …… 노동운동은 상처 입은 동물처럼 허약해졌다. ……

나는 파티에서 [내가 노동 변호사임을 — 지은이] 결코 밝히지 않는다. 내가 생각해도 얼간이처럼 느껴지기 때문이다. 어머니도 이렇게 말씀하셨다. "그냥 가난한 사람들을 위해 일한다고 말하렴. 그렇게 하는 편이 수월할 거야." ……

[그러나 노동조합은 여전히 — 지은이] 터무니없게도 비미국적인 어떤 것이다. …… 아무 노동조합의 강연회나 집회에 가서 연설들을 들어 보라. 나

는 수년간 연설들을 들었지만, 개인주의라는 주제에 관해서는 침묵만이 흐를 뿐이다. 나이아가라 폭포 소리에 귀가 먹먹해진 것처럼 조용하다. 아무도 개인주의에 반대하지 않지만 결코 언급하지도 않는다. 이것이 미국인가? ……

개인주의는 파업 파괴자들의 것이다. 이 나라는 파업 파괴자들의 세상이 돼 버렸다. …… 1980년대 이후로 파업은 정신 나간 짓이 돼 버렸다. 모든 파업이 재앙으로 끝난다. 조합원들은 예전처럼 우렁차게 고함을 지르며 파업에 동참한다. 그러다가 [파업 파괴자들을 — 지은이] 보게 된다. …… 우리 동지들은 마치 삼진 아웃당한 타자처럼 어깨에 팻말을 걸친 채 믿기지 않는다는 표정으로 거기 서 있다. 그들의 팻말 손잡이에는 대문자로 'SCAB HUNTER'+라고 적힌 조그만 배지가 달려 있다. 그러나 그 배지를 두려워하는 사람은 아무도 없다. 사람들은 피켓라인을 마음대로 넘나든다. ……

연대, 노동조합. 이것만이 사랑이다. 스스로의 이름을 드러내지 못하는, 이 나라에 남은 유일한 사랑이다.[7]

사람들은 연대라는 사상은 잊어버렸다. 노동조합은 노동계급을 위한 개혁 운동으로서 등장했다. 1930년대의 노동조합은 실업 노동자들을 조직해 경찰에 맞서 싸우고 파업 중인 공장을 봉쇄했다. 노동조합들은 연대를 통해 사회가 평등해질 수 있다고 외쳤다. 많은 노동조합 활동가들이 여전히 그런 생각을 간직하고 있었다. 바에 앉아 그런 이야기를 주고받기도 했다. 그러나 그들은 수세에 몰리고 있었다.

심지어 1990년대 말의 호황기에도 노동조합은 여전히 회복하지 못했고 산업부문의 임금도 회복되지 않았다. 그러나 일자리는 주변에 널려 있었

+ 대체 인력이나 파업 불참자 등의 파업 파괴자(SCAB)들을 몰아내는 사람들.

다. 주류 경제학자들도 놀랐다. 그들은 노동자들을 겁먹게 해서 약화시키는 데는 실업이 필수적이라는 이론을 신조처럼 여겼다. 심지어 이것을 수치화한 통념도 있었는데, 노동자들을 겁먹게 하려면 6퍼센트 이상의 실업률이 유지돼야 한다는 것이었다. 수년간 정부 측 경제학자들은 신중하게 실업률을 6퍼센트 이상으로 유지하며 만족해하고 있었다. 1990년대 말에는 실업률이 4퍼센트로 떨어졌다. 밥 우드워드는 연방준비제도이사회 의장 앨런 그린스펀에 관해 쓴 자신의 책에서 이렇게 적었다.

그 정도로 실업률이 낮아지면 노동자들이 우위를 차지해 고임금을 요구한다는 통념이 있었다. 그런데 통계를 보면 임금은 별로 오르지 않았다. 이것은 그 당시의 경제학 수수께끼였다. 한때 그린스펀은 동료들과 함께 '상처 입은 노동자들'에 관한 가설을 세우기도 했다. 즉 불안정한 고용을 경험한 사람은 그 때문에 더 낮은 임금 인상을 받아들인다는 것이었다. 그린스펀은 기업 지도자들과 이야기를 나눴는데, 그들은 자기 회사의 노동자들이 선동도 하지 않으며 해고당해서 직장을 옮기면 자신들의 숙련 기술이 팔리지 않을까 봐 두려움에 떤다고 말했다.[8]

그린스펀은 정부가 임명한 중앙은행의 우두머리였다. 그는 노동자들이 충격을 받았다는 사실에 안도했다.

산업 노동자들이 해고되고 임금이 삭감되면서 서비스산업에 새로운 일자리가 생겼다. 이제 새롭게 등장한 월마트가 자동차 회사에서 해고된 사람들을 모두 고용하고도 남는다. 그러나 이러한 맥잡+은 노동조합의 보호를 받지 못했으며, 보통 최저임금만 지급하고 의료보험 혜택도 없었다.[9] 또

+ McJob. 맥도널드처럼 전망 없는 저임금 노동.

대부분 시간제 노동이었기 때문에 고용주들이 다양한 복지 혜택을 주지 않아도 됐다. 공장에서 해고된 사람들은 전에 받던 임금의 절반이나 3분의 1을 받으며 일했다.

고용주들이 사람들을 해고하기가 좀 더 어려운 정부 고용 부문과 일자리가 늘어난 서비스산업의 저임금 직종에서 노동조합원 수가 약간 늘었다. 병원 노동자, 청소부, 상점 노동자, 교사, 시市에 고용된 노동자들이 노동조합에 가입해 파업을 벌였다.[10] 그러나 힘겨운 싸움이었다.

미국의 노동계급은 무기력함과 쓰라림을 축적해 가고 있었다. 이것이 마침내 분출한 것이 1998년의 폭발적인 UPS 파업과 1999년 노동조합들의 시애틀 시위였다. 그러나 우리의 이야기가 거기까지 가려면 아직 지면이 많이 남아 있다. 여기서는 지배계급이 노동조합을 공격한 1980년대와 1990년대를 집중적으로 다루고 있다. 지배계급은 그저 노동조합만을 약화시킨 것이 아니었다. 연대와 평등이라는 사상 전체를 약화시켰다. 또한 노동조합원들이 자신들에 대해 생각하는 방식까지 변화시켰다.

임금과 이윤

레이건 시대부터 클린턴에 이르기까지 20년간 노동조합을 공격하고 노동자들을 해고한 결과, 미국은 선진국 중에서 가장 불평등한 사회가 돼 버렸다.

레이건이 당선한 1980년에 대기업 최고 경영자들은 육체 노동자 평균임금의 42배를 받았다. 클린턴이 대통령이던 1995년에는 이 격차가 141배로 벌어졌다. 3년 뒤인 1998년에는 419배로 뛰었다.[11] 미국인의 79퍼센트가 평균임금보다 적게 벌었다. 상위 20퍼센트가 전체 임금과 급료의 48퍼센트를 차지했기 때문이다.

1973~1995년의 22년 동안 미국의 하위 60퍼센트는 실질임금이 하락했다. 아래의 표를 보면 수치를 확인할 수 있다.[12]

(이 임금 수치는 시간당 임금에 해당하지만 월급을 받은 사람도 포함돼 있다. 이 수치는 2001년 수준에 맞춰 조정됐기 때문에 실질임금 비교가 가능하다. 표에서 20퍼센트 이상 소득 노동자란 노동인구의 [하위] 20퍼센트보다는 많이 벌지만 [상위] 80퍼센트보다는 적게 버는 사람이다. 50퍼센트 이상 소득 노동자는 [하위] 50퍼센트보다는 많이 벌지만 [상위] 50퍼센트보다는 적게 버는 사람이다.)

단위 : 달러	1973년	1995년
20% 이상 소득	7.61	7.14
40% 이상 소득	10.52	10.04
50% 이상 소득	12.06	11.68
60% 이상 소득	13.84	13.83
80% 이상 소득	18.37	19.96

인구의 [하위] 절반보다 많이 버는 노동자는 시간당 실질임금이 하락했다. 노동인구의 [하위] 80퍼센트보다 더 많이 버는, 전문직 중간계급의 끄트머리에 있는 사람은 22년 동안 시간당 실질임금이 1.59달러, 즉 매년 고작 7센트씩 상승했다. 임금 인상이 한 해에 0.5퍼센트도 안 되는 것이다.

임금은 이후 1995~2001년의 6년 동안 약간 더 상승한다. 그러나 전체 고용 인구의 [하위] 80퍼센트보다 많이 버는 사람의 소득 증가율은 여전히 1973~2001년의 28년 동안 한 해에 1퍼센트가 채 안 된다.

1973~2001년의 시간당 임금 변화 수치는 다음과 같다.[13]

단위 : 달러	1973년	2001년	연간 임금 상승
20% 이상 소득	7.61	8.07	0.02
40% 이상 소득	10.52	11.03	0.02
50% 이상 소득	12.06	12.87	0.03
60% 이상 소득	13.84	15.06	0.05
80% 이상 소득	18.37	21.71	0.09

1973년의 최초 경기후퇴부터 2001년까지 28년 동안 다른 선진국에서는 실질임금이 상승했다. 미국, 동유럽, 라틴아메리카 일부, 아프리카의 대부분에서는 실질임금이 상승하지 않았다. 적어도 1995년까지는 미국 지배계급의 뜻대로 됐다. 그들은 인건비를 낮추는 데 성공해 다른 선진국들과 경쟁할 수 있었다. 1990년대 말의 호황기에 접어들면서 임금도 다소 회복됐다. 그러나 그때조차 28년 전보다 더 높아졌다고 보기 어려웠다. 같은 기간에 생산성은 특히 산업부문에서 대규모로 상승했다. 개별 노동자는 훨씬 더 많이 생산했지만 그 전보다 더 많이 구매할 수는 없었다.

그런데 이 같은 일반적 수치가 감추고 있는 것은 노동계급 남성이 가장 심하게 타격을 입었다는 점이다. 1979~1995년의 16년 동안 중간 소득수준의 남성만이 아니라 인구의 [하위] 80퍼센트보다 더 많이 버는 남성도 실질임금이 하락했다. 2001년에 임금이 다소 회복된 뒤에도 [하위] 60퍼센트보다 더 많이 버는 남성은 22년 전에 비해 고작 시간당 7센트를 더 벌 뿐이었다. 중간 소득수준의 남성과 그 이하의 모든 남성은 1979년보다 2001년의 호황기에 상황이 더 나빠졌다.[14]

같은 기간에 여성의 임금은 상승했다. 그러나 많이 오르지는 않았고, 상승분은 대부분 고임금 여성에게 돌아갔다. 1979~2001년의 22년 동안 대다수 여성의 임금 상승은 한 해에 1퍼센트도 안 됐다. 우리는 가족 가치를 다룬 장에서 여성 임금에 무슨 일이 벌어졌는지를 살펴볼 것이다. 지금 당장의 핵심은 여성 임금이 매우 더딘 속도로 남성 임금을 따라잡았지만 그조차 남성 임금이 정체했기 때문이라는 점이다.

세금

이 장의 나머지 부분은 레이건과 클린턴이 세금과 공공 지출을 삭감해 뉴딜 정책의 유산을 되돌리려고 노력한 과정을 다룬다.

정부의 경제정책은 민주당 대통령 카터가 재임하던 1980년대 경기후퇴 시기에 변화하기 시작했다. 미국인들은 대부분 경기후퇴 시기에 경기를 부양하려는 케인스주의적 정부 지출, 즉 '세금과 지출' 정책이 민주당의 정책이라고 생각했다. 사실 그것은 1946년 이후로 크든 작든 모든 경기후퇴 때마다 민주당과 공화당 정부가 모두 사용한 전형적인 대응 방식이었다. 1973년에 최초의 심각한 경기후퇴가 닥쳤을 때, 공화당 대통령 제럴드 포드는 세금을 삭감하고 정부 지출을 줄이지 않는 방식으로 대응했다. 경제를 다시 활성화하려는 통상적 케인스주의였다.

1980년에 다시 전 세계적 경기후퇴가 닥쳤을 때는 지미 카터가 대통령이었다.[15] 카터는 경기 부양이 인플레이션을 부추길 것이라고 주장하며 정부 지출 늘리기를 거부했다. 사실이었다. 사람들의 주머니가 두둑해지면 물가가 오를 가능성이 높았다. 이는 노동계약을 통해 [물가에 연동된] 생계비 수당을 받아 살아가는 노동자들에게는 타격이 되지 않는다. 인플레이션과 더불어 상승하는 정부 보조금과 연금으로 살아가는 사람들에게도 타격이 되지 않는다. 인플레이션은 주택 융자를 통해 집을 구입한 사람들에게는 실제로 도움이 된다. 집값은 오르지만 예전 가격대로만 상환하면 되기 때문이다.

인플레이션은 다름 아닌 은행가들에게 타격을 준다. 내가 만일 1000달러를 대출받았는데 물가와 임금이 오른다면, 나로서는 대출받은 것을 상환하기가 더 쉬워진다. 그러나 내가 갚은 돈은 그 돈으로 무엇을 구매할 수 있는지를 고려하면 가치가 떨어진 것이다. 따라서 인플레이션은 채무자에게는 좋지만 은행에게는 나쁘다. 1970년대 내내 미국은 높은 인플레이션을 경험했다. 심지어 이자까지 포함해도 은행들은 자신들이 대출해 준 것보다 실제 액수에서 덜 돌려받았다.

경기후퇴가 닥치자 카터는 은행 편을 들었다. 카터는 미국 정부의 중앙은행인 연방준비제도이사회의 금리 인상 주장에 동의했다. 동시에 세금을 감면하거나 공공 지출을 늘려서는 안 된다는 은행가들의 주장에도 동의했다.

이윤율 하락에 대한 지배계급의 대응이 시작되고 있었다. 공공 지출은 삭감돼야만 했다. 이것이 정부 정책의 결정적 전환점이었다. 민주당은 언제나 공공 지출을 지지했지만 이젠 아니었다. 경기 부양을 하지 않으니 실업률이 1980년 한 해 동안 5.8퍼센트에서 7.1퍼센트로 치솟았다.

마르크스주의 경제학자 마이클 미로폴은 이렇게 설명한다.

비록 짧았지만 경기후퇴 때문에 전국 방송에서 레이건 후보가 던진 수사적 질문이 큰 반향을 불러 일으켰다. "4년 전보다 지금 형편이 더 나아졌습니까?" …… 상당수의 사람들이 [아니라고 — 지은이] 답했고 레이건과 수많은 보수적 공화당 상원 의원들이 당선했다. 그 덕분에 레이건은 상원에서 철저한 통제력을 행사할 수 있었고 하원에서도 이데올로기적으로 다수를 차지하게 되어 자신의 프로그램을 현실로 옮길 수 있었다. ……

1980년의 경기후퇴에 대한 [대중의] 부정적 반응은 대중이 정부가 실업률을 낮추기 위해 뭔가를 할 수 있을 거라고 여전히 기대(하고 심지어 요구)

한다는 것을 보여 줬다. 카터는 아무런 조치도 취하지 않는 것처럼 보였기 때문에 재선에 실패했다. (2년 뒤인) 1982년에 국회의원 선거가 닥쳤을 때는 경제가 다시 한 번 후퇴했고 더 심각했다. 대통령 레이건이 맹렬한 선거 운동을 펼쳤지만, 유권자들은 공화당 의원들에게 실망한 상태였다. 오로지 1983~1984년에 경기가 회복되고 나서야 대중은 레이건을 다시 지지하기 시작했고 1984년에 레이건은 압도적 표차로 재선했다.[16]

레이건 정부 초기에 세법이 개정됐다. 이제 부유한 1퍼센트는 세금이 감면됐고 가난한 60퍼센트의 사람들은 더 많은 세금을 내게 됐다. 더 중요하게는 제조업 부문의 이윤을 보조해 줬다. 1965~1981년에 제조업 회사들은 벌어들인 이윤의 평균 46퍼센트(거의 절반)를 세금으로 냈다. 레이건 시대인 1981~1990년에는 이윤의 28퍼센트(4분의 1 남짓)만 세금으로 냈다.[17] 다시 말해서 레이건 이전에는 기업들이 신고한 이윤 1달러당 54센트를 챙겼지만, 레이건 시대에는 72센트를 챙겼다. 그나마 회계상의 어려움을 핑계로, 기업들은 전체 '총이윤'의 일부만을 신고했다. 그런데도 기업들은 세금 감면을 환영했다.[18]

레이건 정부는 연방준비제도이사회와 함께 카터의 금리 인상 정책을 강화해, 1979년에 7.9퍼센트였던 금리가 1981년에는 16.4퍼센트로 치솟았다. 이는 지배계급에게도 위험을 감수하는 전략이었다. 돈을 소유하고 있는 모든 기업과 개인이 지출을 줄여야 한다는 의미였기 때문이다. 새로운 투자는 거의 없었다. 경제가 곤두박질쳤다. 미국 전역에서 공장이 문을 닫았다. 실업률이 10퍼센트로 치솟았다. 그 결과, 물론 의도한 결과였지만, 노동조합원들은 직장에서 해고될까 봐 두려워했고 노동조합은 무력화됐다.

그러나 고금리가 경제에 미친 악영향이 너무도 심각했기 때문에 레이건과 연방준비제도이사회는 방향을 바꿔야 했다. 그들은 금리를 내리고 공공지출로 경기를 부양하기 시작했다. 이는 사회 지출을 늘린 것이 아니라 군비를 확장하는 방식이었다.

레이건 정부는 노동자들에게 필요한 것들에 대한 지출을 줄여 나가던 와중에 문제에 봉착했다. 1980년에 의료와 연금은 연방 예산의 3분의 1을 차지했다. 그중 대부분은 의료보험과 사회보장제도에 들어갔다. 이 비율은 매년 증가해서 클린턴 정부 마지막 해인 2000년에는 의료와 연금이 예산의 43퍼센트를 차지했다. 반면에 국방비 지출은 17퍼센트였다. 국가 채무에 대한 이자는 13퍼센트였다.

의료보험과 사회보장제도에 대한 예산 지출 비율이 높아진 것은 사람들의 수명이 연장됐기 때문이었다. 더욱이 노인들이 환자의 대부분을 차지한다. 전 세계적으로 건강보험 비용은 일반적 소득의 향상과 더불어 증가한다. 의사들이 새로운 치료법을 발명해 우리는 더 오래 산다. 죽는 환자는 더는 돈이 들지 않지만, 살아 있는 환자는 더 치료받기 위해 병원으로 돌아올 것이다. 의료는 치료에 성공할수록 비용이 더 많이 들어가는 산업인 셈이다.

미국은 유럽의 사회민주주의자들이 추진한 사회복지 프로그램 중 주요한 세 가지만 갖추고 있다. 그중 두 가지인 연금과 노인 의료보험은 연방정부가 비용을 부담한다. 다른 하나인 고등학교까지의 공교육은 주 정부와 지방정부가 부담한다. 이 세 가지는 모든 사람에게 적용되는 '보편적' 프로그램이다. 검사나 기준이 없다. 정말로 가난한 사람들이 이 혜택을 받으며, 평범한 노동계급과 부자들도 혜택을 받는다. 혜택이 모두에게 골고루 돌아가면, 사람들은 이를 지키기 위해 단결할 것이다.

1982년에 레이건은 의회에서 연금을 실질적으로 삭감하려고 시도했으나 실패했다. 공화당 의원들은 레이건에게 사회보장제도는 미국 정치의 "제3의 선로"라고 말했다. 마치 전철의 전차선電車線처럼 그 선을 건드리면 죽는다는 뜻이었다.[19] 노인 의료보험도 마찬가지였다. 정부 전체 수준에서 초등교육과 중등교육에 대한 지출도 레이건 임기 동안 국민소득의 3.5퍼센트를 꾸준히 유지했다.[20]

물론 복지, 교통, 보육 등의 프로그램에서는 삭감에 성공했다. 그러나 핵심적 공공 지출이 기업 이윤의 걸림돌로 남아 있었다.

레이건은 1984년에 4년 임기의 재선에 성공했다. 1988년에는 또 다른 공화당원인 조지 부시 1세가 대통령에 당선했다. 이듬해 경제는 다시 후퇴했다. 지미 카터처럼 부시는 경기후퇴에 대해 아무런 조치도 취하지 않는 것처럼 보였다. 민주당의 빌 클린턴이 1992년 대선에서 경제문제를 집중적으로 강조해 당선했다.

클린턴은 스스로를 '신민주당'이라고 부른 그룹의 일원이었다. 그들은 레이건 때문에 여론이 우경화해 민주당이 고립됐다고 생각했기에 민주당을 오른쪽으로 이동시키고 싶어 했다. 또한 세금과 공공 지출을 지지하고 범죄에 유연하게 대처하며 사회적 쟁점에서 자유주의적 견해를 취했던 민주당의 전통을 없애고 싶어 했다. 그렇게 해야만 공화당 편으로 돌아선 유권자들을 되찾을 수 있다는 것이었다. '신민주당'은 영국의 '신노동당'을 본떠 만든 것이었다.

그러나 클린턴은 공화당과 똑같은 보수 강령으로 당선한 것이 아니었다. 클린턴에게 표를 던진 사람들은 그에게 옛 민주당과 같은 정책을 기대했다. 사람들은 더 많은 사회적 평등을 원했다. 더불어 일자리를 창출하고 경기를 부양하기 위해 공공 지출을 늘리는 옛 뉴딜식 케인스주의 정책을 기대했다.

기업, 금융시장, 우파가 클린턴 정부에게 압력을 가하기 시작했다. 레이건과 부시 정부 때는 기업들이 정부가 세금 인상 없이 더 많이 지출하기 위해 돈을 빌리는 '적자 지출'을 용인했다. 공화당 정부가 그 돈을 무기와 군대에 지출해 경기를 부양했기 때문이었다. 민주당 정부 아래에서는 지출이 노동자들을 위한 사회복지 프로그램에 쓰일까 봐 걱정스러웠다. 그래서 기업과 언론은 '균형예산'을 외쳐 대기 시작했다. 급진적 경제학자 마이클 미로폴은 이렇게 설명한다.

　우리는 종종 다음과 같은 수사적 표현을 읽고 듣는다. "모든 미국인이 부엌 식탁에 앉아 자신의 씀씀이를 점검하고 모든 영세기업이 예산의 균형을 맞춰야 하듯이, 의회도 국가 예산의 균형을 잡아야 한다. 바로 지금 말이다." 이 표현은 공화당 공약에서 인용한 것이지만 이 문서의 어느 곳에서도 작성자들은 왜 정부가 꼭 예산의 균형을 잡아야 하는지 설명조차 하지 않는다.

　그들이 설명하지 않는 이유는 정부의 적자 지출이 언제나 경제에 나쁜 영향을 미친다는 정치인들과 언론의 주장을 뒷받침할 만한 …… 진지한 경제적 논증이 전혀 없기 때문이다. 그러나 정부가 불필요한 사업과 쓸모없는 사람들에게 너무 많은 돈을 지출한다고 믿는 경제학자와 기업가가 많다는 것은 의심의 여지가 없다. 이런 점에서 보면 균형예산은 어떤 목적을 위한 수단에 불과하다. 그 목적은 적자 지출을 해소하는 것이 아니라 정부 지출을 줄이려는 것이다. [신보수주의 경제학의 아버지 밀턴 프리드먼은 — 지은이] 이 점을 명확하게 지적했다. "나는 완전히 균형 잡힌 7000억 달러의 연방 정부 지출보다는 1000억 달러 적자가 나더라도 4000억 달러의 연방 정부 지출이 낫다고 생각한다."[21]

20세기에 국가 예산의 균형을 잡은 정부는 북미, 남미, 서유럽 어디에도 없었다. 그들 모두 정부 채권을 발행해 돈을 빌렸다.

클린턴은 사회 지출을 삭감하라는 지배계급의 압력에 맞서 약간 반항했다.[22] 당선했지만 아직 취임하기 전이었던 1993년 1월 7일 클린턴은 핵심 경제 자문단과 간담회를 했다. 주류 경제학자, 은행가, 월 가의 주식·채권 거래자들이었다. 그들은 지출과 적자를 줄이고 금리를 낮춰야 한다고 충고했다. 그러지 않으면 연방준비제도이사회 의장인 공화당의 앨런 그린스펀이 불쾌해할 것이었다. 월 가의 채권 거래자들도 마찬가지였다. 만일 그린스펀과 채권 거래자들이 클린턴의 정책이 경제를 살리는 데 도움이 되지 않는다고 판단하면, 그린스펀은 경제의 신용도를 낮춰 말할 것이고 거래자들은 채권을 사지 않을 것이었다. 이 두 가지 위협이 차례로 이 나라를 다시 경기후퇴로 몰아넣을 수 있었다. "당신들은 이 프로그램의 성공과 나의 재선이 연방준비제도이사회와 한 줌도 안 되는 빌어먹을 채권 거래자들에게 달려 있다는 거요?" 하고 클린턴은 질문을 던졌다.

간담회 끝 무렵에 부통령 앨 고어가 지출을 줄이고 국채를 상환하는 계획을 강력하게 주장했다. 고어가 1933년의 루스벨트처럼 대담해야 한다고 말하자 클린턴은 이렇게 대답했다. "루스벨트는 사람들을 도우려고 했던 거고, 지금 우리는 채권시장을 돕는 것 아닌가. 이건 우리에게 표를 던진 사람들에게 상처를 주는 거야."[23]

클린턴은 미국의 경제와 정치의 관계에 대해 무지했던 사람이 아니다. 그는 2년 임기의 아칸소 주지사를 네 차례나 지냈다. 부인 힐러리는 기업 변호사였다. 그는 정치 활동 내내 선거운동 자금을 기업들에게 의존했다. 결정적으로 클린턴은 바로 이 자문단을 월 가, 기업, 주류 경제학자들 중에서 지명했다. 그는 기업이 원하는 대로 해 줄 생각이었으나 그들의 요구 수준이 너무 높아서 놀랐던 것이다. 클린턴은 자신에게 투표한 사람들과 재계 사이에서 균형을 잡고 싶었다. 그러나 너무 빨리 선택을 강요받은 것이었다.

취임 직후 첫 국회 연설에서 클린턴은 부자들에게 세금을 부과하자고 제안했다. 산업부문 증권시장의 다우존스 지수가 급락했다. 재계가 불쾌해 한다는 메시지였다.

클린턴은 재계 지도자들과 대화하기 위해 로버트 루빈과 앨리스 리블린을 보냈다. 클린턴의 수석 경제 보좌관인 루빈은, 월 가에서 고위 간부를 지냈고, 경제학자 리블린은 예산관리국의 부국장이었다. 두 사람은 아메리칸 익스프레스, NJR 나비스코, CBS 등의 몇몇 대기업 최고 경영자들과 사적인 만찬을 했다. 밥 우드워드의 얘기를 들어 보자.

재계 지도자들의 지지는 신용도 문제의 핵심이었고, 이러한 신용도야말로 재계가 내리는 모든 결정의 기초를 이루는 미묘한 기반이었다.

경영자들은 잔뜩 화가 나서 가까스로 분노를 삭이면서도 공공연히 적대감을 드러냈다. 루빈과 리블린은 머뭇거렸다. …… 경영자들은 특히 클린턴의 [연설에서 드러난 ― 지은이] 부자들에 대한 공격을 문제 삼았고, 몇몇은 개인적으로 불쾌했다고 말했다. 누구나 빈털터리에서 시작했고 정상에 오르기 위해 자기 길을 가는 거라고 말이다. …… 클린턴의 수사에서 나타난 세금 얘기는 계급 전쟁의 함의를 띨 뿐만 아니라 기업의 신용도를 낮출 것이라는 얘기였다. "내가 언제쯤 확장을 결정해서 대형 설비를 구입하고 새로운 사람들을 고용할 거라고 생각하나?" 하고 비꼬는 경영자도 있었다.

이튿날 아침 루빈은 클린턴에게 만찬 결과를 보고하기 위해 대통령 집무실로 갔다. "우리가 사정없이 당하고 말았어요. 그들은 대통령이 반기업적이라고 생각해요. 부자들을 처벌하려는 것처럼 보인대요." 루빈은 비판의 초점이 특히 대통령의 노선에 맞춰져 있다고 말했다. "우리 모두 한배를 탔다"면서도 부자들을 배제하는 것처럼 보인다고 말이다. ……

루빈은 …… 재계 인사들에게 정부가 자본주의 체제를 인정하지 않는다는 인상을 주면, 기업이 확장과 고용을 하지 않아 경제가 타격을 받을 것이라고 말했다. 경제를 악화시키는 것은 무엇이든 대통령에게 정치적으로 악영향을 미칠 터였다. ……

클린턴은 루빈의 이야기를 주의 깊게 들었다. 이후 클린턴은 대중 연설에서 부자들에게 세금을 부과하겠다던 수사를 축소하기 시작하더니 완전히 없었던 일처럼 아예 언급조차 하지 않았다.[24]

머지않아 새로운 백악관 보좌관들은 매일 서로 이렇게 물었다. "채권 거래자들 기분 괜찮대?" 이것은 농담이지만 진실을 담고 있었다. 물론 클린턴 정부가 눈치를 봐야 하는 건 단지 채권 거래자들만이 아니었다. 정부는 채권 거래자, 증권시장, 은행, 기업의 최고 경영자들을 만족시켜야 했다. 클린턴 정부는 국방비와 사회복지 프로그램을 둘 다 삭감하기 위해 모든 상황을 살피기 시작했다.

사회보장 지출은 여전히 큰 부분을 차지했다. 사회보장 비용을 줄이려면 공공 지출에 관한 모든 법 조항을 뜯어고쳐야 했기 때문에 정부는 의회의 지원이 필요했다. 부통령 고어는 의회에서 관록을 쌓은 인물이었다. 고어는 클린턴에게 다가가 물가가 오르면 그에 맞춰 자동으로 공적 연금을 올려서 지급해야 하는 생계비 수당COLA과 관련해 무언가 할 수 있을 것이라고 귀띔했다.

고어는 클린턴에게 적자 지출 문제에서는 매파이지만 사회적 쟁점에서는 자유주의적인 공화당 중도파 의원들의 의중을 은밀히 떠보고 싶다고 말했다. 사회보장 생계비 수당을 동결하는 데 당파를 초월한 담합을 모색하자는 것이었다. 클린턴이 이를 승인했고, 고어는 이처럼 정치적으로 예민한 쟁점에 클린턴이 연루되지 않은 것처럼 보이기 위해 온전히 자신의 이름을 내걸고 일을 진행하겠다고 했다. 고어는 네 명의 공화당 상원 의원과 몇몇 하원 의원들하고 이야기를 나눴다. 그처럼 단도직입적인 거절은 처음이었다. 고어는 어느 누구도 이런 일을 논의조차 하기 싫어했다고 클린턴에게 보고했다. 새 정부와 민주당 의원들은 자신들만의 힘으로 삭감을 추진해야 했다. 고어는 연방 적자를 가장 거세게 공격한 사람들이 공화당 의원들임을 알고 있었지만, 그들과 나눈 시험적 대화를 비밀에 붙이기로 약속했기 때문에 그들의 위선을 대중에게 공개할 수 없었다.[25]

고어의 침묵에는 또 다른 이유가 있었을 것이다. 만일 자신이 연금을 동결하려 했다는 사실이 대중에게 알려지면 꼴이 우스워질 터였다. 사회보장제도는 여전히 미국 정치의 제3의 선로였다. 클린턴 정부에서 보기에 자신들과 얘기 나눈 재계 사람들은 모두 '수급권' 문제를 건드리지 말라고 강력히 주장하고 있었다. 이는 연금, 실업수당, 노인 의료보험, 퇴역 군인 복지 혜택을 완곡하게 표현한 것이었다. 이 모두가 법에 따라 물가가 오르면 자동으로 오르게 돼 있었고 모두가 '수급권'자였다. 법이 바뀌지 않는 한 비용은 계속 늘어날 수밖에 없었다. 요컨대 수급권은 사람들에게 절실히 필요했고 누구나 꼭 가져야 한다고 느꼈다. 워싱턴 컨센서스는 이것이 나쁜 것이라는 합의였다. 그러나 이를 삭감하기도 무척 어려웠다.

이후 집권 8년간 클린턴은 공공 지출을 줄이려고 끊임없이 노력했다.

클린턴은 행운아였다. 한 주기의 경기후퇴가 끝날 무렵에 취임해 그다음 경기후퇴가 시작될 즈음에 임기를 마쳤기 때문이다. 그래서 클린턴 임기 동안 소득과 주가가 올랐고 그 덕분에 세수도 늘었다. 호황기인 1998년에 클린턴은 예산의 균형을 맞출 수 있었다. 소련이 붕괴하고 냉전이 종식돼 군비가 삭감된 것이 결정적 이유였다.

공공 지출 억제가 가장 중요한 영향을 미친 곳은 의료 분야였다. 1992년 대선에서 클린턴의 가장 중요한 선거공약은 모든 미국인에게 의료를 제공하는 국민건강보험이었다. 클린턴은 약속을 지키지 않았다.

클린턴이 집권한 당시에 의료보험 혜택을 받지 못하는 미국인은 3700만 명이었다.[26] 바로 노동자와 그 아이들이었다. 공공부조를 받는 사람들은 메디케이드+ 혜택을 받았다. 은퇴한 사람들은 메디케어++ 혜택을 받았다. 노동조합원, 공무원, 고임금을 받는 사람들은 고용조건으로 의료보험 혜택을 받았다. 맥잡에서 일하는 사람들은 혜택을 받지 못했다. 대기업의 시간제 노동자들도 마찬가지였는데, 이것이 그토록 많은 시간제 일자리가 급작스럽게 생겨난 원인이다.

의료보험이 없는 사람들은 일반 가정의에게 치료받을 수 없었다. 그 대신 어느 도시에나 통상 적어도 하나 이상 있는 공공 병원 응급실에 찾아가 무료 진료를 받을 수 있었다. 뉴욕에서는 이런 응급실 대기 시간이 대개 8시간이지만 더 걸릴 수도 있었다. 기다리는 시간이 너무 길어서 만성질환이 있거나 아픈 아이가 있는 사람은 전일제 직장을 갖기가 어려웠다.

1990년대 초에는 의료보험 혜택이 있는 직장에서 일하는 사람들조차 보험료를 내 봤자 치료비를 온전히 보장받지 못한다는 사실을 깨달아 갔다.

+ Medicaid. 저소득층·장애인 의료보험.

++ Medicare. 노인 의료보험.

공동 부담 조항이 점점 늘어나, 가입자가 비용의 절반이나 그 이상을 부담하고 보험회사가 나머지를 부담했다.

더 중요하게는 1980년대 말부터 고용주들이 기업의 의료보험을 새로운 '건강관리기구HMO'로 바꾸기 시작했다. 가입자는 HMO가 지정한 의사에게만 진료받을 수 있는 제도였다. 의사 역시 HMO가 허용한 범위 내에서만 처방을 내릴 수 있었다. 성심껏 치료하려고 규정 외의 처방을 승인해 준 의사들은 HMO에서 잘렸다. 1990년대 말에 이르자 친구나 친척이 HMO한테 치료를 거부당하는 비참한 경험을 누구나 하게 됐다.

이처럼 결함이 많은 건강관리 시스템 때문에 1990년대 초 이래로 여론조사에서 압도 다수의 미국인들이 모든 사람의 치료를 보장하는 국민건강보험 시스템을 지지하는 것으로 나타났다. 이 때문에 클린턴이 선거에서 국민건강보험을 공약으로 내세운 것이었다. 그런데도 클린턴은 일단 취임하고 나자 채권 거래자들과 최고 경영자들에게 굴복했다.

클린턴 정부에게는 모두를 위한 건강보험 재정을 마련할 방법이 두 가지 있었다. 하나는 보험회사들에게 더 많은 돈을 줘서 이 회사들이 모든 사람에게 혜택을 제공하게 하는 것이었다. 이는 연방 예산을 줄이기는커녕 확대하는 것을 뜻했다. 최고 경영자들이 반기지 않을 터라 클린턴은 그렇게 할 수 없었다.

또 다른 방법은 보험회사들을 우회하는 것이었다. 정부가 사람들의 임금에서 매달 돈을 걷어 직접 치료비를 지불할 수 있었다. 이는 보험회사의 이윤으로 들어갈 몫을 절약할 수 있는 방법이기도 했다. 그러나 보험회사들과 최고 경영자들이 클린턴에게 그렇게 하지 말라고 했다. 보험회사의 이윤이 줄어들 것이기 때문이었다. 그래서 클린턴은 이것도 하지 않았다.

이러한 과정 내내 빌 클린턴과 그의 건강보험 관련 교섭 대표였던 힐러리 클린턴은 건강보험 개혁을 위한 세부 계획을 아직 마련하지 못했다고 되풀이해서 말했다. 계획을 짜려면 위원회부터 구성해야 한다고 말이다. 정말 기묘한 이야기가 아닌가. 서유럽의 모든 나라들이 건강보험 체제를 갖추고 있었다. 그중 어느 하나를 모델로 삼으면 될 것이었다. 캐나다에도 있다. 완벽하지는 않았지만 캐나다인은 결코 그것을 포기하지 않을 것이었다. 클린턴 부부는 그것을 문자 그대로 베끼기만 하면 됐다. 영어로 돼 있으니 누군가 국경으로 걸어가 복사본 한 부만 부탁해도 될 터였다. 그러나 클린턴 부부는 그렇게 하지 않았다. 그리고 미국의 모든 언론들은 클린턴 부부가 완전히 무無에서 건강보험 제도를 새로 창출해야 한다는 이야기가 말이 된다는 듯이 행동했다. 그들은 수레바퀴를 다시 발명하고 있는 셈이었다.

결국 클린턴 부부는 예산의 균형을 잡기 위해서는 건강보험을 할 수 없다고 결정했다. 클린턴이 취임했을 때는 3700만 명이 의료보험이 없었다. 클린턴이 물러날 무렵에는 4300만 명으로 늘었다.

클린턴은 이 쟁점과 관련해서는 선거 논리를 따르지 않았다. 만일 클린턴이 건강보험 공약을 지켰다면, 미국인들은 이후 20년 동안 민주당에 투표했을 것이다. 클린턴은 유권자가 아니라 최고 경영자의 비위를 맞추고 있었다. 정치인들을 이해하기가 어려운 이유는 그들에게는 유권자보다 기업의 명령이 더 중요하기 때문이다.

2000년 대선에서 앨 고어는 조지 W 부시와 대결했다. 고어는 근소한 차이로 다수표를 획득했지만 대법원의 판결로 선거에서 패배했다. 고어가 그처럼 근소한 차이로 다수표를 획득할 수밖에 없었던 것은 많은 미국인들이 그를 얼빠진 사람이라고 생각했기 때문이었다. 어찌된 일인지 고어는 평범한 사람들과 관계를 잘 맺지 못한 것 같다. 사람들은 딱히 꼬집어 말할 수는 없었지만 몰래 연금을 동결하려 했던 이 남자가 지독하게 위선적이라고 생각했다.

2000년에 조지 W 부시가 당선하자 균형예산에 관한 기업인들의 금언이 바뀌었다. 최고 경영자들과 연방준비제도이사회의 앨런 그린스펀은 민주당의 클린턴이 대통령일 때는 균형예산을 강력하게 주장했다. 그러나 앞에서 언급했듯이, 실제 목적은 균형예산이 아니었다. 그것은 정부의 사회 지출을 억제하기 위한 수단이었다. 이제 공화당의 부시가 당선했으니 정부 지출의 거대한 적자가 갑자기 아무 문제도 안 됐다. 기업들이 부시는 사회 지출을 억제할 거라고 확신했기 때문이었다. 부시의 적자 지출은 부자와 기업들을 위해 세금을 감면한 결과였다. 그런 적자라면 괜찮았다.

한편 민주당은 2001년에 이르자 방향을 상실했다. 뉴딜 정책 이후 50년 동안 민주당은 평범한 사람들의 필요를 충족시키기 위한 정부 지출을 지지했다. 그런데 클린턴이 8년 임기를 마치고 나자 민주당은 더는 '세금과 지출'의 당이 아니었다. 그래서 부시가 사회 지출을 삭감하는 것을 비판하지 않았다. 그들은 부시가 예산의 균형을 잡지 못한다고 공격했다.

클린턴 경제정책의 기본 동인은 세계적인 것이었다. 클린턴 정부 임기 동안 미국은 새로운 NAFTA와 WTO를 추진했다. 또 전면적 '세계화' 정책, 즉 자신들이 미국 노동자들에게 이미 하고 있던 짓을 전 세계를 상대로 함으로써 미국의 이윤을 회복하려는 정책으로 나아갔다. 이 중요한 주제에 관해서는 7장에서 상세하게 다룰 것이다. 당장은 미국 내부의 문제를 더 다룰 것이다.

이 장의 서두에서 밝혔듯이 지배계급은 노동조합을 파괴하고 세금을 삭감하는 것보다 더 많은 일을 벌여야 했다. 지배계급은 미국 사회 전반에 걸쳐 사람들이 더 불평등해지게 만들 필요가 있었다. 다음 장에서는 아프리카계 미국인들에 대한 공격을 다루려고 한다.

5장 인종과 교도소

  레이건 정부는 집권 후 몇 개월 만에 가장 먼저 노동조합을 공격하기 시작했다. 또한 1960년대 운동의 유산도 처리하기로 작정했다. 1960년대의 운동 중에서 가장 강력한 것은 아프리카계 미국인들의 공민권운동이었다. 1981년 이후 공민권운동에 대한 지배계급의 대응 방안은 '마약과의 전쟁'과 대규모 구금이었다. 1980년에 연방 교도소와 주 교도소, 지역 유치장에 수감돼 있는 성인은 30만 명이었다. 2001년에는 이 수치가 200만 명으로 늘었고, 그와 별도로 70만 명이 청소년 보호시설에 구금돼 있었다. 이 시기 전체 인구 증가율은 4퍼센트 미만이었다.[1]

  이 정도 수준의 수감 비율은 상당히 새로운 현상이었다. 미국에서 전례가 없는 일이었다. 다른 나라에서도 이와 비슷한 비율의 인구를 잠시 동안 구금한 적이 있긴 했다. 스탈린 치하의 옛 소련, 나치 치하의 독일, 인종학살이 벌어진 르완다에서 비슷한 현상이 있었다. 그러나 이 경우들은 모두 정치범이었다. 미국 외의 어떤 나라도 이처럼 많은 사람들을 범죄자로 만들거나 이처럼 높은 수준의 수감 비율을 유지한 적이 없다. 미국의 모든 언론과 주류 정치인들은 이처럼 유례없는 현상을 마치 정상이라는 듯이 다됐다. 이렇게 많은 사람을 구금한 목적은 노동계급 아프리카계 미국인들의 사기와 용기, 그들의 가족을 파괴하려는 것이었다.

지배계급과 레이건의 반격은 평등사상을 뿌리 뽑으려는 노력이었다. 공민권운동과 평등사상은 대중적 지지를 받았다. 그 투쟁에 대한 기억으로 시위와 점거와 반란이 정당화될 수 있었다. 지배계급은 대도시에서 통제력을 상실하고 있다고 느꼈다. 그들은 질서를 회복해야 한다고 생각했다. 그러나 아프리카계 미국인들의 운동을 정면으로 공격할 수는 없었다. 그들의 운동은 규모가 너무 컸고 백인들 사이에서도 인종차별에 반대하는 정서가 강력했기 때문이다. 그래서 지배계급은 측면공격을 택했고, 이를 위해 '법과 질서'라는 캠페인이 동원됐다.

법과 질서 캠페인은 우파들이 인종차별을 위해 즐겨 사용하는 일종의 암호였다. 리처드 닉슨은 1968년 공화당 대선 후보였다. 닉슨의 보좌관 H R 핼드먼은 자신의 일기에 이렇게 적었다. "[닉슨은 ─ 지은이] 흑인들이 문제의 근원이라는 점을 직시해야 한다고 강조했다. 겉으로 드러나지 않게 이 사실을 인식시킬 수 있는 제도를 고안하는 것이 관건이었다."[2]

닉슨은 매우 밀접하게 연관된 두 가지 방식을 고안했다. 하나가 '법과 질서'였다. 1968년에 닉슨은 전 대통령 아이젠하워에게 보낸 편지에서 다음과 같이 말했다. "저는 이 [법과 질서라는 ─ 지은이] 주제가 사실상 인종 문제가 거의 없고, 따라서 상대적으로 범죄가 거의 없는 뉴햄프셔 같은 곳을 포함해서 전국 곳곳에 매우 커다란 영향을 미치고 있음을 알았습니다."[3]

다른 하나는 마약이었다. 닉슨은 1968년에 디즈니랜드의 모형 알프스 산 앞에서 선거 연설을 하며 이렇게 말했다. "이 나라의 문제를 살펴보니 특히 두드러진 것이 있습니다. 마약 문제입니다. 과거의 풍토병이나 전염병처럼 마약은 젊은이들에게 내린 현대판 저주입니다. 마약이 미국의 한 세대를 죽음으로 몰아가고 있습니다."[4]

닉슨 재임 시기의 법과 질서 공세는 그리 강력하지 않았다. 아직은 총 공격을 할 때가 아니었기 때문이다. 그러나 생각 자체는 확실하게 뿌리를 내렸다.

마약 사용자 처벌은 1981년 레이건 취임 이후 서서히 강화되기 시작했다. 그리고 1984년 범죄 방지 법안이 통과되면서 가속도가 붙었다. 상원이나 하원에서 어느 누구도 이 법안에 반대표를 던지지 않았다. 이처럼 지배계급 전체가 단결해서 하나의 정책을 지지하는 순간이 미국에서는 중요한 전환점이다. 자유주의자 상원 의원 에드워드 케네디는 이 법안이 "우리 역사상 가장 포괄적인 사법 개혁"이라며 환호해 마지않았다.[5]

이 법안은 형벌을 강화했고 마약에 초점을 맞췄다. 마약에 초점을 맞춰 반격하는 것에는 몇 가지 이점이 있었다. 1960년대에는 흑인과 백인이 모두 저항운동을 펼쳤다. 흑인들의 운동은 북부 게토 지역의 폭동과 연결돼 있었다. 법과 질서 캠페인은 그에 대한 대응이었다. 백인들의 운동은 마약 사용, 특히 마리화나와 관련돼 있었다. 이 점은 학생들과 히피들 사이에서 분명했지만 노동계급 백인 병사들 사이에서도 마찬가지였다. 베트남에서 전쟁에 반대한 병사들은 철모에 평화의 상징과 마리화나 잎을 그려 넣어 장식했는데, 이것은 미국 본토의 청년들도 마찬가지였다. 1980년대 광범위한 마약과의 전쟁은 마리화나, LSD, 헤로인, 코카인, 크랙을 모두 뭉뚱그려 마약으로 취급했다. 또한 장발의 백인 히피들과 도심 빈민가의 분노한 흑인 청년들도 한묶음으로 취급했다.

마약에 초점을 맞춘 데는 관할권과 관련된 이유도 있었다. 연방 정부는 범죄에 강경하게 대처하려고 했다. 그러나 거의 모든 범죄, 특히 폭력 범죄는 개별 주 법률의 소관 사항이었다. 인신 구속도 주·군·시 경찰이 집행했다. 그래서 마약 사범으로 기소된 사람들의 재산을 지역 경찰이 몰수할 수 있도록 법을 개정했다. 돈이 궁한 경찰은 교도소가 미어터질 때까지 마약 사범들을 공급하기 시작했다. 그 대가로 지역 경찰은 자신들이 체포한 마약 사범 재산의 90퍼센트를 차지할 수 있었다. 이 돈은 경찰의 예산으로 돌아갔다. 이 법에 따라 체포된 사람은 유죄판결을 받지 않고도 집, 자동차, 은행 계좌를 빼앗길 수 있었다.

지배계급이 마약과의 전쟁에 매력을 느낀 또 다른 이유는 평범한 사람들의 공감을 얻었기 때문이다. 평범한 사람들이 마약을 하지 않아서가 아니었다. 그들의 친지나 연인, 가족 등 사랑하는 사람들이 마약을 했거나 할 수 있었기 때문에 마약과의 전쟁이 공감을 얻었다. 마리화나는 사실 아무런 해도 끼치지 않는다. 코카인도 언제나 중독되는 것은 아니다. 그러나 일단 헤로인과 코카인에 중독되면, 알코올중독과 마찬가지로 파멸적 결과를 낳는다. 중독자의 아내나 아이들은 마약이나 술 냄새를 혐오한다. 그런 감정 뒤에는 사랑하는 사람에 대한 원망이 숨어 있다. 부모들도 아이들이 그런 길로 빠져 방황할까 봐 염려한다. 자녀에게 그런 일이 일어나는 것을 지켜보는 것만큼 끔찍한 고통도 없다. 그런 생각만으로도 부모는 두려움에 떠는 것이다.

그러나 최악의 문제를 일으킨 것은 마약이 아니라 전쟁이었다. 1970년 이전의 영국과 지금의 네덜란드처럼 헤로인 사용자들이 처방전을 통해 합법적으로 약을 구할 수 있는 시기나 장소가 있다. 이런 상황에서는 사용자들이 일도 하고 정상적인 삶을 영위할 수 있다. 코카인도 마찬가지다. 그러나 불법화되면 가격이 치솟는다. 불법화 때문에 일부 사용자들은 범죄를 저지르거나 가산을 탕진하거나 가족끼리 서로 돈을 훔친다. 불법으로 말미암아 마약 자체가 위험해지기도 한다. 주사기를 돌려 가며 사용하다가 간

염이나 HIV+ 전염이 확산된다. 순도 높은 마약은 그 강도를 예측하기가 어렵기 때문에 치명적 과다 복용이 일어날 수도 있다. 무엇보다 불법화는 사용자들을 혼란의 도가니로 몰아넣는다.

사용자들에게 필요한 것은 치료, 생계유지, 안정된 직업이다. 마약과의 전쟁은 이런 것들을 불가능하게 하며 오히려 사용자와 가족들을 공포와 혼란에 빠뜨려 더 방어적인 태도를 취하게 만든다.

마약과의 전쟁과 밀접하게 연관된 것이 '폭력 범죄' 소탕이다. 이후 18년 동안 미국의 TV와 신문은 끊임없이 흑인과 폭력을 연결시켰다. 2001년 영화제작자 마이클 무어는 이렇게 표현했다.

날마다 심야 뉴스에서 끊임없이 보는 것은 무엇인가? 흑인 남성으로 추정되는 사람들이 살인, 강간, 강도, 상해, 윤간, 약탈, 폭동, 마약 판매, 포주나 성 매매 삐끼 등을 한다. 아이를 너무 많이 낳는다. 아파트 창문에서 아이를 떨어뜨린다. 아버지가 없다. 어머니가 없다. 하나님을 믿지 않는다. 돈이 없다. 용의자는 흑인 남성인 듯하다. …… 용의자는 흑인 남성인 듯하다. …… **용의자는 흑인 남성인 듯하다.** 내가 어느 도시에 있든 뉴스는 언제나 똑같다. 용의자는 항상 신원 미상의 흑인 남성이다. 나는 오늘 밤 애틀랜타에 있지만 경찰이 TV에서 묘사하는 용의자 흑인은 어젯밤 덴버, 그제 밤 로스앤젤레스에서 묘사된 그 흑인 남성과 완전히 똑같다고 장담할 수 있다. 어떤 설명에서나 그 남자는 험상궂은 표정에 똑같은 모자를 쓰고 있다! 똑같은 흑인 남성이 미국의 모든 범죄를 저지르고 있다는 것이 가당키나 한 일인가? ……

사실은 대부분의 범죄를 백인들이 저지르는데도 …… 지나가는 백인들

+ Human immunodeficiency virus. 인체면역결핍바이러스.

에게 자신의 집에 도둑이 들거나 거리에서 해코지를 당했을 때 용의자로 누구를 떠올리는지 물어보면, 그가 정직한 사람이라면 백인을 떠올리지는 않는다고 대답할 것이다. 그들이 생각하는 범죄자는 주근깨투성이의 지미+가 아니라, 무키나 하킴, 카림++일 것이다.[6]

1984년에 새롭게 제정된 연방법은 마약 단속 법률을 강화하기 시작한 여러 주에 본보기가 됐다. 2년 뒤인 1986년에 유명한 아프리카계 미국인 농구 선수인 렌 비아스가 크랙(신형 정제 코카인) 사용으로 급사했다. 작가 크리스천 파렌티는 이렇게 적었다.

그해 7월에 주요 TV 3사는 심야 뉴스의 74개 꼭지에서 마약을 다뤘고, 그 중 절반 이상이 크랙에 관한 것이었다. 마찬가지로 1985년 하반기에는 마약과의 전쟁 소식을 43건 다룬 〈뉴욕 타임스〉가 1986년 하반기에는 220건이나 다뤘다. 〈뉴스위크〉와 〈타임〉도 이 대열에 끼어들어 자신들의 의무를 다했고, 특히 〈타임〉은 3개월 동안 세 번이나 크랙을 표지 기사로 다뤘다. 두 잡지 모두 크랙을 베트남 전쟁과 워터게이트 사건 이후 최대 쟁점으로 그리고 '올해의 사건'으로 다뤘다.[7]

또 다른 마약 단속 법안이 겨우 18표만의 반대로 의회에서 통과됐다. 여기에는 29가지 범죄의 처벌 하한선에 대한 규정이 새로 추가됐다. 가장 중요한 것은 크랙 5그램(크랙 사용자의 하루 필요량)을 소유한 자는 5년 이상의 징역에 처한다는 내용이었다. 연방 교도소의 마약 사범은 가석방이 금

+ 백인 남성을 연상시키는 이름.
++ 흑인 남성을 연상시키는 이름들.

지됐다. 또다시 각 주는 재빨리 이 법안을 모방했다.

대통령 부인 낸시 레이건은 마약에 대한 "국가 차원의 십자군 전쟁"과 "새로운 불관용"을 호소했다. 그녀는 거듭거듭 TV에 출연해 학생들에게 연설하면서 간단명료한 슬로건을 제시했다. "마약은 안 된다고 분명하게 말하세요." 그녀의 남편은 1960년대는 끝났다고 분명히 밝혔다. "마약 사용자들은 더는 사회를 탓하면서 자기변명을 해서는 안 됩니다. 개인으로서 책임을 져야 합니다. 이제 우리는 어느 누구의 마약 남용도 더는 좌시하지 않을 것임을 분명히 밝혀야 합니다."[8]

학계의 조사 결과 해마다 백인도 흑인만큼 마약을 사용했다.[9] 그러나 흑인들의 체포 비율이 훨씬 높고, 체포될 경우 유죄판결을 받거나 장기 징역형을 선고받을 확률도 더 높다. 흑인의 마약으로 간주되는 크랙 5그램은 5년 징역형을 받았지만, 부유한 백인의 마약으로 간주되는 보통의 코카인 5그램은 대개 벌금형에 처해졌다.

1980년대 이래로 많은 평론가들은 정치인들이 표를 얻기 위해 마약과의 전쟁을 추진했다고 생각했다. 분명히 특정 정치인들은 그랬다. 그러나 그러기 위해서는 먼저 언론의 선동이 있어야 했다. 1977년에는 마리화나 사용자 처벌에 동의하는 미국인이 10명 중 4명이었다. 1985년에도 여전히 10명 중 5명만 동의했다. 1년 뒤인 1986년 9월에는 커다란 공포 분위기 속에서 3명 중 2명이 찬성하기에 이르렀다. 또한 1985년 여름까지는 여론조사에서 마약과의 전쟁을 "가장 중요한 문제"로 꼽은 미국인이 6퍼센트에 불과했다. 그러나 1년 반이 지난 1986년 말에는 이 수치가 19퍼센트로 상승했다.[10]

그러나 이 시기 내내 여론조사에서 사람들이 훨씬 더 관심을 보인 문제는 일자리와 건강보험이었다. 선거에서 표를 얻으려면 이 문제들이 핵심이었는데도, 정치인들은 이 쟁점과 관련해서는 아무것도 하지 않았다. 1986년 이후 모든 여론조사는 미국인들이 폭력 범죄자는 형량을 강화해야 하지만 마약 사용자는 교도소 수감보다 치료가 더 낫다고 생각한다는 점도 보여 줬다.

1988년 레이건이 8년의 임기를 마치고 헌법에 따라 퇴임하자, 또 다른 공화당원인 부시 1세가 그를 대신했다. 4년 뒤 민주당의 빌 클린턴이 부시를 누르고 대통령에 당선했다. 그는 이후 8년간 집권하면서 더 강력한 범죄 방지 법안들을 추진했다. 1970년 닉슨 집권기만 해도 성인 재소자가 20만 명이었는데, 레이건이 대통령에 당선한 1980년에는 30만 명이었다. 클린턴이 당선한 1992년에는 129만 명이었고, 클린턴이 퇴임한 2001년에는 200만 명에 가까웠다. 지금은 200만 명을 약간 넘는다.[11] 노동조합 정책과 마찬가지로 수감의 역사도 집권 정당과 무관하다고 할 수 있다.

2002년 "수용소, 소년원, 목장, 농장 등의 교정 시설"에 구금된 청소년이 70만 명이었다.[12] 이런 시설에 수감되는 소년들의 평균 나이는 열여섯 살, 소녀들은 열다섯 살이다. 이 70만 명의 청소년은 심지어 교도소를 비판하는 책이나 글에서도 전혀 언급되지 않는다. 이처럼 많은 아이들이 고통받고 있다는 것을 떠올리기가 너무도 힘들기 때문일까. 법과 질서를 지지하는 사람들도 이 아이들에 대해서는 별로 언급하지 않는다. 이 수치는 교도소나 보호시설에 구금된 인원 총계에 포함된 적이 없다. 이 수치를 포함하면 미국의 재소자 수는 300만 명에 이른다.

구속자 수가 늘어났기 때문에 재소자 수도 점점 증가하고 있다. 더 중요한 것은 형량도 높아지고 있다는 점이다. 일련의 연방법과 주법들이 각종 범죄의 최저 형량을 높였다. 가석방 기간이 단축되거나 아예 폐지되는 경우도 많았다. 판사들도 자유재량으로 형량을 높였다.

클린턴 집권기에 연방 정부는 '삼진아웃'법을 제정했다. 이 법에 따라 중죄를 세 번 이상 저질러 유죄판결을 받으면 25년 이상의 징역을 살아야 했다. 많은 주가 이 법을 모방했다. 일례로 캘리포니아에서는 러셀 벤슨이라는 트럭 운전사가 담배 10갑들이 한 보루를 훔친 죄로 25년형을 선고받았다. 플로리다에서는 "과거에 이런저런 사소한 범죄를 저지른" 노숙인 남성이 두루마리 화장지 22개를 훔친 죄로 40년형을 선고받았다.[13]

빌리 오초아의 사례는 형량을 높이는 데 혈안이 된 모습의 극치를 보여준다. 오초아는 1994년 캘리포니아에서 체포됐다. 그는 각기 다른 이름으로 복지 급여 신청서에 서명해 2100달러를 횡령했다. 오초아는 헤로인과 크랙을 장기간 복용했고, 절도와 마약 사용으로 유죄판결을 받은 적이 있었다. 변호사는 오초아가 주에서 새로 제정된 삼진아웃법에 걸릴 것이라고 생각했다. 타미아 호프 검사가 협상안을 제시했다. 오초아가 유죄를 인정하면 복지 급여 횡령을 한 건으로 줄여서 기소하겠다는 것이었다. [그렇게 되면] 오초아는 삼진아웃법의 최하 형량인 25년형을 선고받을 터였다. 오초아는 당시 쉰한 살이었다. 일흔여섯 살이 되기 전에는 감옥에서 나올 수 없었다. 오초아는 변호사의 충고를 듣지 않고 협상안을 거절했고 결국 배심원단의 평결을 받았다.

앨런 버크너 판사는 오초아에게 326년형을 선고하면서 이렇게 말했다. "이자는 법 위에 있다. 자신을 통제할 수 없고 신경 쓰지도 않는다. 그리고 이자는 우리 사회가 복지 급여를 강탈한 사람을 용납하지 않는다는 사실을 무시했다."[14] 2100달러 횡령에 326년형이면 한 해에 6.44달러인 셈이다. 오초아가 더 현실적인 선택을 했다면 죽기 전까지 25년형을 선고받았을 것이고 이는 한 해에 84달러인 셈이다. 삼진아웃법에는 가석방의 가능성이 전혀 없다.

오초아 판결 2개월 뒤, 로스앤젤레스 지방검찰청 검사협회의 월례 회의가 열렸다.

300명에 달하는 검사가 참석했다. 협회는 매달 모여 한 명에게 상을 수여한다. 그달에 협회의 이사회는 타미아 호프를 이달의 검사로 선정했다. 존 펄스타인 회장이 상을 수여하기 위해 자리에서 일어섰다. …… 펄스타인이 "피고는 326년형을 선고받았습니다" 하고 청중에게 말했다. 3년 뒤 호프는 그 순간을 이렇게 회고했다. "모두들 박수를 치며 환호했습니다. 사람들은 급여를 횡령해 복지 제도를 비웃는 것을 정말로 더는 원하지 않는 듯했습니다. 박수를 받는 느낌은 참 좋았습니다. 동료들의 지지를 받는 것은 기분 좋은 일이지요."[15]

감옥에 가는 사람들은 누구인가

지금까지의 논의를 요약하면 법과 질서 캠페인과 더불어 마약과의 전쟁이 재소자 수를 10배로 증가시켰다. 전 세계 어느 곳에서도 이런 일은 없었다. 미국의 지배계급 전체가 이를 지지했다. 그 결과는 1960년대 흑인 저항운동과 백인 저항운동의 기억에 대한 공격이었다.

사람들의 일상생활은 더 심각하고 구체적인 영향을 받았다. 교도소에는 항상 200만 명이 넘는 사람들이 있었다. 그러나 사실은 훨씬 더 많은 사람들에게 영향을 미쳐 2004년에 이르면 지난 20년 동안 잠시라도 교도소 생활을 해 본 사람이 수백만 명이나 됐다. 여기에 더해 재소자들의 어머니, 딸, 아버지, 아들, 연인도 있었다. 사랑하는 사람을 교도소에 보낸 수천만 미국인의 삶이 망가졌다.

감옥에 가는 백인 남성의 수도 전보다 증가했다. 특히 고등학교를 졸업하지 못한 흑인과 백인 남성들이 감옥에 가는 경우가 많았다. 수감은 인종 차별뿐 아니라 계급 차별도 반영했다. 감옥에 간 흑인과 백인 남성에 관한 다음의 표를 비교해 보라. 흑인 남성이 감옥에 갈 확률이 백인 남성보다 7배 이상 높다. 그리고 고등학교를 졸업하지 못한 사람이 졸업한 사람보다 감옥에 가는 비율이 3배가량 높다는 것을 알 수 있다.[16]

		22~30세	고등학교 미졸업자
백인	1980년	1	3
	1999년	2	10
흑인	1980년	6	14
	1999년	12	42

단위 : %

이 수치는 1980년에 대략 12만 6000명의 백인 재소자가 있었음을 알려 준다. 1999년에는 이 수치가 대략 66만 명이 된다. 1990년대에 감옥이 노동계급 백인 남성과 그 가족 수백만 명의 삶을 망쳐 버린 것이다.

그러나 감옥은 흑인 남성과 그 이웃들에게 훨씬 더 큰 영향을 미쳤다. 문제는 지금 감옥에 있는 사람들뿐 아니라 인생의 일정 기간을 감옥에서 보냈던 사람들의 비율이다. 다음의 표는 1999년에 수감된 적이 있는 30~34세 남성의 비율이다.[17]

	흑인	백인
고등학교 미졸업자	52	13
고등학교 졸업자	24	4
대학 재학 이상	9	1

단위 : %

우리는 여기서 인종과 계급이 모두 작용하고 있음을 살펴볼 수 있다. 고등학교를 졸업하지 못한 흑인 남성은 대학 다닌 경험이 있는 흑인 남성보다 감옥에 갈 확률이 6배나 높다. 고등학교를 중퇴한 백인은 대학 다닌 경험이 있는 백인에 비해 감옥에 갈 확률이 13배나 높다. 고등학교를 중퇴한 백인은 대학 다닌 경험이 있는 흑인보다 감옥에 갈 확률이 높다. 대학에 들어간 백인은 100명에 한 명꼴로 감옥에 간다. 고등학교를 중퇴한 흑인 남성은 두 명당 한 명꼴로 감옥에 간다.

이 통계는 전국적 편차를 은폐하고 있다. 많은 대도시의 흑인 노동계급 거주지에서는 상당수의 남성들이 한 번 이상 감옥에 간 경험이 있다. 그들과 그들의 가족들은 감옥 때문에 상처를 입는다. 그들의 공동체 전체가 마찬가지다. 심지어 그들의 공동체 외부에도 아프리카계 미국인은 거의 대부분 감옥에 다녀온 친척이 한두 명씩 있다.

수백만 명의 백인 남성과 가족들 역시 자신들의 삶이 망가지는 경험을 했다. 흑인들은 지역사회 전체가 무너지는 것을 보곤 했다. 그 이유를 알려면 감옥이 사람들에게 무슨 짓을 하는지 살펴봐야 한다.

감옥 안의 삶

미국의 교도소는 결코 쾌적한 곳이 아니다. 1980년대에 연방 정부와 주 정부는 감옥의 수를 어마어마하게 늘리면서도 공공 지출은 필사적으로 억제하려고 애썼다. 그러다 보니 새로운 감옥을 지었지만 충분하지 않았다. 재소자 수가 너무 많아 감옥을 통제하기도 더 힘들어졌다. 새로 충원된 간수도 너무 적었다. 이윤을 회복해야 한다는 압박 때문에 교도소가 압력솥이 돼 버린 것이다.

일부 급진 성향의 필자들은 감옥의 폭발적인 증가가 사설 교도소를 운영함으로써 재소자들의 노동을 착취하려는 기업들의 이윤 추구 욕망 때문이라고 주장했다. 그러나 기업과의 계약에 따라 장난감을 만들거나 콜 센터에서 일하는 재소자는 5퍼센트도 채 되지 않는다. 미국의 교도소는 국영이든 민영이든 다른 어떤 기업보다도 비용이 많이 든다. 제너럴모터스와 시티은행은 사설 교도소의 이윤을 보전해 주는 것 이상은 한 푼도 지출하려고 하지 않았다. 기업들이 감옥의 확대를 지지한 이유는 사회적 정치적으로 필요하다고 판단했기 때문이다. 그러면서도 돈을 날리고 싶지는 않았던 것이다.

교도소는 언제나 당근과 채찍을 활용했다. 당근은 가석방이었다. 채찍은 독방이나 더 야만적인 교도소로의 이감이었다. 이제 개정된 연방법 때문에 많은 범죄의 형벌에서 가석방이 금지됐고, 특히 장기수들의 가석방이 금지됐다. 그리고 장기 복역자도 늘었다. 전에는 5년형이나 10년형을 선고받은 사람들도 복역 태도가 좋으면 3년 만에 나갈 수 있었으므로 명령에 순종했다. 그런데 이제 분노에 차서 가석방 가능성이 없는 종신형을 사는 사람들이 있었다. 또한 10년형이나 25년형에서 시작하는 사람들도 있었다.

가석방 가능성이 줄어들었으므로 독방을 훨씬 더 빈번하게 활용해야 했다. 이 때문에 이미 독방에 있으면서 가석방 가능성도 없는 사람을 어떻게 위협할 것인지가 문제가 됐다. 그래서 독방 처벌의 수준을 나누는 방안이 추진됐다. 일례로 캘리포니아에서는 독방이 두 단계, 텍사스에서는 세 단계로 구분됐다. 장기 복역자들을 거의 영원히 가둬 두기 위해 특별 사동을 짓거나 아예 교도소 전체를 새로 지었다. 이러한 신축 사동에서는 사람들을 하루 23시간 가둬 놓고 일주일에 두 번만 샤워를 허락했다.

교도관들도 일상적 통제의 많은 부분을 재소자들에게 맡겨야 했다. 대도시가 없는 작은 주에서는 교도관들이 깡패를 시켜서 재소자들을 통제했다. 캘리포니아, 일리노이, 뉴욕 주의 대도시에 있는 교도소에서는 특정한 갱들이 교도소를 통제한다. 이 교도소 내부의 갱들은 바깥 사회의 갱들과 다르며 특히 인종에 따라 구분돼 있다. 한 예로 캘리포니아의 교도소에는 히스패닉계 갱단이 둘, 흑인 갱단이 하나, 극우 아리안 민족 우월주의 백인 갱단이 하나 있다. 캘리포니아에서 보안 등급이 가장 높거나 중간 등급인 교도소의 교도관들은 갱별로 재소자들을 격리했는데, 이는 재소자들을 인종별로 격리했다는 뜻이다.

이런 모든 과정은 일종의 악순환을 낳는다. 교도소의 통제력이 교도관들한테서 갱들에게 넘어가면 재소자들은 더욱 겁에 질린다. 재소자들은 언젠가 한판 붙을 각오를 하든지 아니면 영원히 갱들에게 굴복해야 한다. 이 때문에 교도소는 더욱 폭력적인 곳이 된다. 더 많은 재소자들이 처벌받을수록 교도관들은 더 가혹한 처벌을 고안해야 한다. 이런 처벌의 경험은 사람들을 폭력과 광기로 몰아넣는다.

미국의 교도소 체계에서는 독방을 '행정적 격리administrative segregation'라고 부른다. 재소자와 교도관은 모두 이를 줄여 '행·격ad seg'이라고 부른다. 2001년 캘리포니아에서는 행·격 상태의 많은 재소자들이 "빈번하게 자해를 저질렀다. 그들은 감금 상황에 대한 무기력한 분노를 표현하는 방법으로 정맥이나 동맥을 끊어 솟구치는 피로 자신의 독방 벽을 덕지덕지 칠해 놓곤 했다."[18]

또 다른 언론인 조지프 핼리넌은 텍사스의 행·격 시설을 이렇게 묘사한다. "많은 재소자들이 정신이상을 겪는다. 그중 일부는 너무 많이 자살을 시도해서 '단골'이라고 불린다. 또 다른 일부는 교도관들에게 자신의 똥 덩어리를 던져 대기 때문에 '덩어리'라고 불리기도 한다." 미국의 모든 행·격에서 똥을 던지는 일은 아주 흔하다. 무기, 의복, 개인 소지품은 빼앗길 수 있지만 똥을 빼앗기지는 않기 때문이다. 많은 재소자들은 자신의 똥과 오줌을 잘 버무려서 던지기 쉽고 들러붙기 좋게 만든다. 그렇게 만든 덩어리를 교도관들에게 던지기도 하지만 다른 재소자들과 싸울 때 사용하기도 한다.

1999년에 연방 법원은 텍사스의 행·격 시설이 "정신병자 양성소나 마찬가지"라고 판결했다. 범죄심리학자 크레이그 해니 박사는 법정에서 이렇게 증언했다. "내가 만나 본 많은 재소자들은 흔히 웅얼거리거나 소리를 지르며 횡설수설했다. 일부 재소자들은 분노와 격정에 사로잡힌 듯했고, 어떨 때는 벽에 머리를 부딪히며 비명을 질러 댔다."[19]

핼리넌은 텍사스에서 신참 교도관들에게 왜 이런 곳에서 일하려 하느냐고 물었다.

도널드 링크스라는 무뚝뚝하고 퉁명스런 신참은 일자리를 찾아 교도소로 왔다고 했다. 링크스는 전에 건설 노동자로 일하면서 시각 장애인인 아내와 함께 이동 주택에서 살았다. 쉰네 살이면 신참으로 일하기에는 나이가 많은 편으로 다른 교도관들은 퇴임할 나이였다. 그에게 왜 교도관이 되고 싶어 하느냐고 물었다.

그는 초점 없는 시선으로 나를 바라보며 "글쎄요, 아내와 결혼한 지 28년 됐는데 19년을 트레일러에서 살았어요" 하고 답했다.

그는 10년 뒤면 퇴직해서 의료보험 혜택을 받을 수 있다. 이것은 무척 소중한 복지 혜택이기 때문에 그는 기꺼이 살인자들과 도둑들 사이에서 하루하루를 보낸다고 말했다. "쉰네 살에 밖에 나가서 직장을 구하고 의료보험에 가입하려고 해 보세요."[20]

다른 신참들도 비슷한 이야기를 했다. 꼬박꼬박 봉급을 받을 수 있기 때문이라는 것이다. 미국 전역의 농촌이나 소도시에서는 공장폐쇄나 군부대 이전에 따른 일자리 감소를 보상하는 방안으로 교도소 유치 경쟁이 벌어지고 있다. 점점 더 많은 소도시의 백인 남성들이 타향으로 끌려온 대도시 출신 흑인들을 통제하게 됐다. 그러나 교도관이 백인이든 흑인이든, 감옥이 재소자들을 변화시키는 것과 마찬가지로 교도관이라는 직업 자체가 교도관 자신들도 변화시키고 있다.

언론인 다니엘 버그너는 1996년과 1997년에 루이지애나 주에서 가장 험악한 교도소인 앙골라 교도소의 재소자들과 몇 달 동안 얘기를 나눴고, 교도관들에 대해서도 알게 됐다.

교도관들의 개선 의욕을 꺾어 놓는 힘이 작용하는 듯했다. 이들의 급료는 초임 연봉이 1만 5000달러밖에 안 된다. 몇 년 동안 근무해서 팀장이 되면 약 3만 달러가 된다. 교도관은 밤새 혼자서 64명의 기결수들을 감시해야 한다. 무기를 소지하지 않으며 대부분의 경우 무전기도 없다. 유사시 3분 내에 출동할 수 있도록 비상벨만 갖추고 있을 뿐이다. 소요가 확대되는 것을 막기 위해 문은 사동 밖에서 잠그도록 돼 있다. '핵심 교도관'들은 동료가 갇혀 있어도 지원 인력이 오기 전까지는 구해 주지 말라는 지시를 받는다.

이런 취약성과 함께 다른 곳에서는 거의 찾아볼 수 없는 권위가 공존한다. 직급이 가장 낮은 교도관도 수많은 사람들을 마음대로 부릴 수 있다.

넉 달 전에 내가 앙골라에 처음 온 이후, 서로 다른 사동의 독방 담당 교도관 두 명이 각기 다른 재소자들에게 구강성교를 강요한 혐의로 체포됐다. 두 사람 모두 결국 재소자들에게 성기를 물리고 말았다. 재소자들은 교도관의 성기에 상처를 내는 것만이 자신의 주장을 입증할 유일한 방법이라고 생각했던 것이다. 또 다른 경우, 재소자들은 정액을 입에 물고 있다가 담뱃갑의 비닐 포장지에 뱉어 잘 싼 다음 변호사에게 우편으로 보내 도움을 요청하기도 했다.[21]

다른 지역의 교도관들과 마찬가지로, 앙골라의 교도관들도 재소자들처럼 공포 속에서 일했다. 교도관들은 스스로를 보호하고 재소자들을 통제하기 위해 평균 수준의 잔인함을 유지해야 했다. 교도관이 평균 수준보다 심하다는 것은 매우 잔인하다는 뜻이다. 이는 특히 보안 등급이 가장 높거나 행 · 격 시설처럼 통제가 가장 취약한 곳에서 두드러진다.

1990년대 캘리포니아 코코란 교도소의 교도관들은 자그마한 격리 운동장에서 라이벌 갱들끼리 싸움을 붙였다. 몇몇 교도관이 싸움을 구경했고 다른 교도관들을 위해 싸움 장면을 비디오로 촬영했다. 싸움이 위험해지자 구경하던 교도관들이 나서서 먼저 나무 총탄을 쏘고 그다음에는 고강도 폭탄을 사용했다. 수년간 교도관들은 이런 방식으로 7명을 죽였다. 근처의 펠리칸베이 교도소에서는 교도관들이 몸에 똥칠을 한 정신이상 재소자를 행 · 격방에 집어넣었다. 교도관들은 그를 "뜨거운 물이 담긴 욕조에 넣고 다리가 익어서 살갗이 벗겨질 때까지 내리눌렀다."[22]

우리가 이런 사실을 아는 이유는 누군가 기소되거나 처벌을 받았기 때문이다. 그렇다고 교도관들이 대부분 그런 짓을 한다는 이야기는 아니다. 교도관들의 성품이 아니라 교도소 체계의 잔인함 때문에 누군가는 잔인해지기를 원하고 다른 누군가는 그 잔인함을 견뎌야 하는 공간이 만들어졌다는 것이다. 재소자들과 마찬가지로 교도관들도 항상 두려움을 느끼기 때문이다. 교도관들은 잔인해야 자신을 보호할 수 있다고 믿기 때문에 동료 교도관들의 잔인함을 서로 부추긴다. 재소자들에게는 폭력이 다른 재소자들에 맞서 자신을 보호할 수 있는 수단이다. 그러나 대다수 사람들은 그저 너무 나약할 따름이다.

교도소에서 가장 중요한 공포는 강간이다. 석방된 재소자들을 대상으로 한 학술 연구 조사에서 교도소에서 강간당한 경험이 있느냐는 질문에 14~23퍼센트가 그렇다고 대답했다. 이것은 과소 추정치일 것이다. 나는 영국에서 강간당한 남성들과 여성들의 상담사로 일한 적이 있다. 그때 내가 배운 것은 대부분의 사람들이 강간당했다는 말을 하기까지 엄청난 어려움을 겪는다는 것이었다. 학술 연구 조사가 사람들이 말하기 꺼리는 것을 찾아내는 최상의 방법도 아니다.

그 조사 결과를 인정하더라도 현재 교도소에서 28만~46만 명이 강간당하고 있다는 이야기가 된다. 더 현실적으로 추산해서 30~40퍼센트로 보면 60만~80만 명이 된다. 물론 출소 비율을 감안하면 지난 20년간 강간당한 사람이 수백만 명에 이를 것이다.

여기에는 청소년 보호시설에 있는, 대부분이 남자 아이들인 70만 명의 아이들은 포함하지 않았다. 범죄 전문가들은 청소년 보호시설의 강간 비율이 훨씬 높을 것이라는 데 동의한다. 따라서 남성 재소자 강간 피해자 수에 30만~40만 명의 소년들을 포함시켜야 한다. 그렇다면 10대 때 강간당한 민간인들이 엄청나게 많다고 할 수 있다. 많은 재소자들에게 강간은 한 번으로 그치지 않는다. 흔히 다른 사람에 의해 강간이 반복되거나 강간범이 피해자에게 계속 자신의 애인이 될 것을 강요한다.

교도소는 사람들을 망친다. 대부분의 재소자들은 언젠가는 석방된다. 그들이 석방될 때 가지고 나오는 것은 대부분 공포, 수치심, 약간의 위협에도 극도로 예민한 반응을 보이는 경향, 성적 사랑의 어려움이다. 강간당하지 않는 확실한 방법은 남들에게 골칫거리가 될 만큼 아주 터프해지는 것이다. 잭 헨리 애벗은 ≪야수의 뱃속에서≫라는 책에서 이렇게 적었다.

나를 교도소로 이송한 짭새들이 그러더군. 나를 교도소로 보내 애송이로 만들어 버리고 사나이 기질을 완전히 없애 버리겠다고 말이지. 내가 성기를 빠는 놈이 되면 고분고분해질 거라고 생각했던 게지. …… 스물한 살이 되기 전에 이미 교도소에서 한 명을 죽이고 또 다른 놈에게 상처를 입혔지. 나는 교도소 밖으로 나간 적이 없어. 나는 결코 애송이가 아니었으니까.[23]

더 일반적인 정서는 드와이트 에드거 애벗이 ≪내가 외쳤는데도 당신은 듣지 않았어≫에서 잘 표현했다.

내가 더는 아버지가 키우던 얌전하고 착실하고 사랑스런 아들이 아닐 거라는 아버지의 생각은 옳았다. 아버지가 보기에 나는 언제 터질지 모르는 걸어 다니는 시한폭탄이었다. 4개월 만에 로스앤젤레스 카운티는 그들이 청소년 보호시설이라고 부르는 폭탄 제조 공장의 담벼락 안으로 나를 집어넣었다.[24]

교도관들이 재소자들을 통제할 수 없어지자 강간이 유행병처럼 번졌다. 강간의 공포가 재소자들을 폭력적으로 만들었다. 폭력 때문에 교도관들이 통제하기가 더 힘들어졌다. 교도관들이 재소자를 처벌하기 위해 악명 높은 강간범과 같은 감방에 가두는 경우도 있었다. 이는 압력을 가중시키는 또 다른 악순환이었다. 강간이 많아질수록 폭력도 증가하고 잔인함도 배가된다. 폭력이 늘어나면 더 잔인해져야 한다. 이 악순환의 뿌리에는 교도소의 증가가 자리 잡고 있다.

이런 것들이 지금까지 알려진 법과 질서 캠페인의 의도된 결과다. 교도소에서 강간이 수없이 벌어진다는 사실은 공개적인 정책 토론회에서는 거의 언급되지 않는다. 그러나 그런 일이 벌어지고 있다는 건 누구나 알고 있다. 이미 스릴러나 경찰이 등장하는 드라마에서는 진부한 소재다. 경찰이 용의자를 끄나풀로 만들려고 하는 장면에서 경찰들이 말한다. "우리는 너를 주 교도소로 보낼 수도 있어. 그곳에는 덩치 큰 흑인이 샤워를 하고 있지. 네가 비누를 주우려고 몸을 숙이면 ……."

그 장면에서 경찰은 미소를 띤다. 용의자는 굴복한다. 시청자는 그들이 무슨 말을 하는지 알고 있다.

교도소 내 강간은 처벌의 일환이다. 이것은 감옥이 재소자들에게 의도적으로 저지르는 짓이다. 1980년대와 1990년대에 여성 강간에 대한 논쟁과 아동 성추행에 대한 도덕적 공포가 전국적으로 번지던 나라에서 이런 일이 벌어지고 있었다. 그런데도 정부는 수많은 소년들이 강간당하는 체계를 만들어 내고 있었다. 그들은 의도적으로 이런 상황을 만들었다.

1990년대에 보안 등급이 중간 수준인 교도소에서 대부분의 재소자들은 아침에 눈뜰 때부터 잠들 때까지 두려움 속에 하루하루를 살아갔다. 그러다가 언젠가는 대부분 가족에게 돌아갔다. 그러나 가족들은 그들을 부끄럽게 여겼다. 왜 그랬는지를 알려면 민주당과 흑인 지도자들이 대량 구금에 대해 어떤 반응을 보였는지 살펴봐야 한다.

정치인들

민주당 정치인들과 아프리카계 미국인 지도자들은 대량 구금을 지지했다. 믿기 힘든 말일 수 있다. 따라서 설명이 필요할 것이다.

민주당에서부터 이야기를 풀어 가자. 1988년 레이건이 퇴임했다. 조지 부시 1세가 공화당 대선 후보로 나섰다. 매사추세츠 주지사 마이클 듀카키스가 민주당 대선 후보였다.

매사추세츠의 아프리카계 미국인 재소자였던 윌리 호턴은 가석방의 예비 조처로 일시 휴가를 얻어 풀려났다. 호턴은 메릴랜드로 달아나 교외의 중간계급 백인 가정에 무단 침입해서는 남자를 묶고 여성을 강간했다. 이것은 중산층 백인들이 가장 두려워하는 범죄였고 좀처럼 보기 힘든 일이었다.

부시는 선거운동으로 똑같은 TV 광고를 거듭거듭 내보냈다. 매사추세츠 주가 폭력 강간범을 풀어 준 것을 강조하며 듀카키스가 범죄에 무르다고 넌지시 주장하는 광고였다. 광고에 나오는 호턴의 얼굴은 매우 검게 보였고 거의 제정신이 아닌 듯했다.

듀카키스는 어떻게 대처해야 할지 몰랐다. 민주당의 모든 의원들이 1984년의 연방 범죄 법안에 찬성했고, 1986년 법안에도 18명을 제외한 전부가 찬성했음을 떠올려 보라. 듀카키스가 성공적으로 반격할 수 있는 유일한 방법은 부시의 인종차별주의를 비판하는 것뿐이었다. 그것을 설득력 있게 해내려면, 법과 질서를 내세운 십자군 전쟁의 도덕성에 정면으로 도전했어야 했을 것이다. 그러나 미국의 지배계급 어느 누구도 그런 일을 나서서 하려고 하지 않았다. 오히려 듀카키스는 TV에서 침 튀기며 변명하기에 급급했다. 그의 선거운동은 비틀거렸고 다시는 회복하지 못했다. 그리고 패배했다.

4년 뒤 민주당의 도전자 빌 클린턴은 같은 방식으로 패배하지는 않겠다고 다짐했다. 클린턴은 아칸소의 주지사였다. 아칸소 주는 경찰 살해죄로 복역 중인 리키 렉터라는 흑인의 사형 집행을 앞두고 있었다.

1960년대 말 자유주의가 득세할 때 대법원은 헌법이 잔인하고 비정상적인 처벌을 금지한다는 이유로 사형을 금지했다. 1976년 이에 대한 반격이 시작됐고 대법원은 태도를 바꿔 사형을 합법화했다. 수년 동안 사형 집행 건수가 1982년 2명에서 1990년 23명, 1991년 14명으로 꾸준히 증가했다. 이 사형 집행은 모두 사회적으로 보수적인 남부 주, 즉 클린턴이 주지사로 있었던 아칸소 같은 지역에서 이뤄졌다.

클린턴은 리키 렉터를 사면하라는 압력을 받고 있었다. 렉터는 살인을 저지른 후 머리에 손상을 입어 자신에게 무슨 일이 벌어지고 있는지를 제대로 이해하지 못했다. 그러나 클린턴은 자신의 결연한 의지를 강조하고 싶었다. 클린턴은 첫 번째이자 가장 중요했던 뉴햄프셔 예비선거 도중에 아칸소로 돌아가 렉터에 대한 사면을 공개적으로 거부했다. 〈워싱턴 포스트〉에 따르면, 렉터는

…… 마지막 식사로 나온 피칸 파이 한 쪽을 조심스럽게 내려놓았다. 렉터는 잠들기 직전에 디저트 먹는 것을 즐겼다. 독극물 주사를 맞은 뒤에 파이를 들고 독방으로 돌아갈 생각을 했던 듯하다. …… 죽기 몇 시간 전에 렉터는 [변호사에게 — 지은이] 이렇게 말했다. "이번 가을에는 클린턴에게 투표할 거예요."[25]

클린턴은 1992년 11월 선거에서 승리했다.

렉터의 사형 집행이 있기 전까지 매년 몇 건씩 있었던 사형 집행은 남부의 주들에만 국한됐다. 클린턴이 사형에 자유주의의 승인 도장을 찍어준 뒤 사형 집행 건수가 두드러지게 늘었으며 북부, 중서부, 서부, 그리고 캘리포니아로 확산됐다.

흑인 지도자들 역시 대량 구금을 묵인했다. 그들은 이제 체제에 안주하는 자리를 차지하고 있었다. 공민권운동은 무엇보다 정치, 교육, 공공서비

스 직종에서 평등을 달성하기 위한 것이었다. 그들은 그런 평등을 쟁취하지는 못했지만, 주빈석의 끝자리 정도는 차지할 수 있었다. 2001년에 백인 남성의 20퍼센트와 백인 여성의 10퍼센트가 시간당 임금이 26.10달러였다. 흑인 남성의 8퍼센트와 흑인 여성의 5퍼센트도 그만큼 벌었다.[26]

다시 말해, 흑인 남성 12명 중 한 명, 흑인 여성 20명 중 한 명이 한 해에 4만 7000달러 이상을 벌었다. 이들은 새롭게 떠오른 흑인 엘리트다. 공민권운동의 승리와 함께 이들은 군대, 대학, 정계, 법조계, 경찰 등의 분야에서 한 자리씩 차지했다. 어느 분야에서도 그런 사람들은 전체 인구 대비 흑인의 비율보다는 적다. 그러나 그들은 잘나가고 있다. 관리자로서 체제에 합류해 흔히 시장市長이나 도심 빈민가를 담당하는 고위 경찰 간부, 야간 법정의 판사, 사회복지 관리자, 가석방을 다루는 고위 관료가 됐다. 그들은 체제에 경제적 이해관계를 갖기에 이르렀다.

콘돌리자 라이스, 콜린 파월, 오프라 윈프리는 모두 경로는 다르지만 이 신흥 엘리트로 떠오른 사람들이다. 이들은 [흑인들을] 전혀 대표하지 않는다. 이 세 사람은 모두 지배계급이며, 특히 윈프리는 미국에서 가장 부유한 사람 중 한 명이다. 이들은 새로운 흑인 중간계급이 갈망하는 이상형이다.

그와 동시에 이 새롭게 등장한 흑인 중간계급은 자신들을 흑인 노동자와 구분한다. 흑인의 92퍼센트가 연간 소득 4만 7000달러 이하인 노동자다. 전문직의 삶이 개선되는 만큼 그들 아래에 있는 사람들의 삶은 점점 힘겨워지고 있다. 교도소 안의 사람들만 이야기하는 것이 아니다. 1973년 이후 실업이 증가하면서 흑인, 특히 젊은 남성들이 큰 타격을 받았다. 사회복지 비용 삭감도 큰 타격이었다. 전문직 종사자들의 삶은 점차 안정된 반면, 다른 사람들은 삶이 산산조각 나고 있다고 느꼈다. 전문직 종사자들은 대부분 조금이라도 잘못하거나 사용자에게 밉보여도, 자신들 역시 다시 게토 신세가 되리라는 것을 아주 잘 알고 있었다.

1960년대에 마틴 루서 킹 같은 흑인 지도자들은 흑인 노동계급과 비슷한 말투로 연설했다. 요즘 흑인 전문직 종사자들은 대부분 TV 뉴스 앵커와 비슷한 말투로 이야기한다. 그러한 말투는 그들의 계급적 충성심의 표현이다. 그들은 또한 자신들이 게토 사람들과 다르다고 최대한 강조한다.

정치인들과 흑인 지역사회의 지도자들은 바로 이 신흥 흑인 전문직 계급의 생생한 표현이다. 그들은 예외 없이 마약과의 전쟁을 지지했다. 일례로 1988년에 제시 잭슨 목사는 민주당 대선 후보 경선에 뛰어든 유일한 흑인 후보였다. 잭슨은 마틴 루서 킹이 멤피스의 모텔 발코니에서 살해당할 때 현장에 있었던 사람이다. 그는 운동의 베테랑이었다. 그러나 이제 목사는 선거 유세 때마다 사람들에게 앞으로 나와서 마약을 끊겠다는 선언을 하라고 호소했다. 잭슨은 마약 불법화가 아니라 마약을 비난했다. 심지어 가장 급진적인 흑인 정치인들조차 그런 태도를 공유했다.

물론 잭슨은 부시만큼 가혹하지는 않았다. 잭슨은 언제나 사형에 반대했고 그 대안으로 가석방 없는 종신형을 지지했다. 그리고 경찰의 잔인한 폭력에 시달리는 흑인 피해자들을 일관되게 지지했다. 그러나 잭슨이나 다른 흑인 정치인 어느 누구도 대량 구금에 반대하는 운동을 조직하지 않았다.

흑인 가족과 백인 가족

그런 분위기 때문에 재소자 가족들은 심한 수치심에 시달렸다. 인류학자 도널드 브라만은 1990년대에 워싱턴 시(공식적으로는 컬럼비아 특별구 District of Columbia : DC) 출신의 남성 재소자 가족들에 대한 현장 조사를 했다. DC에는 흑인과 노동계급이 압도적으로 많고, 가족 중 누군가가 교도소나 유치장에 있는 경우가 대부분이다. 그러나 "사법제도에 대한 저항도 없고, 감금 수준에 항의하는 목소리도 거의 들리지 않는다"고 브라만은 말한다. 오히려 "연구에 참여한 사람들은 대부분 친척이 투옥된 것을 직계가족 외에는 아무에게도 알리지 않았다."[27]

브라만은 로버트와 그의 아내 루이저의 사례를 들었다. 로버트는 마약을 시작한 뒤 루이저와 아들 곁을 떠났다. 마약을 얻기 위해 도둑질을 하다가 교도소에 간 것이다. 로버트는 교도소 안에서 마약을 끊었고 출소해서 아내·아이와 재결합했다. 그렇게 3년을 살면서 매주 일요일에는 교회에도 나갔다. 맞벌이를 하면서 집을 살 돈을 저축하고 있었다. 루이저는 행복했고 신에게 감사했다. 그러나 로버트의 강도 전과에 대해 집행되지 않은 영장이 아직 남았다는 것을 두 사람 모두 알고 있었다. 어느 날 교통경찰이 로버트의 차를 세우고 컴퓨터로 신원 조회를 하다가 과거의 영장을 찾아냈다. 로버트는 다시 감옥에 갔다. 루이저는 남편을 무척이나 자랑스러워했기 때문에 이번에는 수치심이 더 심했다.

루이저는 친구들과 가족들을 피하기 시작했고, 로버트가 다시 구속됐다는 이야기를 하기 싫어서 거짓말로 둘러댔다.

"혼자 있고 싶어져요. 아시다시피 남들이 우리 사정을 모른다고 해도 솔직하게 터놓고 이야기하기는 싫은 법이지요. 남들에게 우리 사정이 알려지는 것 자체가 싫어요. 어쩌면 다른 사람들에게 조금은 존중받고 싶기도 할 거예요. 남편이 구속됐다는 것을 남들이 아는 게 그냥 싫어요. …… 그래서 자꾸 거짓말을 하게 돼요."

옛 친구들과의 우정은 금이 갔고, 새로운 친구를 사귀는 것도 머뭇거리게 됐다. …… 그녀는 남편이 돌아왔을 때의 평판을 생각해서 구속 사실을 숨긴다고 말했다. "그래야 친구들이 남편을 다시 만날 때 남편에게 온갖 낙인을 찍지 않겠지요."[28]

루이저는 가족 중에 범죄자가 한 명 있으면 더 있을 거라고 생각한다는 것을 잘 알았다. 언론이나 지배계급이 만들어 낸 생각이 아니다. 그녀와 친한 사람들이 그렇게 생각한다. 그래서 여동생에게도 로버트가 감옥에 간 것은 무장 강도 때문이 아니라 심각한 교통법규 위반 때문이라고 둘러댄다. 사람들은 루이저가 거짓말을 한다는 것을 서서히 알게 된다. 교통법규 위반으로는 그토록 오랫동안 복역하지 않기 때문이다. 물론 그녀를 다그치지는 않는다.

루이저는 교회 사람들에게도 거짓말을 한다. 교회는 그녀가 위로를 주고받는 유일한 공간이다. 그 교회나 그 도시의 대다수 사람들이 똑같은 일을 겪고 있다. DC에 사는 사람들은 대부분 사랑하는 사람이 감옥에 있거나 재판 대기 중이거나 가석방 상태다. 그러나 그런 사정을 되도록 알리지 않으려 하고, 이 때문에 수치심이 더욱 심해진다.

사랑하는 사람에 대해 거짓말을 해야 하는 사람들은 대부분 가난하다. 적절한 복지 제도가 없기 때문에 사람들은 아이를 맡겨야 하거나, 돈이 필요하거나, 몇 주 지낼 만한 거처가 필요하거나, 아이들 식사를 준비해야 하는 등의 문제가 생길 때 친척들에게 의존할 수밖에 없다. 수치심 때문에 가족 간의 유대를 끊으면 이런 안전망도 잃어버리고 만다.

교도소는 다양한 종류의 외로움을 만들어 낸다. 교도소에 있는 대다수의 남성과 여성은 수감되기 전까지 아이들과 정기적으로 관계를 맺고 살던 부모들이다. 그러나 새로 지은 교도소들은 도시에서 멀리 떨어진 농촌 지역에 있다. 캘리포니아의 교도소들은 대다수 재소자들의 출신지인 로스앤젤레스에서 자동차로 16시간이나 가야 하는 캘리포니아 북부에 있다. 업스테이트뉴욕은 도시에서 8시간 정도 떨어져 있다. 성인 한 명과 어린이 한 명이 교도소에 다녀오려면 여비, 밥값, 모텔 숙박비를 포함해 최소한 200달러의 비용이 든다.

대다수의 재소자들은 1~2년 동안 면회 오는 사람이 한 명도 없다.

재소자들은 교도소 공중전화를 이용해 수신자 부담으로 전화를 걸어 아이들이나 사랑하는 사람과 이야기를 나눌 수 있다. 각 주가 전화 회사와 체결한 임대계약에 따라 교도소의 전화 요금은 특별히 높다. 교도소가 멀리 떨어져 있기 때문에 전화는 대부분 장거리 통화가 된다. 일반적으로 저소득 가정은 교도소에서 걸려 오는 수신자 부담 전화 요금으로 소득의 5분의 1이나 4분의 1을 지출한다. 가족들은 남편이나 자녀가 거는 전화를 차마 거절하지 못한다. 몇 달 안에 많은 가정이 전화 요금을 내지 못해 전화선이 끊긴다. 교도소에서 걸려 오는 전화를 수신 거부 대상으로 해 놓은 집도 있을 정도다. 흔히 가족 중에 한 명, 즉 어머니나 할머니만 전화를 받아 통화 내용을 가족들에게 알려 준다. 누가 전화비를 낼 것인지 논쟁하다가 식구들이 다투기도 한다.

아버지가 정서적으로 아이들과 친하게 지낸 경우 교도소는 특히 아이들을 고통스럽게 한다. 아이들은 공부에 신경 쓰지 않거나 학교를 그만두거나 스스로 마음을 닫아 버린다.

많은 보수주의 논객들은 노동계급의 곤경이 좋은 역할 모델이 없기 때문이라고 주장한다. 그러나 이 아이들에게는 역할 모델이 있다. 그런데 자신이 사랑하는 사람이 잡혀가 버린 것이다. 아이들은 학교에서 친구들에게 이야기할 수도 없다. 그랬다가는 다른 아이들이 조롱할 것이기 때문이다. 이 외로운 아이들에게는 아무도 없다. 어머니도 교회도 선생님도 TV도 그들에게 존엄을 지키면서 고통에 대처하는 방법을 알려 주지 않는다.

제한적인 몇몇 부분에서는 교도소 안의 백인 남성과 그 가족들이 더 힘들 수 있다. 흑인 재소자들은 다른 재소자들 앞에서 수치심을 느낄 필요가 없다. 교도소에 들어온 이유가 똑같다고 생각하기 때문이다. 바로 인종차별 때문이라는 것이다. 루이저의 남편 로버트는 도널드 브라만에게 보낸 편지에서 정치적 분석을 제시했다. 다음은 그 일부다.

미시간 대학교의 연례 보고서에서 드러났듯이 미국의 마약 사용자 · 남용자 · 판매자의 압도 다수가 백인이고, 1992년 마약 남용에 관한 전국가구조사에서 마약을 사용하는 흑인은 160만 명인 반면 백인은 870만 명이나 되는 것이 밝혀졌는데도 마약 문제, 즉 미국의 문제는 언제나 편리하게도 흑인 문제로 치부돼 왔습니다. 마약과의 전쟁은 본질적으로 미국의 동네북인 흑인에 대한 전쟁입니다.[29]

교도소의 다른 흑인 남성들도 로버트의 견해에 공감한다. 남들과 이야기를 나누지 못하면 이처럼 풍부한 인식을 발전시키지 못한다. 그런데 수많은 백인 수형자들과 그 가족들은 좀처럼 이런 이야기를 나누지 못한다. 교도소는 인종적 재앙일 뿐 아니라 계급적 재앙이기도 하다. 그러나 어느 누구도 이런 이야기는 하지 않는다. 급진적 논의에서도 백인 재소자들에 관한 이야기는 찾아볼 수 없다. 그러나 조니 캐시가 〈폴섬 교도소 블루스〉+를 노래하는 장면을 한번 보라. 재소자들은 누군가[캐시가 진실을 외

+ Folsom Prison Blues. 컨트리 음악 가수인 조니 캐시(Johnny Cash)가 무기징역수의 좌절감을 통해 재소자들의 애환과 고통을 잘 표현해 큰 인기를 끈 노래. 캐시는 1968년 1월 폴섬 교도소에 위문 공연을 가서 이 노래를 불렀는데, 그는 폴섬 교도소 재소

치자 발을 구르며 기쁨에 넘쳐 환호성을 질러 댄다.

그리고 언젠가는 거의 모든 남성과 여성이 출소한다. 몇 년간 매일 두 려움에 떨던 사람들이 이제 바깥세상에서 살아가야 한다. 이들은 자신을 보호하기 위해 거칠고 단단한 외벽을 만들었다. 이 때문에, 그리고 흔히 강 간당한 고통으로 말미암아 사람들은 다시 사랑하고 사랑받는 데 어려움을 겪는다.

교도소는 수많은 개인, 부부, 가족들의 삶을 파괴했다. 사법제도가 고등 학교를 졸업하지 못한 흑인 남성들을 집중적으로 공격했기 때문에 교도소는 빈민가에 사는 사람들의 정신을 망가뜨렸다. 지배계급이 의도한 것이 바로 이것이었다. 1960년대에 저항의 핵심이었던 사람들이 이제 자신들조차 방어 할 수 없게 됐다. 한때 투쟁이 있던 곳에 이제는 구멍이 생겨 버렸다.

그러나 이제껏 볼 수 없었던 분노가 끓어오르고 있다. 분노는 1991년 로스앤젤레스 경찰LAPD에 반대하는 폭동으로 표출됐다.

마약과의 전쟁과 구금의 광기와 함께 경찰의 힘과 인원수도 폭발적으로 증가했고 경찰의 활동 방식도 변했다. 거의 모든 도시의 경찰이 군대 조직 을 본뜬 특수 기동대SWAT를 만들었다. 한밤중에 프로펠러 소리 요란한 경 찰 헬리콥터가 강력한 불빛을 비추며 머리 위에서 날아다녔다. 경찰은 점 점 더 주민들, 특히 흑인과 히스패닉계 사람들의 적이 돼 갔다. 경찰도 그 것을 알고 있었고, 교도관들과 마찬가지로 통제를 유지하기 위해 일상에서 더욱 잔인해져야 했다.

1991년 LAPD 소속 경찰들이 아프리카계 미국인 로드니 킹의 차를 멈춰 세운 뒤 특별한 이유 없이 그를 마구 폭행했다. 지나가던 사람이 이 장면을 모두 비디오로 찍었다. 그 비디오는 TV를 통해 미국 전역에 계속 방영됐

자들이야말로 "가장 열광적인 청중"이었다고 말했다.

다. 당국은 사건에 연루된 경찰관을 기소할 수밖에 없었지만 모두 백인으로 구성된 배심원단은 무죄를 선고했다. 로스앤젤레스 흑인들의 분노가 폭발했다.

경찰은 지금껏 수백만 번도 더 흑인 운전자의 차를 세웠다. 과장이 아니라 정말로 수백만 명의 운전자들이 수백만 번도 넘게 당해 왔다. 수십만 번의 폭행이 있었고 구속·수감도 계속됐다. 이번에는 비디오에 그 장면이 찍혔는데도 여전히 정의는 존재하지 않았다.

폭동은 한때 와츠라고 불렸고 1965년 폭동의 발원지이기도 했던 사우스 센트럴로스앤젤레스에서 시작됐다. 1965년에도 그랬듯이 사람들은 불을 지르고 약탈하면서 폭동을 시작했다. 경찰은 후퇴했다. 그러나 이번 폭동은 과거의 폭동과 전혀 달랐다. 이것은 계급 폭동이었다. 폭동 참가자들이 맞닥뜨린 당국의 책임자들은 부유한 아프리카계 미국인이었다. "시장인 톰 브래들리, 신임 경찰총장 윌리 윌리엄스, 합참의장 콜린 파월 장군 등 연방 군대에 반란 진압 명령을 내린 사람은 모두 흑인이었다."[30]

그리고 미국 역사상 최초로 히스패닉계와 백인들이 흑인 폭동에 가담했다. 아프리카계 미국인 폭동 참가자들이 히스패닉계 주민들이 주로 사는 북쪽의 쇼핑센터 근처로 이동하자 그 지역의 히스패닉계 노동자들이 합세했다. 그들 역시 교도소, 경찰서, 직장에서 비슷한 경험을 했고 가난하기 때문이었다. 폭동이 계속 북쪽으로 확산되자 사람들은 점점 더 자신감을 가졌다. 이들은 혼합 거주지로 이동하기 시작했다. 폭동이 할리우드까지 도달했을 때는 스케이트보드를 탄 젊은 백인 남성들이 약탈을 하고 있었다. 처음 체포된 5000명 중 52퍼센트가 히스패닉계였고 38퍼센트가 흑인이었고 10퍼센트는 백인이었다.[31]

이 군중을 주목한 정치 이론가는 아무도 없었다. 인종보다 계급이 더 중요했다고 말하는 사람도 전혀 없었다. 한 세대의 경험 끝에 사람들은 그 점을 깨달은 듯했다.

로스앤젤레스 밖에서도 뭔가 새로운 일이 벌어지고 있었다. 1960년대에 는 폭동에 연대하는 공개 시위가 벌어진 적이 없었다. 이제는 수십 개의 도 시에서 시위가 벌어졌는데, 시위 참가자 중에는 흑인도 있고 백인도 있었 다. 그들은 로드니 킹 사건 판결에 분노를 드러냈을 뿐만 아니라, 폭동 참 가자들과의 연대도 공개적으로 밝혔다. 당시 테네시 대학교 경제학 교수였 던 예순여섯 살의 우리 아버지도 대학원생 몇 명과 함께 녹스빌 거리를 행 진했다. 아버지로서는 난생 처음 동참하는 시위였다. 시위대는 흑인과 백 인이 어우러져 미국 전역에서 진행된 다른 시위와 마찬가지로 폭동 참가자 들이 내건 구호를 외쳤다. "정의가 없다면 평화도 없다." 이것은 저들이 우 리에게 정의를 주지 않으면 우리가 저들에게 전쟁을 주겠다는 의미였다. 정서가 바뀐 것이다.

그러다 폭동이 끝났다. 백인이든 흑인이든, 이름깨나 있는 정치인은 폭 동 참가자들을 두둔하지 않았다. 사람들의 정서는 다시 수면 아래로 가라 앉았다. 그러나 그 정서는 여전히 존재한다. 13년 동안 불의가 더 심해졌으 므로 그 정서는 훨씬 더 강렬해졌을 것이다. 아무도 그런 정서를 대변해 주 지 않지만, 그 정서는 분명히 존재한다.

마지막으로, 노동조합의 상황과 흑인들의 상황 사이의 관계를 살펴볼 필요가 있다. 1960년대에 흑인 폭동과 백인 반전운동은 나란히 일어났다. 사람들은 연대를 느꼈다. 흑인 병사와 백인 병사 모두 베트남에서 싸우기 를 거부했다. 지배계급은 두 운동이 연결되는 것을 봤다. 그것은 지배계급 이 통제력을 잃고 있다는 것을 의미했다. 그러나 두 운동이 하나로 합쳐지 지는 않았다.

20년 동안 노동조합과 아프리카계 미국인들은 나란히 공격받고 있었다. 많은 노동조합원들과 비조합원 노동자들 역시 흑인이고 히스패닉계였다. 많은 백인 노동자들도 감옥에 갔다. 지배계급은 구금과 노동조합 분쇄가 모두 중요하다는 것을 이해하고 있었다. 이 점을 의식적으로 깨달은 지배계급도 있었고 무의식적으로 깨달은 지배계급도 있었지만, 그들은 모두 바야흐로 자신들의 통제력이 회복되고 있다는 것을 실감했다.

파업에서 패배한 노동자나 재소자들 중에서 자신의 삶이 공격받는 이유가 부자들이 이윤을 회복해야 하기 때문이라고 말하는 사람은 거의 없다. 그러나 고립감, 이 나라와 세계가 뭔가 잘못돼 가고 있다는 것은 똑같이 느꼈다. 계급적 박해와 인종차별을 결합하는 정치 운동이 일어난다면 그때는 분노의 폭풍이 일 것이다.

6장 가족 가치

공민권운동에 대한 반격은 여성해방운동과 동성애자해방운동에 대한 반격과 더불어 진행됐다. 현실에서는 낙태, 복지, HIV 감염인들에 대한 공격을 의미했다. 그러나 이 공격은 전통적인 '가족 가치'를 옹호하는 것인 양 포장됐다.

보수주의자들은 전통적인 가족이 위기에 처했다고 느꼈다. 여성의 권리는 혼전·혼외 성 관계로 이어지며 이혼율이 높아지고 있었다. 아이들은 아버지 없이 자랐다. 남녀 동성애자들은 자신들의 존재를 드러냄으로써 옛 풍습을 손상시키고 있었다.

가족 가치 운동을 주도한 사람들은 제리 폴웰 목사와 로널드 레이건 대통령 같은 공공연한 우파 남성 정치인들이었다. 이들에게 가족 가치는 1960년대에 대한 적대감의 일부였다. 이들을 위선자라고 부르고 싶은 충동을 느끼는 것은 다음과 같은 이유 때문이다. 남부 출신으로 TV에서 기독교 근본주의를 설교한 인사들이 흔히 숱한 간통을 저지른 사람들임이 드러났다. 콘돔과 낙태를 비판한 가톨릭 주교들이 신부들의 아동 성추행을 수천 건이나 은폐했음도 드러났다. 로널드 레이건이 가족 가치를 떠들어 대는 동안 그의 부인은 프랭크 시나트라와 바람을 피우고 있었다. 키티 켈리가 쓴 낸시 레이건 전기에는 시나트라와 함께 있는 낸시를 바라보는 레이건의 사진이 실려 있다. 로널드 레이건의 표정은 그런 상황에서 우리가 느꼈음 직한 표정과 전혀 다르지 않다.[1]

그러나 이들을 위선자로만 치부하다 보면 보수주의 도덕의 핵심을 놓치고 만다. 돈 많고 힘 있는 정치인들이 가족 가치를 떠들어 대는 데는 충분한 이유가 있다. 첫째, 자본주의 경제는 집안일을 하고 아이들을 돌보는 여성과 남성 모두의, 특히 여성의 무보수 노동이 필요하다. 만일 여성이 가정에서 가사와 자녀 양육을 자신의 의무로서 책임지지 않으면 자본은 육아 · 보육 시설에 엄청난 돈을 써야 할 것이다. 그래서 정치인들은 가족을 옹호한다.

둘째, 연인 사이나 부모 · 자식 관계는 우리가 아는 가장 친밀한 관계다. 우리는 자궁 밖으로 나와 울어 대는 순간부터 가족 안에서 우리 주변의 불평등을 목격한다. 우리는 말을 배우기 전부터 불평등을 내면화하고 날마다 신체에 따른 성 차별을 느끼며 평생을 살아간다. 이 때문에 불평등은 인간이 관계를 맺는 자연스럽고 생물학적이며 기본적인 방식처럼 여겨진다. 이는 우리가 사회에서 부딪히는 모든 불평등을 감내하게 만들고 강화시킨다. 불평등은 우리가 사랑을 배우고 나중에는 사랑을 찾게 되는 가족 안에서 정당화된다.

셋째, 지배계급은 특히 민주주의 사회에서는 대중의 지지가 필요하다. 이윤 증대를 위해 임금을 낮추려는 노력이 대중의 지지를 얻기는 힘들다. 그런 노력으로는 선거의 승리를 확신할 수 없다. 그래서 지배계급은 평범한 사람들이 고통을 느끼거나 서로 믿지 못하거나 서로 경쟁하는 영역에 의존한다. 그들은 또 우리를 갈라놓을 방도를 궁리한다.

지배계급의 개인들은 내가 방금 주장한 것을 말로 표현하지 않을지도 모른다. 그러나 마음속 깊이 알고 있다. 그래서 지배계급은 거의 언제나 젠더 불평등을 옹호하고, 좌파는 대체로 평등의 확대를 추구하는 것이다. 그리고 이 때문에 가족 가치 운동을 주도한 로널드 레이건, 목사들, 주교들이 위선자가 될 수밖에 없는 것이다.

가족 가치의 딜레마

그래서 레이건이 집권했을 때, 그는 아프리카계 미국인들과 노동조합을 공격한 것처럼 여성운동도 공격했다. 지배계급 전체도 여성이 [남성과] 평등하다는 사상을 격퇴하고 싶어 했다. 이를 위해 그들은 가족 가치를 이념적 무기로 사용했다.

그러나 그들은 심각한 딜레마에 직면했다. 기업들은 여성이 가정을 떠나 일하러 나오기를 원했다. 1973년에 일할 수 있는 연령대의 여성 중 44퍼센트가 임금노동에 종사했다. 2001년에는 58퍼센트로 증가했다. 동일한 상황이 전 세계에서 진행됐지만 미국의 여성 노동자 비율은 다른 어느 선진국보다도 높았다.[2] 일하는 여성이 늘어나자 기업들은 한 가족에서 전보다 더 많은 이윤을 뽑아낼 수 있었다. 이것은 그들의 이윤 증대 전략의 핵심이었고, 따라서 결코 타협할 수 없는 문제였다.

앞에서 봤듯이 1979~1995년에 남성의 임금은 대부분 하락했다. 이는 노동계급 가족의 더 많은 여성이 밖에 나가 일해야 한다는 것을 의미했다. 여성 취업의 증가와 여성운동이 맞물리자 여성들은 자신이 번 돈에 대한 통제력을 강화하고 인간적 존엄성도 더 강하게 느끼게 됐다. 그리고 예전과 달리 남성에게 의존하고 매달릴 필요를 느끼지 않았다. 이혼율은 상승했고, 대부분의 경우 떠난 사람은 여성이었다.

여성 노동자들의 필요성과 여성 자립의 사회적 결과 사이의 모순은 가족 가치를 옹호하는 사람들에게 골치 아픈 문제였다. 문제는 또 있었다. 여성들의 임금이 남성의 수준을 따라잡고 있었다. 1979~2001년에 [하위] 50퍼센트보다 더 많이 버는 여성의 시간당 실질임금이 증가했다. 그러나 [하위] 50퍼센트보다 더 많이 버는 남성의 시간당 실질임금보다는 여전히 낮았다. 2001년에 달러의 구매력을 감안해 조정한 수치들은 다음과 같다.[3]

단위 : 달러	1979년	2001년	22년간 상승 폭
50% 여성	9.38	11.04	1.66
50% 남성	14.96	14.60	− 0.36
격차	5.58	3.54	

[하위] 80퍼센트보다는 많이 받지만 상위 20퍼센트보다는 적게 받는 하위 전문직 여성들도 동일한 양상을 보인다.

단위 : 달러	1979년	2001년	22년간 상승 폭
80% 여성	13.81	18.89	5.08
80% 남성	21.01	24.20	3.36
격차	7.20	5.31	

[하위] 95퍼센트보다는 많이 벌지만 [상위] 5퍼센트보다는 적게 버는 고위 관리직에 가까운 여성들의 경우도 마찬가지다.

단위 : 달러	1979년	2001년	22년간 상승 폭
95% 여성	20.32	30.90	10.38
95% 남성	30.32	40.98	10.57
격차	10.00	10.08	

2001년 여성들은 여전히 모든 수준에서 남성보다 적게 번다. 그러나 남성의 소득수준을 따라잡고 있다. 95퍼센트 수준에서도 남성은 30달러에서 10달러 상승했지만 여성은 20달러에서 10달러 상승했다. 비율로 보면 부유한 여성들은 여전히 더 나아지고 있다.

그러나 이 수치들은 젠더보다 계급에 따른 격차가 더 크다는 것을 보여준다. 95퍼센트 수준의 여성은 중간의 여성보다 6배나 더 많이 상승했다. 부유한 여성들이 관리직에 종사하기 때문이다. 1979~2001년에는 남성이든 여성이든 대학 교육을 받은 사람들과 그렇지 않은 사람들 사이의 격차가 점점 벌어졌다. 남성이든 여성이든 이런 격차를 만들어 낸 직종은 딱 세 가지 분야였다. 관리직, 금융상품 판매를 포함한 영업직, 의료 전문직이었다. 고소득 직업여성들 중에서도 오로지 관리직만이 68퍼센트의 비약적 증가를 보였다. 나머지는 여성 주식중매인과 여성 의사들이었다.[4]

이렇게 더 많은 여성들이 일하러 나갔다. 그들은 관리직에도 진출해 남성들을 따라잡았다. 이는 여성들이 일상생활에서 점점 더 자신감을 갖게 됐다는 것을 의미한다. 기업들은 여성이 일하는 것을 원했고 점점 더 많은 가족이 맞벌이에 나서는 것을 보며 기뻐했다. 그러나 여성의 임금이 상승하거나 자신감이 높아지는 것은 원하지 않았다.

일하는 여성에 대한 반격

지배계급은 여성운동이 남긴 유산에 적대적이었다. 그러나 운동의 정신은 여전히 남아 있었다. 여성은 노동하는 삶을 살면서 점점 더 강해졌다. 그러자 여성들이 일하는 것에 죄책감을 느끼게 만들려는 대규모 운동이 1980년대 내내 벌어졌다. 이는 여성들이 일하는 것을 막지는 못했지만 여성들의 사기를 꺾고 약화시키는 데는 효과가 있었다.

이런 공격은 대중매체에서 넘쳐 났다. 수잔 팔루디는 1991년에 출간한 ≪반격 : 미국 여성에 대한 은밀한 전쟁≫[5]에서 이런 공격을 자세히 묘사했다. 잡지와 신문들은 아이 갖기를 자꾸 미루다가 불임이 돼 버린 직업 여성의 외로움 따위를 끊임없이 늘어놓았다. 팔루디가 입증했듯이, 이런 이야기들은 죄다 허위이거나 존재하지 않는 통계치를 근거로 한 것이었다. 그러나 문제는 일부 대중매체가 가끔 이런 이야기를 다룬 것이 아니라는 점이었다. 유력한 대중매체들이 모두 이런 이야기를 끊임없이 되풀이했다.

1980년대의 거의 모든 TV 프로그램과 모든 할리우드 영화에서는 현실의 여성을 찾아볼 수 없었다. 우연이거나 시청자와 관객의 선호도 문제가 아니다. 시청자들이 좋아한 여성상은 TV 프로그램 〈로잔느〉, 〈캐그니와 레이시〉에 나온 강력한 여성들뿐이었다. 방송국 경영자들은 이 프로그램들을 싫어해서 한창 인기가 있었는데도 종영시켜 버렸다.

영화에서는 기껏해야 〈스타워즈〉의 레아 공주처럼 있으나 마나 한 존재로 그려졌다. 때로는 고전적 반동 영화 〈치명적 유혹〉+에서처럼 사악한 존재로 묘사됐다. 이 영화에서는 나약한 남편 역의 마이클 더글러스가 글렌 클로즈가 연기한 자립심 강한 독신 여성과 하룻밤을 보낸다. 그러고 나서 남성은 죄책감에 시달리고 여성은 남성을 스토킹한다.

영화의 원래 결말은 우울해진 클로즈가 자살하는 것이었다. [그러나] 시사회에서 관객들의 반응이 좋지 않자 결말을 새로 찍었다. 클로즈가 푸줏간용 식칼을 들고 더글러스의 집에 침입한다. 더글러스는 그녀를 욕조에 익사시킨 뒤 집안일만 하는 아내를 껴안는다. 물론 착한 아내는 그를 용서한다. 영화 속의 어느 괴물과 마찬가지로 클로즈는 죽지 않고 있다가 욕조

+ 한국에서는 〈위험한 정사〉라는 제목으로 개봉됐다.

에서 벌떡 일어선다. 결국 더글러스의 아내가 그녀를 쏴 죽인다. 관객들은 이 결말을 좋아했다. 아니, 관객 중 일부가 좋아했다. 팔루디는 이렇게 적었다.

1987년 10월 캘리포니아의 산호세 외곽에 있는 영화관에서 〈치명적 유혹〉을 상영하는 월요일 밤, 객석에는 빈자리가 하나도 없었다. …… 지난 6주 동안 매일 밤 매진이었다. 앞에 앉은 남자는 "저년의 얼굴을 갈겨 버려! 농담 아냐" 하고 마이클 더글러스에게 애원한다. 맞장구치는 소리에 신이 난 뒷줄의 남자는 한술 더 뜬다. "해치워, 마이클. 당장 죽여 버려. 그년을 죽이라고!"

상영관 바깥의 복도에서는 바닥 청소를 하던 10대 안내원들이 상영관 문틈으로 들리는 어른들의 고함 소리를 듣고 무슨 일이냐는 표정으로 서로 쳐다본다. "도대체 왜들 저러는지 몰라" 하고 사브리나 휴스가 말한다. 그녀는 콜라 따라 주는 일을 하는 고등학생으로 어른들의 행동이 "정말 기괴하다"고 했다. "나도 가끔 상영관에 몰래 들어가 마지막 20분을 보곤 하는데, 모든 남자들이 소리를 질러요. '저년을 패 버려! 당장 죽여 버려!' 여자들이 외치는 소리는 한 번도 들은 적이 없어요. 여자들은 숨죽이고 조용히 앉아 있어요."[6]

영화를 만든 사람들은 자신들이 한 일이 어떤 의미인지 알고 있었다. 〈치명적 유혹〉의 감독은 영국의 CF 감독 출신인 에이드리언 라인인데, 그는 독신 여성에 대해 이렇게 말했다.

이 여자들은 자신이 남자가 아니라는 것에 대한, 뭐랄까 보상을 받으려 해요. 슬픈 일이죠. 그런 일은 불가능하니까요. ······ 나는 스튜디오에서 사장들과 지내면서 그걸 알았어요. 며칠 전에 무척 영향력 있는 여성 제작자를 만난 적이 있어요. 그녀는 자신만큼 성공하지도 못하고 영향력도 없는 한 남자를 을러대고 못살게 굴었어요. 그녀는 마치 그 남자가 존재하지도 않는다는 듯이 행동했어요. ······ 그런데 여자가 그런 행동을 하니까 훨씬 더 당황스러웠어요. 여성스럽지 않으니까요. 안 그래요? ······

페미니스트들이 이야기하는 것을 들어 보세요. 지난 10년, 20년 동안 그들은 여성이 남성한테 당하는 것이 아니라 여성이 남성을 갖고 노는 이야기를 귀가 따갑게 떠들어 댔습니다. 그래서 얼마나 자유로워지고 해방됐는지 모르지만, 듣기 좋은 소리는 아니죠. 그것은 뭐랄까 아내의 모든 역할, 아이를 키우는 역할 전체를 거부하는 것과 마찬가지예요. 물론 경력을 쌓고 성공은 할 수 있겠지만 여성으로서 만족과 행복을 느낄 수는 없을 거예요.

내 아내는 결코 일을 한 적이 없습니다. 내가 만난 사람 중에 가장 야망이 없는 사람이지요. 그녀는 정말 완벽한 아내입니다. 직장을 갖는 데는 눈곱만큼도 관심이 없습니다. 그냥 나랑 같이 사는 거지요. 그야말로 환상적이지요. 내가 집에 가면 아내는 항상 집에 있습니다.[7]

영화의 주연이자 그 자신이 부유한 제작자인 마이클 더글러스도 감독과 똑같은 말을 했다.

군이 대답하자면 나는 페미니스트들에게 신물이 납니다. 완전히 질려 버렸습니다. 페미니스트들은 정말이지 자기 무덤을 파고 있는 겁니다. 동등한 권리와 동등한 임금에 동의하지 않는 남자가 있다면 정말 바보일 것입니다. 그러나 어떤 여자들은 직업, 연애, 육아, [출산 — 지은이], 아내 노릇을 모두 잘하려고 애쓰면서 마구 일을 벌이기 때문에 불행한 것입니다. 이제는 자신을 돌아보고 남자들에 대한 공격을 멈출 때입니다. 남자들은 지금 여자들의 터무니없는 요구 때문에 심각한 위기를 겪고 있습니다.[8]

더글러스와 라인은 자신들이 만든 영화가 어떤 영화인지, 왜 만들었는지 알고 있었다. 그들은 이 영화가 불러 일으킬 정서를 알고 있었다. 자신들도 그런 정서를 공유했기 때문이다. 그러나 그들의 방어적인 태도를 주목할 필요가 있다. 더글러스는 동등한 임금에는 찬성한다. 클로즈가 더글러스만큼 돈을 받았을까? 말도 안 되는 소리다. 그러나 더글러스는 동일 임금을 지지한다고 말하지 않을 수 없다. 극장의 남성 관객들과 마찬가지로 라인과 더글러스한테서도 강한 분노가 느껴진다. 그러나 이는 흑인과 노동조합에 대한 반격과는 다르다. 이 부유한 남성들은 자신들이 이 부문에서 승리하고 있다고 생각하지 않는다.

그들은 승리하지 못했다. 이 인용문을 20년이 지난 지금 읽는 여러분은 이런 극단적인 성 차별을 용납하지 않는다. 그렇다고 해서 당시 극장에서 숨죽여 앉아 있던 여성들, 죄책감과 불안감을 느꼈던 수천만 명의 여성들을 간과해서는 안 된다.

가족 가치를 옹호하는 사람들은 평등을 공격할 필요가 있었다. 그래서 그들은 마약과 범죄로 아프리카계 미국인들을 공격했던 것처럼 만만한 지점들을 찾아 공격했다. 젠더와 관련해서 그들은 무기력하고 고립된 집단들, 이를테면 낙태한 여성, 복지 혜택이 필요한 여성, 에이즈에 걸린 남성 동성애자들을 공격했다. 여기서는 앞의 두 집단을 먼저 다루고 남성 동성애자들을 나중에 살펴보겠다.

낙태

나는 1980년대 런던에서 9년 동안 낙태 상담사로 일했다. 민주적으로 운영되는 페미니스트 조합인 임신조언서비스PAS에 고용돼 일했다. 조합에서 남성인 나를 고용한 이유는 정치적인 것이었다. 조합은 여성과 남성이 이 지구에 함께 살면서 대화를 할 수 있어야 한다고 생각했다. 나로서는 전에는 하지 못했던 방식으로 여성들의 말을 들을 수 있는 기회였다. 그곳에서 배운 것들이 앞으로의 내용과 연결된다.

낙태를 한다는 것은 간단한 문제가 아니다. 낙태는 신체적 경험이다. 성 관계나 출산과 마찬가지로 낙태도 여성이 몸으로 겪는 경험이다. 신체의 변화는 특별한 힘을 지닌다. 내가 상담한 여성들 중에는 낙태가 살인이라고 생각하면서도 낙태를 할 수밖에 없는 경우가 있었다. 물론 많은 사람들은 그렇게 생각하지 않았다. 그렇다고 낙태가 아무렇지 않은 일이라고 생각하지도 않았다. 그들은 아이가 될 수도 있었을 태아를 애도했다.

대체로 가장 느긋한 사람들은 결혼해서 이미 아이가 있는 여성으로 남편과 함께 클리닉에 온 경우였다. 그들에게 이 결정은 솔직한 것이었고, 자신의 결정을 지지해 주는 사랑하는 사람이 있었다. 그러나 많은 여성에게 낙태는 홀로 된 순간에 찾아온다. 잘 지내다가도 여성이 임신을 하면 남성이 영원히 함께할 수는 없다고 말하는 경우도 흔했다. 또 어떤 여성에게는 지속적으로 만나는 사람이 없는 터라 임신이 혼자라는 사실을 통감하게 만들기도 했다.

클리닉에서 일하는 사람들은 낙태가 살인이라고 생각하면서도 어쩔 수 없이 우리를 찾은 여성들을 특히 딱하게 여겼다. 나는 알고 놀랐지만 클리닉 사람들은 모두 아는 사실은 낙태가 살인이라고 생각하는 그 여성들도 다른 사람들처럼 낙태를 한다는 것이다. 여성이 낙태를 할 수밖에 없는 상황은 만만한 것이 아니기 때문이다. 단지 그 여성들은 더 괴로워하고 더 많은 애정이 필요할 뿐이다.

이 모든 감정의 결과는 양면적이다. 낙태할 수 있는 권리, 그것도 존엄성을 유지한 채 낙태할 수 있는 권리는 그곳에 온 여성들에게 엄청나게 중요하다. 그러면서도 수치심, 죄책감, 마음의 상처가 대단히 크다. 이런 심각한 경험들이 낙태를 둘러싼 정치의 이면에 깔려 있다.

미국에서 여성해방운동이 이룩한 가장 중요한 승리는 대법원이 1973년 로 대 웨이드 사건 판결에서 낙태를 합법화한 것이었다. 그 이후 미국에서는 전세를 역전시키기 위해 '생명권' 운동이 조직되기 시작했다. 초창기에 이 운동의 활동가들은 거의 다 가톨릭 신자들이었다. 시간이 지남에 따라 복음주의 개신교도들도 동참했는데, 이 활동가 집단은 압도적으로 백인이었다.[9]

낙태 반대 운동의 지도자들, 특히 정치인들과 공화당계 설교자들은 골수 우파였다. 그러나 지역의 활동가들은 달랐다. 그중 절반이 여성이었다. 낙태 반대 운동을 하는 남성들과 마찬가지로 그 여성들도 대부분 남녀 동일 임금과 여성이 일하는 것을 지지한다고 분명히 밝혔다. 그리고 그것은 거짓말이 아니었다.

그들은 공민권운동을 모델로 삼았다. 생명권 옹호자들은 리플릿을 돌리고, 행진과 촛불 시위를 벌이고, 의원들에게 로비를 하고, 낙태를 반대하는 정치인들을 위한 투표를 조직하고, 법정 소송을 추진했다. 팻말을 들고 낙태 클리닉을 둘러싸기도 했다. 낙태를 원하는 여성이 클리닉에 들어가려면 낙태하지 말라고 호소하는 군중 사이를 뚫고 지나가야 했다. 일부 군중은 인간과 흡사해 보이는 12주 된 태아의 사진이 담긴 포스터를 높이 들고 있었다. 군중 사이를 비집고 들어가려는 여성의 손에 그 사진이 담긴 리플릿을 억지로 쥐어 주려는 사람들도 있었다. 어떤 곳에서는 낙태 반대 시위자들이 대기실 바닥에 앉아 침묵시위를 벌이기도 했다.

1980년대 들어 정치적 행동이 시들어 가고 있었다. 그런데 생명권 운동이 자신의 의도와 무관하게 지역사회의 페미니즘 운동을 되살려 놓았다.

페미니스트 측에서는 여성의 선택권 운동을 펼쳤다. 여성들과 일부 남성들이 낙태 클리닉의 직원이 됐다. 어느 주에서나 클리닉을 열고 활동을 지속하려면 대중 동원이 필요했다. 미주리 주의 세인트루이스, 노스다코타 주의 파고를 비롯한 수백 개 도시에서 여성운동은 클리닉을 지키기 위해 투쟁했다. 법정투쟁, 시의회 로비, 건축 허가를 위한 투쟁이 벌어졌다. 또한 자원 활동가들이 매일 클리닉에 와서 낙태를 원하는 여성들의 손을 잡고 용기를 북돋워 주며 함께 군중 사이를 비집고 들어갔다. 거의 모든 여성이 피켓 사이를 통과했다. 뒷골목에서 돌팔이 의사의 바늘에 피를 철철 흘리며 낙태해야 했던 어머니 세대와 마찬가지로 그들도 정말 수술이 필요했다.

양쪽 모두 결정적 전투는 대법원 판결에 달려 있음을 알았다. 대법원에는 9명의 판사가 있었다. 판사가 죽거나 사퇴하면 대통령이 새로 임명했다. 1980년 선거운동 기간에 로널드 레이건은 로스앤젤레스에서 열린 전국 생명권 대회에 서한을 보냈다. "여러분이 주창하는 대의가 우리나라의 미래를 위해 이처럼 중요했던 적은 결코 없었습니다. 여러분이 옹호하는 중요한 가치들은 이 나라의 도덕성을 회복하는 데 꼭 필요한 요소로서 시민들에게 점차 받아들여지고 있습니다."[10]

레이건이 선거에서 승리했다. 로 대 웨이드 사건 판결을 지지한 판사들이 사퇴할 때마다 레이건은 낙태에 반대하는 판사를 임명했다. 자유주의자들은 레이건을 멈추게만 할 수 있다면 법정에서 자결이라도 하겠다는 태세였다. 1989년에 조지 부시 1세가 대통령이 됐다. 그는 결정적으로 다섯 번째 낙태 반대 판사를 임명했다. 대법원은 미주리 주에서 올라온 위헌 심판 소송사건을 심리하기로 결정했다. 양쪽 모두 여기서 결판날 것임을 알았다.

여성운동, 클리닉 활동가, 클리닉 옹호자들은 마틴 루서 킹의 행진이나 반전 행진 때처럼 워싱턴을 향한 전국 행진을 조직했다. B J 아이잭슨스미스는 세인트루이스 클리닉에서 수년간 상담사로 일했는데 시를 한 수 지었다. 이 시는 세인트루이스의 일간신문 〈포스트디스패치〉에 전면 광고로 실렸다. 클리닉 활동가들과 함께 버스를 타고 워싱턴 행진에 참가하자고 호소한 이 시의 일부는 다음과 같다.

벌써 잊었나요?
나는 기억해요.
당신의 떨리는 몸을 감싼 채
당신과 남편이 피켓라인을 뚫고 지나가도록 도와준 그때를.
당신을 보면 마음이 아팠어요.
당신이 우리에게 왔을 때
당신은 막 열두 살 생일을 축하한 뒤였어요.
당신은 곰 인형을 꼭 껴안고 엄지손가락을 빨다가
엄마가 어쩌다 임신했느냐고 묻자 울음을 터뜨렸어요.
당신은 그저 어른이 되고 싶었을 뿐이라고 대답했어요.
당신은 오늘로 스무 살이 되었네요.
당신은 지금 어디에 있나요?

나는 당신을 모르는 체하려고 애썼어요.

상점에서나 친목회에서나

길거리에서 마주칠 때 말이에요.

그렇게 할 거라고 이야기했잖아요.

나는 후회하지 않아요.

그런데 화가 나네요.

혼자서는 할 수 없어요.

당신의 낙태에 관해서 이야기하라는 말이 아니에요.

그렇지만 이제 당신은 분명히 말해야 해요. 그것도 지금 당장 말해야 해요.

당신은 도대체 어디에 있나요?[11]

이 클리닉을 세운 간호사인 주디 위디콤은 당시 워싱턴에 살고 있었다. 행진에 참가한 위디콤은 자신이 세운 클리닉의 깃발을 찾고 있었다.

주디는 사람들이 정말 많다고 생각했다. …… 나이 든 여성이나 젊은 여성이 함께 모여 있었다. 주디는 몸을 부딪히며 지나가는 사람들을 보면서, 나란히 행진하는 이 사람들이 어머니와 딸들인지 궁금했다. 그리고 남성들, 정말이지 놀라울 정도로 많은 남성들, 그리고 10대들 …… 머리를 짧게 깎고 헐렁한 티셔츠를 입은 생기발랄한 레즈비언들까지 ……

[주디는 깃발을 찾았다. ─ 지은이] 주디는 그야말로 평범한 깃발과 그 깃발을 들고 있는 평범한 여성들을 보면서 감동과 이루 말할 수 없는 안도감을 느꼈다. 이날 이곳에 모인 사람들은 위대한 사람도 특별한 사람도 아니었다. 이들은 보잘것없는 사람들이었다. 이들은 어마어마하고 경이로운 퀼

트 작품에서 눈에 뜨일까 말까 한 바느질 몇 땀에 불과했다. 이미 군중이 엄청나게 많다는 이야기가 대열 맨 앞에서 뒤로 번지고 있었다. …… 주디는 커다란 동상 아래까지 겨우 다가가 동상 위로 기어 올라갔다. 먼저 올라온 사람들 옆에서 숨을 고르던 그녀는 허리를 곧추세우고 처음으로 시위 대열 전체의 모습을 볼 수 있었다. "세상에." 주디는 크게 소리쳤다. 시위대의 구호 소리가 너무 커서 아무도 자신의 탄성을 듣지 못했을 거라고 생각했다. 주디는 손으로 입을 막고 울기 시작했다. 그렇게 많은 사람을 본 것은 난생 처음이었다.[12]

국립공원 경찰은 시위대 규모를 30만 명으로 추산했고, 주최 측은 60만 명으로 추산했다. 2주 뒤 대법원은 미주리 주에서 제기된 위헌 심판 소송의 구두 변론을 개시했다. 그리고 10주 뒤에 대법원이 판결을 내렸다. 판결문은 복잡했고 판사들은 저마다 의견을 제출했다. 그러나 결과는 로 대 웨이드 사건의 판결을 다시 확인하는 것이었다. 낙태는 합법으로 남았다.

판사들은 50만 명의 여성들을 봤다. 그 여성들은 주디 위디콤 같은 여성 수만 명이 1960년대와 1970년대에 불법 클리닉과 [클리닉] 소개 활동을 지속한 덕분에 낙태권을 쟁취할 수 있었다는 것을 잘 알았다. 그날 행진의 규모와 활기는 대법원이 낙태를 다시 불법화하면 커다란 저항운동에 직면할 것이고 결국은 운동이 법을 굴복시킬 것임을 보여 줬다. 법원은 대중운동이 시키는 대로 따른 것이다.

행진에 참가한 사람들을 포함해 수많은 여성들은 자신들이 판사를 설득했거나, 법원이 변했다고 생각했다. 그들은 조직화된 대중운동의 효과를 제대로 이해하지 못했다. [여성운동이 가족 가치 운동에 정면으로 맞대응해 대중운동을 펼친 것과 달리) 흑인들의 운동은 교도소 문제를 둘러싸고 조직되지 못했고, 그 차이는 뚜렷했다.

흑인 남성의 곤경을 부각하기 위해 대규모 행진을 조직한 적이 있었다. 1950년대와 1960년대에만 해도 '이슬람국가'는 주로 교도소에서 사람들을 가입시켰다. 그중 한 명이 맬컴 엑스였다. 당시 이슬람국가는 교도소를 더 인간적인 곳으로 만들기 위한 캠페인을 펼쳐서 상당한 성공을 거뒀다. 1995년에도 이슬람국가는 워싱턴에서 흑인 남성만의 '100만 대행진'을 개최했다. 100만 명을 채우지는 못했지만 수십만 명이 모였다. 그러나 이번에는 이슬람국가와 시위대가 교도소에 관해 한마디도 하지 않았다. 이슬람국가는 오히려 자신들 나름의 가족 가치를 제시했다. 공식 방침은 흑인 남성이 모두 모여 과거의 행태를 속죄하고 앞으로는 가족을 잘 보살피며 존경받는 삶을 살겠다는 헌신의 각오를 보여 주자는 것이었다.

행진에 참여한 남성들은 그 경험에 깊은 감동을 받았다. 이들이 감옥에 있는 수많은 흑인들을 위해 행진했다면, 그 덕분에 미국의 정치가 변화했을 것이다. 흑인과 노동계급이 압도적으로 많은 워싱턴에서 수십만 명이 교도소에 반대하는 행진을 벌였다면, 로스앤젤레스 폭동이 할 수 없었던 방식으로 법원과 정부를 공포에 떨게 할 수 있었을 것이다. 조직된 대중 시위는 폭동보다 훨씬 더 강력하기 때문이다.

가사노동과 가정부

1989년의 낙태 시위는 여성운동의 강점을 보여 줬다. 그러나 복지 정책을 둘러싼 투쟁은 여성운동의 약점을 드러냈다. 복지 혜택을 받는 사람들은 대부분 여성이나 그들의 아이들이다. 그러나 페미니즘 운동은 이들에게 돌아가는 혜택이 공격당했을 때 방어하기 위한 행동을 거의 아무것도 하지 않았다. 그리고 1989년에 낙태권이 다시 확인되고 나자, 여성운동은 연방 정부의 낙태 지원 기금을 확보하기 위한 투쟁을 대부분 중단했다. 그 결과 일하는 여성들은 의료보험으로 낙태를 할 수 있었지만, 메디케어에 의존하는 실업 여성들은 그 혜택을 누리지 못했다.

문제는 계급 차이였다. 아프리카계 미국인들의 운동에서도 그랬듯이 페미니즘 운동의 지도자들은 체제 속으로 흡수돼 갔다. 이것은 개인의 노쇠나 변절의 문제가 아니었다. 공민권운동이 그랬듯이 1970년대의 여성운동도 전문직 종사자들이 주도했기 때문이다. 공민권 시위자들과 마찬가지로 페미니즘을 지지한 대다수 여성들 역시 노동계급이었다. 그러나 지도부는 그렇지 않았다. 결정적으로 두 사례 모두 운동의 지도부는 자신들이 '민족주의적' 운동을 하고 있다고 생각했다. 이들은 중간계급 흑인과 여성을 위한 기회를 늘리려고 했다. 식민지 독립운동의 지도자들이 그랬듯이 이들도 평등을 상층의 평등 문제로 바라봤다.

그래도 운동이 성장하는 동안에는 별 문제가 없었다. 상층의 기회균등과 모두를 위한 평등 둘 다를 위한 투쟁이 가능했다. 그러나 운동이 후퇴하자 중간계급 지도자들은 모종의 선택을 해야 했다. 그래서 흑인 지도자들과 마찬가지로 전문직 여성들도 작은 빵 부스러기라도 기꺼이 받아들였다.

이것이 페미니즘을 변화시켰다. 이 장을 시작하면서 언급했던 임금과 급여 통계로 다시 돌아가 보자. 여성의 임금이 상승하고 있었지만, 2001년에 남성은 모든 수준에서 여성보다 우위를 유지했다. 그러나 계급 불평등이 젠더보다 훨씬 더 중요했다. [하위] 95퍼센트보다 더 많이 버는 여성은 중간에 있는 여성보다 22년 동안 소득 상승 폭이 6배 이상 높았다. 그리고 부유한 여성이 중간에 있는 남성을 앞질러 나가기 시작했다.

단위 : 달러	1979년	2001년	22년간 상승 폭
95% 여성	20.32	30.90	10.38
50% 남성	14.96	14.60	− 0.36
격차	5.36	16.50	

계급이 젠더보다 결정적이다. 1979년에 관리직 여성은 평범한 남성보다 3분의 1쯤 더 많이 벌었다. 이제는 갑절 이상으로 벌어졌다.

[하위] 80퍼센트보다 많이 버는 전문직 여성이 중간 수준의 남성을 넘어섰고, 격차는 점점 더 벌어지고 있다.

단위 : 달러	1979년	2001년	22년간 상승 폭
80% 여성	13.81	18.89	5.08
50% 남성	14.96	14.60	− 0.36
격차	남성이 1.17 높음	여성이 4.29 높음	

이 수치는 1990년대에 전문직 여성과 노동계급 남성 사이의 긴장이 왜 증대했는지 구체적으로 보여 준다. 많은 노동계급 남성들은 페미니즘에 대해 점점 더 혼란스러워했다. 그들은 대부분 여성과 남성의 실질적 평등을 지지했다. 자신의 딸이 더 나은 삶을 살기를 원했고, 아내의 임금에도 의존하고 있었다. 그런데도 페미니즘은 이 남성들을 외면하는 듯했다. 대학 교육의 혜택이 늘어나면서 이 남성들은 뒤처지고 있었다. 노동계급 남성들은 자신이 점점 뒤처지고 아내의 삶도 별로 나아지지 않았는데 전문직 여성들이 자신들 모두를 멸시하고 있다고 느꼈다.

그와 동시에 이 수치들은 수많은 전문직 페미니스트들이 노동계급 여성을 간과하기 시작했고, 일부는 노동계급 남성에게 점점 더 적대적인 태도를 취하게 된 이유를 설명하는 데도 도움이 된다. 이들은 남성들이 문제라고 말했다. 우리 [전문직] 계급의 남성들은 모두 훌륭하지는 않아도 어쨌든 섬세하고 노력하고 있다. 문제는 뚱뚱하고 맥주를 마시는 백인 남성들이다. 만화 〈심슨 가족〉에 나오는 호머 심슨이 바로 적이다.

아무도 책에서는 이렇게 쓰지 않았지만 말은 다들 그렇게 했다. 이들은 노동계급 흑인 남성이 딱히 문제라고도 이야기하지 않았다. 그 대신 '삼중 억압'에 맞서 투쟁하는 흑인 페미니스트들을 칭송했다. 그 이면에는 '알다시피 그들은 남편에게 얻어맞으며 살고 있어' 하는 주장이 깔려 있었다.

여기에서 몇 가지 요인들이 중요하다. 성공한 여성들은 돈을 훨씬 더 많이 벌었고, 그것이 이 여성들을 체제와 유착시켰다. 그러나 여전히 같은 직급의 남성보다는 적게 벌었다. 그저 우연히 그렇게 된 것이 아니라 일터에 존재하는 끊임없는 차별 때문이었다. 성공한 여성들은 직장과 가정에서 똑같은 성 차별에 직면했다. 그래서 이 여성들은 여전히 페미니스트로 남을 필요가 있었다. 그러나 이들은 흔히 남성보다 더 많은 여성들을 관리했다. 이들의 임금 상승은 부분적으로는 페미니즘 덕분이었지만, 훨씬 더 많은 부분은 사회의 불평등이 전반적으로 심해졌기 때문이었다. 그래서 이들은 날마다 다른 여성들과 남성들을 착취하는 체제를 강화하고 있었다.

흑인 엘리트들과 마찬가지로 일부 여성들은 주빈석의 끄트머리를 차지할 수 있었다. 여성운동 덕분이었다. 그러나 그 테이블 자체는 평범한 남성과 여성을 자기 자리에 묶어 둠으로써만 유지될 수 있었다.

그래서 페미니즘도 변화했다.[13] 바버라 에런라이히는 결코 변절하지 않은 1960년대 페미니스트였다. 그녀는 2002년에 이렇게 썼다.

[1970년대의 — 지은이] 급진적인 새로운 사상은 먼지 덩어리나 정돈되지 않은 침대와 여성의 관계뿐 아니라 인간 사이의 관계도 가사노동에 포함된다고 생각했다. …… 남성이 아무 데나 양말을 벗어 던지면서 아내가 치울 거라고 생각하는 상황에서 양말 떨어지는 소리는 세상을 떠들썩하게 만들 만했다. ……

[초기 페미니스트 베티 — 지은이] 프리던이 생각했듯이, 가사노동은 육체노동이어서 품위가 없는 것이 아니라, 그것이 품위 없는 관계 속에 확립된 채 그 관계를 필연적으로 강화했기 때문에 품위가 없는 것이다. 집 안을 엉망으로 어지럽히고 다른 사람이 치우게 만드는 것은 …… 말없이 은밀하게 지배하는 것이다. ……

[이제 페미니스트들은 가정부를 두게 됐다. — 지은이] 1999년에 [미국 — 지은이] 가구의 14~18퍼센트 정도가 집 안 청소를 위해 외부인을 고용했고 이 수치는 최근 더욱 급격히 증가하고 있다. …… 내 친구나 친지 가운데 중간계급과 전문직 여성들, 특히 25년 전 가사노동에 대한 초기 페미니즘 분석에 공헌했던 사람들 사이에서 가정부를 고용하는 일이 보편화됐다. …… 기이한 것은, 아니 어쩌면 별로 기이하지 않을 수도 있는 것은 어느 누구도 더는 '가사노동의 정치학'에 관해 이야기하지 않는다는 것이다.

대부분의 미국인들, 즉 80퍼센트 이상은 여전히 스스로 청소하지만 소수는 그렇지 않다. 이들은 전국의 여론을 주도하며 문화를 만들어 내는 교수, 작가, 편집장, 정치인이다. …… 1999년 8월 〈뉴욕 타임스〉는 고급 주택가의 만찬에서 여주인이 가정부에게 소리 지르는 바람에 파티가 엉망이 돼 버리는 사례가 늘고 있다고 보도하기도 했다.[14]

이 같은 중간계급 전문직 페미니스트들과 노동계급 여성들 사이의 분열 때문에 여성 공공부조 수급자들이 어려움을 겪게 됐다.

공공부조+

로널드 레이건은 집권한 뒤 노동조합, 범죄자, 마약 사용자, 흑인, 낙태가 필요한 여성들을 공격했듯이, 여성 공공부조 수급자들도 공격했다. 사실 공공부조 수급자들에 대한 그의 공격은 이 모든 주제들을 하나로 아우르는 것이기도 했다.[15]

이미 1976년 연설에서 레이건은 시카고의 어떤 흑인 여성이 "80개의 이름, 30개의 주소지, 12개의 사회보장 카드를 갖고 있고, 존재하지도 않았던 죽은 남편 4명에게 지급되는 퇴역 군인 연금을 타고, 자신 명의의 연금도 받으며, 저소득층 의료보험 혜택도 받고, 식품권이 4장이나 되며, 80개 명의로 공공부조를 받는다"고 말한 바 있다.[16]

공공부조 대상자 명단에 이름을 올리기 위해 대기실에서 기다려 본 사람이라면 이 여성이 80명의 이름으로 등록하기 위해 오랜 시간 기다린 노력을 높이 평가할 것이다. 그러나 이 이야기는 분명 거짓말이다. 그 자리에 참석한 기자들이 레이건에게 이 여성의 이름을 물었다. 레이건은 알려 주려고 하지 않았다. 기자들은 시카고의 사우스사이드에 가서 가능한 한 모든 공공부조 담당자와 수급자들을 인터뷰했지만 그래도 찾을 수 없었다.

레이건은 1981년에 집권하자 '공공부조의 여왕들'을 가차없이 공격했다. 이 여왕들은 공공부조를 신청하기 위해 아이를 계속 낳은 10대 흑인 어머니들이었다. 레이건이 "가장 즐겨 읽은 책은 공공부조 비판의 고전인 조지 길더의 ≪부와 빈곤≫"이었다. 길더가 이야기하는 핵심은 1995년 국회 청

+ welfare. 미국의 경우, 아동부양가족원조(AFDC) 등 뉴딜 시기에 도입된 공공부조와 1960년대에 확대된 공공부조를 말한다.

문회 증언에서 분명히 드러났다.

근본적으로 복지 수당을 받는 게 저임금 일자리나 신입 사원 임금보다 훨씬 낫습니다. 복지 수당이 신입사원 임금보다 훨씬 더 나은 이유는 수혜자에게 소중한 여가 시간을 제공하기 때문입니다. 따라서 이것은 생계 부양자로서 남성이 할 일을 침해하며 가족의 기초를 잠식하는 것입니다. 생계 부양자로서 남성의 역할은 가족에게 절대적으로 중요합니다. 만일 국가가 생계 부양자인 남성이 할 일을 대신하면 가족은 더는 존재할 수가 없습니다. 복지국가는 남성을 욕보이는 짓입니다. 이 때문에 도심 빈민가의 사생아 출생률이 80퍼센트나 됩니다. 복지국가는 흑인 가족에게 노예제도보다 더 치명적입니다.[17]

여기에 다 담겨 있다. 게으른 빈민들에 대한 걱정, 자신의 성기를 통제하지 못하는 흑인들에 대한 두려움, 억눌린 질투, 인종차별적 발언 뒤에 사이비 자유주의적 배려를 살짝 덧붙이는 등 이 모든 것이 여기에서 드러난다.

통계도 날조됐다. 1995년에 19세 흑인 여성의 76퍼센트가 아이가 없었다. 실제로 아이가 있는 10대 흑인 여성 중 4분의 3이 생계를 위해 일했다. 모든 흑인 아동의 66퍼센트가 부모 모두와 함께 자라고 있었다. 그리고 공공부조를 받는 사람은 흑인보다 백인이 더 많았다.[18] 그도 그럴 것이 [흑인이 전체 인구의 8분의 1이므로] 가난한 흑인보다는 가난한 백인이 더 많기 때문이다.

이런 통계가 언론에서 반복적으로 보도되는 경우는 거의 없다. 공공부조의 여왕들에 대한 공격이 20년간 계속되고 난 1990년대 중반에 이르러서는 대부분의 미국인들이 연방 정부가 국방비보다 복지비에 더 많이 지출한 다고 믿었다.

그러나 사실과 전혀 달랐다. 미국인들이 복지 급여를 받을 수 있는 방 법은 세 가지다. 일부 장애인들은 사회보장제도에 따라 신청해 연금을 지 급받을 수 있다. 실직자 중에서는 절반에 약간 못 미치는 사람들이 6~12개 월의 실업 급여를 신청할 수 있다. 이런 그물망에 걸리지 못한 사람들은 공 공부조를 신청할 수 있다. 비용은 주 정부와 연방 정부가 분담한다. 지난 40년간 대부분의 주에서 독신인 사람은 공공부조를 신청하기가 매우 어려 웠다. 1995년에 폐지되기 전까지 아동부양가족원조AFDC는 아이가 있는 가 족에게 유일한 희망이었다. 황당하게도 이는 한부모 가족에게만 지원됐다. 수많은 실업 상태의 노동계급 남성들이 아내와 아이들이 이 자격 요건을 갖추도록 하기 위해 가정을 떠났다.

덧붙여 공공부조를 받는 가족과 일부 저임금 노동자, 실업 급여를 받는 사람들은 식품권을 신청할 수 있었다. 이 식품권을 상점에서 음식과 교환 하는데, 연방과 주 예산을 합해 1퍼센트 정도가 식품권에 쓰인다. 그리고 또 다른 1퍼센트가 복지 지출에 쓰인다. 모두 합해 연방 예산과 주 예산의 2퍼센트가 절박한 처지의 사람들을 위해 지출되고 있었던 것이다. 어쨌든 우리는 레이건과 우파 그리고 언론이 왜 그토록 걱정했는지 알아볼 필요가 있다.

하나의 답은 이것이 사회 지출 전체에 타격을 줄 수 있는 방법이라는 것이다. 메디케이드(공공부조를 받는 사람과 장애인을 위한 무상 의료보험)는 현 금이 들어가는 제도다. 교육, 국민 연금, 장애인 연금, 노인을 위한 의료보 험인 메디케어도 마찬가지다. 이윤을 높이려면 이런 비용들을 삭감해야 한 다. 그러나 사회 지출의 적대 세력들로서도 가난한 아이들에 대한 병원 치료나 무상 고등교육에 공격을 퍼붓기는 쉽지 않았다. 그리고 공적 연금은 일종의 통제구역이었다. 그래서 공공부조에 대한 공격을 통해 모든 사회 지출의 이미지를 손상시키려고 한 것이다.

그것은 아프리카계 미국인에 대한 공격이기도 했다. 공공부조를 받는 여성은 감옥에 간 남성의 누이나 연인으로 묘사됐다. 그것은 또한 성적 자유와 여성해방이라는 사상 전체에 대한 공격이기도 했다. 이는 주로 이념의 수준에서 이뤄진 공격이었지만, 대부분이 여성과 그녀가 부양하는 아이들인 수백만 명의 삶에 실질적 영향을 미쳤다. 따라서 여성운동은 복지비 삭감에 분노를 느껴야 마땅했다. 그러나 계급 차이가 이것을 막았다.

복지 지출에 대한 공격은 노동계급을 분열시키는 방법이기도 했다. 존중받을 만한 '중간계급' 노동자와 '그럴 가치가 없는 빈민'이라는 구분은 오래된 관념이다. 1980년대 이후로 우파와 주류 언론은 '최하층 계급underclass'이라는 개념을 강조했다. 무능하고 아버지도 없는 범죄자이며 가난하고 정상 사회에서 배제된 사람들이라는 뜻이었다. 많은 사회학자들 역시 이 개념을 받아들였지만 〈뉴스위크〉, 〈타임〉, 〈뉴욕 타임스〉에서 가장 먼저 선보였다.[19] 이 이론은 관대한 경우에는 최하층 계급을 피해자로 취급했고, 부정적인 경우에는 위험하고 쓸모없는 빈민들로 여기고 두려워했다.

이 사상은 미국 노동자들의 정서 구조에 적지 않은 영향을 미쳤다. 노동자들은 존경받을 만하며 안정적인 정상 노동자들과 그렇지 않은 노동자들을 줄곧 구분했다. 그러나 이 두 집단은 서로 아는 사이다. 그들은 서로 친척이다.

캐서린 뉴먼이 이끄는 인류학팀이 1990년대 할렘의 패스트푸드 가게에서 일하는 햄버거 노동자들을 연구했다. 그들은 인류학자였기에 응답자들의 가계도를 작성하면서 친척들이 무슨 일을 하는지 물었다. 그중 케샤 스미스의 이야기를 소개한다.

스미스의 사촌들과 그 배우자는 마약 거래자 둘, 생활보호 대상자 둘, 군인, 우체국 노동자, 요리사, 열차 청소원, 대학생이었다. 어머니는 공공부조를 받고 아버지는 버스 운전사였다. 아버지와 어머니의 형제자매와 그 배우자들은 자동차 정비사, 의료 비서관, 퇴역 군인, 교도관, 트럭 운전사 셋, 레게 머리 미용사, 하청 건설업자, 군인 둘, 실업자, 농구 선수, 마약중독자, 마약 거래자, 은행 부총재였다.

레스토랑 지배인인 라토야의 경우도 살펴보자. 세 아이의 아버지인 첫 남편은 감옥에 있다. 오빠들도 다섯 명 모두 같은 처지다. 지금 함께 사는 애인은 바닥 공사 하청 건설업자다. 그의 친척들은 사회 복지사, 완구점 노동자, 하청 건설업자, 장애인, 공공부조 수급자 둘이다. 라토야의 이모와 삼촌, 사촌들은 케이블 TV 회사의 관리자, 병원 경비원, 간병인 둘, 건설 노동자, 트럭 운전사, 가정부, 패스트푸드 가게 지배인, 세무사 비슷한 일을 하는 사람, 어시장 노동자, 장애인이다.[20]

존중받을 만한 사람과 '최하층 계급' 사이의 구분이 뒤섞여 있다. 가난한 사람들에게는 서로가 필요하다. 직장에서 해고되거나 집을 차압당하거나 아이들이 아프면 돈을 빌려야 하고, 아이를 맡겨야 하고, 몇 주 동안 남의 집 신세를 질 수도 있다. 친척을 도와주는 사람들은 자신도 언젠가는 남의 도움이 필요할 때가 온다는 것을 알고 있다.

문제는 그게 그렇게 간단하지 않다는 것이다. 몇 주 정도는 언니네 식구와 같이 살 수도 있다. 그런데 아파트는 좁고 여름이라 엄청 덥다. 언니와 형부는 소리를 지르며 싸운다. 아이는 자기 방을 돌려 달라고 아우성이다. 언니는 계속해서 집을 알아보는 중이라고 이야기하지만 그러지 않는 듯하다. 형부는 견디지 못하겠다며 나가서는 술에 취하거나 더 심한 상태가 되어 돌아온다. 머지않아 언니와 동생은 심한 상처를 주는 말다툼을 벌이고 서로 화해할 수 없는 지경에 이른다.

아니면 예컨대 돈을 약간 빌려 줬다고 치자. 그런데 갚아야 할 시점이 돼서 돈을 달라고 하면 빌린 적이 없다고 대답한다. 상부상조는 가난한 사람들을 하나로 묶어 주지만, 동시에 가난 때문에 상처를 주고받는다.

도움을 주는 친척, 이를테면 손자를 여섯이나 돌보는 할머니는 자신이 좋은 사람이라는 것을 안다. 그러나 젊은 사람들은 대부분 그렇게 자라면 집을 나가 대학에 가거나 안정된 직장을 갖고 싶어 한다. 그러기 위해서는 시간이 필요하고 학비도 벌어야 하고 깨끗한 옷도 입어야 하고 계획을 잘 세워야 한다. 그래서 많은 사람들은 친척들과의 관계를 단절한다. 그들은 집을 뛰쳐나가 연락을 끊고, 흔히 자기 절제는 독려하지만 관대함은 고무하지 않는 종교 모임에 참여한다.

그들은 철저하게 단절해야 한다. 존중받을 만한 것과 그렇지 않은 것의 구분이 가족들 한가운데에만 있는 것은 아니기 때문이다. 대부분의 노동자들에게 이런 구분은 자신들의 몸과 마음 한복판에도 존재한다. 사람들은 소울 음악을 듣거나 컨트리 음악을 듣는다. 처음에는 용서를 구하는 가스펠 음악을 듣는다. 그다음에 일편단심 사랑을 노래하는 음악을 듣는다. 그 다음에는 누군가가 다른 누군가에게 잘못을 저지르는 노래를 듣는다. 태미 와이넷이 〈스탠드 바이 유어 맨〉을 부르고 나서 〈이혼〉을 부른다. 당신은 싸구려 술집에서 맥주 한잔을 마시고 로레타 린이 노래하는 〈술에 취해 집에 들어오지 말아요〉에 맞춰 춤을 춘다. 물론 쓰러지지 않도록 몸을 잘 가누고 조심해야 한다. 그러나 가끔은 금요일 밤이 찾아올 수도 있다.

이런 노래들은 단지 가난한 '최하층 계급'에 대한 내용만 담은 것이 아니라 노동계급 전체의 삶을 반영하고 있다. 심지어 극빈층 사이에도 존중과 수치의 끝없는 등급이 존재한다. 작가 에이드리언 니콜 르블랑은 브롱크스의 히스패닉계 지역에 사는 가난한 소녀 코코에 대해 이렇게 이야기한다.

[코코의 새로운 계부 리치는 — 지은이] 지식인이다. 그는 책을 읽는다. 계부는 코코를 위해 처음으로 도서관 대출증도 만들어 주고 숙제도 도와줬다. [언니 — 지은이] 아이리스가 임신한 이후로, 계부는 코코에게 몸조심할 것과 더 나은 삶을 위해 노력하라고 신신당부했다.

정확히 어떻게 그런 생각을 하게 됐는지는 분명하지 않지만 코코는 본능적으로 성공이 위로 올라가는 것이라기보다는 아래로 떨어지지 않는 것이라고 이해한 듯하다. [사회적] 이동을 선택할 수 있는 현실적 기회가 별로 없었기 때문에 코코의 주위 사람들은 '더 나빠지지 않는 상황'을 개선으로 여기고 있었다. 이렇게 가시적인 변화가 누구나 이야기하는 진부한 성공담(홀마크+의 연하장에서 이야기하는 덧없는 감상과 비슷한)보다 더 중요했다. 소녀들은 어느 정도 성장하자마자 "생계를 유지하기 위해 뭐든 해야 한다"는 이야기를 듣는다. 소녀들은 "나쁜 짓 하지 마라", "밖에 싸돌아다니지 마라" 하는 이야기를 듣는다. 이들은 모두 학교로 돌아갈 것이다. 그러나 '○○보다는 나은 것'이 진정한 목표가 된다. 뚱뚱하고 잘 먹는 것이 마르고 배고픈 것보다 낫다. (비록 싸우는 소리가 집 밖의 모든 사람들에게 들릴지라도) 집 안에서 싸우는 것이 사적인 일을 거리로 끌고 나가는 것보다 낫다. 헤로인은 나쁘지만 크랙이 더 나쁘다. 아버지가 다른 아이 넷을 낳은 소녀보다는 세 남자한테서 네 아이를 가진 소녀가 더 낫다. 마약을 거래하며 어머니와 동생들을 도와주는 소년이 번 돈을 혼자만 쓰는 욕심쟁이 소년보다 낫다. 이것은 공공부조를 받는 소녀들도 마찬가지다. 클럽에 나가

+ Hallmark. 미국 최대의 연하장 제조업체.

일하고 파김치가 돼서 돌아와도 아이들에게 소리를 지르지 않는 엄마가 소리를 지르는 엄마보다 낫다.[21]

'공공부조의 여왕들'에 대한 전쟁은 사람들이 되고 싶어 하는 삶과 될 수 있는 삶 사이를 예리하게 갈라놓았다. 이 구분은 사람들을 수치스럽게 만들고, 사회적 지원을 받는다는 생각 자체를 수치스러운 것으로 만들었다. 그리고 노동계급을 약화시켰다.

이것이 중요했던 이유는 전체 노동계급에게 복지가 필요했기 때문이다. 이것은 도심 빈민가에 있는 싸구려 모텔과 같은 것이다. 모텔의 3분의 2 정도가 장기 투숙객으로 꽉 차 있다. 나머지 3분의 1은 며칠이나 일주일만 지내기 위해 머무는 사람들로 가득하다. 따라서 어느 해에나 그 모텔을 거쳐 간 사람들 전체를 보면 거의 모두 단기 투숙객이다. 복지는 그런 것이다.

정말로 가난한 사람들은 인구의 5분의 1이 채 안 된다. 그러나 인생의 어느 한때 가난해져서 공공부조나 실업 급여를 받아야 하는 사람들은 인구의 대다수를 차지한다. 거기다가 부모, 남편, 아내, 아이들을 포함시켜 보라. 또한 공공부조 수급권자 자격을 박탈당할 경우 최저임금 일자리라도 얻기 위해 경쟁해야 하는 여성들을 포함시켜 보라. 가장 중요하게는, 직장에서 잘리면 어쩌나 전전긍긍하며 일하는 사람들을 포함시켜 보라. 노동계급은 전체적으로 복지가 필요하다. 서유럽 복지국가의 노동자들은 이런 사실을 알고 있다. 그들에게 복지 제도가 있는 것은 노동조합과 노동계급 정당이 복지를 위해 싸웠기 때문이다.

공공부조의 여왕들에 맞선 캠페인은 "기존 복지 체제의 종식"을 요구하는 구호가 끊임없이 반복되는 가운데 대통령 클린턴이 1995년 법안에 서명함으로써 승리했다. 레이건이 정권을 잡은 후로 14년이 걸린 셈이니 오랜 투쟁이었다. 그 기간 동안 복지 급여의 실질 수준은 3분의 1이 하락했다. 매년 조금씩 줄어든 것이다. 정부의 오랜 캠페인 때문에, 1990년대 중반에 이르자 미국인들은 대부분 복지 예산이 정부 지출 중 가장 규모가 커서 군비 예산보다도 앞선다고 생각했다. 사실은 전체 예산의 2퍼센트에 불과했다.

그러나 공공부조에 대한 공격은 다른 전투에서 승리하기 전까지는 성공할 수 없었다. 가난한 흑인들과 백인들은 운동의 지도자들이 자신들의 삶이 파탄 나도록 내버려 두는 것을 지켜봤다. 지도자들은 1995년 빌 클린턴이 서명한 법안에 대해 실질적 저항을 전혀 하지 않았다. 노동조합은 1975년 이후로 사기가 떨어져 자기 자신을 방어하기도 버거운 싸움을 하고 있었다. 최하층 계급이 위험하다는 생각이 인종차별 의미를 함축한 채 널리 퍼져 있었다. 가난한 사람들은 수치심을 느꼈다. 복지에 대한 공격의 주된 피해자가 여성이었고 성적 자유에 대한 공격과 복지에 대한 공격이 동시에 진행됐는데도, 여성운동은 이제 복지가 페미니스트의 쟁점이 아니라고 생각하는 사람들이 주도하고 있었다.

게다가 1995년의 복지 법안은 경기후퇴 때나 공화당 집권 아래에서는 통과될 수 없었을 것이다. 그 법은 미국이 경기 침체를 벗어나 더 많은 일자리가 제공되던 시점에 통과됐다. 처음에는 클린턴이 법안에 반대하며 서명하지 않겠다는 저항의 제스처를 보이기도 했다. 그러나 그는 이미 1992년부터 전면적인 복지 제도 개혁 캠페인을 벌이고 있었다. 더불어 클린턴이 그 법을 승인했다는 것은 민주당을 지지하는 흑인, 페미니스트, 노동조합 지도자들이 싸울 의지가 없다는 것을 의미했다.

이 법안은 공공부조 수급 기간을 한 번에 2년 이하, 평생 5년 이내로 한정했다. 그리고 공공부조를 받는 사람은 정부가 제시하는 일자리를 무조건 받아들여야 했다. 대부분의 경우 이 일자리는 정규직 노동자들이 해고되기 전에 하던 일로서 특별 복지 직종이라고 불렀다. 뉴욕에서 이 새로운 복지 노동자들은 일주일에 22시간을 일했다. 초임은 시간당 1.80달러로 최저임금의 3분의 1 수준이었다. 모든 수당과 식품권을 포함한 총소득은 1년에 최대 5724달러였다. 그중 정규직으로 전환되는 경우는 16퍼센트에 불과했다.[22]

1980년대 가족 가치 이데올로그들은 낙태와 집 밖에서 일하는 여성을 공격했다. 이제 그들은 아이가 있는 여성들에게 아이를 내버려 두고 밖에 나가 일하라고 종용했다. 이것은 전통적인 가족 사상이 아니라 기업과 이윤의 요구에 부응하기 위한 것이었다.

사람들을 일하도록 내몰았지만 일자리가 늘어난 것은 아니었다. 물론 공공부조를 받는 사람들은 직장을 얻을 기회를 환영했다. 그러나 직장을 얻을 기회가 왔을 때 이를 놓치면 공공부조를 다시 청구할 수 없었고 병이 나도 그럴 수 없었다. 공공부조를 받는 가구의 44퍼센트에는 장애인이 있었다. 공공부조를 통해 얻은 직장에서는 의료보험이 제공되지 않았고 공공부조가 끊기면 의료보험 혜택도 끊겼다. 그래서 아이가 아프면 여러 시간, 아니 여러 날을 병원 응급실에서 기다려야 했다. 그렇다고 최저임금 직종이 아이를 키우는 데 충분한 돈을 주는 것도 아니었다. 전에는 저임금 직종에 종사하는 대다수의 어머니들이 공공부조를 받는 자매나 어머니, 할머니에게 아이를 돌봐 달라고 부탁할 수 있었지만, 이제는 그럴 사람이 없어진 것이다.

1995년의 법안은 각 주에 일정한 재량권을 줬다. 유타 주는 36개월간 공공부조를 받고 나면 다른 모든 혜택을 받을 수 없게 만들어 버렸다. 여성이 직장을 구하지 못하면 주 정부가 아이를 빼앗아 입양 기관에 보낼 수 있었다. 유타 주는 이런 방식으로 2000명의 아이들을 입양 기관에 보냈다고 발표했지만, 비평가들은 그 수가 훨씬 많을 것으로 예측한다. 레베카 고 든 연구원은 이렇게 적었다.

[유타 주의 ─ 지은이] 사회복지 상담사는 [공공부조 대상 ─ 지은이] 가족이 평생 급여 한도에 도달하면, 한 달 뒤에 가족아동부에 통보하도록 돼 있다. 그 한 달 동안 가족아동부는 그 가족의 집을 불시에 방문해서 그 집이 아이가 살 만한 곳인지를 심사한다. 한 조사 대상자는 아무런 조사도 없이 우는 아이를 빼앗겼다. 가족아동부 직원이 집에 도착했을 때 아이의 피 묻은 코를 닦고 있었다는 것이 이유였다. 집에 식료품 통조림을 충분히 갖춰 놓지 않았다는 이유로 아이를 빼앗긴 사람도 있었다. 당시 공공부조가 끊긴 상태였기 때문에 어찌 보면 당연한 상황이었다. 빨래하는 날 아이를 빼앗긴 여성도 있었다. 그녀는 아이들에게 더러워진 옷가지를 계단 아래로 던져 놓으라고 했다. 그 빨래들을 한데 모아 빨래방으로 가져가려던 참이었다. 바로 그때 가족아동부 직원이 집 안으로 들어왔고 빨래가 한가득 쌓여 있는 것을 보고는 이 '부적당'한 집에서 아이를 데려갔다. …… [한 여성은 ─ 지은이] 간신히 가정 폭력에서 탈출해 살고 있었는데, 아이들이 폭행 장면을 보도록 '허용했다'는 이유로 아이를 빼앗겼다.[23]

그 법은 1995년에 통과됐다. 2000년에 연방 공공부조를 받는 사람들의 수는 5년 전에 비해 절반 이하로 줄었다. 줄어든 인원은 대략 600만 명쯤 됐다. 그러나 단기 신청자들은 모두 제외됐기 때문에 이들을 고려하면 최소한 1000만 명이나 그 이상이 될 수도 있다. 공공부조 논쟁이 주로 흑인과 빈민가를 겨냥했지만 혜택에서 제외된 사람 중에는 흑인보다 백인이 많았다.[24]

개인적 실패

나는 앞의 세 장에서 노동조합, 아프리카계 미국인, 여성에 대한 공격에 집중했다. 이 셋은 가장 중요한 반격이었다. 그 밖의 다른 집단들에 대한 공격도 있었다. 이제는 미국인들 개인의 정서적 삶이 변화한 방식을 일부 살펴보고자 한다.

어떤 체제라도 사람과 그들의 생각을 제대로 통제하려면 전면적인 방식을 취하지 않을 수 없다. 반격이 진행되던 시기에 미국의 대중문화는 많은 변화를 겪었다. 모든 대중문화는 사람들이 겪는 문제를 사회·경제적 불평등이 아닌 개인의 탓으로 돌렸다. 방식은 두 가지였다. 첫째, 개인적 실패는 열심히 노력하지 않았기 때문이라는 것이다. 둘째, 사람들이 실패하는 이유는 그렇게 타고났기 때문이고, 불평등은 생물학적 차이 때문이라는 것이다.

예컨대, 1980년대까지는 정신 질환을 치료하는 유력한 방법이 두 가지였다.[25] 하나는 상담치료였다. 광기의 원인은 고통이며, 대화와 통찰을 통해 완화할 수 있다는 것이었다. 다른 방법은 생물학적인 것이었다. 생물학적 방법은 각각의 정신 질환을 흔히 유전되는 모종의 신체적 결함 때문이라고 봤다. 누구 탓을 할 문제가 아니라는 것이었다. 개인, 가족, 사회 모두 책임이 없었다. 무엇이 잘못됐든 간에 적절한 약물을 사용해 완치까지는 아니더라도 치료는 할 수 있었다.

1990년대 후반에 접어들면서 미국에서는 생물학적 설명이 주류를 이뤘다. 병원들은 거의 모든 치료를 약물에 의존했다. 의학적 설명에 명백한 과학적 허점이 있었는데도 그랬다. 생물학으로 정신 질환을 설명하는 정신과 의사들은 40년 동안 노력했지만, 정신 질환의 신체적 원인을 찾아내지 못했다. 신체적 질환은 '상이한 진단'이 가능하다. 즉 하나의 질환을 가져오는 서로 다른 특징들이 존재한다. 반대로 '정신 질환'은 다양한 증상의 종합이다. 따라서 몇 가지 증상이 있다고 해서 질환이 있다고 볼 수는 없다.

신체 질환이 있는 사람은 혈액검사를 한다. 생물학으로 정신 질환을 설명하는 정신과 의사들은 정신 질환이 혈액 속의 화학적 불균형 때문이라고 주장하면서도 결코 혈액검사는 하지 않는다. 마찬가지로 많은 신체 조건이 유전된다는 사실이 알려졌고, 그 원인이 되는 유전자도 밝혀냈다. 유전자 혁명이 일어났는데도 정신 질환의 원인이 되는 유전자가 무엇인지는 아직 밝혀지지 않았다.

유력한 과학적 설명 가운데 지난 수백 년간 이처럼 예측 결과가 완전히 공허한 분야는 없었다. 그런데도 생물학적 설명은 약물치료로 이어졌다. 어떤 약물은 사람의 기분을 변화시키고 많은 사람들의 삶을 부드럽게 만들기도 한다. 때로 약물은 고통스럽고 불쾌하며 수치스럽거나 위험한 부작용을 낳기도 하지만, 많은 사람들에게 효과가 있다. 그러나 약물은 정신 질환이 없는 사람들에게도 동일한 진정 효과가 있다. 두통이 있을 때 두통만을 치료하는 아스피린과는 상당히 다르다. 또한 약물이 치료 효과가 있다고 해서 원인이 무엇인지를 알 수 있는 것도 아니다. 아스피린은 두통을 해소한다. 그러나 아스피린을 먹지 않은 것이 두통의 원인은 아니다.

상담치료에서 약물치료로 변화한 데는 두 종류의 강력한 기업의 힘이 작용했다. 하나는 거대 제약 회사들이다. 에이즈 문제에서 제약 회사들이 한 일에 대해서는 9장에서 상세하게 다룰 것이다. 거대 제약 회사들에게 정신과 약물은 각별히 중요하다. 아주 많은 사람들이 몇 년씩이나 복용하기 때문이다. 그래서 정신과 약물 시장은 단기간의 급성 신체 질환 약물 시장보다 규모가 훨씬 크다.

생물학적 설명과 약물치료를 조장하는 또 다른 기업은 의료보험 회사들이다. 상담치료는 비용이 어마어마하게 든다. 입원치료도 비싸다. 1980년대에 보험회사들은 점차 상담치료에 대한 지원을 줄였다. 1990년대에 들어서면 병원 입원도 가능한 한 2~3일만 보장하는 것으로 줄였다. 수많은 정신병원이 문을 닫았다. 정신적으로 곤란을 겪어 응급실에 온 사람은 친절한 말 몇 마디에 처방전을 들고 쫓겨났다. 부자들은 여전히 상담치료 정신과 의사를 찾는다.

생물학적 설명으로의 전환은 너무나 완벽해서 편견 없는 사람들조차 내가 지금까지 주장한 것을 읽고 나서 이렇게 말할 것이다. "당연하지. 조울증은 생물학적인 거야. 몰랐단 말이야?"

나는 잘 모르겠다. 나는 이것이 엄청난 고통을 수반하며 흔히 약물이 도움이 된다는 정도는 알고 있다. 아편도 약물처럼 도움이 된다. 갖가지 슬픔에도 효과가 있다. 그렇다고 해서 슬픔이 생물학적인 것은 아니지 않은가.

내 말은 상담치료가 더 효과가 있다는 얘기가 아니다. 내가 말하려는 것은, 1970년대에는 미국의 자유주의자들이 대부분 정신 질환에는 사회적 원인이 있다고 생각했다는 점이다. 그런데 2000년에는 대부분 정신 질환이 생물학적 원인에 의한 것이라고 생각하게 됐다. 정신과 의사들이 이에 동의하게 된 것은, 그러지 않으면 보험회사들이 자신들의 치료를 일절 승인하지 않았을 것이기 때문이다.

아이들에게 흔한 주의력결핍장애의 경우에도 같은 변화가 있었다. 전에는 '교실에 얌전히 앉아 있지 못하고 따분해 죽겠다고 느끼는 말썽꾸러기 소년들'로 알려졌다. 그런데 이제는 어떤 원인에 의한 분명한 생물학적 질환이 돼 버렸다. 사람들은 아마도 식품 첨가제가 원인일 거라고 추측하기 시작했다. 어쨌든 주의력 결핍은 매우 강력한 약물로 관리할 수 있다. 많은 부모들은 여러 세대를 거치면서 강력한 약물이 말썽꾸러기나 기분이 안 좋은 아이들을 진정시킨다는 것을 알고 있었다. 그러나 우리는 그런 약을 우리 아이들에게 선뜻 건네주지 않았다. 마약과의 전쟁이 진행되는 동안 수많은 어른과 아이들에게 기분 전환용 약물이 법적으로 허용됐다는 점도 주목해서 봐야 한다.

생물학에 집중하는 것은 다른 맥락에서도 등장한다. 예컨대 알코올중독 자치료협회AA에서 시작한 12단계 치료법에서도 등장한다. AA가 영향력을 발휘한 것은 이 협회가 술꾼이나 과거의 술꾼들에게 거만한 태도를 보이지 않고 동등한 동료애를 보여 주며 수많은 사람들의 삶을 변화시켰기 때문이다. 그러나 AA 역시 또다시 의학적 평가도 없이 알코올중독을 개인적 생물학적 조건에 의해 결정되는 것으로 보게 됐다. 이는 사람들이 불행하다고 느낄 때 과음하는 경향이 있다는 오랫동안 많은 사람들이 공유했던 분명한 사실을 무시하는 것이었다.

물론 AA가 사람들을 도운 이유는 개인이 변해야 한다는 원칙에 철저했기 때문이다. 이는 모든 중독 증상에 들어맞는 이야기다. [그러나] 안정된 직장과 건강보험이 있고 휴식을 취할 집이 있는 경우에는 개인이 변하기가 훨씬 쉽다.

이제는 인간관계에서 여성들이 겪는 문제 역시 남성과 여성의 생물학적 자연적 차이 탓이 됐다. 베스트셀러였던 《너무 많이 사랑하는 여자들》을 읽다 보면, 이 세상에 사랑이 너무 많아서 문제인 것처럼 보인다. 이 책의 요지는 남성이 당신에게 난폭하게 군다면, 그것은 당신의 잘못이라는 것이다.[26] 사랑의 여신인 '금성에서 온 여자'와 오래된 전쟁의 신인 '화성에서 온 남자'를 다룬 일련의 책들도 비슷한 주장을 한다. 사실 이런 상투적 주장들은 매우 오래된 것이고, 사람들이 사랑하면서 겪는 문제를 그들의 차이 탓으로 환원하고 만다.[27]

모든 서점에는 기업의 성공 비결을 다룬 책이나 심리적 자기 계발서들이 놓여 있다. 이 두 종류의 책들은 놀라울 만큼 유사하다. 책의 크기에서부터 판형, 분량, 인쇄 방식마저 똑같다. 기업 성공에 관한 책들은 어떻게 경쟁해야 하는지를 가르친다. 심리적 자기 계발서들은 경쟁적이고 방어적인 사람들 속에서 철저히 혼자 살아가는 현실을 어떻게 받아들여야 하는지를 가르친다. 자기 계발에 관한 책들은 대부분 심리적으로 자신감을 잃지 않으면 성공할 수 있다고 제안한다. 이 두 종류의 책을 읽는 사람들은 분명 부자가 아니라 평범한 사람들이다.

상담치료가 없는 세상에서 이런 책들은 많은 사람들에게 도움이 된다. 그러나 거의 대부분 자신에게 최대한 이롭게 다른 사람과 관계 맺는 방법에만 초점을 맞춘다. 꾸준히 친절을 베풀고 인간적 품위를 갖추면 마침내 사랑을 찾는다는 조언은 하지 않는다. 설사 사랑을 찾지 못하더라도 당신의 행동 덕분에 세상이 더 나은 곳이 될 거라는 조언도 하지 않는다.

고통받는 사람들의 문제를 해결할 간단한 사회적 비책이 있다는 이야기를 하는 것이 아니다. 나는 몇 년간 상담사로 일한 적이 있다. 프로이트의 말대로, 치료에 성공해도 기껏해야 절망에 빠진 사람들을 고통받는 평범한 인간으로 돌려놓는 것에 불과하다는 사실을 나는 잘 알고 있다.

생물학과 개인적 실패에 대한 강조는 사람들 사이에서 반향을 불러 일으켰다. 미국에서 일어나는 나쁜 일들은 대부분 통계 형태로 표현된다. 노동계급은 알코올중독, 마약중독에 실업자가 되거나, 복지 제도에 기대거나, 일찍 죽거나, 감옥에 가거나, 자살하거나, 담배를 피우거나, 비만해지거나, 이혼하거나, 미쳐 버리거나, 누군가를 강간하거나, 아이들을 학대하거나, 폭력 범죄를 저지를 가능성이 높다. 당신의 환경이 어려울수록 이처럼 나쁜 상황에 처할 가능성도 높아진다. 이런 일은 빈도는 덜하겠지만 중간계급과 부자들에게도 생길 수 있다.

이런 일 중 어느 하나라도 현실이 되면 자기 탓으로 돌리기 십상이다. 우리는 모두 같은 상황에서 어떤 사람은 특정한 길을 택하고 다른 사람은 그러지 않는다는 것을 익히 알고 있다. 어떤 사람들은 쉽사리 파국을 맞이하고, 다른 사람들은 극복한다. 이런 차이를 인격, 기질, 신체, 애정 관계와 인생 경험으로 설명하는 것은 일리가 있어 보인다. 그러나 이런 일이 당신의 삶에서 일어날 통계적 가능성은 당신이 처한 사회적 환경과 관련이 있다.

요약하자면, 1980년대와 1990년대에 미국인들은 사회나 부자들이 아니라 자신을 탓하라고 배웠다. 실제로는 누군가가 인생을 망쳤다면 자업자득일 뿐이라고 생각하게 됐다는 뜻이다. 문제를 극복하려면 개인적 용기가 필요하다는 것은 누구나 알고 있다. 그러나 용기가 필요하다는 말이 현재의 상태를 유지하는 핑계가 돼 버렸다.

7장 세계화

자, 이제 세계적 관점으로 방향을 돌려 보자. 1980년 이후로 미국의 지배계급은 미국인들을 쥐어짜는 방식으로 산업 이윤율 하락 문제를 해결하려 했다. 그와 동시에 전 세계 노동자들로부터 더 많은 이윤을 쥐어 짜내려 했다. 이것 역시 미국의 지배계급에게는 중요한 과제였다.

나는 이 전략을 설명하기 위해 '세계화'라는 단어를 사용하려고 한다.[1] 이 말은 혼란을 자아낼 수 있다. 일부 필자들은 세계화를 언급할 때 세계적 경제 통합이 최근의 경향이며 정부와 노동조합의 노동자들이 더는 중요한 존재가 아니라고 설명하기도 한다. 나는 이 의견에 동의하지 않는다.[2]

세계적 통합은 오래된 것이다. 100년 전에 아프리카와 아시아는 대부분 유럽의 식민지였다. 미국은 라틴아메리카를 150년간 지배했다. 국제무역은 1990년쯤에야 1914년의 정점에 도달할 수 있었다. 유럽인들이 아메리카 대륙으로 대거 이주하고 아프리카 노예무역이 시작된 것은 5세기 전부터였다.

정부는 여전히 중요하다. 세계 상위 100대 경제주체 가운데 51개가 기업이고 49개만이 국가라는 것은 사실이다. 그러나 가장 규모가 큰 23개는 모두 국가다. 터키가 23위다. 세계 최대 기업인 제너럴모터스는 24위다. AT&T는 체코보다 작고, 텍사코는 알제리보다 작다.[3]

게다가 대다수 다국적기업들은 매출의 대부분을 본국에서 벌어들인다. 지구 상에서 벌어지는 이런저런 전쟁의 양상을 보면, 텍사코와 엑손은 미국 국가가 없으면 무기력해질 것임을 알 수 있다. 다른 나라에서도 마찬가지다. 기업은 원하는 정책을 추진하기 위해 자국 정부가 필요하다. IMF에 반대하는 저항이 발생하면 군대가 출동한다. 전 세계의 모든 나라에서는 파업이 일어날 때마다 피케팅 현장에 경찰이 나타난다.

전 세계의 산업 노동자와 노동조합원의 수는 1970년보다 지금이 더 많다. 세계적으로 임금노동자의 수가 농민을 앞질렀다. 세계 인구의 대다수가 도시에서 살고 있다. 국민 대다수가 도시에 거주하는 임금노동자인 나라는 이라크, 이란, 터키, 사우디아라비아, 이집트, 남아프리카공화국, 한국, 그리고 라틴아메리카와 유럽의 모든 나라다.

요컨대 내가 이야기하는 세계화는 완전히 새로운 세계가 아니다. 그것은 미국의 지배계급이 주도해서 세계경제를 구조조정하려는 의식적인 시도다.

이 정책에는 두 측면이 있다. 첫째, 미국의 지배계급은 소득의 분배에서 기업의 몫을 늘리고 노동계급의 몫을 줄이려고 한다. 둘째, 다른 나라 기업들보다 미국 기업들이 차지하는 몫을 늘리려고 한다.

프랑스, 중국, 브라질의 부자들과 권력자들도 세계화가 자국의 노동계급을 쥐어짜는 데 도움이 될 때는 세계화를 좋아한다. 그러나 자국 기업들이 미국의 압력에 밀려날 때는 세계화를 싫어한다. 그러나 세계화 프로젝트는 하나의 꾸러미로 전 세계에 제시됐다. 유력한 사상가들은 미국의 지배가 시장의 지배와 나란히 진행되고 있다고 주장한다. 마거릿 대처의 유명한 말처럼, "다른 대안은 없다"는 것이다. 이 말은 모든 나라의 정치인들과 부자들 사이에서 양면적 반응을 불러 일으킨다. 어떤 때는 미국이 주도하는 WTO를 지지하지만, 또 어떤 때는 미국의 이라크 점령을 비판한다. 그러다가도 자국의 연금 수급 연령을 높이고 미국 대통령과 정상회담을 준비한다.

그럼에도 주요 국가의 지배계급에게 가장 중요한 문제는 이윤율이 하락하고 있다는 것이다. 미국만의 문제가 아니다. 서유럽, 동유럽, 캐나다, 일본, 라틴아메리카, 남아프리카공화국에도 영향을 미친다. 중국과 인도에도 영향을 미치는지는 확실하지 않지만 이들 국가의 지배계급도 마치 영향을 받는 것처럼 행동한다. 아프리카의 나머지 지역은 심각한 경제 위기에 봉착해 있기 때문에 이에 답하기 위해서는 학문적 토론이 필요하다. 그러므로 모든 지배계급은 이윤율을 회복하려는 미국의 계획에 동참하려고 한다.

이윤 하락과 시장 개방 때문에 경쟁이 더 심해졌다. 이 경쟁에서 밀리는 기업이나 국가는 점차 파산하게 된다. 1973년 세계경제의 침체 이후 불평등은 꾸준히 증가했다. 모든 종류의 불평등이 증가하고 있다. 이를테면 미국의 최고 경영자와 노동자, 브라질의 부자와 노동자, 미국과 브라질, 브라질과 볼리비아 사이에 불평등이 증가했다. 체제의 논리 때문에 모든 나라의 지배계급은 불평등을 지지할 수밖에 없다.

1989년 옛 소련의 몰락 이후 미국은 세계 유일의 초강대국이 됐고 군사력에서 전 세계를 압도했다. 그러나 미국의 지배자들에게는 한 가지 커다란 약점이 있었다. 1945년 미국은 세계 산업 생산의 절반 이상을 담당했다. 그러나 2003년에는 21퍼센트에 불과했다. 경제적 측면에서는 유럽연합EU과 비슷한 수준이었다. 미국은 유럽의 각 나라들이 힘을 합쳐 새로운 초강대국이 되는 것이 아닌지 걱정해야 했다.

동아시아의 상황은 조금 다르다. 일본과 중국의 경제는 모두 미국보다 규모가 작고, 일본 경제는 1990년대 초 이후로 정체 상태다. 그러나 중국 경제는 성장 중이며, 미국 정부는 중국과 일본의 경제동맹으로 또 다른 초강대국이 등장하지 않을지 걱정하고 있다. 따라서 미국은 항상 두 나라를 어깨너머로 살피는 한편, 자신의 군사력을 강조하면서 세력균형을 유지하려고 애썼다.

불평등과 미국의 지배라는 프로젝트는 1973년에 경제학자의 머릿속에서 완성돼 제시된 것이 아니다. 지난 30년 동안 불평등이 승리를 거둘 때마다 부자들이 더욱 확신을 갖고 새로운 불평등을 만들어 내면서 꾸준히 득세한 것이다. 1990년대 미국은 세계적 불평등 덕분에 이윤 손실의 25~50퍼센트를 회복했다. 그러나 세계의 나머지 나라에서는 기껏해야 이윤이 더 떨어지는 것을 막아 냈을 뿐이다. 이윤 회복의 압력은 중단되지 않았다.

세계무역은 대부분 부유한 나라들 사이에서 진행된다. 국제투자는 대부분 한 부국에서 다른 부국으로 이동하며, 세계적 이윤도 대부분 그런 나라들을 중심으로 만들어진다. 따라서 부유한 산업국가들을 구조조정하는 것이야말로 미국 정부와 다국적기업에게 가장 중요한 일이다.

그러나 세계 인구의 대부분은 가난한 나라에 살고 있다. 여기서도 이윤은 자체의 논리를 따른다. 그리고 경제 실패의 결과는 가진 것이 없는 노동자들과 농민들에게 더 극심한 타격을 입힌다.

세계화의 이상

세계화의 논리를 이해하려면 전체 과정을 살펴봐야 한다. 가장 좋은 방법은 미국 최고 경영자들의 지침이 되는 이상적인 경제정책을 살펴보고 이 방식대로 진행된 세상이 어떠한지 살펴보는 것이다. 뉴질랜드, 칠

레, 영국 같은 나라에서는 이런 이상이 대부분 실현됐다. 프랑스, 시리아, 독일에서는 꾸러미의 일부가 실현됐지만 핵심 요소들은 여전히 계획 단계에 있다.

세계화 프로젝트는 세금과 지출 정책에서 시작한다. 법인세는 감면한다. 가난한 사람들이 가장 많은 부담을 지는 간접세는 인상한다. 국가 예산은 균형을 맞춰야 한다. 의료, 교육, 주택, 대중교통, 실업 급여, 공공부조에 대한 사회 지출은 축소해야 한다. 부유한 나라에서 정부 지출 항목 가운데 단일 항목으로 가장 규모가 큰 것은 각종 연금이다. 연금 지급액은 낮춰야 하고 수급 연령은 상향 조정해야 한다. 가난한 나라의 정부는 기본 식량, 식용유, 난방용 연료, 농민을 위한 비료에 보조금을 지원한다. 이 보조금 역시 축소해야 하고 가능하다면 폐지해야 한다.

이윤을 높이기 위한 세계적 프로젝트의 또 다른 내용은 정부가 제공하던 모든 것에 요금을 매기는 것이다. 여기에는 치과, 병원, 산부인과, 대학, 중등학교, 초등학교, 도서관, 수영장, 공공 임대주택, 도로 사용, 국립공원, 법률 서비스 지원, 박물관 등이 포함된다. 이상적으로는 이런 서비스의 요금은 경비를 충당하고 남을 만큼 충분히 높게 책정돼야 한다. 그렇게 하는 것은 정치적으로 불가능하다. 그러나 낮은 요금이라도 사람들이 딸을 학교에 보내거나 병원에서 아기를 낳는 것을 억제할 수 있고, 이를 통해 정부 재정을 아낄 수 있다.

그다음이 민영화다. 1970년대까지 서유럽, 라틴아메리카, 아시아의 대부분에서는 정부가 석유, 가스, 전기, 물, 철도, 버스, 항공, 공항, 광산, 은행, 체신, 전화, 철강, 조선, 군수산업, 교도소, 라디오, TV를 관리하는 기업들의 전부나 일부를 소유하고 있었다. 일부 국가에서는 정부가 자동차 공장을 비롯한 다양한 산업체를 소유하기도 했다. 공산주의 국가에서는 정부가 대부분의 산업체를 소유했다. 이윤을 올리려면 모든 나라에서 이 모든 산업을 사기업화해야 하며 증권시장에서 매각해야 한다. 보통 헐값에 매각하기 때문에 은행과 증권 딜러들은 순식간에 돈을 벌 수 있다. 또 새로운 소유주의 이윤에 손해를 끼치지 않기 위해 흔히 정부가 매각 전에 기업체의 부채를 모두 갚아 준다.

항공, 전화, 전기 같은 기업은 언제나 이득이 됐다. 그러나 철도 같은 경우는 역사적으로 볼 때 손실이 되는 사업이었다. 이 경우 정부가 새로운 사기업 소유자의 이윤을 보장하기 위해 정부 보조금을 약속한다.

정부는 민영화를 통해 처음 1년간은 돈을 벌어들이지만 그 뒤에는 기대했던 수익을 얻지 못해 손해를 본다. 그러나 체제 전체로 보면 사기업들의 이윤이 상승한다.

일단 산업이나 서비스가 민영화되면 가격을 올리기가 쉬워진다. 지방자치단체가 집값을 올리면 지방의회 앞에서 시위를 벌일 수도 있고, 의원에게 투표하지 않아 낙선시킬 수도 있다. 그러나 민영화된 철도 회사가 요금을 인상하면 정부 각료와 달리 최고 경영자와 만나 담판을 짓기는 매우 어렵다. 또한 사기업은 해고나 임금 삭감이 쉽다. 민영화가 이뤄지는 순간은 노동조합이 파괴되는 순간이 될 수도 있다.

몇몇 서비스는 완전히 민영화하는 것이 정치적으로 매우 어려울 수 있다. 병원, 학교, 경찰, 군대, 사회복지, 세금 징수와 같은 경우가 이에 해당한다. 해결책은 외주화를 통해 그 서비스를 잘게 쪼개는 것이다. 예컨대 어떤 병원은 소유는 공공 소유로 놔두고 관리만 민영화한다. 일부 병원은 자선 시설로 돌린다. 어떤 병원은 민영화한다. 세 종류 모두에서 서비스의 일부를 제공하는 계약을 따 내기 위해 서로 경쟁한다. 세 종류 모두에서 임금이 하향화한다. 그와 동시에 정부는 하청기업들의 이윤이 효과적으로 보장받을 수 있도록 확실히 책임진다.

이런 종류의 외주화가 가능하려면 공공 부문을 사기업처럼 전반적으로 구조조정해야 한다. 도급계약을 제시한 구매자가 있고 서비스를 제공하는 공급자가 있어야 한다. 대차대조표, 목표량, 기준 등이 재정비돼야 한다. 한편, 전에 서비스를 운영했던 전문직 종사자들은 해고된다. 전문의, 수간호사, 교수, 판사, 장군은 정치적으로는 보수적일지 모르지만 서비스를 제공하는 데 인생을 바친 사람들이다. 이제 중요한 것은 서비스가 아니라 이윤이다. 전문직은 이윤 논리를 따라야만 살아남을 수 있다. 그래서 흔히 정부는 민영화에 앞서 그 산업을 알지도 못하고 관심도 없는 사람들을 새로운 관리직으로 충원한다.

공공 부문 외주화는 이윤율에 특별히 중요하다. 제조업 부문은 이윤율 하락이 심한 반면, 고정 투자가 비용의 매우 큰 부분을 차지하고 갈수록 증가하기 때문이다. 병원·학교·사회복지 부문은 고정자본 투자의 규모가 여전히 작으며, 비용 역시 대부분 쥐어짤 수 있는 인간 노동에서 나온다. 설사 노동자들에게 어느 정도 비용을 들이더라도, 한 나라의 전체 기업이 이처럼 낮은 수준의 고정 투자 활동을 많이 할 수 있다면 평균이윤율이 증가할 것이다.

최고 경영자의 관점으로 보면 외주화는 미국 기업들에 특히 유리하다. 역사적으로 미국은 이런 공사公私 복합 기업이 가장 발전한 곳이다. 따라서 미국 기업들은 입찰에 참가하기에 유리한 처지에 있다. 민영화와 외주화는 또 산업 전체에서 일률적인 입찰과 목표 시스템을 요구한다. 이를 위해서는, 그 일을 해야 하는 노동자의 처지에서는 아무 의미가 없는 일이지만, 집중화된 문서 작업이 엄청나게 많이 필요하다. 표준화된 목표와 입찰은 하청기업들의 비용을 절감해 주고, 소규모 국내 기업들보다 대규모 다국적

기업들의 입찰에 더 유리하다.

그러나 미국 기업들이 이득을 얻으려면 민영화에 앞서 전 세계 국가 금융 체계의 규제 완화가 필요하다. 미국 기업이 입찰하지 못하면 이익을 실현할 수 없기 때문이다. 1970년대에 많은 나라들은 토지나 기업을 외국인이 소유하지 못하게 제한하는 법을 유지하고 있었다. 어떤 나라는 외국인이 일부만 소유할 수 있도록 제한했고, 어떤 나라는 특정 산업만 제한했으며, 또 다른 나라는 특정 부문 전체에서 외국인을 배제했다. 새로운 세계화 체제에서는 국내 자본가 보호 규정이 사라져야만 했다.

새로운 체제의 또 다른 요소는 외환 규제의 폐지다. 1980년대까지만 해도 많은 나라들은 국외로 유출되는 통화를 제한했다. 중앙은행은 모든 외환 거래를 감시하고 어떤 경우는 소액의 세금을 부과하기도 했다. 이제 미국의 다국적기업들은 국경을 뛰어넘어 아무 문제 없이 자금을 이동할 수 있어야 했다. 사실 일본, 영국, 멕시코 등 많은 나라의 부자들과 기업들도 자신의 자금을 해외, 특히 미국에 투자하고 있다. 이들 역시 자금을 별 탈 없이 움직일 수 있어야 한다.

역사적으로 여러 나라의 사회주의·민족주의 정권들은 특히 가장 수익성 높은 외국 기업들을 인수했다. 그래서 미국 기업들과 다국적기업들은 세계적 투자를 보호하기 위한 새로운 규칙이 필요했다. 이제는 어떤 정부도 민영화한 기업을 공공 부문으로 되돌릴 수 없다. 새로운 국유화도 더는 가능하지 않다. 새로운 규칙은 각국의 법률이 개정되는 것과 무관하게 기업의 이익을 보호한다. 국내 법정보다 국제적 분쟁 해결 절차가 우선시된다. 이런 국제 협약을 거부하는 나라는 세계무역에서 배제당할 수 있다.

또 1970년대까지 많은 나라들은 국내로 수입되는 재화에 높은 관세를 매겨서 국내 산업을 지원했다. 새로운 세계화에서는 그것도 사라져야 했다. 그래서 미국, 유럽, 일본의 제품들이 세계시장을 지배하게 됐다. 그러나 미국은 자국의 공업과 농업을 보호하기 위해 여전히 수입을 통제하고 관세를 유지했다. 세계화의 미사여구는 '자유무역'을 찬양하는 것이다. 그러나 실제로는 미국의 투자를 보호하는 것이다.

보건과 안전 규정들을 지키려면 비용이 든다. 환경 규제도 마찬가지다. 이런 규제들은 법률 개정으로 바꾸거나 폐지하는 것이 이상적이다. 그것이 정치적으로 불가능했으므로 레이건 정부는 두 가지 전략을 추구했는데, 이 전략들은 전 세계로 확산됐다. 하나는 환경오염 산업에 몸담았던 사람을 환경부 장관이나 각종 규제 담당 부서의 책임자로 임명해 규제의 강제집행을 막는 것이었다. 다른 하나는 보건·안전·환경 감독관의 숫자를 줄이는 것이었다.

결국 1980년 이후로 노동조합을 약화시키는 것이 핵심이었다. 민영화가 도움이 됐다. 가난한 나라에서는 공공 부문 노동조합이 언제나 가장 강력했기 때문이다. 부유한 나라에서는 자동차 노동자들 같은 사기업 노동조합이 전통적으로 강력했지만 대량 실업과 공장폐쇄로 이미 약화돼 있었다. 1980년대에는 대부분의 부유한 나라에서도 공공 부문이 노동조합의 강력한 중추를 이루고 있었다.

각국의 노동법은 파업을 더욱 어렵게 만들고 해고는 더 쉽게 만드는 방향으로 수정됐다. 정부와 사기업주들은 임시직이나 파트타임 계약직을 고용하도록 독려됐다. 미국에서처럼 노동시간 제한은 무시됐고 하루 12시간 노동이 많은 산업으로 확산됐다.

몇몇 나라에서는 미국 항공 관제사 파업처럼 사전 각본에 따라 도발된 중요한 충돌이 있었다. 1984년에 영국 정부는 광부 파업을 유도했는데, 광부들은 당시 영국에서 자타가 공인하는 가장 강력한 노동자 집단이었다. 광부들은 13개월간의 파업 끝에 패배했다. 이들의 끈질긴 투쟁은 다른 노동자들에게 광부들도 승리할 수 없다면 싸워 보나 마나라는 확신을 심어 줬다. 인도에서는 1981년에 봄베이(지금의 뭄바이)에서 100만 명이 넘는 섬유 노동자들이 파업에 돌입했다. 가난했던 그들은 15개월 동안 투쟁하다 패배했다. 파업 이후 몇 년 만에 대부분의 뭄바이 섬유 공장들이 문을 닫자 노동자들의 굴욕감은 더 커졌다. 이것은 마치 광부 파업 이후 영국의 광산들이 대부분 폐쇄된 것과 마찬가지였다. 영국과 인도 모두에서 노동운동의 자신감은 20년이 지난 뒤에도 충분히 회복되지 못했다.[4]

1970년대에 노동조합이 특히 강력했던 몇몇 나라에서 지배계급은 노동조합 투쟁에 군사 쿠데타, 투옥, 때로는 암살단으로 대응하면서 한 세대 내내 노동조합을 길들였다. 엘살바도르, 칠레, 폴란드, 중국, 터키, 아르헨티나에서 벌어진 일이었다. 지배계급이 정면 대결을 감수할 만큼 충분히 강력하지 못한 나라들도 있었다. 남아프리카공화국, 브라질, 한국의 경우 노동조합이 중요한 대결에서 승리했다. 부유한 나라에서 노동조합이 위축된 반면, 가난한 나라에서는 노동조합이 성장하고 있었다. 그러나 모든 곳에서 노동자들은 대안이 없다는 이야기를 끊임없이 들어야 했다. 허리띠를 졸라 매라. 그러지 않으면 일자리가 사라질 것이다. 모든 곳에서 높은 실업률이 불안감을 더했다. 그리고 모든 곳에서 날마다 기업과 정부는 이윤을 끌어올리려고 안간힘을 썼다.

1980년대, 부채, IMF, 세계은행

미국 정부와 기업들은 IMF와 세계은행을 통해 가난한 나라들에서 자신의 전략을 실행했다. IMF와 세계은행은 1944년에 창설됐지만 1970년대에 와서야 정말로 중요해졌다. IMF와 세계은행은 전 세계 대부분의 나라가 대표를 파견하는 국제기구이면서 유엔과 마찬가지로 미국의 지배를 받는다. IMF와 세계은행은 워싱턴에 본부가 있고 유엔은 뉴욕에 본부가 있다. 우연이 아니다. 미국은 안전보장이사회의 거부권을 통해 유엔을 통제한다. IMF와 세계은행의 상임이사회 투표권은 각국이 납부하는 자금에 따라 정해진다. 미국은 17.5퍼센트의 투표권을 보유하고 있는데, 거부권 행사에는 15퍼센트만으로 족하다.

IMF의 임무는 환율이 폭락하거나 외채를 상환할 수 없는 나라에 돈을 빌려 주는 것이다. 1980년 이후 IMF는 대다수 가난한 나라에 돈을 빌려 줬고, 1982년 이후 부유한 나라에 돈을 빌려 준 적은 한 번도 없다.

1973년 이후로는 이윤을 만들기 어려웠기 때문에 차관을 상환하는 것도 더 어려웠다. 그래서 기업들과 국가들은 부채에 시달리는 처지에서 할 만한 일을 했다. 즉 더 많은 돈을 빌린 것이다. 그러자 부채는 더 늘어났고 그럴수록 더 많은 차관을 들여왔다. IMF가 중요해진 이유는 세계 전역에서 부채가 꾸준히 증가했기 때문이다.

이 과정은 가난한 나라들보다 미국에서 더 두드러졌다. 미국 정부와 기업들의 대외 부채는 다른 어느 나라의 외채보다도 훨씬 많다. 그러나 미국은 아직까지 세계에서 지배적인 경제 강국의 지위를 유지하고 있다. 이것은 전 세계의 기업들과 부자들이 기꺼이 미국에게 돈을 빌려 주고 부채 상환을 계속 연기해 준다는 뜻이다. 그러나 미국의 지배력이 무너지는 순간, 달러 역시 기축통화의 지위를 상실할 것이다. 그러면 미국의 부채는 만기가 되어 경제가 붕괴할 것이다. 이것은 미국 기업뿐만 아니라 전세계의 지배계급에게 경악스러운 전망이다. 가장 큰 두려움은 이 세계가 이제는 너무 통합돼서 미국의 금융 파산이 전 세계로 확산될 수 있다는 점이다.

이는 1980년 이후로 주요 기업, 은행, 국가가 부채를 갚을 수 없는 것처럼 보일 때마다 미국의 지배계급과 전 세계의 지배계급이 특정한 파산 사례가 삽시간에 체제 전체로 번질까 봐 두려워했다는 것을 의미한다. 멕시코의 파산은 뉴욕의 몇몇 은행의 파산으로 이어질 수 있고, 미국 자동차 회사의 파산으로 이어질 수 있으며, 유럽의 은행과 일본 주식시장의 붕괴 등으로 이어질 수 있다. 이것은 1930년대 대공황이 일어난 상황과 얼추 비슷하다. 그러나 지금 세계 체제의 부채 과잉 상황은 1929년보다 훨씬 더 심각하다. 파국이 훨씬 더 재앙적일 수 있는 것이다.

따라서 이윤율 하락은 체제 전반의 부채 상승으로 이어진다. 또 [이윤율] 하락은 대출과 금융 투기 증대로도 이어진다. 뉴욕의 은행들은 미국의 산업에 대출해서는 많은 돈을 벌어들일 수 없다는 바로 그 이유 때문에 가난한 나라의 신뢰할 수 없는 자들에게 돈을 빌려 주거나 외환 거래를 비롯한 전 세계적 투기사업에 투자한다.

지금 미국 경제가 자본주의의 아마겟돈으로 파국을 맞이하기 일보 직전이라는 이야기가 아니다. 부채의 팽창은 지난 30년간 지속되면서 사람들이 상상하는 수준 이상으로 장기간 심화됐다. 앞으로도 오랫동안 지속될 수 있다. 중요한 것은 언제라도 붕괴할 수 있다는 공포가 항상 지배계급의 뇌리를 떠나지 않는다는 사실이다. 그래서 지배계급은 자신의 부채를 키우고 가난한 나라들한테도 부채를 강요하는 것이다.

가난한 나라들에 부채를 강요하는 것이 IMF가 하는 일이다. 1980년대 라틴아메리카의 예를 들어 보자. 1970년대까지 대부분의 라틴아메리카 정부는 자립적 국민경제를 건설하려고 했다. 수입 공산품에 높은 관세를 매겨 국내 공장들의 시장을 보호해 줬다. 그러나 1970년대에 접어들면서 라틴아메리카 산업 전반의 이윤율이 하락했다. 보호 경제는 효율적이지 않아서 세계시장보다 가격이 훨씬 높았다. 모든 산업에서 현대식 기계와 현대적 생산방식에 들어가는 비용이 늘었다. 그래서 심지어 멕시코나 아르헨티나처럼 국내시장이 거대한 나라들조차 세계 수준에서 자국 산업의 경쟁력을 확보하기 위해 투자하는 것이 더는 수지가 맞지 않았다.

라틴아메리카 각국의 정부와 지배계급들은 국내시장 보호를 그만두고 규모가 더 크고 효율적인 수출 지향 산업들을 건설하기로 결정했다. 그 대가로 이들은 다른 나라에서 들어오는 값싼 공산품 수입을 허용해야 했다.

1970년대 라틴아메리카의 기업이나 정부는 국내 산업을 확장하기 위해 차관을 받을 수 있었다. 뉴욕의 은행들은 개나 소나 아무에게나 돈을 빌려주며 라틴아메리카의 산업이 성공할 것이라고 도박을 했다. 1980년에 미국, 라틴아메리카, 세계 대부분의 나라에서 경제가 후퇴했다.

갑자기 라틴아메리카 기업들은 부채를 상환하는 데 곤란을 겪었다. 그리고 수출이 부진했기 때문에 통화 역시 곤란을 겪었다. 예를 들면 이런 식이었다. 멕시코가 미국으로 재화를 많이 수출하지 못하면 멕시코 기업들은 달러를 갖지 못한다. 그러나 미국의 재화는 여전히 필요하다. 그런데 뉴욕의 은행들은 멕시코 페소화가 필요 없다. 따라서 달러를 구매하는 데 너무 많은 페소화가 들어간다. 달러 가치가 페소화보다 상승하는 것이다. 그런데 멕시코 기업들은 뉴욕에서 달러를 빌렸다. 그리고 이제 국내 소득으로 들어온 돈은 가치 절하된 페소화다. 이렇게 되면 뉴욕에서 빌린 돈을 갚을 수 없게 된다.

더욱이 1980년대 들어 전 세계가 경기후퇴로 돌아섬에 따라 미국 정부는 국내 기준 금리를 7퍼센트에서 16퍼센트로 상향 조정하도록 은행들을 몰아붙이고 있었다. 라틴아메리카 기업들 역시 새로 돈을 빌리면 고금리로 상환해야 했다. 따라서 새로 차관을 얻어 과거의 대출을 상환하던 방식을 지속할 수 없었다. 그들은 빚을 갚을 수 없었고, 그들의 통화는 무너지기 시작했다.

이 지점에서 IMF가 개입했다. IMF는 1982~1983년에 라틴아메리카 22개 국 중 17개국에게 차관을 제공했다. 1991년 콜롬비아, 파라과이 두 나라가 추가됐고, 경제봉쇄 대상이었던 쿠바는 제외됐다.[5] IMF 정책의 미사여구는 '구조조정 정책'으로 수익성을 회복하면 경제 위기를 극복할 수 있다는 것이었다. 실제 결과는 돈을 빌린 나라들의 경제에 영속적인 타격을 입혔다는 것이다.

부채는 대부분 기업이 빌린 것이었지만 IMF는 정부에게만 차관을 줬다. 그래서 IMF는 빚을 갚을 수 없는 기업의 부채를 정부가 떠맡아야 한다고 종용했다. 이렇게 함으로써 IMF는 돈을 빌려 준 미국과 유럽의 은행들을 보호했다.

IMF는 수백만, 흔히 수십억 달러를 각국 정부에 빌려 줬다. 그러나 차관은 결코 부채만큼 많지 않았다. 은행들은 IMF보다 더 큰 규모의 대출업자들이었다. 그러나 IMF로부터 대출받은 나라는 미국 재무부, 은행, 국제 자본주의의 승인 도장을 받은 것이나 마찬가지였다. 이를 통해 국가의 신용도가 높아지는 것이다.

그러나 IMF 대출에는 일정한 조건이 있었다. 이 조건은 차관을 받는 정부가 IMF에 제출하는 협정문에 명시돼 있다. 사실은 IMF가 협정문을 작성해서 대표를 파견해 차입국 정부의 서명을 받아 오게 한다. 협정문은 언제나 정부 정책에 대한 구체적 약속들을 포함하고 있다. 그래서 많은 공무원들의 일자리가 사라지고, 옥수수에 대한 보조금이 왕창 줄고, 많은 병원이

폐쇄되고, 노동법이 개악되고, 연금 수급 연령이 올라가는 등의 일이 벌어지는 것이다.

또 IMF는 금리 인상과 환율 평가절하를 종용했다. 이런 조처들 때문에 현지 주민들은 수입품을 살 만한 여유가 없어졌다. IMF는 이렇게 함으로써 해당 국가가 수입을 줄이고 부채를 상환하는 데 더 많은 달러를 쓰기를 바랐다.

이런 '구조조정 정책'의 결과는 대부분의 사람들을 더 가난하게 만드는 것이었다. 사람들은 지출을 줄였고 국내시장도 위축됐다. 케인스주의 정책이 경기후퇴 시기에 미국 경제를 부양했다면, IMF의 조처는 가난한 나라들의 경제를 더 가라앉혔다.

IMF의 조처가 효과 없다는 것은 IMF와 미국 재무부를 제외한 모든 사람들에게 분명했다. 차관을 받은 국가와 모든 NGO들은 계속 그렇게 주장했다. 이것은 요점을 놓친 것이다. IMF의 조처는 노동하는 사람들한테서 돈을 빼앗아 은행에 주는 효과를 내고 있었다. 이는 로빈 후드가 아니라 노팅엄 주 장관의 경제학이었다. 이런 조처들은 해당 국가의 경제 발전 가능성에 손상을 입혔다. 그러나 어쨌든 경쟁하는 세계에서 미국 지배계급은 소규모 경쟁자들의 경제를 파괴하는 데 꺼릴 것이 없었다.

물론 돈을 빌린 나라가 IMF 차관으로 부채를 상환할 수는 없었다. 그러라고 빌려 주는 돈도 아니었다. IMF 차관은 해당 국가가 이자의 일부나 전부를 매년 갚을 수 있도록 보증해 주기 위한 것이었다. 그러면 그 나라는 부채를 상환하기 위해서 돈을 더 많이 빌려야 한다. 부채는 더 늘어난다. 그 결과 라틴아메리카 나라들은 IMF와 미국 재무부의 손아귀에 영원히 놓이게 된다. 부채가 있기 때문에 IMF와 미국 재무부가 시키는 대로 할 수밖에 없다.

1980년대에 이 같은 부채 노예제도가 아프리카 대부분, 아시아 일부, 라틴아메리카의 거의 모든 나라로 퍼져 나갔다. 1980년대 말 라틴아메리카 대부분의 상황에 대해 덩컨 그린은 이렇게 서술한다.

지역 달동네의 가장 가난한 집까지 TV 시청이 가능해졌다. 좌절의 간극이 전에 없던 수준으로 벌어지는 상황에서 1000가구당 TV 보유 가구 비율이 1980년대에 40퍼센트나 증가한 반면, 실질임금은 동일한 비율로 하락했다. 직장이나 학교에서 쫓겨나거나 형편없는 일자리에 신물이 난 10대들은 TV에서 볼 수 있는 짜릿한 생활양식에 매료됐다. …… 그들은 나이키 신발과 레이번 선글라스를 원했고 운이 좋은 날은 쌀과 콩도 얻을 수 있었다. 생계 부양자로서 직장과 지위를 잃게 되면서 남성들은 알코올에 절어 폭력적으로 변해 갔지만 성장한 아이들은 집을 떠날 수 없었다. 집에는 좌절한 채 주린 배를 움켜쥔 사람들이 가득했다. 그 결과는 뻔했다. 가정 파탄, 알코올중독, 가정 폭력, 마약중독이 이 지역에 빠르게 번지면서 정신적 공황과 사회적 해체가 나타나고 있었다. 브라질의 슬럼가에서는 거리 범죄에 대한 공포가 어찌나 컸던지 가난한 사람들이 사실상 암살단의 '사회 정화'를 환영하는 바람에 거리의 아이들이 밤마다 도살당했다.[6]

1978~1988년에 인류학자 캐롤라인 모저는 에콰도르에서 가장 큰 도시인 과야킬의 달동네에 사는 3000명을 조사했다. 이 시기에 IMF와 세계은행은 8개의 서로 다른 구조조정 계획을 에콰도르에 적용했다. 달동네에 살던 남성들은 직장을 잃었다. 일부는 날품을 팔았다. 많은 사람들이 새우 양식장으로 갔고 그중 대다수가 돌아오지 못했다.

여성들은 남의 집에 가서 가정부 일을 했지만, 임금이 3분의 1이나 떨어졌다. 1978년에 가정부는 한 집, 때로는 두 집에서 청소하고 요리했다. 이제는 두 집 이상에서 일주일에 60시간을 일했고, 매우 멀리까지 출퇴근해야 했다. 많은 어머니들이 새벽 4시나 5시에 일어나 가족을 위한 식사를 준비하고 6시에 집에서 떠나 저녁 8시나 9시가 되어 돌아왔다. 집에 어린 아이가 있는 경우에는 하루 종일 문을 잠가 뒀다.

처음에는 먹는 음식을 줄이기 시작하다가 저녁을 굶기 시작했고 그러다 아침도 굶었다. 1988년에는 하루에 한 끼만 먹는 가구가 4분의 1이나 됐고, 지역 보건소에 오는 아이들의 79퍼센트가 일종의 영양실조 상태였다. 여성은 가장 나중에 가장 적게 먹는 존재였고 상당수가 빈혈로 고생했다. [일하는 어머니들은 — 지은이] 음식을 공정하게 나눠 줄 수 없었기 때문에 가장 어린 아이는 배고픈 형제자매에게 음식을 빼앗기기 일쑤였다. …… [어머니들이 특히 걱정한 것은 — 지은이] 제대로 돌보지 못한 아들들이 학교에서 퇴학당하거나 거리의 폭력배가 되거나 마약에 손을 대는 것이었다. …… 절반 이상의 여성들이 가정 폭력이 늘었다고 말했다. 싸움은 거의 언제나 여성이 남성에게 돈을 요구할 때 시작됐다. 남성은 화를 내며 가족을 충분히 먹여 살리지 못하는 것을 수치스럽게 여기거나 벌어들인 돈을 탕진하는 방식으로 대응했다.[7]

1980년대 초 가난한 나라에서 미국의 정책을 집행한 주된 기구는 IMF였으며, 주된 강조점은 물가 상승과 공공 지출 삭감이었다. 1980년대 말에는 미국의 경제 엘리트들이 가난한 나라의 경제를 변화시킬 훨씬 더 폭넓은 방안을 모색하고 있었다. 그래서 세계은행이 개입하게 됐다. IMF는 위기관리를 위한 기구였다. 일이 잘못되면 정장 차림의 군은 얼굴들이 비행기를 타고 왔다. 그들의 임무는 부채에 대한 이자를 꼬박꼬박 받아 내는 것이었다. 세계은행의 '임무'는 개발 프로젝트를 위한 자금을 빌려 주는 것이었다. 세계은행은 각국에 성질 급한 대리인들을 상주시키고, 젠더, 환경, 지속 가능성에 대해 큰소리로 떠들어 댔다. 그러나 이들의 핵심 도구는 분야별 조정 차관이었다. 이는 차입국이 경제정책 일부를 구체적으로 변경하는 데 동의하는 경우에 차관을 제공한다는 뜻이었다.

대략 1987년부터 세계은행과 IMF는 상호 지원 체제를 구축했다. 어떤 나라가 IMF의 차관을 원하면 세계은행의 조건에 맞춰야 하고 그 역도 마찬가지였다. 그리고 이제 빚쟁이들은 훨씬 더 상세한 계획을 세웠다. 이 모든 것들이 이윤을 회복하기 위함이었다.

이들은 여전히 공공 지출을 삭감하고 통화를 평가절하하고자 했다. 그런데 이제 민영화가 핵심이었다. 민영화는 규제 완화, '노동 유연성', '세제 개혁'과 함께 진행됐다. 세계은행은 보건과 교육 부문을 구조조정하는 데도 집중했다. 이들은 특히 학교 수업료 도입 문제에 집착했다.

보건과 관련한 1980년대 초의 통설은 유엔의 세계보건기구WHO가 지지한 주장으로, 가난한 나라와 농촌 지역에서 현지 의사들의 1차 진료를 확대해야 한다는 것이었다. 이는 소외된 사람들에게 혜택을 주려는 것이었다. 1980년대 말에 세계은행이 보건 문제에 개입하면서 이들은 이 정책의 방향을 역전시켜 보조금과 정부 지출을 도시의 대형 병원들로 돌리도록 했다. 수많은 나라에서 가난한 사람들은 형식적으로는 제약이 없었지만 그런 병원에 다닐 수 없었다.

이 정책은 아프리카에 큰 타격을 입혔다. 1990년대가 되면서 아프리카의 새로운 산업투자가 대체로 고갈돼 버렸다. 부채에 대한 이자를 지급하는 데 정부 예산이 점점 더 많이 들어갔고 어떤 때는 절반을 넘기도 했다.

1990년대 아프리카 대부분의 나라에서 실업률이 20~50퍼센트에 달했다. 사하라 사막 이남 지역은 세계 인구의 10퍼센트를 차지했지만 전 세계 극빈층의 40퍼센트를 차지했다. 1990년에 1인당 연평균 의료비 지출은 사적 지출을 포함해서 다음과 같다.[8]

국가	1인당 연평균 의료비 지출
미국	2,763
영국	1,039
짐바브웨	42
케냐	16
가나	14
말라위	11
나이지리아	9
우간다	6
모잠비크	5
탄자니아	4

단위 : 달러

　미국의 의료비 지출은 우간다의 460배에 달한다. 물론 의사와 간호사의 임금은 우간다가 훨씬 낮다. 그러나 이 수치는 대다수 우간다 국민의 의료비 지출이 0달러라는 현실을 감추고 있다.

　의료비 삭감, 가난, 전쟁, 에이즈 때문에 평균수명 역시 떨어졌다. 정말로 놀라운 통계는 사망하는 연령의 중간치다. 중간치가 스무 살이라면 절반 정도의 사람이 스무 살이나 그보다 어린 나이에 죽는다는 것이며 나머지 절반은 스무 살 이후에 죽는다는 것을 뜻한다. 아프리카 전체에 걸쳐 나이 든 사람보다 어린아이가 많기 때문에 죽은 사람 대다수는 어린아이들이다. 1990년 몇몇 대표적인 나라의 사망 연령 중간치는 다음과 같다.[9]

국가	사망 연령 중간치
선진 공업국 전체	75세
짐바브웨	26세
세네갈	15세
잠비아	11세
코트디부아르	10세
가나	7세
탄자니아	5세
말라위	4세
우간다	4세
앙골라	3세
모잠비크	2세

　　라틴아메리카의 거대한 사회주의 정당들과 아프리카의 민족주의·사회
주의 정권들은 세계화에 그다지 반대하지 않았다. 그 결과, 라틴아메리카
대부분의 지역에서는 불만과 분노가 소위 'IMF 폭동'으로 터져 나왔다. 한
예로 1989년 베네수엘라의 카라카스에서 정부는 하룻밤 사이에 석유 가격
을 두 배로 올렸다. 제임스 퍼거슨은 이렇게 이야기한다.

　　카라카스 주변의 달동네에 살고 있는 수십만 명의 베네수엘라인들에게
1989년 2월 27일 월요일 아침은 여느 때와 다름없이 시작됐다. …… 사람
들은 언덕배기 판잣집 사이로 구불구불 이어지는 가파른 길과 계단을 내려
와 근처의 대로와 버스 정류장을 향하고 있었다. ……
　　사람들이 버스를 세우면서 극적인 사건이 시작됐다. 버스 운전사들은
[대통령 ─ 지은이] 페레스가 석유 가격을 두 배로 인상해서 주말에 버스 요
금이 두 배로 올랐다고 성을 내며 강조했다. 학생들은 학생 할인도 더는 적

용되지 않는다는 이야기를 들었다. 첫 번째 폭력 사태는 도시 중심부인 누에보시르코의 버스 정류장에서 벌어졌다. 돌과 벽돌이 날아가고, 바리케이드가 세워지고, 버스들이 불에 탔다.

몇 시간 지나지 않아 카라카스는 폭동의 도가니가 됐다. 사람들은 달동네에서 쏟아져 내려와 창문이 부서진 상점에서 자신들에게 필요한 음식, 옷가지 등을 챙기기 시작했다. 일부 경찰과 군대는 개입을 시도했다. 또 일부 경찰과 군대는 훔치는 사람들을 적극적으로 도왔다. …… 감사의 뜻으로 달동네 주민들은 부서진 상점 창문을 통해 군인들에게 선물을 전달하기도 했다. 사람들은 약탈한 물품을 가득 담은 상점 카트를 밀거나 정육점에서 가져온 쇠고기 덩어리를 통째로 끌면서 카라카스 중심가를 메웠다. 카라카소+ 소식이 베네수엘라의 다른 지역으로 전해지면서 비슷한 폭동들이 일어났다.

마침내 수요일에는 대규모 군대가 카라카스의 통제권을 다시 장악했다. 그때쯤에는 많은 상점과 거리 전체가 폐허 상태였다. 군대는 도둑맞은 물건들을 찾아 달동네를 수색하면서 수천 명을 체포했다. 진압은 그다음 주에도 계속돼 군대에 의해 살해된 사람이 대략 1500명(정부는 287명으로 보고했다)에 달했다. 군인들은 가난한 동네에 아무런 경고도 없이 총질을 했고, 창가에 서 있던 사람들이 신경이 곤두선 군인들이 쏜 총에 맞아 쓰러졌다.[10]

카라카스 폭동은 대부분의 라틴아메리카에서 그랬듯이 패배했다. 이 폭동은 로스앤젤레스 폭동과 마찬가지로 아래로부터 분노가 터져 나온 운동이었다. 그러나 로스앤젤레스에서와 마찬가지로 전국적 무대에서 그들을

+ caracazo. 카라카스의 대폭풍이라는 뜻으로 이 봉기의 명칭.

대변할 정치적 목소리가 없었다. 여기서도 문제는 정치적 저항 세력에게 무슨 일이 벌어졌는가 하는 점이다.

옛 저항 세력

1989년에는 모든 가난한 나라에서 지배계급과 전문 경제학자들 사이에 세계화에 대한 일반적인 지지가 있었다. 마찬가지로 놀라운 것은 가난한 나라에서뿐만 아니라 유럽, 당연히 미국에서도 기존의 저항 세력이 약했다는 것이다. 채권 거래자들을 위한 빌 클린턴의 상환 연기 조치는 예외가 아니었다.

서유럽에서부터 이야기를 풀어 보자. 대처 시기의 영국을 제외하면, 1970년대와 1980년대에 [서유럽의] 복지 삭감은 라틴아메리카나 아프리카만큼 그 규모가 크지는 않았다. 그러나 서유럽의 거의 모든 나라에서 실업률이 두드러지게 상승했고, 노동조합은 약화됐으며, 복지국가에 대한 공격이 서서히 진행됐다. 그리고 도처에서 옛 사회당, 공산당, 노동당은 이런 흐름을 지지했다.

이 정당들은 제2차세계대전 이후 서유럽에서 복지국가를 건설했다. 이들은 장기 호황기에 사회 지출을 꾸준히 확대했다. 이 정당들은 노동계급에게 더 나은 삶을 제공하려고 했다. 그와 동시에 노동조합원도 늘었다. 독일을 포함한 많은 나라에서 노동조합 지도자들과 기업, 정부 사이에 국가적 타협이 정기적으로 이뤄졌다. 노동조합 지도자들은 이런저런 노동자 정당, 즉 사회당, 노동당, 공산당에 충성했다. 물론 노동조합의 대다수 조합원들도 마찬가지였다. 한때 혁명가들이었던 공산당원들조차 자본주의 체제를 받아들이기 시작했다.

그런데 1973년 이후 국제적 경기후퇴와 대량 실업이 닥쳤다. 갑자기 자본주의 체제가 제대로 작동하지 않았고, 어느 누구도 그 이유를 제대로 설명하지 못했다. 사회주의 정치인들과 노동조합 지도자들은 언제나 노동자들이 차지하는 파이의 양이 늘어야 한다고 주장했다. 그 당시에는 파이가 충분히 컸다. 그러나 이제는 그렇지 않다. 노동조합원들과 유권자들은 직장을 잃었다. 노동조합 지도자들과 정치인들은 선택을 해야 했다. 자본주의 체제를 폐기 처분하든지, 아니면 자국 상황에 맞게 자본주의가 작동할 수 있게 노력을 기울이든지 선택해야 했다.

그러나 전자는 그들에게 선택 사항이 아닌 듯했다. 혁명은 이미 생각할 수 없는 일이 돼 버렸다. 따라서 정치인들은 경제가 제대로 작동하도록 만들어야 했다. 이들은 프랑스, 영국, 독일, 이탈리아 그리고 나머지 나라에서 이윤을 높여야 했다. 그래서 그들은 지출을 줄이고 규제를 완화하고 미국과 다른 나라 소수 특권층이 했듯이 파업을 분쇄했다.

보통 좌파 정치인들은 이런 일을 시작하면서 커다란 심리적 고통을 느꼈다. 무엇보다 이들은 혼란스러워했고 경제적 곤경의 바다에서 무기력하다고 느꼈다. 노동조합의 지도자들 역시 고통받았다. 이들은 무엇이든 해보라는 분노한 조합원들의 압력에 시달리고 있었다. 그러나 노조 지도자들은 개인적으로 좌파 정당들을 지지했다. 그들이 생각할 수 있는 유일한 대안은 자본주의 체제를 더 단단하게 하는 것뿐이었다. 그리고 사회주의 정부에 맞서 대규모 파업을 벌여 봤자 우파만 강화할 뿐이라고 생각했다.

좌파 정치가들과 노동조합 지도자들은 정권을 잃어도 대동소이하게 행동했다. 역시 대안을 찾을 수 없었기 때문이다. 이들은 다음 선거에서 승리해 다시 집권하기를 원했다.

한편으로는 이들이 옳았다. 어느 한 나라에서 집권당이 된다고 해서 경제 상황을 개선할 방도는 없었기 때문이다. 국제 체제에서는 변화를 시도

하기 위해 국제적 운동이 필요하다. 1999년의 시애틀 시위 후에 이런 운동이 성장하기 시작했다. 그러나 1980년에는 거의 모든 사람들이 다른 세계가 불가능하다고 생각했다.

처음에 사회주의 정당들은 세계화를 달가워하지 않았다. 그러나 1980년대가 지나면서 세계화의 경험이 이 정당 지도자들을 변화시켰다. 사람들은 살면서 자신이 해야 하는 일에 맞게 자신의 견해와 가치를 조정하곤 한다. 이런 태도는 분명히 정부의 장관들에게 영향을 미쳤다. 십중팔구 더 중요한 것은 지역 활동가들에게 미친 영향일 것이다.

나는 1980년대에 런던의 이슬링턴 자치구에 살았다. 1980년대 초 우리 지역의 노동당 좌파가 장악한 구의회는 전국적으로 '붉은 이슬링턴'으로 알려져 있었다. 그러나 선출된 구의원들은 마거릿 대처의 보수당이 통제하는 중앙정부를 상대해야 했다. 중앙정부는 이슬링턴과 그 밖의 지역으로 들어가는 돈을 계속 삭감했다. 그래서 구의회는 지역 서비스의 어떤 부분을 삭감해야 하는지를 신중하게 선택해야 했다.

1980년에 구의회는 우리 동네 도서관을 폐쇄하려고 했다. 도서관 직원들은 노동조합으로 조직돼 있었다. 이들은 도서관을 찾는 아이들과 어른들을 동원해 구의회 도서관위원회 회의실로 쳐들어갔다. 모두 90명이 참여했다. 두 살짜리 우리 딸 시오반과 그 친구들이 회의실 테이블에서 시끄럽게 놀고 있는 동안 나는 구의원들에게 부끄러운 줄 알라고 격한 연설을 했다. 그들은 실제로 부끄러워했다. 그들의 얼굴에서 수치심을 읽을 수 있었다. 구의원들은 도서관을 그대로 두기로 결정했다.

10년 뒤, 여전히 보수당 정부 집권기에 노동당 구의원들이 또 다른 지역의 도서관 폐쇄를 논의하기 시작했다. 이번에는 그들이 이미 수치심에 둔감해져 있었다. 그동안 그들은 몇 년째 예산 삭감을 계속 진행하고 있었다. 그들은 지방자치단체 노동조합이 시도한 두 번의 파업에 직면했다. 구의원들을 개인적으로 만나서 이야기를 들어 보면 지방자치단체 노동조합을 미워하면서도 개인적으로는 괴로워하고 있었다. 죄의식 때문이었을 것이다. 그 구의원들은 노동하는 사람들의 삶을 악화시키려고 노동당에 가입한 것이 아니었기 때문이다. 그러나 그들이 한 일은 결국 그런 결과를 낳았다. 이런 과정을 거치면서 그들은 냉소적으로 변했고, 토니 블레어와 '신노동당'의 등장을 준비하기에 이르렀다.

유사한 과정이 유럽 전역과 라틴아메리카에서도 벌어졌다. 그리고 아프리카와 아시아의 민족주의 정권들에도 영향을 미쳤다. 이들 정권의 지도자들 가운데 일부는 항상 모종의 독자적 행동을 원했다. 또 다른 지도자들은 한때 식민지 반대 투쟁이 사회정의를 위한 투쟁의 일부라는 신념을 가졌던 사람들이었다. 그러나 1990년에는 남아프리카공화국을 제외한 아프리카에서 그런 신념을 가진 사람은 거의 없었다. 1995년에는 남아프리카공화국의 새로운 지도자들도 아프리카 대륙의 형제들과 함께 세계화를 추진했다.

사회주의 정당들과 제3세계 민족주의 정당들은 위에서부터 썩어 들어가기 시작했다. 그러자 점점 더 많은 지역 활동가들이 당의 모임에 참석하지 않거나 환멸을 느끼면서 당을 떠났고, 결국 당의 기반이 무너져 내렸다.

많은 가난한 나라들에서는 불평등의 심화가 특히 두드러졌다. 멕시코와 브라질이 경제적 어려움을 겪고 있을 때에도 그 사회의 상층 20퍼센트는 사실 매우 잘나가고 있었다. 뉴욕 JFK 국제공항에 서서 전문직 종사자 가족과 부자들이 소비재 상자를 손마다 가득 들고 카라카스로 돌아가는 비행기를 타려고 줄 서 있는 것만 봐도 알 수 있다. 전 세계 모든 나라에서 일부 사람들은 새로운 불평등을 즐기고 있다. 그리고 그들 중 일부는 사회주의 정당의 지도자이자 활동가들이다.

노동조합은 우경화하는 사회주의 정당들의 압력을 받았다. 노동조합들 역시 민영화와 치명적 패배로 고통을 받았다. 노동조합의 지역 활동가들이 위축되면서 전국 지도자들도 실질적 **변화**는 불가능하다고 주장하기 시작했다.

그러다가 1989년에 옛 소련과 동유럽의 공산주의 정부들이 몰락했다. 이 정권들의 잔인함은 동독의 노동자들이 베를린 장벽을 맨손으로 부쉈을 때 분명히 드러났다. 이 나라들에 살던 사람들은 지도자들을 혐오했고 또 그렇게 말했다.

나는 그들에게 동의했다. 그러나 1992년에 들어서면서 나는 옛 소련이 좌파들의 마음에서 차지하던 비중을 내가 너무 과소평가했다는 것을 깨달았다. 서방, 라틴아메리카, 중동의 공산당들이 혼란의 소용돌이에 빠져 들었다는 것은 분명했다. 그러나 소련에 대한 믿음은 그보다 훨씬 더 깊고 광범위했다. 영국의 노동당 좌파 활동가, 프랑스의 기층 사회당원, 그 밖의 여러 곳에서 사람들은 이제 소련의 몰락으로 더는 대안이 없음이 입증됐다고 받아들였다. 이것은 그들조차 마음속 깊은 곳 어딘가에서 한때 소련 모델이 대안이라고 믿고 있었다는 뜻이었다.

이러한 정치적 혼란은 좌파와 노동하는 사람들에게 이후 수년간 깊은 상처를 남겼다. 이제 미국의 프로젝트가 이념의 세계를 지배하게 됐다. 그리고 미국의 군대가 바야흐로 세계를 지배하려는 참이었다. 다음 장에서 전쟁을 다룬 뒤 9장에서 경제적 세계화로 돌아올 것이다.

8장 전쟁

미국의 경제적 지배는 미국의 군사력 없이는 불가능하다. 1945년 이후 미국은 라틴아메리카에서 오랫동안 활용했던 통제 방식을 나머지 세계에도 적용하려 했다. 이 방식은 평상시에는 미국의 기업과 현지 지배계급이 협력하는 것이었다. 때때로 이는 선거 민주주의를 통해 추진됐다. 저항 세력이 너무 강하면 미국 대사관과 현지 지배계급이 지원하는 군사 쿠데타가 일어났다. 특정 상황에서는 미국의 군대를 파견해 현지 지배계급의 권력을 복원할 필요도 있었다.

그러나 미국의 소수 특권층은 상당한 제약에 직면했다. 미국은 브라질과 중국 같은 커다란 나라들을 침공할 수는 없었다. 미국은 서유럽에서 대규모 주둔군을 유지하고 있었다. 그러나 미국이 그렇게 할 수 있었던 것은 소련의 위협을 두려워한 유럽 지배계급이 미군 주둔에 동의했기 때문이다. 미국은 가능한 한 산업 강대국에서는 전쟁을 피했고, 오히려 가난한 나라에서 대리전쟁을 치렀다.

1975년 이후 미국 지배계급은 두 번째 제약인 '베트남 증후군'에 직면했다. 대부분의 미국인들은 베트남 전쟁에 대해 속았다고 생각했다. 장군들은 군대의 반란이 반복되는 것을 두려워했다. 그래서 평범한 미국인들과 장군들은 또 다른 전쟁에 연루되는 것을 매우 꺼려했다. 1975년 이후로 우리는 미국 국무부의 민간인 관리들이 계속 군사적 개입의 압력을 가하는 반면 국방부가 이에 저항하는 기이한 상황을 목격했다.

미국의 자유주의 정치인들과 언론의 비평가들은 베트남 증후군이 존재하는 이유가 평범한 미국인들이 조국을 위해 목숨을 바치려 하지 않기 때문이라고 끊임없이 말한다. 말하자면 시신들이 무더기로 고향에 돌아오는 것을 두려워하기 때문이라는 것이다. 실상은 이보다 훨씬 복잡하다. 미국인들은 전통적으로 전쟁에 참여하는 것을 꺼려 왔다. 1916년에 미국인들은 반전 후보인 우드로 윌슨에게 투표했다. 그러나 윌슨은 재빨리 제1차세계대전에 참전했다. 1940년에 루스벨트는 제2차세계대전에 참전하지 않겠다며 대통령에 출마했지만 진주만 공습 이후 참전했다. 1952년에 미국인들은 한국전쟁 종식을 약속한 아이젠하워 장군에게 투표했고 그는 실제로 그렇게 했다. 1964년에는 전쟁을 지지하는 후보였던 배리 골드워터에 반대해 린든 존슨에게 표를 던졌다. 그러나 당선된 존슨은 즉시 베트남 전쟁에 돌입했다. 1968년에 미국인들은 베트남 전쟁을 종식시키겠다던 리처드 닉슨에게 투표했지만, 닉슨은 약속을 지키지 않았다. 미국인들은 호전적인 국민이 아니다.

그러나 미국인들은 여러 전쟁에서 용감하게 싸웠고 죽음을 맞았다. 베트남 전쟁에 대해 대중이 반감을 갖게 된 이유는 그 전쟁이 잔인한 것이라는 생각이 널리 퍼져 있었기 때문이다. 시카고의 한 연구소는 이 문제에 대한 미국인들의 여론을 계속 조사하고 있다. 조사 결과 1998년에도 63퍼센트가 베트남 전쟁은 "근본적으로 잘못된 것이었다"고 응답했다.[1]

베트남 전쟁 이후 미국의 노동자들은 자신의 자녀들과 손자들에게 모순적인 생각을 물려줬다. 애국심은 좋은 것이다. 그리고 우리는 조국을 지지해야 한다. 미국이 이 세계에서 하는 일은 십중팔구 옳은 일일 것이다. 미국 공군이 어딘가를 폭격했고 미군 조종사가 죽지 않았다면, 그리고 이와 관련해서 더는 이야기가 없다면, 우리는 조국을 지지할 수 있을 것이다. 그러나 워싱턴의 정치인들은 믿지 마라. 그들을 위해 죽지도 마라.

정치인들은 [2001년] 9월 11일 뉴욕과 워싱턴에 대한 폭탄 공격으로 미국인들이 기꺼이 목숨을 바치게 만들 수 있는 명분이 생겼다고 생각했다. 한동안은 그렇게 돼 가는 것 같았다. 그러나 평범한 미국인과 군인들 사이에서 이라크 점령 반대의 목소리가 커져 가는 것을 보면 베트남 증후군이 여전히 건재한 듯하다.

1975년 이후 미국은 잇달아 전쟁에 개입했다. 2001년까지 이 전쟁들의 대부분은 앙골라와 아프가니스탄에서와 같이 다른 사람들이 벌인 대리전쟁이었다. 그렇지 않으면 그레나다와 소말리아에서처럼 치밀하게 계획된 소규모 전쟁들이었다. 이런 전쟁에서는 미군이 해방군이나 인도주의자로 환영받거나 그렇게 행세할 수 있었다. 이는 미국인들에게 전쟁의 이미지를 새롭게 바꾸는 구실을 했다.

미국의 지배계급은 또한 베트남 전쟁의 역사를 다시 쓰는 정책을 꾸준히 추진했다. 이는 참전 군인들의 이미지에 집중됐다. 베트남 전쟁에서 돌아온 참전 군인들은 압도 다수가 전쟁에 반대했다. 이들은 높은 실업률과 불확실한 미래에 직면했다. 이들은 자신들이 무시당하고 사람들의 기억에서 사라졌으며 쓸모없어졌다는 느낌을 받았다.

지배계급은 이들의 이런 상실감을 악용했다. 1980년에 미국 지배계급은 참전 군인들에게 실제로 일어났던 일을 각색하기 시작했다. 이들에 의하면 참전 군인들은 국가와 전우를 사랑한 사람들이었다. 그런데 본국으로 돌아와서 그들의 명예가 더럽혀졌다는 것이다. 참전 군인들을 반대하는 시위가 벌어졌고 히피들이 그들에게 침을 뱉었다는 것이다. 이 새로운 역사 해석에서 자유주의자들은 조국과 조국의 병사들을 혐오한 사람들이었다. 또 미군이 패배한 이유는 단지 워싱턴의 정치인들이 전쟁을 제대로 수행하지 않았기 때문이다. 따라서 새로운 해석은 우리가 잊어버린 형제들의 명예를 회복해 줘야 한다는 것이었다. 그러고 나서 우리는 다시 전쟁에 뛰어들 수 있다고 넌지시 주장했다.

참전 군인들이 모욕당했다는 이야기들이 신문에 등장했다. 언뜻 자유주의 영화처럼 보이는 〈귀향〉과 〈포레스트 검프〉에는 귀환하는 군대에 반대하는 시위 장면이 나온다. 대학교수이자 참전 군인인 제리 렘브케는 1985년에 그런 이야기들을 조사하기 시작했다.[2] 그 당시의 우파 신문들과 반전 신문들을 모두 살펴본 그는 귀환하는 미군에 반대하는 시위나 이들을 모욕하는 사건이 단 한 건도 없었음을 밝혀냈다. 그가 발견한 자료는 미군의 베트남 파병에 반대하는 시위뿐이었다.

이 모든 이야기가 만들어진 것이었다. 이는 저항의 기억을 훼손하려는 끈질긴 노력이었다. 미국 지배계급은 해외에서 전쟁을 벌이기 위해 국민을 설득해야만 했다. 1960년대는 조국이 분열된 격동의 혼란기였고, 이런 일이 다시 반복돼서는 안 된다고 주장했다. 반전운동에 관한 거짓말은 흑인들의 운동과 여성운동에 타격을 가하려는 계획과 맞물려 있었다. 또한 노동조합, 흑인, 여성에 대한 공격은 미국을 다시 전쟁으로 끌고 가려는 노력의 일환이기도 했다.

참전 군인의 이미지를 바꾸려는 캠페인은 어느 정도, 심지어 참전 군인들 사이에서도 성공을 거뒀다. 그러나 2000년에도 여전히 대부분의 참전 군인들이 선호하는 전쟁의 상징은 워싱턴에 있는 베트남 전쟁 추모벽이었다. 이는 세계의 모든 전쟁 기념비들 중 가장 덜 의기양양하고 가장 비참하면서도 가장 괜찮은 기념비다.

베트남 증후군은 미국의 권력에 심각한 문제를 남겼다. 미국은 지상군 없이도 초강대국이 되고자 했다. 더욱이 미국은 경제적 지배력도 서서히 잃어 가고 있었다. 서유럽, 일본, 중국이 경제적으로 성장하고 있었다. 이런 상황에서 미국의 군사적 지배력을 과시하는 것은 아주 중요했다. 대규모 군대가 없다면 두 가지 해결책이 가능할 것이다. 하이테크 전쟁과 대리 전쟁. 그리고 국민들이 받아들인다면 아주 소규모의 지상전 정도는 감행할 수 있을 터였다.

하이테크 전쟁은 미국이 우월한 분야를 이용했다. 전쟁에 돌입하면 로봇 기술, 인공위성, 컴퓨터로 조종되는 미사일을 이용해서 대부분의 적들을 공포에 몰아넣어 굴복시킬 수 있었다. 때로는 1991년 걸프전에서 그랬듯이 이것만으로 충분했다. 하이테크 전쟁의 약점은 폭격 이후 재래식 병사들이 모래 위에 발을 디디는 순간 불거졌다. 1990년대에 미국의 권력에 대한 지지자와 반대자 모두 미국의 군비 지출이 미국 다음의 9개국 지출액 합계보다 더 많다는 점을 강조했다. 이는 사실이다. 그러나 돈이 그랬다는 것이다. 병력으로 말하자면, 인도와 중국을 포함한 몇몇 나라의 군대가 미군보다 규모가 컸다.

1980년대 하이테크 전쟁의 또 다른 이점은 소련 정권이 미국의 군비 지출을 따라잡으려다 경제를 파산으로 몰고 갔다는 것이다. 레이건 집권기에 미군은 막대한 비용을 들인 '스타워즈' 프로젝트에 착수했다.[3] 명목상 이 프로젝트는 미국에 대한 대륙 간 미사일 공격을 막아 내기 위한 우주 인공위성 건설 계획이었다. 그러나 실제로는 우주 인공위성에 레이저 광선 발사 기지를 건설하려는 프로젝트였다. 이 레이저는 지구상의 어떤 건물이나 사람도 공격해서 날려 버릴 수 있는 것이었다. 이는 아프가니스탄의 훈련소나 마을들, 파리의 의사당을 공격하는 데 완벽한 무기가 될 터였다. 만일 미국이 유일한 우주 레이저 강대국이 됐다면 미국은 정말로 세계를 지배했을 것이다.

1989년에 소련 블록이 붕괴하고 나자 스타워즈는 너무 비싼 것으로 여겨졌다. 그러나 2001년 부시 2세가 스타워즈를 소생시켰다. 아직은 레이저에 동력을 공급할 우주 정거장에 연료를 공급할 방법이 없다. 유일한 해결책은 우주에 원자로를 두는 것이다. 미국의 우주 왕복선은 예전에 폭발한 적이 있었다. 원자로 자체를 공중으로 쏴 올린다는 생각은 우려를 지아내고 있다.

1970년대와 1980년대

베트남 이후 처음 당면한 문제는 남아프리카 지역이었다. 포르투갈은 두 개의 거대한 식민지 앙골라와 모잠비크를 갖고 있었다. 포르투갈 군대는 두 나라에서 마르크스주의자들이 주도하는 게릴라에 맞서 수년간 전쟁을 하고 있었다. 1975년에 포르투갈 군대는 반란을 일으켜 포르투갈을 지배하던 독재 정권을 끌어내렸다. 식민지 전쟁도 끝났다.

남아프리카공화국은 앙골라와 모잠비크 바로 아래에 있었다. 아파르트헤이트하에서 살아가던 흑인들은 앙골라와 모잠비크 같은 식민지에서 백인 권력이 패배하는 것을 보며 희망을 품었다. 남아프리카공화국 전역으로 시위가 확산됐으며 특히 학생들의 시위가 두드러졌다. 미국 정부가 걱정할 만한 몇 가지 이유가 있었다. 앙골라에는 석유가 있었다. 남아프리카공화국은 외국인 투자가 상당히 많았던 곳으로 아프리카 최대의 산업 강국이었다. 앙골라와 모잠비크에 새로 들어선 정부는 마르크스주의를 천명했다.

넬슨 만델라의 아프리카민족회의ANC는 소련의 자금을 일부 지원받았으며 남아프리카공화국 공산당도 ANC에 속했다. 미국 정부가 느낀 커다란 공포는 베트남을 잃은 미국이 또다시 남아프리카 전역을 공산주의에 빼앗길지 모른다는 것이었다. 미국 정부의 지원을 받은 남아프리카공화국은 앙골라의 우익 운동인 UNITA+와 동맹을 맺고 앙골라를 침공했다. 남아프리카공화국은 모잠비크의 우익 게릴라 세력인 RENAMO++에도 자금을 지원했다.

남아프리카공화국 군대와 UNITA가 북쪽으로 진격하자 소련의 지도자들은 대응 조처를 취했다. 이것이 미국 국무장관 헨리 키신저를 열 받게 만들었다.[4] 소련이 쿠바 군대를 앙골라로 파견해서 남아프리카공화국에 맞서 싸우게 했기 때문이다. 군사적 형세가 뒤집어졌다. 키신저는 국방부로 가서 쿠바 군대를 저지할 미군 파병을 요구했다. 국방부의 미군 장성들은 주저했다. 미군의 일부는 흑인이었다. 쿠바 군대의 많은 병사들도 흑인이었다. 많은 미군 병사들이 스페인어를 사용했다. 이들은 아파르트헤이트를 싫어했다. 이들이 총부리를 어디로 겨눌지 알 수 없었다. 국방부의 장군들은 키신저의 명령을 거절하지는 않았지만 그대로 따르지도 않았다. 결국 남아프리카공화국 군대는 앙골라에서 퇴각했다. 그러나 미국은 계속해서 UNITA를 지원했고, 대리전쟁은 20년 넘게 지속됐다. 사망자, 부상자, 불구자, 강간당한 사람들, 질병과 HIV 감염자들에 대한 정확한 통계는 없지만 그 수는 수백만 명에 달할 것이다.

다음 분쟁 지역은 니카라과였다.[5] 미국은 독재자 소모사를 후원했다. 저항 세력인 산디니스타 게릴라는 공산주의자들은 아니었다. 산디니스타의 주요 지도자들은 모두 가톨릭 청년운동 출신이었다. 이들의 정치는 기독교

+ 앙골라전면독립민족동맹.

++ 모잠비크민족저항운동.

온정주의와 사회주의를 결합한 가톨릭 교단의 새로운 운동인 해방신학에서 나왔다.[6]

1979년에 니카라과 사람들은 마침내 소모사에 맞서 일어섰다. 소모사 정권은 지진이 일어난 뒤 그 원조금으로 유입된 자금을 대부분 횡령했다. 저항은 IMF에 대한 폭동과 흡사하게 시작됐지만 곧이어 [수도] 마나과와 여러 도시의 노동계급 거주지에서 전면적 항쟁으로 발전했다. 산디니스타가 항쟁의 선두에 섰다. 소모사는 도망갔다.

산디니스타는 소련과 동맹을 맺지는 않았지만 노동자 항쟁의 선봉에 선 급진주의자들이었다. 카터와 레이건 집권기의 미국 정부는 이들을 괴멸하고자 했다. 미국 국민과 의회는 베트남 전쟁 이후 그렇게 빨리 미군이 외국을 침공하는 것을 허용하려 하지 않았다. 따라서 미국 정부의 최우선 과제는 산디니스타 사례가 확산되는 것을 막는 일이었다.

니카라과의 인접국인 엘살바도르는 인구도 더 많고 노동계급 규모도 더 컸다.[7] 니카라과에서 소모사가 쫓겨나자마자 엘살바도르에서는 파업 운동이 시작됐다. 미국과 엘살바도르 지배계급은 암살단으로 대응했다. 암살단은 농민 저항 세력과 노동조합 활동가 수천 명을 학살했다. 사람들은 주변에서 동료가 사라지면 도시 외곽의 쓰레기 하치장을 뒤져서 시신을 찾아냈다. 엘살바도르의 운동은 수개월 만에 동력을 잃었다. 비록 농촌 지역의 운동까지 완전히 소멸하는 데 몇 년이 걸렸지만 말이다.

한편, 니카라과의 산디니스타는 미국의 보복이 두려워 엘살바도르의 반란을 지원하지 못했다. 오히려 멕시코의 독재 정권에 자신들을 대신해 미국과 평화협정을 체결해 달라고 호소했다. 그러나 미국은 그럴 생각이 없었다.

일단 엘살바도르를 진압하자 레이건 정부는 콘트라(스페인어로 반혁명이라는 뜻) 반군을 조직했다. 콘트라는 용병 게릴라 부대로 미국의 자금과 무기 지원을 받으며 니카라과 주변 나라들에 기지를 건설했다. 대다수는 소모사 정부군 출신이었지만 일부는 다른 라틴아메리카 나라에서 온 경험 많은 우익들이었다. 이들은 니카라과를 습격해 끊임없이 피해를 입혔지만 산디니스타에 대한 지지를 실질적으로 잠식하지는 못했다.

CIA는 콘트라를 책임지고 있었지만 이들에게 자금을 지원하는 데 문제가 있었다. 미국 의회는 제2의 베트남을 우려해 자금이나 무기 지원을 허가하지 않았다. 따라서 CIA는 다른 예산에서 불법으로 자금을 조달했다. 또한 콘트라에게 볼리비아와 콜롬비아산 코카인을 중앙아메리카와 미국으로 반입해 자금을 마련하라고 부추겼다. 그리고 일부 무기는 이스라엘에서 조달했다. 이스라엘 정부는 미국을 위해 비밀공작을 하곤 한다.

몇 년 뒤 CIA와 콘트라의 코카인 밀수가 미국 언론에 보도되자 격렬한 항의가 일어났다.[8] 많은 아프리카계 미국인들은 CIA가 게토를 파괴하기 위해 일부러 크랙을 들여왔음이 입증됐다고 생각했다. 사실 CIA는 개의치 않았다. CIA는 사실상 오랫동안 라오스, 베트남, 중앙아메리카, 아프가니스탄, 콜롬비아에서 마약 밀수업자들을 지원해 왔다. CIA가 한정된 예산으로 비밀 작전을 수행하면서 우익 사기꾼들과 손을 잡고 있기 때문이다.

여하튼 산디니스타를 무너뜨린 것은 콘트라가 아니었다. 기나긴 전쟁은 비용이 많이 들었고 슬픔을 안겨 줬다. 그러나 미국이 주도한 경제봉쇄가 니카라과의 경제를 파탄 냈다. 경제를 살리기 위해 산디니스타 정부는 파업을 금지하고 경찰을 동원해 파업을 분쇄했다. 가난한 사람들은 상황이 더욱 절망적으로 변해 가는데도 자신의 지도자들은 여전히 잘살고 있음을 깨닫게 됐다. 산디니스타는 정기적으로 선거를 치렀고, 1989년에 미국의 경제봉쇄를 종식시키겠다는 공약을 내건 우파 야당에게 패배했다.[9] 미국 정부가 승리했다. 경제봉쇄는 끝났지만 니카라과의 경제는 지금까지 재앙에서 벗어나지 못하고 있다.

　미국은 또 다른 두 개의 대리전쟁에 개입했다. 1978년 12월 공산주의 베트남이 공산주의 캄보디아를 침공해 크메르루주의 지도자 폴 포트를 권좌에서 몰아냈다. 1975~1978년에 폴 포트 정권은 적어도 20만 명의 캄보디아인을 학살했으며 대기근을 통해 더 많은 사람들을 죽음으로 몰아넣었다. 베트남 군대는 이후 10년간 캄보디아에 머물렀다. 카터와 레이건 집권하의 미국은 베트남에서의 패배에 복수하고 동남아시아에서 소련의 영향력이 확산되는 것을 막고자 했다. 따라서 CIA는 태국, 중국 정부와 동맹을 맺어서 폴 포트와 크메르루주에게 태국 난민 수용소에 은신처를 마련해 주고 무기, 자금, 지뢰를 지원해서 베트남에 맞서 싸우게 했다. 1987년 베트남 군대가 철수하자 미국은 폴 포트를 버렸다.

　미국은 아프가니스탄에서 소련을 괴롭힐 더 나은 기회를 붙잡았다.[10] 1978년까지 아프가니스탄은 왕족과 군부독재가 통치하고 있었다. 대중 정치는 우파인 이슬람주의자들과 좌파인 공산주의자들로 분열돼 있었다.[11] 공산주의자들은 학생들과 도시민들 사이에서 다수의 지지를 받고 있었다. 그러나 아프가니스탄 사람들은 대부분 공산주의 세력이 약한 농촌에 살고 있었다.

　1978년 공산주의 쿠데타가 정권을 뒤엎었다. 소련은 쿠데타를 승인하지 않았지만 아프가니스탄 공산주의자들은 재빠르게 모스크바와 동맹을 맺었다. 쿠데타는 장교들의 지지를 받았을 뿐 주로 농민 출신인 징집 사병들한테는 지지받지 못했다. 새로운 공산주의 정권의 첫 행동은 매우 적절했다. 그들은 대지주한테서 토지를 몰수해 가난한 소작인들에게 나눠 주는 법령과 여성의 평등을 위한 법령 등을 공포했다. 그러나 지방의 율법학자들과 지주들의 지지를 받은 이슬람주의자들이 농촌 지역에서 반란을 일으켰다. 공산주의 쿠데타 18개월 뒤인 1979년 말에는 이슬람주의자들이 권력을 장악하려 하고 있었다.

12월에 소련 탱크가 카불로 진격해 들어갔다. 소련의 지배자들은 석유가 풍부한 무슬림 지역과 국경을 맞댄 곳에서 이슬람주의자들의 항쟁이 공산주의 정권을 무너뜨리고 승리하는 것을 가만히 지켜보고만 있을 수 없었던 것이다. 그러나 소련의 침공으로 이제 대다수 도시민과 과거의 많은 공산주의 지지자를 포함한 대다수 아프가니스탄 사람들이 공산주의에 반기를 들었다.[12] 소련은 곧 소련판 베트남 전쟁에 직면하고 말았다. 베트남에서 그랬듯이 대중의 지지를 받는 대규모 게릴라 운동에 맞서 싸우는 유일한 방법은 폭격, 고문, 헬기 기총소사뿐이었다. 사망자 수는 모두 추정치이지만 대부분 민간인으로 추정되는 50만~100만 명가량의 사람들이 죽었다. 아프가니스탄 농촌 주민의 절반이 이란, 파키스탄, 아프가니스탄의 도시로 이주해 난민이 됐다.

미국은 아프가니스탄에서 딜레마에 직면했다.[13] 앞으로 살펴보겠지만 미국은 중동 도처에서 이슬람주의자들을 상대로 하는 열전과 냉전에 연루돼 있다. 아프가니스탄의 전사들은 특히 우파적이고 페미니즘에 적대적인 집단으로서 미국에 대해서도 대부분 깊이 의심하고 있었다. 이들의 고위 지도자였던 헤크마티아르는 로널드 레이건과 손잡기를 거부했다. 미국 정부는 이슬람주의 정권을 지지하는 함정에 빠지고 싶지 않았다. 다른 한편으로, CIA와 우파들은 소련을 박살 내고 베트남 전쟁 패배의 복수를 할 수 있는 절호의 기회를 놓치고 싶지 않았다. 레이건 집권기 내내 정부 안에서 이를 둘러싼 논쟁이 있었지만 점차 CIA와 우파가 우위를 점했다. 미국은 사우디아라비아, 파키스탄 정보국과 합세해 아프가니스탄의 이슬람주의자들인 무자헤딘에게 돈과 무기를 대 줬다.

무자헤딘은 외부의 지원이 없었다면 제대로 싸울 수 없었을 것이다. 그렇다고 해서 아프가니스탄의 반군이 단지 CIA의 도구에 불과한 것은 아니었다. 이들은 아프가니스탄 대중의 지지를 받고 있었다. 베트남에서처럼 수많은 아프가니스탄 사람들은 자기 나라에서 소련 침입자들을 몰아내기 위해 기꺼이 목숨을 바칠 각오가 돼 있었다.

시간이 지나면서 더욱 분명히 드러났지만 아프가니스탄의 이슬람주의자들과 미국은 일시적 동맹이었을 뿐이다. 다른 곳에서와 마찬가지로 CIA는 마약과의 전쟁에서 반대편에 있었다. 공중폭격으로 경작지가 망가진 아프가니스탄 농민들은 아편을 키워서 헤로인으로 만들어 유럽과 미국에 수출함으로써 생계를 유지했다. 많은 이슬람주의 지도자들과 파키스탄 관리들도 곧 아편 거래에 뛰어들었다.

사우디아라비아 정보국은 아프가니스탄의 저항을 돕기 위해 돈이 많고 용감한 청년 오사마 빈 라덴을 파견했다. 빈 라덴은 전 세계, 특히 아랍 각국에서 무슬림 자원병을 모집해 아프가니스탄 전사들과 함께 싸우도록 조직하는 일을 맡고 있었다. 그의 조직은 알 카에다라고 불렸고 CIA와 긴밀하게 협력했다.

8년간의 전쟁 끝에 패배한 소련군은 1987년에 아프가니스탄에서 철수했다. 이슬람 정권을 지원하고 싶지 않았던 미국 역시 반군에 대한 지원을 중단했다. 저항 세력 지도자들은 곧 여러 파벌로 나뉘어 자기들끼리 싸우기 시작했다. 옛 공산주의 장군들과 이슬람주의 지도자들이 이권 다툼을 벌임에 따라 간헐적 내전이 7년 넘게 지속됐다. 아프가니스탄 사람들은 대부분 여전히 비정치적 무슬림이었지만 공산주의나 이슬람주의 정치를 모두 신뢰하지 않게 됐다. 마찬가지로 정나미가 떨어진 빈 라덴 역시 아프가니스탄을 떠나 사우디아라비아로 돌아왔다. 그는 무엇보다 미국인들을 믿어서는 안 된다는 사실을 터득했다.

치밀하게 계획된 전쟁들

니카라과, 앙골라, 아프가니스탄에서 벌어진 전쟁은 대리전쟁이었다. 그러나 레이건-부시 집권기에 미국인들을 전쟁에 익숙해지게 만들려는 의도로 치밀하게 계획된 전쟁이 있었다.

첫 번째는 카리브 해의 작은 섬 그레나다에서 벌어졌다.[14] 1979년에 새보석운동이 정권을 잡았다. 이들은 공산주의자, 1960년대의 급진주의자, 블랙파워 민족주의자의 혼합 세력이었다. 새보석운동은 카스트로의 쿠바와 우호 관계를 수립했지만, 섬의 일상생활에는 거의 변화가 없었다. 미국은 시끄럽게 떠들어 댔지만 군대를 파견하지는 못했다. 그것만으로도 당시 미국이 약해져 있다는 것을 알 수 있었다.

1983년 새보석운동의 지도자들이 자기들끼리 서로 싸우기 시작했다. 그중 한 분파가 권력을 장악하면서 당시 운동의 대중적 지도자였던 모리스 비숍을 체포했다. 섬사람들은 총파업으로 대응했고 교도소까지 행진하며 그의 석방을 요구했다. 군대가 발포해서 수십 명을 사살한 뒤 비숍을 처형했다. 시위대는 공포에 떨었다. 그레나다 사람들은 자신들이 사는 곳에서 그런 일이 벌어질 거라고는 상상해 본 적도 없었다. 그들은 당장 어떻게 해야 할지 몰랐다.

레이건 정부는 어떻게 해야 하는지 알고 있었다. 미군 해병대가 침공했다. 많은 섬사람들이 미군을 환영했다. 다른 사람들은 미국을 의심하면서도 새보석운동을 계속 지지하고 싶어 하지는 않았다. 몇백 명 남짓한 쿠바의 건설 노동자들이 몇 시간 동안 저항하다가 일부는 살해당했다. 적어도 그것은 전쟁으로 받아들여질 수 있을 듯했다. 베트남에서와 달리 미국인들은 환영받았고 아무도 죽지 않았다. 이는 전쟁을 선전하기에 안성맞춤이었다.

이보다 약간 더 심각했던 것은 1990년 미국의 파나마 침공이었다.[15] 미국은 전략적으로 중요한 파나마 운하를 효과적으로 통제할 필요가 있었다. 파나마의 독재자 노리에가는 민족주의적인 불만의 목소리를 내고 있었다. 그리고 노리에가는 중요한 마약 밀수업자였으므로 파나마 침공은 마약과의 전쟁의 일부분이 될 수 있었다. 미국 정부의 처지에서 불리한 점은 노리에가가 한때 CIA 연락책이었고, 콘트라가 미국에 마약을 반입하는 일에 연루돼 있었다는 점이었다. 그는 CIA 국장 출신으로 1991년 당시 미국 대통령이었던 부시 1세와 연줄이 있었다. 따라서 미국으로서는 노리에가가 곤혹스런 상대이기도 했지만 그가 입을 열면 위험한 상황이 벌어진다는 것도 분명했다.

미국의 침공에 대한 저항은 거의 없었다. TV에 진짜 전쟁처럼 보이도록 하기 위해 공군이 파나마 시의 노동계급 거주지를 폭격해서 민간인 수천 명을 살해했다. 나중에 거대한 무덤이 발굴됐는데, 그 안에는 130구의 시신이 있었다. 미국 군대는 즉시 노리에가를 체포해서 플로리다의 교도소로 보냈다.

중동

지금까지 언급한 전쟁들은 모두 미국의 목표에 어느 정도 도움이 됐다. 비록 수백만 명이 죽었고 아프가니스탄, 캄보디아, 앙골라, 모잠비크의 영토는 폐허가 됐지만 말이다. 그러나 이 전쟁 중 어느 것도 베트남의 기억을 지우지는 못했다. 그리고 어떤 전쟁에서도 미국은 지상군을 제대로 활용할 수 없었다. 당시에는 그럴 필요까지는 없었을 수도 있다. 그와 달리 중동은 미국의 지배에 훨씬 더 심각한 도전장을 내밀고 있었다.[16]

중동은 석유 때문에 중요하다. 석유는 산업자본주의에 가장 중요한 연료이며 거의 모든 산업국가가 수입해야만 하는 것이다. 석유로 엄청난 돈을 벌 수 있다. 그리고 권력을 휘두를 수도 있다. 1997년 세계 상위 40대 기업 중에서 16개가 석유 기업이거나 자동차 기업이었다.[17] 중동의 한복판에 있는 다섯 국가, 즉 사우디아라비아·이라크·이란·쿠웨이트·아랍에미리트가 전 세계 확인된 석유 매장량의 65퍼센트를 통제한다.[18] 어떤 강대국이 이 국가들의 석유 공급을 차단하거나 부유한 나라들이 감당하지 못하는 수준으로 유가를 높일 수 있다면 세계의 산업을 좌지우지할 수 있다.

다섯 나라 중 사우디아라비아의 석유 매장량이 가장 많고, 인구는 이란이 가장 많다. 이라크 역시 정치적으로 중요하다. 더 작은 산유국인 쿠웨이트와 아랍에미리트는 생존을 위해 사우디아라비아와 미국의 지원에 의존한다. 중동에서 정말로 중요한 또 한 나라는 이집트다. 이집트는 석유는 없지만 이란과 마찬가지로 인구가 6000만 명에 달한다. 또한 아랍민족주의의 전통적 본거지이고, 유럽으로 향하는 유조선들의 주요 통로인 수에즈 운하를 통제한다.

제2차세계대전 때까지 중동은 프랑스와 영국의 직접적 식민지였거나 그들의 지배를 받고 있었다. 1950년까지는 옛 제국주의 열강의 지원을 받는 국왕들이 대부분의 지역을 통치했다. 이에 대한 대중의 대응이 아랍민족주의로 나타났다. 이집트에서 육군 장교였던 가멜 압둘 나세르가 외국인들이 소유하고 있던 수에즈 운하를 국유화하며 영국과 프랑스에 맞섰다. 비슷한 민족주의 정권들이 알제리, 리비아, 예멘, 시리아, 이라크, 이란에 들어섰다. 이 민족주의 정권들은 대지주한테서 토지를 빼앗아 소농에게 분배했다. 또 자국 내 영국, 프랑스, 미국의 석유 기업들을 국유화하겠다고 위협했다.

1950년대에 미국은 프랑스와 영국을 제치고 중동의 지배자가 됐다. 미국은 곧 자신의 석유 지배권에 대한 주된 위협이 아랍과 이란 민족주의라는 것을 깨달았다. 이 민족주의는 이슬람주의적인 것이 아니라 세속적인 것이었다. 물론 미국인들이 대부분 기독교도인 것처럼 민족주의자들은 대부분 무슬림이었다. 사회주의자들과 공산주의자들은 모두 민족주의자들을 지지했다. 공산주의자들은 특히 이라크에서 강력했는데, 그들은 1958년에 왕정을 타도한 봉기를 주도했다. 이 점이 중요한 이유는 중동 정치에 관해 글을 쓰는 사람들이 대부분 마치 이슬람이 언제나 가장 중요한 요인이었던 것처럼 서술하기 때문이다. 지금 일부 지역에서는 그것이 사실이지만, 이는 새로운 현상이다. 50년 전에 중동 사람들의 마음을 움직였던 것은 세속적 민족주의였다. 이슬람주의자들은 민족주의자들과 공산주의자들의 실패 덕분에 강력해진 것이다.

민족주의자들과 공산주의자들의 실패에는 세 가지 요인이 있다. 첫째, 대체로 민족주의자들은 상당한 대중적 지지를 받았던 쿠데타를 통해 권력을 장악했다. 그러나 이들은 군부독재를 유지한 채 매우 불평등한 자본주의 경제를 관리했다. 민족주의자들은 파업을 분쇄했고 보안경찰을 이용해서 반대파를 억압했다. 그렇게 세월이 흐르자, 아시아와 아프리카에서 부패한 탈脫식민지 정권에 대한 대중의 신뢰가 사라진 것처럼 중동의 평범한 사람들은 민족주의 정권들을 점점 더 신뢰하지 않게 됐다.

둘째, 공산주의자들은 대체로 민족주의자들에 대한 원칙적이고 만만찮은 반대파였다. 때때로 공산주의자들은 노동자 다수의 지지를 받기도 했지만 이들은 언제나 소련 정권의 지시를 따랐다. 소련은 공산주의자들에게 미국에 반대하는 민족주의자들을 지지하라고 이야기했다. 중동 각국의 공산주의자들은 권력을 장악할 수 있는 기회를 잇달아 날려 버렸고, 자신들이 열심히 지지했던 민족주의자들에 의해 감옥에 갇혔다.

셋째, 이스라엘이 있었다.

이스라엘

중동에서 미국에게 가장 중요한 나라는 이스라엘이 아니라 사우디아라비아다. 사람들은 이스라엘과 미국의 관계를 흔히 오해한다. 많은 사람들은 미국의 유대인 표와 유대인의 돈 때문에 미국이 언제나 이스라엘을 지지할 것이라고 주장한다. 그러나 선거에서 유대인의 표는 얼마 안 된다. 미국의 유대인들은 대부분 민주당에 투표한다. 공화당도 이스라엘을 지지하지만 유대인들의 표를 기대하지 않는다. 미국의 부자들은 대부분 유대인이 아니다. 만일 미국 제국의 중요한 목적 때문에 이스라엘을 버려야 할 필요가 생기면 미국은 이스라엘을 버릴 것이다. 1948년 이후 역대 이스라엘 정부는 골수 우파든 중도 우파든 모두 이 사실을 알고 있었다.

팔레스타인에 유대인의 나라를 만들자는 운동인 시온주의는 제2차세계대전 이전까지는 유럽의 유대인들 사이에서 소수의 지지밖에 얻지 못했다. 유대인들은 대부분 사회주의나 공산주의에 표를 던졌다. 그런데 홀로코스트가 이 상황을 바꿔 놓았다. 나치에 쫓긴 유대인 난민들을 영국과 미국이 인종차별적 이유로 받아들이지 않은 것도 상황 변화에 일조했다. 그런 일들을 겪고 나자, 유럽의 대다수 유대인들에게는 시온주의자들의 주장(유대인들이 믿을 사람은 아무도 없다는 것)이 옳은 것처럼 보였다. 많은 유대인들이 팔레스타인으로 향했다.

1948년 영국이 팔레스타인의 독립을 허용하자 팔레스타인은 유대인 국가인 이스라엘과 아랍 국가인 요르단으로 분할됐다. 시온주의 민병대는 옛 영토를 더 많이 차지하고 싶어 했다. 이들은 전쟁을 시작했고, 인종 청소(수천 명의 팔레스타인 아랍인들을 학살해서 나머지 사람들을 쫓아내는)를 통해 영토를 확장했다. 미국과 소련 둘 다 새로운 이스라엘 국가를 지지했다. 주변 아랍 국가들은 1948년 팔레스타인에서 일어난 전쟁을 회피하거나 요르단처럼 싸우는 시늉만 했다. 1948년의 결과 중 하나는 수십만 명의 팔레스타인인들이 주변 아랍 국가로 도망가서 난민이 됐다는 것이다. 그 이후로 아직까지 수많은 사람들이 난민 캠프에서 살고 있다.

1956년에 나세르가 수에즈 운하를 국유화하자 프랑스, 영국, 이스라엘은 이집트를 침략했다. 미국은 외교적으로 이집트를 지원했고 침략자들을 압박해 후퇴시켰다. 1956년 당시 미국은 여전히 프랑스와 영국을 제치고 중동의 지배자가 되는 데 관심이 있었다. 이를 위해 이집트를 지원하고 이스라엘에 반대한 것이다.

그러나 1956년 직후에 미국은 유럽 열강들의 판단이 옳았음을 알았다. 석유 지배권에 대한 주된 위협은 아랍민족주의였던 것이다. 1967년 이스라엘은 이집트, 시리아, 요르단을 공격했고 6일 만에 끝난 전쟁에서 아랍 군대를 물리쳤다. 나세르와 아랍민족주의는 당시의 치욕을 결코 만회하지 못했다. 그때 이후로 미국 정부는 이스라엘을 강력하게 지지했다. 1991년 전까지 미국은 중동 국가들을 침공하는 것이 정치적으로 거의 불가능하다고 생각했다. 그러나 이스라엘이 미국의 적들을 처단할 수 있었다. 이스라엘은 미국의 해외 원조에서 중요한 수혜자가 됐다. 오늘날 이스라엘에 대한 미국의 원조와 차관은 너무도 중요해서 미국의 지원이 중단되면 이스라엘 경제는 붕괴할 것이다.

이스라엘과 아랍은 1973년 다시 전쟁을 벌였다. 그 결과 이스라엘은 요르단 강 서안 지방과 전에 이집트 영토였던 가자 지구를 점령했다. 그래서

100만 명이 넘는 팔레스타인 난민들이 다시 이스라엘의 지배를 받게 됐다. 이후 36년간, 그리고 지금까지 팔레스타인인들은 식민지 점령하의 삶을 살고 있다.

오랜 점령으로 말미암아 평범한 대다수 이스라엘인들도 잔인해지고 인종차별주의자가 돼 갔다. 그들이 원래 나쁜 사람들이어서 그렇게 된 것이 아니다. TV에서 보듯, 징집된 이스라엘 병사들이 아이들에게 돌팔매질 당하는 것을 떠올려 보자. 아이들이 군인에게 돌을 던질 때 그에게는 두 가지 선택이 가능하다. 그 자리를 떠나거나, 아이들을 저지하는 것이다. 그러나 아이들 수가 훨씬 많다. 그가 아이들의 땅을 점령하고 있기 때문이다. 따라서 아이들을 저지할 수 있는 유일한 방법은 아이들에게 총을 쏘는 것이다. 그는 가만히 서서 돌팔매를 맞는 것을 선택할 수는 없다. 40명의 아이들이 돌팔매질을 하면 군인 셋쯤은 돌 더미에 묻힐 수도 있다. 따라서 군인들은 아이들의 땅을 점령하기 위해 아이들에게 총을 겨누게 되는 것이다. 이렇게 하려면 그는 인종차별주의자가 돼야 하며 이 아이들을 싫어해야만 한다. 이것이 지난 40년 넘게 이스라엘에서 일어난 일이다. 처음에는 시온주의에 인종차별 요소가 없었다고 주장하는 것이 아니다. 한 민족이 토지를 독차지해야 한다는 생각 자체가 인종차별적인 것이고 1948년의 인종 청소 역시 마찬가지였다. 그러나 50년 전에 많은 유대계 이스라엘인들이 인종차별주의를 받아들인 것은 살아남기 위해서였다. 그런 도덕적 확신은 이제 공허해져서 많은 경우 증오만 남았고 더 많은 사람들은 혼란스러워할 뿐이다.

아랍민족주의와 이슬람주의

1967년에 이스라엘이 중요했던 이유는 아랍민족주의를 파탄 냈기 때문이다.

1960년대와 1970년대에 중동의 모든 산유국은 프랑스, 영국, 미국의 석유 기업들한테서 석유 굴착과 생산의 통제권을 넘겨받아 국유화했다. 아랍 민족주의자들이 이를 시작했다. 그러나 그들의 뒤를 따라 이란과 사우디아라비아의 보수 정권들도 국유화를 단행했다. 미국은 내키지 않았지만 이에 적응하는 방식을 배웠다. [서방의] 석유 기업들이 여전히 정유소를 비롯해 모든 석유 수송과 해외 판매를 통제했다.

그 뒤 1973년 이스라엘과 벌인 전쟁이 끝날 무렵에 아랍 산유국들은 미국의 이스라엘 지지에 항의하며 단합해서 세계 석유 공급을 제한하기로 결정했다. 미국의 언론들은 경기후퇴의 원인을 유가 상승 탓으로 돌렸다. 그러나 그 전에도 경기후퇴 없는 유가 상승이 있었고 그 뒤에는 유가 상승 없는 경기후퇴도 있었다. 그러나 미국이 걱정하고 있었다는 점은 분명하다. 사우디아라비아 정권이 핵심이었다.

사우디아라비아는 세계 최대의 산유국이며 1945년 이후 미국의 긴밀한 동맹국이다. 사우드 왕가의 정부는 또 중동에서 가장 부패하고 가장 널리 비난받는 정권이다. 이들이 석유 공급을 재개하기로 결정하자 미국은 한숨을 돌렸다. 그때 이후로 사우디아라비아는 미국이 반드시 동맹을 맺어야만 하는 국가가 됐다.

지난 30년 동안 중동의 정권들은 대부분 미국과 동맹 관계를 맺어 왔다. 미국은 석유를 지배하기 위해 그런 동맹 관계가 필요하다. 독재 정권이라도 상관없다. 만일 중동의 민중이 석유를 지배했다면 그들은 석유를 배급하고 비축해 더 비싼 가격에 팔았을 것이다. 중동의 독재 정권들은 미국 정부와 기업들을 기쁘게 하기 위해서 석유를 싼값에 팔아야 한다. 그러려면 자국 국민을 잘 통제해야 한다. 따라서 미국, 독재 정권, 석유는 함께 얽혀 있다. 독재 정권에 반대하면 미국과 대결하게 되는 것이다.

미국의 영향력, 현지의 독재 정권, 경제적 불평등의 결합이 이슬람주의를 위한 공간을 만들어 냈다. 이슬람주의는 이슬람에 바탕을 둔 정치 운동이다. 마틴 루서 킹이나 교황, 우파 근본주의 기독교 설교사들이 기독교를 독점할 수 없듯이 이슬람주의도 종교 자체가 아니다. 이슬람주의는 전통주의 운동도 아니다. 이슬람주의는 제국주의에 대한 대응이다. 이슬람주의의 뿌리는 1930년대 이집트의 무슬림형제단으로 거슬러 올라가지만 이슬람주의가 중요한 정치 세력으로 등장한 것은 1970년대에 들어서다.

사회주의가 단 하나의 형태만 있는 것이 아니듯이 이슬람주의도 단일하지 않다. 일부 이슬람주의 운동은 터키에서처럼 매우 의회주의적이며 입헌주의적이다. 일부는 빈 라덴처럼 테러리즘과 엘리트주의를 추구한다. 팔레스타인의 하마스나 레바논의 헤즈볼라처럼 무장하고 있지만 대중운동인 이슬람주의도 있다. 그러나 1975년 이후 대다수 이슬람주의 정당에는 두 가지 공통점이 있다. 미국 제국주의를 반대하고, 사회정의를 주장한다는 것이다. 이런 식으로 이들은 전에 민족주의와 공산주의가 차지하고 있던 공간을 메워 왔다.[19]

이슬람주의자들은 1978년 이란에서 돌파구를 찾았다.[20] 이란은 미국의 하수인이자 폭군이었던 샤Shah가 통치하고 있었다. 이란 국민들이 정권에 반대하는 시위를 벌이기 시작했다. 사람들이 총에 맞아 쓰러졌다. 더 많은 군중이 시위에 참가해 죽은 사람들을 애도했다. 사람들은 하얀 수의를 입고 행진하며 죽음도 두려워하지 않는다는 것을 보여 줬다. 유전 지대 노동자들이 샤에 반대하는 파업을 벌였고 은행 노동자들도 합세했다.

투쟁이 절정에 달했을 때 수십만 명이 테헤란의 대로를 따라 행진했다. 샤는 군중에게 폭탄을 퍼붓고 기총소사를 하기 위해 공군을 동원했다. 내 친구도 그 자리에 있었다. 첫 번째 비행기가 시위대의 긴 행렬 위로 낮게 날아왔다고 한다. 사람들이 올려다봤고 내 친구는 숨을 죽였다. 그들은 기다렸다. 비행기가 사람들 머리 위로 시끄러운 소리를 내며 지나가 비스듬히 상승비행을 했다. 그다음 비행기가 윙윙거리며 날아왔고 그다음 비행기도 그랬지만 발사는 하지 않았다. 군중은 샤 정권이 끝났음을 알 수 있었다. 마오주의 혁명가들은 오토바이를 몰고 공군기지로 향했다. 공군 조종사들이 그들에게 총을 건넸다. 샤는 비행장으로 달려가서 미군 제트기를 타고 줄행랑을 쳤다.

누가 정권을 장악했는지는 또 다른 문제였다. 이란 혁명에는 세 가지 정치 세력이 존재했다. 하나는 세속적 좌파와 혁명가들의 동맹이었다. 둘째는 어찌할 바를 모르는 중간계급 자유주의자들이었다. 셋째는 가장 규모가 큰 이슬람주의자들이었다. 이들의 지도자는 존경받는 무슬림 학자였던 아야톨라 호메이니였다. 수개월 동안 상층부에서 권력투쟁이 벌어졌다. 그러다 이슬람주의자들이 기가 막힌 선제 행동으로 주도권을 잡았다. 이슬람주의 학생들이 미국 대사관을 점거한 것이다. 학생들은 대사관에서 일하는 아프리카계 미국인들과 여성들은 모두 미국에서 억압당하는 사람들이라며 이들을 풀어 줬다. 그러나 백인 남성들은 거의 1년 동안 감금당했다.

중동 전역의 사람들은 미국 권력의 이 엄청난 굴욕을 보며 즐거워했다. 베트남 전쟁 이후 미국은 인구 5000만 명의 나라를 침공할 수 없었다. 1973년 유가 상승 이후 미국은 중동 전체와 사이가 틀어지는 위험을 무릅쓸 수 없었다. 미국의 우파들은 자동차 범퍼에 '이란에 핵 공격을'이라는 스티커를 붙이고 다녔다. 이 구호는 미국의 무기력을 드러내고 있었다. '미군을 이란에 파병하자'는 스티커를 붙이고 다닌 사람은 아무도 없었다. 미국의 노동계급이 그것을 허용할 태세가 아니기 때문이었다. 대사관 점거는 이란에서 이슬람주의자들의 권력을 확고하게 해 줬다.

이란 혁명은 중동의 민중에게 어떻게 독재자를 끌어내리고 미국의 권력에 도전해야 하는지를 보여 주는 사례로 급부상했다. 이슬람주의 운동이 알제리, 레바논, 시리아, 이집트, 사우디아라비아, 모로코, 터키에서 급속하게 성장했다. 이슬람주의는 공산주의, 사회주의, 민족주의를 제치고 저항 세력의 핵심으로 빠르게 부상했다.

이후 20년간 이슬람주의는 미국의 권력에 주된 도전이 됐다. 미국의 지배자들은 지금까지 이어지고 있는 무슬림 혐오 캠페인을 시작했다. 이슬람에 대한 편견은 서방세계에서 공공연하게 인정되는 유일한 인종차별이 됐다. 서방에서 발간되는 신문이나 잡지에서 '근본주의'와 이슬람에 관한 기사를 살펴보라. 그 기사에서 '무슬림'이라는 단어를 '유대인'이나 '흑인'으로 바꿔 보라. 당신이 읽던 지면에서 인종차별주의가 불쑥 튀어나올 것이다.

이런 캠페인의 목적은 유럽인들과 미국인들에게 석유를 위한 전쟁을 준비시키려는 것이었다.

미국의 또 다른 전략은 대리전쟁으로 이슬람주의자들을 공격하는 것이었다. 1981년 레바논 내전에서 이슬람주의자, 팔레스타인인, 좌파의 동맹이 승리를 거두고 있었다.[21] 그러자 이스라엘이 레바논을 침공해서 수도 베이루트를 점령했다. 그러나 그들은 감히 점령을 지속할 수는 없었다. 미국과 프랑스가 베이루트의 치안 유지를 명목으로 군대를 파병했다. 한 이슬람주의 자살 폭탄 공격자(당시에만 해도 자살 폭탄 공격은 드문 일이었다)가 폭발물 트럭을 몰고 미군 기지로 돌진해 해병대 230명을 죽였다(이틀 뒤 미국은 그레나다를 침공했다). 몇 주 만에 미군이 모두 레바논에서 철수했다. 여전히 미국인들은 석유나 워싱턴[의 정치인들]을 위해 목숨을 바치려 하지 않았고, 레이건 정부도 그 사실을 알고 있었다.

미국은 이라크의 독재자 사담 후세인을 부추겨서 이란을 공격하게 만들었다.[22] 후세인은 이란의 유전 지대 일부를 차지하고 싶었고, 미국은 이란 혁명의 선례를 분쇄하고 싶었다. 참호전에서 죽은 100만 명은 대부분 이란 인이었다. 이라크 군대는 이란 군대와 이라크의 쿠르드족 반군에게 독가스를 살포했다. 미국 정부는 이를 묵인했고 언론들도 거의 다루지 않았다. 사우디아라비아와 쿠웨이트의 왕족들은 자국의 이슬람주의자들이 두려운 나머지, 이라크에 자금을 지원했다.

7년간의 살육 끝에 이란이 승리를 거두려 하고 있었다. 이란군이 곧 이라크로 진격할 찰나였다. 그때 미국이 개입했다. 미군 제6함대가 걸프 지역으로 이동해 이란 정부에게 그쯤에서 멈추라고 말했다. 이란은 경고를 무시했다. 미국의 해군 함정이 이란의 민간 여객기를 격추해 200명이 넘는 승객을 모두·살해했다. 미군 함장은 처벌받지 않았고, 부시 1세도 사죄하지 않았다. 이란 정부는 미국의 협박을 알아차리고 평화협정을 맺었다.

그러나 사담 후세인은 곤경에 처했다. 그는 전쟁에서 패배한 독재자였다. 후세인 정권은 심각한 부채에 시달리고 있었다. 쿠웨이트는 이제 전쟁이 끝났으니 전에 약속했던 원조를 중단하겠다고 버텼다. 이라크는 영국이 1920년에 쿠웨이트를 이라크에서 떼어 낸 후 계속해서 쿠웨이트가 이라크 영토라고 주장해 왔다. 이제 사담 후세인의 이라크 군대가 쿠웨이트를 침공했다. 승리를 거두면 쿠웨이트를 압박해 돈을 받아 낼 수 있을 터였다. 10년간 미국의 지원을 받아 온 후세인은 미국도 자신의 행동을 지지할 것이라고 생각했다.

미국은 그렇게 할 수 없었다. 사우디아라비아 정부가 쿠웨이트 침공이 자신들의 지배를 위협한다고 생각했기 때문이다. 오랫동안 미국의 우방이었던 후세인이 이제는 적이 됐다. 그가 예전에 저지른 범죄였던 독가스, 고문 등이 파헤쳐졌다. 오랫동안 독재자였던 후세인이 새삼스럽게 독재자로 묘사되기 시작했다.

소련 몰락 이후 미국 대통령 부시 1세는 '신세계 질서'를 이야기하기 시작했다. 이제 그 질서를 실제로 과시할 기회가 왔다. 부시는 주요 열강들을 대부분 끌어들여 아라비아의 사막에서 연합군을 결성했다. 러시아, 독일, 일본, 중국만 빠졌다. 그러나 유럽의 많은 강대국과 대다수 아랍 국가들이 참여했다. 역사상 최초로 미국이 전 세계를 이끌고 전쟁에 뛰어들었다.

전쟁을 준비하는 데는 몇 개월이 걸렸지만, 전쟁 자체는 몇 주 만에 끝났다. 미국은 이 전쟁에서 눈부신 군사력을 과시했다. 폭격이 당시 주장했던 것만큼 정밀했던 것 같지는 않다. 그러나 파괴 정도는 엄청났다. 단 며칠간의 폭격으로 이라크 군인 10만 명과 민간인 수천 명이 죽었다. 대부분 후세인을 싫어하는 징집병들이었던 이라크 군대는 B-52 폭격기에게 괴멸 당하거나 피해서 도망쳤다. 많은 군인들이 미군의 불도저에 생매장을 당했다. 쿠웨이트에서 이라크 국경으로 이어지는 바스라 도로를 따라 도망치던 수천 명이 사살당했고 산 채로 불태워졌다.

미군은 국경에서 멈췄다. 베트남에서 두 차례 근무한 경험이 있었던 당시 합참의장 콜린 파월은 장기간의 이라크 점령을 매우 우려했다.[23] 석유 기업가이자 CIA 국장 출신으로 중동 사정을 잘 아는 대통령 부시 1세도 마찬가지였다. 그때까지 미군 사상자는 거의 없었다. 부시 1세와 그의 국가 안보보좌관이 1997년에 쓴 글을 보자.

후세인을 제거하기 위해 지상전을 확대해 이라크를 점령하는 것은 …… 헤아릴 수 없는 인적 정치적 비용을 초래했을 것이다. …… 우리는 바그다드를 점령할 수밖에 없었을 것이고, 사실상 이라크를 통치해야 했을 것이다. 아랍 국가들이 분노해 연합군을 이탈하고 다른 동맹국들도 떨어져 나가면서 연합군은 즉시 해체됐을 것이다. 그런 상황에서 …… 미국은 몹시 적대적인 땅에서 도저히 점령군 노릇을 할 수 없었을 것이다.[24]

아마 그랬을 것이다. 부시의 머리에 떠오른 또 다른 가능성은 이라크 북부의 쿠르드족과 이슬람주의자들이 이끄는 남부의 시아파가 봉기를 시작하는 것이었다. 실제로 이들은 미국이 침공하지 않은 상황에서도 그렇게 했다. 미군 비행기들이 쿠르드족을 보호해 줬다. 그러나 시아파는 후세인의 보안경찰이 탄압하도록 내버려 뒀다.

후세인 정권은 살아남았다. 그러나 니카라과와 캄보디아에서 그랬듯이 경제적 올가미가 죄어졌다. 미국은 유엔에 압력을 가해 이라크의 석유 판매를 대부분 봉쇄하고 의약품을 비롯한 많은 생필품 수입을 금지하는 등 이라크에 경제제재를 가하도록 했다.[25] 이 조처가 특히 강력한 효과를 발휘한 이유는 폭격이 주로 이라크의 상하수도 시설에 집중됐기 때문이다. 한때 부유한 나라에 속했던 이라크는 이제 가난한 나라로 전락하고 말았다. 적절한 위생 관리가 되지 않아서 영양 결핍 상태의 아이들이 질병에 노출됐다. 하버드 공공보건대학의 의료 연구진과 유엔의 추산을 보면, 1999년까지 유엔 경제제재로 사망한 이라크 어린이가 50만 명이나 된다. 다른 연구자들은 그 수치를 100만 명으로 보기도 하지만 여기에는 어른들도 포함된다. 인구 2000만 명의 나라에서 그런 일이 벌어진 것이다. 1991~2003년에 이라크인들은 모두 작은 관을 묻은 경험이 있을 것이다. 수많은 사람들에게 그 관에 든 시신은 자신의 아이, 형제, 자매였을 것이다. 12년간의 유엔 경제제재는 현재 유엔에 대한 이라크 사람들의 정서를 설명해 준다. 또한 2003년에 미군이 환영받지 못한 이유도 알려 준다.

오사마 빈 라덴은 아프가니스탄 저항 세력의 파벌 싸움에 염증을 느껴

사우디아라비아로 돌아왔다. 처음에는 사담 후세인의 쿠웨이트 침공에 대한 미국의 대응을 지지했다. 그러나 폭격과 경제제재를 보며 그는 소련이 아프가니스탄인들에게 저지른 짓을 떠올렸다. 전쟁이 끝난 뒤 사우디아라비아 정부는 미군이 사우디아라비아에 영구 주둔 기지를 건설하는 것을 환영했다. 빈 라덴은 이것에 격분했는데, 사우디아라비아가 성지 메카와 메디나의 수호자가 돼야 한다고 생각했기 때문이다. 빈 라덴은 미국의 지배 계급뿐 아니라 모든 미국인들이 문제라는 결론을 내렸다. 그리고 사우디아라비아를 떠났다.

1991년 걸프전 기간에 미국은 이스라엘에 압력을 가해 팔레스타인인들의 독립국가를 허용하게 만들겠다고 아랍 동맹국들에게 약속했다. 그러나 그런 일은 벌어지지 않았다. 팔레스타인인들은 또 다른 봉기를 시작했다. 이스라엘 군대는 돌을 던지는 시위대와 소년들에게 총탄과 헬리콥터로 대응했다. 많은 팔레스타인인들은 격분했지만 무기력했으므로 자살 폭탄 공격에 의존했다. 전쟁이 격화되면서 팔레스타인 민간인들이 이스라엘인들보다 훨씬 더 많이 죽었다. 대부분의 아랍인들은 미국의 대규모 경제원조가 없었다면 이스라엘이 평화 협상에 나설 수밖에 없었을 것임을 알고 있었다.

1990년대에 미국은 소말리아, 아이티, 코소보에서도 치밀하게 계획된 전쟁을 치렀다. 군사적 침략을 되살리고 전 세계에 미국의 힘을 과시할 목적으로 벌인 '인도주의적 전쟁'이었다. 미국은 걸프전 직후에 소말리아에 개입했다.[26] 소련 몰락 이후 소말리아 사람들은 오랫동안 미국의 지지를 받던 독재자 바레를 타도했다. 그러자 권력의 공백이 생겼고, 몇몇 큰 부족들이 비옥한 농토와 수도인 모가디슈를 차지하기 위해 서로 싸웠다. 사람들이 당장 굶어 죽지는 않았지만 기근의 가능성이 임박했다. 국제 자선단체 NGO들이 식량 원조를 시작했다. 서방에서 아프리카의 이미지는 절망적 기근에 시달리며 뼈만 앙상한 손으로 세계를 향해 구걸하는 사람들이 넘쳐나는 대륙이었다.

　미국은 해병대를 보냈다. 일부 소말리아 사람들은 이들을 환영했고 아무도 저항하지 않았다. 그리고 많은 사람들은 미국이 평화를 가져다줄 것으로 기대했다. 국제적으로, 그리고 미국에서도 소말리아 침공은 인도주의적 개입처럼 포장됐다. 미 해병대가 굶주린 소말리아의 어머니들을 도와줄 터였다. 1년도 되지 않아 미군은 모가디슈의 모든 사람을 소외시켰고 평화를 가져다주지도 않았다. 그즈음 클린턴이 미국 대통령이 됐다. 미국은 당시 소말리아 대중의 지지를 가장 많이 받고 있던 지도자 아이디드를 공격해서 문제를 해결하기로 결심했다. 그에 대한 모가디슈 사람들의 대응은 봉기였다. 수만 명의 군중이 미군 특수부대를 공격해서 18명을 죽였고, 미군의 시신을 거리에서 끌고 다녔다. 미군은 곧 철수했다. 클린턴은 미군을 명백하게 거부하는 곳에서 전쟁을 벌여 미국인들이 죽을 경우 국민들이 가만있지 않는다는 것을 알고 있었다.

　그다음 침공한 곳은 1994년 아이티였다.[27] 니카라과와 마찬가지로 이곳에서도 미국의 적은 해방신학이었다. 아이티는 오랫동안 군부독재가 통치했다. 그러나 소말리아처럼 1989년 이후 구체제가 무너졌다. 새 대통령으로 아리스티드가 선출됐는데 예수회 신부 출신의 그는 가난한 사람들에게 사회정의를 약속했다. 그러나 군부와 옛 독재 정권의 하수인들이 권력을 장악했다. 아리스티드는 피신했다. 경제가 붕괴하자 수만 명의 아이티 난민이 작은 배를 타고 미국으로 가기 위해 애를 썼다. 이들은 가난한 흑인 농민들이었다. 미국의 인종적 위계질서에서 밑바닥층이었던 이들은 미국에서 환영받지 못했다. 미국은 망명 중인 아리스티드와 협상했다. 그가 아이티에서 세계화, 긴축재정, IMF 계획을 실행하는 데 동의하면 미군이 그를 권좌에 복귀시켜 주겠다는 것이었다. 아이티를 침략한 미군은 미친 듯이 기뻐하며 춤추는 군중의 환호를 받았다. 또다시 아이티 침략은 좋은 전쟁으로 널리 선전될 수 있었다. 국방부의 정책은 아이티의 군 장교, 조직 폭력배, 고문 기술자들을 군중으로부터 보호하는 것이었다. 공포정치는 여전히 유지됐다. IMF 정책이 강제됐고 미군은 떠났다.

그다음 개입한 곳은 냉전 때 공산주의 국가였지만 중립을 지켰던 유고슬라비아였다.[28] 1989년 이후 유고슬라비아에서는 민주화 운동이 분출했으며, IMF가 후원한 세계화 정책에 반대하는 파업들이 널리 확산됐다. 옛 공산당 지도자들은 다양한 인종 집단에서 선출된 민족주의 지도자들로 변모했다. 옛 유고슬라비아 연방은 계속되는 전쟁, 모든 인종이 서로에게 자행한 인종 청소와 야간 학살로 갈가리 찢겼다. 이 잔인한 전쟁들 때문에 유고슬라비아인들은 인종 차이에 따라 극단적으로 대립했다. 세계화에 대한 저항은 사실상 끝났다.

독일이 주도해서 유럽연합이 옛 보스니아 지방에서 벌어진 특히 잔인했던 전쟁에 개입했다. 이는 미국의 야심에 위협이 됐다. 서유럽에서 패권을 휘두르고 있었던 미국은 동유럽에서도 주요 열강이 되고자 했다. 그러던 차에 코소보가 미국에게 기회를 제공했다. 코소보는 신생국 세르비아에서 알바니아어 사용자가 다수인 지역이었다. 코소보의 알바니아인들은 독립을 원했다. 미국은 알바니아인들의 게릴라 군대를 지원하면서 자신들이 평화유지군으로 개입하고, 그래서 세르비아와 코소보를 모두 점령하는 것이 허용돼야 한다고 주장했다. 세르비아 정부의 지도자는 잔인한 민족주의자였지만 선거로 당선된 슬로보단 밀로셰비치였다. 그는 미국의 계획을 거부했다.

미국은 코소보의 알바니아계 경계선에 연합군을 소집했고, 코소보와 세르비아 양편의 민간 시설들을 폭격하기 시작했다. 국방부는 지상군 투입은 안 된다고 강조했다. 그때까지 수년간의 전쟁을 견뎌 온 세르비아인들은 밀로세비치를 압박해서 평화협정을 체결하도록 했다. 미국이 통제하는 유엔군이 코소보를 장악했다. 보스니아처럼 코소보도 여전히 유엔이 관리하는 식민지로 남아 있다.

코소보 전쟁도 미국이 세르비아 군대로부터 수십만 명의 코소보 난민들을 보호하기 위해 벌인 인도주의 전쟁으로 포장됐다. 이렇게 포장된 이미지에도 결함은 있었다. 미군의 폭격이 시작되기 전까지는 난민이 없었고, 세르비아 군대는 그제야 사람들을 강제로 자기 집에서 쫓아냈다. 그러나 코소보 전쟁은 신세계 질서의 권력을 확고히 하는 데 도움이 됐다. 미국은 유럽에서 벌어진 전쟁에서 엄청난 화력으로 승리한 것처럼 보였다. 이 전쟁을 통해 미국 정부와 NGO 자선단체들 사이의 동맹도 굳건해졌다. NGO 자선단체들은 미국이 운영하는 난민 수용소에서 활동하다가 미군과 함께 코소보로 들어갔다.

1991년의 걸프전과 마찬가지로 이 모든 전쟁들은 미국에게 저항하는 것이 쓸데없는 짓이라는 것을 전 세계 사람들과 독일 같은 경쟁자들에게 보여 주기 위한 것이었다. 1990년대 내내 이와 같은 군사력은 미국 기업들의 지배를 강화하는 데 도움이 됐다. 다음 장에서는 1990년대의 경제적 세계화에 관해 다루려고 한다.

9장 WTO와 에이즈

소련의 몰락과 걸프전 이후 미국의 국제 경제정책 기조는 1922년 이래로 다시 한 번 변화를 겪었다. 이제 미국은 유일한 초강대국이었다. 분명하고 일관된 반대 이념은 존재하지 않았다. 1980년대에는 외채, IMF, 세계은행이 라틴아메리카와 아프리카를 길들였다. 이제는 서유럽, 동유럽, 인도, 동아시아, 중국을 지배하는 것도 생각할 수 있었다. 그것은 NAFTA, WTO, 유럽연합 같은 무역협정으로 방향을 전환하는 것을 뜻했다.

물론 무역협정이 1990년대 세계 재편의 유일한 방식은 아니었다.[1] IMF와 세계은행은 사라지지 않았고, 오히려 영향력이 더 커졌다. 그 결과 가난한 나라에서 외채가 증가했다. 그러나 국제기구가 세계를 재편하는 주된 추진 세력이라고 오해해서는 안 된다. 사실 미국의 기업들은 언제나 외국 정부와 기업을 직접 상대한다. 미국 재무부와 대통령 직속 무역대표부 역시 마찬가지다. 1995년의 멕시코 외채 위기 때처럼 중대한 시기에는 미국 정부가 개입해 IMF와 WTO한테서 권한을 넘겨받는다. 서유럽 정부들도 1980년대에 정부 지출 삭감과 민영화로 방향을 틀었다. 동유럽 정부들도 1989년 이후 이 대열에 합류했다. 인도와 중국 정부도 마찬가지다.

그러나 새로운 국제 무역협정은 변화의 성격을 보여 준다. IMF나 세계
은행과 달리 이런 무역협정은 부유한 나라와 가난한 나라를 모두 통제하기
위해 고안됐다. NAFTA가 그 첫 번째 실험이었다.[2] NAFTA는 캐나다, 미국,
멕시코 사이의 협정이다. 부시 1세 정부 때 협상이 시작돼 클린턴 정부가
협정을 승인했고 1994년부터 효력을 발휘했다.

NAFTA는 사실 멕시코에 관한 것이었다. 미국과 캐나다는 이미 무역협
정을 맺고 있었다. 이론적으로는 NAFTA를 통해 미국과 멕시코 사이의 자
유무역이 이뤄졌다. 그러나 실제로는 두 나라가 이미 자유무역에 가까운
상황이었다. 미국에 수입되는 멕시코 상품의 평균 관세는 3.5퍼센트로 미
미한 수준이었고, 멕시코에 수입되는 미국 상품은 10퍼센트의 관세를 지불
했다.[3]

사실 NAFTA는 투자 보장에 관한 것이었다. 일반적으로 자유무역 협정
문은 매우 짧다. NAFTA 협정문은 3000쪽이 넘는데, 대부분이 멕시코가 할
수 있는 행동을 규제하는 내용이다. 핵심 조항들은 멕시코 정부가 즉각 충
분한 보상을 하지 않고는 기업을 인수하지 못하게 금지하는 것이었다. 보
상은 미국 달러화나 다른 G7 국가의 통화로 지불해야 하며 페소화로는 할
수 없다. 보상액은 국유화가 알려지기 전의 기업 가치에 상당해야 한다. 멕
시코 법원은 어떤 조처의 적법성을 판단할 수 없다. 적법성 판단은 사실상
미국이 지정하는 외국의 중재자에 의해 이뤄진다.

멕시코는 오랫동안 기업들, 특히 석유를 국유화한 자랑스러운 전력이
있었다. 1993년까지 70년 동안 제도혁명당PRI 독재 정권이 멕시코를 통치
했다. 제도혁명당 집권기에는 대부분의 산업이 정부 소유였다. 많은 지역
에서 농민들은 80년 전 혁명에서 쟁취한 토지의 집단 소유를 유지하고 있
었다. 제도혁명당 지도부와 멕시코 지배계급은 민주적 선거와 대규모 민영

화, 그리고 토지의 집단 소유를 종식시키는 것으로 나아가고 싶어 했다. NAFTA는 이런 이행의 경제적 측면을 보장하면서 어떤 민주주의도 이런 추세를 거스르지 못하도록 했다. NAFTA는 멕시코 기업과 미국 기업을 모두 보호했다.

여러 해 동안 미국의 기업들은 일자리를 멕시코로 옮길 것이라고 말하며 자국 노동자들을 위협했다. NAFTA는 이를 수월하게 해 줄 터였다. 미국의 노총인 AFL-CIO는 NAFTA에 맹렬하게 반대했다. 빌 클린턴은 선거 때는 이 문제를 얼버무렸다가 일단 당선하자 태도를 급격하게 바꿔 NAFTA를 지지했다.

실제로 NAFTA는 미국 노동자, 멕시코 노동자, 멕시코 농민에게 타격을 입혔다. 1994~1998년 미국 정부가 NAFTA의 결과로 일자리를 잃어 구제가 필요하다고 인정한 노동자가 21만 1582명이었다.[4] 인정받지 못한 사람이 더 많았을 것이며 구제받은 이들도 일자리를 되찾은 것은 아니었다.

미국의 일자리가 남쪽으로 옮겨 가서, 문 닫은 멕시코 공장의 일자리를 대체했다. 1993~2000년 멕시코의 산업 노동자 수는 0.3퍼센트 감소했다. 1000명 중 3명이 일자리를 잃은 셈이었다. 같은 기간에 산업 생산성은 거의 절반이 올라 45퍼센트 향상됐다.[5] 생산성 높은 새로운 기계들이 미국의 일자리를 파괴하더니 이제는 일자리가 아예 남쪽으로 옮겨 가고 있었다. 기업의 관점에서는 그렇게 하는 것이 여전히 이윤에 도움이 됐다. 멕시코의 임금이 훨씬 낮은 수준이었기 때문이다.

그러나 멕시코 노동자들은 미국의 경제 지배로 고통받았다. 1982년에 붕괴했던 멕시코 통화는 NAFTA 시행 1년 뒤인 1995년에 또다시 붕괴했다. 두 시기 모두 미국의 은행들과 재무부는 페소화 평가절하, [정부] 지출 삭감, 민영화, 임금 삭감을 주장했다. 최저임금의 실질 구매력은 1982년 이후 60퍼센트, NAFTA 체결 이후로는 23퍼센트 감소했다. 단체협약을 통해 결정되는 노동조합원들의 임금은 1977년 이후 70퍼센트 이상 떨어졌으며 1987년 이후로는 55퍼센트 감소했다. 제조업 임금도 NAFTA가 시행되고 처음 2년 동안 25퍼센트 감소했다. 그 뒤 제조업 임금은 어느 정도 상승했지만 2002년에도 산업 임금은 NAFTA를 체결한 당시보다 여전히 12퍼센트 낮았다.[6]

반면에 대형 할인점 월마트는 잘나갔다. 2002년 멕시코 전역에 520개의 대형 매장이 있었고, 한 해 매출이 90억 달러였다. 그런데 멕시코의 월마트 진열대에는 멕시코산 상품이 거의 없었다. 가장 잘 팔리는 팝콘조차 멕시코산 옥수수maize가 아니라 미국산 옥수수로 만든 것이었다.[7]

미국에서 콘corn이라고 부르는 옥수수는 전통적으로 멕시코의 주요 농작물이었다. 토르티야도 옥수수로 만든다. 미국의 대농장에서는 옥수수를 멕시코보다 40퍼센트 낮은 비용으로 재배하는데, 이는 연방 정부의 막대한 보조금 덕분이다. 1에이커당 생산량도 미국이 4~5배 높다. 정부의 보조금이 없더라도 광대한 양질의 토지에 비싼 기계와 비료를 사용해 경작하는 미국 농작물이 가난한 나라 소농의 농작물보다 훨씬 생산성이 높고 가격도 저렴하다. 게다가 정부 보조금까지 덧붙여지면 경쟁이 될 수가 없다. 1990년대에 가난한 나라들이 미국에게 농산물 시장을 잇달아 개방했을 때 소농들은 도저히 경쟁에서 이길 수가 없었다.

NAFTA가 발효되자 멕시코의 옥수수 가격은 절반 이하로 떨어졌다.[8] 농민들이 주요 농작물로 버는 수입이 이전에 비해 절반도 안 되는 셈이었다. 이제 NAFTA 때문에 공유지였던 토지를 팔 수 있었다. 미국의 농입 기업이 침투해 들어왔다. 멕시코 농민들은 목숨을 걸고 국경을 넘어 미국에서 불법 노동자가 됐다.

엎친 데 덮친 격으로 옥수수 가격이 곤두박질치는 동안 토르티야 가격은 치솟았다.

WTO

WTO는 세계적 규모의 NAFTA였다. 오랫동안 '관세와 무역에 관한 일반 협정GATT'이라는 명칭의 기구에서 무역에 관한 국제적 협상이 진행돼 왔다. 1995년에 훨씬 더 폭넓은 분야를 다루는 WTO가 이를 대체했다. WTO는 세계화의 세부 계획을 이행하는 핵심 기구가 된다.

주도적 인물은 클린턴 정부의 무역대표부 대표 미키 캔터였다. 1991년 그는 이렇게 말했다. "나는 자유무역을 믿지 않습니다. 자유무역 같은 것은 없습니다. 우리는 규칙에 바탕을 둔 무역 체제를 만들고자 하는 것이지 자유무역을 원하는 것이 아닙니다. 자유무역은 혼돈입니다. 나는 자유무역을 원하는 사람을 본 적이 없습니다."[9] 그러나 캔터도 알다시피 전 세계에서 벌어지는 협상의 주제는 '자유무역' 협정이었다.

NAFTA와 마찬가지로 WTO는 미국의 산업과 농업을 보호하면서 세계 시장을 개방하고 다국적기업의 투자를 보장한다. 미국은 유엔, 세계은행, IMF에서 거부권을 행사할 수 있다. 이론상으로는, WTO는 합의에 의해 결정이 이뤄지기 때문에 모든 국가에게 거부권이 있다. 그러나 실제로는 미국이 자신의 뜻을 강요하고 자기 마음에 들지 않는 모든 것에 거부권을 행사한다는 것을 뜻했다.[10] 1995년에는 어떤 정부도 감히 미국에 맞설 수 없다고 느꼈다.

1995~2003년 WTO의 조항들은 더 엄격해졌다. 가난한 나라들은 산업을 경쟁에 개방했지만 미국은 여전히 수입을 제한했다. 미국의 옥수수와 밀이 세계시장에 쏟아져 나왔다. 세계은행은 가난한 나라들을 상대로 옥

수수·밀·쌀 경작을 그만두고 수출을 위한 고가의 사치성 작물, 이를테면 커피·차·꽃·과일 등을 재배하라고 부추겼다. 세계은행의 논리는 이런 재화들을 값싸게 생산하면 달러화와 유로화를 벌어들일 수 있다는 것이었다. 문제는 세계은행이 모든 나라에 커피나 꽃 따위로 바꾸라고 부추겼다는 점이다. 결과적으로 경쟁이 심화됐고 농업 수출품 가격은 계속 떨어졌다.

이 세상에 식량은 너무 적고 사람은 너무 많다는 얘기는 사실이 아니다. 오히려 이 세상에 식량이 너무 많기 때문에 전 세계에서 사람들이 굶주린다. 10억 명이 사는 인도가 적절한 예다.[11] 1980년대에 인도의 지배계급은 세계화에 저항하면서 통화관리와 국유 산업을 유지했다. 그 결과 1980년대 인도의 연평균 성장률은 10퍼센트였는데, 이는 1945년 이후 미국의 어떤 해의 성장률보다도 훨씬 높은 것이었다. 이런 성장은 인도의 산업이 확장하고 있었기 때문에 가능했다. 그러나 1990년대 들어 인도의 지배계급은 궤도를 수정해 세계시장에 개방했다. 양대 주요 정당인 국민회의와 우익 BJP 모두 이런 정책을 지지했고, 인도 지배계급 대다수도 마찬가지였다. 인도 정부는 곡물 시장을 개방하면서 소농에 대한 비료 보조금과 저금리 대출을 삭감했다. 농민들은 비료 값으로 더 많은 돈을 지불해야 했고 고리대금업자들에게 돈을 빌려야 했지만, 농작물을 팔아 버는 돈은 줄어들었다. 멕시코 농민들처럼 인도 농민들도 토지를 잃었다. 1990년대 말에 이르면, 인도의 신문들이 여러 주에서 소농들의 자살이 잇따른다는 기사들을 실었다.

인구 13억의 중국은 또 다른 사례다. 중국 정부의 경제 전략은 세 가지였다. 첫째, 1980년대 중국 정부는 집단농장을 가족농으로 해체했다. 집단농장은 농민에게 과중한 세금을 부과했고 생산성이 낮았다. 이제 가족들이 자신을 위해 일하면서 생산성이 급등했다. 몇 년간의 성장률은 놀랄 만한 수준이었다. 그러나 성장은 더 큰 불평등을 낳았다. 비옥한 연안지역의 농민들이 척박한 내륙지역보다 형편이 훨씬 좋았다. 일부 농가는 성공했지만, 대부분은 토지를 잃고 도시로 이주해 운이 좋으면 날품팔이 노동자가 됐고 운이 나쁜 경우에는 거지나 매춘부가 됐다. 집단농장은 마을에 의료와 교육을 제공했지만 이제는 아무도 그런 것을 지원해 주지 않았다.

도시의 국영 산업체들은 국내시장에 공급할 중공업 제품에 집중했다. 1960년대의 문화혁명은 혼란과 박해의 시기였다. 산업 노동자들은 그런 격변을 이용해 파업을 벌여 노동시간 단축, 고용 안정, 더 나은 노동조건을 쟁취했다. 그들은 주거, 의료, 아이들을 위한 학교와 함께 평생직장을 보장받는 '철밥통'이 됐다.[12]

1990년대 들어 중국 정부는 이 모든 것들을 빼앗으려고 했다. 특히 미국에 팔기 위한 값싼 상품(구두, 의류, 플라스틱, 전자 제품 등)을 생산하는 수출 지향적 경공업으로 전환하고자 했다. 여기서 중국이 내세울 만한 장점은 멕시코, 태국, 인도네시아보다 훨씬 더 값싼 노동력이었다. 이런 저임금 노동자들은 새로운 공장에서 일했다. 새로운 공장들도 대부분 공기업이었지만 중앙정부가 아니라 지방정부 소유였다. 그 외에 연안지역을 따라 들어선 '경제특구'의 공장들은 적어도 명목상으로는 외국인 소유였다. 그러나 사실은 대만과 홍콩 출신의 외국인 소유주 대다수가 중국 본토 공산당 관료들의 대리인이었다.

이 새로운 일자리는 철밥통이 아니었다. 경제특구에서 일하는 노동자들은 대부분 시골 출신의 젊은 여성들이었다. 이들은 공장에 딸린 기숙사에 살았고, 오전·오후·야간 할 것 없이 내내 일하면서 일생을 고용주에게 소모당했다. 전통적 산업들은 문을 닫았다. 2000년 중국 정부는 WTO 가입에 대비해 전통적 산업부문 일자리 2000만 개를 없앴다고 발표했다. WTO 가입 이후에는 추가로 2000만 명을 해고할 계획이었다. 디트로이트 같은 미국의 도시에서 노동자들에게 벌어진 일이 훨씬 더 거대한 규모로 벌어지고 있었다.

새로 들어선 중국의 저임금 공장들은 대부분 의류와 신발을 만들었다. 이 공장들은 멕시코, 방글라데시, 베트남, 인도네시아 등 가난한 나라의 비슷한 공장들과 경쟁했다. 어찌 보면 중국이나 인도네시아 제품들이 유럽과 미국으로 수출되는 것이지만, 실제로 시장을 좌지우지한 것은 미국 기업들이었다. 미국 기업들은 점차 자체 공장을 줄이는 대신 판매하고 조정하는 단위가 됐다. 그러나 미국 기업들은 단순히 제품을 구입하기만 하는 것이 아니었다. 그들은 디자인을 담당했고 생산과정의 모든 단계를 통제했다. 미국의 기업들은 때때로 서로 다른 국가의 서로 다른 의류공장에 2~3개월 치를 주문했다. 리즈 클레이본 같은 미국의 의류 회사는 공장의 생산 라인에 자기 회사 감독관을 배치하기도 했다. 이와 같은 단기 계약 때문에 공장들이 서로 경쟁했다. 시장에서 조금만 하락세를 보여도 공장이 문을 닫거나 작업을 중단했다. 이는 다른 자본가들에게 문제가 되기도 했다.[13]

중국에서는 이런 경제 변화에 따른 결과로 여아 신생아가 급감했다. 1980년대에 중국 정부는 인구 증가를 억제하기 위해 '한자녀' 정책을 도입했다. 둘 이상의 아이를 낳은 사람들은 비싼 벌금을 물거나 형사소추를 당할 뿐 아니라 사실상 낙태가 강요됐다. 미국의 우파들은 자기 나라에서는 낙태를 극심히 반대하면서도 중국 정권을 지지했고, 자본가들도 이 정책을 마음에 들어 했다.

일부 지방에서는 분노한 농민들이 물리력을 동원해 한자녀 정책을 저지하기도 했다. 그러나 도시에서는 한자녀 정책이 지켜졌다. 중국의 경제 변화 때문에 한 가족에 한 아이만 있어야 한다면 그 아이는 아들이어야 했다. 이것은 전통적인 성 차별이 아니었다. 연금과 주거 보장이 사라지고 있었기 때문이었다. 나이가 들면 부모는 자식에게 의존한다. 그런데 딸은 시집가서 남편과 시부모와 함께 살 가능성이 높다. 1990년대 중국에 새로운 초음파 기술이 보급되면서 부모들은 태아의 성별을 감별해 아들을 가질 때까지 여아를 낙태할 수 있었다.

우리는 그러한 부모들을 비난할 수도 없고, 임신한 여성들과 여자 아이들이 느꼈을 감정을 상상할 수도 없다. 수억 명의 임신한 여성의 신체에 가해진 이 잔인하고 끔찍한 행위가 국제적 항의를 불러 일으키지도 않았다. 자신들에게 이런 일이 벌어지면 분노에 떨었을 서방의 많은 사람들도 중국 인구가 너무 많다고 생각했다. 인구 통제가 여성의 선택할 권리보다 더 중요했던 것이다. 한자녀 정책은 독재에 의존했다. 전 세계 어디서든 사람들이 투표할 수 있는 조건이라면 이를 용인하지 않을 것이다. 1995년 베이징에서 열린 유엔 세계여성대회는 전 세계 페미니즘을 경축하는 행사였다. 공교롭게도 주최자들이 능지처참을 당하는 일은 벌어지지 않았다. 1990년대의 시장과 우파의 법칙을 보여 주는 이보다 더 강력한 증거는 없을 것이다.

WTO 협정은 대부분 초기 세계화 정책을 확대한 것이었다. IMF와 세계은행은 계속 잘나갔다. 1997년 동아시아 금융 위기가 결정적이었다. 태국, 대만, 한국, 싱가포르, 홍콩, 인도네시아, 말레이시아는 1980년대에 세계의 다른 나라들이 경기 침체를 겪는 동안 급격히 산업화하면서 성장했다. 이 나라들은 대부분 세계화의 규칙을 무시함으로써 그렇게 할 수 있었다. 이들은 관세, 정부 지원, 때로는 정부 소유, 일본의 막대한 투자를 통해 자국의 산업을 보호했다. 1997년의 위기는 환투기와 전형적인 부동산 거품에서 자라났다. 이것이 새로운 컴퓨터와 의류 공장이 너무 많이 생겨나서 제품이 팔리지 않자 가격이 하락하는 상황과 맞물린 것이다. 게다가 일본 경제가 이윤율 하락, 산더미 같은 부채, 부동산 거품 붕괴로 곤란을 겪고 있었다. 일본의 은행과 기업들이 자금을 국내로 회수하자 동아시아 경제는 추락하고 말았다.

IMF가 협정문을 들고 등장했다. 그 결과는 늘 그랬듯 평가절하, 공공지출 삭감, 대량 실업이었다. 현지 기업들은 도산하고 있었고, IMF는 민영화 확대를 강요했다. 순식간에 바뀐 법 덕분에 미국 기업들은 망해 가는 기업과 새롭게 민영화된 기업들을 사들일 수 있었다. 한때 현지 자본과 일본 자본이 지배하던, 세계에서 가장 역동적이던 지역이 이제 점점 더 커지는 미국 기업의 지배 아래 놓였다.

동아시아 국가들 중 말레이시아만이 IMF와의 협력을 거절했다. 말레이시아 정부는 자국 통화의 변동을 계속해서 통제했다. 그 결과 말레이시아는 동아시아 경제 가운데 타격을 가장 적게 받았다. 그러나 터키는 동아시아와 함께 몰락했다. 섬유와 의류는 터키 경제의 상당 부분을 차지했다. 동아시아에서 가격이 폭락하자 터키에서도 마찬가지 상황이 벌어졌고 터키역시 곧 IMF의 손아귀에 들어갔다.

그러나 이런 모든 문제의 근원은 환투기가 아니었다. 이번에도 문제를 일으킨 것은 일본과 신경제의 이윤율 저하였다.

서유럽에서는 세계화의 주된 추동 세력이 유럽연합이었다. 수많은 평범한 서유럽 사람들이 유럽연합을 지지한다. 제2차세계대전 당시 유럽에 불어 닥친 민족주의 경쟁의 공포를 잊지 않았기 때문이다. 동유럽 사람들은 유럽연합 가입을 부유한 세상으로 들어가는 입장권처럼 여겼다. 그러나 유럽연합이 한 일이라고는 선출된 정부들한테서 예산 통제권을 빼앗아 아무도 책임지지 않는 유럽중앙은행의 손에 쥐어 준 것이었다. 1992년의 마스트리히트 조약은 유럽연합 국가의 적자예산 폭을 제한해 사회 지출 삭감을 강요했다.

예컨대 이탈리아의 실비오 베를루스코니가 이끄는 우파 정부는 1994년에 국민 연금을 삭감하려다 노동조합들이 로마에서 300만 명의 반대 행진을 조직한 뒤 정권을 잃었다. 그러나 새로 집권한 좌파 정부 역시 유럽연합이 선택의 여지를 주지 않아 어쩔 수 없다고 지지자들과 노동조합들에게 변명하면서 막대한 사회 지출 삭감을 밀어붙였다. 2001년 선거에서 베를루스코니가 다시 정권을 잡은 것은 당연한 결과였다. 베를루스코니는 곧바로 연금 삭감을 다시 추진했다.

2002년 유럽연합에 속한 정부들 대다수는 고용 안정 보장 법률을 개정하면서 연금을 삭감하려고 했다. 유럽 정부들은 세계화 논리와 미국과 경쟁하려면 어쩔 수 없다는 주장으로 이를 정당화했고 서로 합의해서 움직였다.

동유럽에서는 이런 움직임이 옛 복지국가 비용의 과감한 삭감과 민영화가 결합된 형태로 진행됐다. 이에 대한 반응으로 여러 나라의 유권자들이 이제는 민주적 사회주의 정당으로 변신한 옛 공산당에 기대를 걸었다. 이 정당들은 옛 시절로의 복귀를 약속했다. [그러나] 일단 집권하면 그들 역시 민영화와 사회 지출 삭감을 추진했다. 옛 러시아 제국, 즉 이전에 소련이었던 지역에서 남성의 평균수명이 대량 실업, 음주, 사라진 의료서비스 때문에 곤두박질쳤다.

1998년에는 러시아 정부도 부채를 갚을 수 없는 상황에 빠졌다. IMF가 상환을 요구했지만 동아시아와 달리 러시아 정부는 사실상 상환을 거부했다. IMF와 미국은 할 수 있는 게 없었다. 러시아는 세계시장에서 무척 중요한 일부였다. 러시아 정부는 자신들이 세계 체제의 중심 국가라고 공언했다. 미국의 외채나 일본의 은행 차입금과 마찬가지로 러시아의 부채도 갚을 필요가 없었다. 이 덕분에 러시아의 신흥 부자들은 보호받았다.

20세기가 끝나 갈 무렵에는 미국과 다국적기업들이 세계를 지배하는 것처럼 보였다. 이제 에이즈를 예로 들어 미국의 정치와 세계경제 사이의 관계를 살펴보고자 한다.

에이즈

에이즈+가 적절한 사례인 이유는 세계적 전염병이기 때문이다. 이 병은 1980년대에 아프리카와 미국에서 처음 발견됐다. 에이즈를 일으키는 바이러스인 HIV가 원래 침팬지들한테서 생겨났다는 것에 대해서는 대체로 동의가 이뤄지고 있다. 어떻게 HIV가 인간에게 감염됐는지에 관한 가장 설득력 있는 이론이자 유일하게 실제 증거가 있는 이론은 미국의 한 연구소가 부분적으로 침팬지한테서 배양한 소아마비 백신을 실험하는 중에 일어났다는 설이다. 이 연구소는 뉴저지 주의 여성 재소자 수백 명과 콩고와 탄자니아 국경 지대의 수십만 명에게 이 백신을 주사했다. 이 기원설에 대한 증거가 과학적으로 확실하지는 않지만, 미국 정부의 보상을 청구하는 민사소송이 승리할 수 있을 만큼은 유력하다고 볼 수 있다.[14]

미국의 에이즈에 대한 의학적 정치적 대응에는 동성애자해방운동과 가족 가치 운동이 모두 영향을 미쳤다.[15] 동성애자해방운동은 1960년대 운동의 중요한 일부였다. 우파와 로널드 레이건에게 이 운동은 특히 불쾌하고 거슬렸다. 게이와 레즈비언에 대한 적대감은 가족 가치 운동의 필수적인 부분이었다. 가족 가치는 남성과 여성이 완전히 다르며 둘 사이의 불평등은 자연스럽고 생물학적인 것이라는 가정에 바탕을 둔 사상이다. 동성애자

+ AIDS. 후천성면역결핍증.

들이 부끄러워하지 않고 공개적으로 존재한다는 것은 성별 차이와 가족에 대한 전통적 관점이 틀렸다는 것을 암시한다. 이렇게 게이와 레즈비언 억압은 가족과 여성 억압에 근원을 두고 있다.

미국에서 에이즈는 1981년 남성 동성애자들한테서 처음 발견됐다. 같은 시기에 아이티인들과 마약 주사기 공동 사용으로 감염된 이성애자와 동성애자 발병 사례들도 있었다. 그러나 마약중독자들과 아이티인들은 남성 동성애자들보다 훨씬 덜 중요하게 취급됐다. 처음에는 이들의 사례를 무시할 정도였다.

1970년대 동성애자해방운동의 가장 위대한 성과는 그 덕분에 1981년 에이즈에 대한 공개적 대응이 가능했다는 점일 것이다. 에이즈에 걸린 남성 동성애자들이 수치심에 웅크리고 있었다면 이 전염병이 어떻게 됐을지 한번 상상해 보자. 병은 훨씬 더 빠른 속도로 퍼졌을 것이고 수치심과 고통 역시 더욱 컸을 것이며 그에 대한 대응 역시 몇 년 더 늦었을 것이다.

에이즈의 정치학을 이해하려면 생물학 기초 지식이 약간 필요하다. HIV는 백혈구에 살고, 백혈구가 들어 있는 체액에서 발견된다. 그러니까 혈액과 정액, 질액에 있는 것이다. 혈액이 섞이지 않는 한 타액이나 변에는 없다. 따라서 키스는 안전하다. 한 사람한테서 다른 사람에게 감염되려면 바이러스가 다른 사람의 신체 속으로 들어가야만 한다. 피가 묻거나 누군가의 정액이 손에 닿아도 위험하지 않은 이유다. 구강성교도 비교적 안전하다. 정액은 질이나 항문을 통한 것보다 입이나 위를 통해 혈관으로 들어갈 가능성이 더 낮다.

이것은 또한 주사제 마약을 투약할 때 주사기를 함께 쓰는 것이 특히 위험한 이유다. 주사 바늘이 문제가 아니다. 사용자가 주사기에 마약을 채운 뒤 바늘을 정맥에 꽂으려고 하면서 혈관을 제대로 찾았는지 확인하기 위해 주사기의 피스톤을 잡아당기는 데서 문제가 생긴다. 그러면 피와 마약이 섞인다. 한 사람이 다른 사람에게 주사기를 건네면 두 번째 사람은 피가 섞인 혼합물을 주입하게 되는 것이다. 해결책은 다들 알다시피 콘돔을 사용하고 주사기를 같이 쓰지 않는 것이다.

일단 HIV가 몸 안에 들어가면 바이러스는 서서히 증식한다. 수년에 걸쳐 점점 더 많은 백혈구를 파괴해 결국 면역 체계가 제대로 작동하지 못한다. 그 시점에 이르면 평범한 질병이 생명을 위협하는 것이다.

한 번의 성적 접촉을 통해 바이러스에 감염될 가능성은 높지 않다. 나는 런던에 있는 HIV 검사 시설에서 4년간 일한 적이 있다. 이때 자신의 남편, 아내, 연인이 HIV에 감염돼 검사를 받으러 온 많은 사람들을 봤다. 이경우 대다수의 사람들은 음성반응 결과가 나왔다. 심지어 안전하지 않은 성행위를 오랫동안 지속했다고 해도 반드시 바이러스에 감염되는 것은 아니다. 인간의 면역 체계가 완전히는 아니지만 HIV에 거의 적응해서 종종 바이러스를 죽이기 때문이다.

그러나 혈액 속에 HIV 바이러스가 많은 경우에는 그렇게 될 가능성이 낮다. 이런 일은 바이러스에 감염되고 첫 몇 주 동안, 면역 체계가 작동하기 전에 일어난다. 에이즈 때문에 심각하게 아플 때 뒤늦게 이런 현상이 일어나기도 한다. 다른 것들보다 강한 바이러스 변종도 있다.

중요한 점은 건강해야 바이러스와 싸워 이길 수 있다는 것이다. 그러나 감기, 성병, 피부병, 기생충병에 걸렸거나 피로, 영양부족 상태라면 바이러스를 퇴치할 가능성이 적다. 바로 이것이 미국과 전 세계 모든 나라에서 HIV가 가난한 사람들의 질병인 이유다. 가난한 사람들은 HIV에 노출되는 시점에 이미 다른 질환을 앓고 있을 가능성이 높다. 가난한 사람들이 더 자주 병에 걸리지만 치료받을 기회는 훨씬 적기 때문이다.

HIV의 정치학으로 돌아가 보자. 1981년 미국에서 처음으로 남성 동성애자들이 에이즈에 걸리기 시작했을 때, 발병 사례는 미국 최대의 동성애자 공동체가 있는 뉴욕과 샌프란시스코에 집중돼 있었다. 남성 동성애자들의 첫 반응은 당연히 공포와 슬픔이었다. 그러나 두 지역 모두 동성애자해방운동이 강력한 곳이었다. 초기에 운동의 주요한 정치적 대응은 두 가지였다.[16] 하나는 에이즈가 성 관계를 통해 전염되는 질병이라는 분명한 사실에 기초하되, 그것이 동성애자 사회의 즐거운 시절, 즉 성적 문란의 결과라고 보는 것이었다. 따라서 사람들이 일회적 성 관계를 갖는 사우나를 없애고 가능한 한 파트너를 바꾸지 말아야 한다고 주장했다.

성적 문란에 대한 이러한 청교도식 반응에 분노한 사람들은 또 다른 대응 방식을 취했다. 남성 동성애자들은 커다란 용기를 내서 삶 전체를 변화시켜 자신들이 공개적으로 성생활을 즐길 수 있는 시간과 장소를 만들어 냈다. 그런데 이제 다시 수치심과 죄의식이라는 벽장으로 돌아가라는 얘기였다. 에이즈가 남성 동성애자에게 내린 신의 형벌이라고 이야기하는 우파들만으로도 이미 충분했다. 남성 동성애자들이 이를 받아들이면 그들은 패배하는 것이었다.

사망률이 드러나면서 두 가지 대응 모두 더욱 필사적이었다.

두 번째 대응의 약점은 정체성 정치에 기초했다는 점이었다. 정체성 정치는 자신과 자신이 속한 집단에 자긍심을 가져야 하고, 오직 자신만이, 그리고 자신과 같은 사람들만이 특정한 사안에 대해 의견을 표현할 권리를 갖는다고 주장하는 것이었다. 이는 특수한 지식을 가질 자격이 있는 집단으로서 자신들을 다른 모든 사람들로부터 스스로 고립시켰다. 스스로를 다른 사람들과 분리하면 자신이 처한 위치의 약점과 자신을 정면으로 겨냥한 구체적 현실을 직시하지 못한다. 강력한 집단 정체성을 유지하기 위해서는 그 집단의 정체성에서 모호하거나 문제일 수 있는 어떤 것도 부정해야 했다.

그래서 전문직 아프리카계 미국인들은 국가 보조를 받는 여성들과 교도소에 있는 남성들의 삶의 현실을 외면했다. 전문직 여성들은 노동계급 여성을 외면했다. 그러나 남성 동성애자들은 에이즈를 무시할 수 없었다. 에이즈는 없어지지 않을 것이었다. 에이즈와 싸우면서도 수치심을 느끼거나 외로움에 빠져들지 않을 해결책이 필요했다.

동성애자 운동이 찾아낸 해결책은 안전한 성 관계였다. 이는 어떤 한 사람이나 의사들이 만들어 낸 것이 아니었다. 물론 개인적 노력도 중요했고, 그중 한 명은 게이 의사였다. 그러나 안전한 성 관계는 실험실에서 발견한 것이 아니었고, 따라서 지원금을 받은 사람도 없었다. 안전한 성 관계라는 생각은 동성애자해방운동에서 나왔고, 이 운동의 강점, 즉 섹슈얼리티를 인정하고 즐기는 것에 토대를 뒀다. 안전한 성 관계는 콘돔을 사용하고 원하는 만큼 파트너를 만나라는 의미였다. 콘돔은 빠져선 안 될 성행위의 일부가 됐다. 이들은 발가벗은 아름다운 남성이 다른 남성을 입으로 애무하는 포스터를 만들었는데 거기엔 이런 문구가 적혀 있었다. "HIV? 빨아 버려."

안전한 성 관계 교육의 첫 물결은 게이 바에서 시작됐다. 유급 상근자도 공중 보건 전문의도 사업 목표나 계획도 없었다. 단지 자신들이 직면한 문제에 대한 정치적 답변을 가진 사람들이 있었을 뿐이다. 안전한 성 관계를 하라는 주장은 자기 자신을 보호하라는 이야기가 아니었다. 애인을 존중한다면 그들을 보호하라는 것이었다. 이는 인류 역사상 가장 성공적인 공중 보건 캠페인이었다. 안전한 성 관계는 동성애자해방운동이 거둔 두 번째 성취이자 이 세상에 준 선물이었다.

그러나 많은 사람들에게 안전한 성 관계는 너무 뒤늦었다. 그리고 거의 없긴 했지만 일부는 여전히 위험을 감수했다. 이 병의 존재를 부인했기 때문에, 또는 결혼해서 정체성을 숨겼기 때문에, 또는 사랑을 나누는 순간에 다른 남성의 살을 몸 안에서 느끼고 싶어 했기 때문에 그랬다.

1985년까지도 정부는 여전히 아무것도 하지 않았다. 로널드 레이건은 8년간 집권하면서 에이즈라는 단어를 한 번도 입 밖에 내지 않았다. 12명이 재향군인병+에 걸린 사건은 전국적 뉴스였지만, 수천 명이 에이즈로 목숨을 잃어도 침묵만이 흘렀다. 치료제나 병을 더 악화시키지 않을 치료가 절박하게 필요했다. 그러려면 상당한 연구와 연구비가 있어야 했다. 남성 동성애자들과 그들이 만든 에이즈 단체들이 매년 의회에 로비를 벌였지만, 보잘것없는 액수만 배정될 뿐이었다. 레이건 정부는 해마다 배정된 그 돈조차 대부분 지출하지 않았다.

동성애자 활동가들은 레이건이 자신들이 죽기를 바라는 것이라고 결론 내렸다. 그들은 에이즈가 보이스카우트의 병이면 정말 좋겠다고 말하곤 했는데, 정말로 농담이 아니었다. 만약 보이스카우트가 이 병에 걸렸다면 당장 대책을 세웠을 것이기 때문이었다.

1980년대 말 마침내 거대 제약 회사들이 도움이 되는 약을 내놓기 시작할 듯했다. 그런데 연방 정부의 약품 승인 절차가 6년, 8년, 심지어 10년씩이나 걸렸다. 그래서 동성애자 활동가들은 액트업ACTUP이라는 정치조직을 결성해 연구비에 투자하고 약품 승인을 서두르라고 요구하며 정부를 괴롭혔다.[17] 액트업이 내건 구호는 '침묵은 죽음'이었다. 이들은 정말이지 무섭게 소란을 피웠다. 뉴욕의 성 패트릭의 날 행진 대열에 뛰어들고, 성당 앞

+ 레지오넬라병. 세균에 감염돼 걸리는 냉방병의 일종으로 1976년 미국 필라델피아의 재향군인 모임 참석자들에게 발병해 '재향군인병'으로도 불린다.

에서 죽은 사람처럼 누워 시위를 벌이고, 과학자들의 학술회의장에 난입해 소리를 지르고, 조지 부시 1세의 선거 유세를 따라다녔다. 그리고 마침내 이겼다. 새로운 약들이 제조돼 승인받았다. 이것이 동성애자해방운동의 세 번째 성취였다.

새로운 약들이 HIV를 치료하지는 못했지만 바이러스 증식을 멈추거나 하나의 세포에서 다른 세포로 옮겨 가는 것은 막았다. 이 약들이 바이러스를 억제해 HIV는 당뇨병과 같은 질환이 됐고, 이로써 사람들은 20년이나 30년을 살 수도 있었다. 사실상 살 수 있게 된 것이다. 일부 사람들에게는 약이 맞지 않기도 하고, 약이 언제까지 효력이 있을지는 아무도 장담할 수 없다. 그러나 아무것도 없는 것보다는 낫다.

약을 살 돈만 있다면 말이다.

동성애자 운동의 네 번째 성과도 있다. 이는 활동가들이 아니라 수백만 명의 일상을 통해 이뤄졌다. HIV가 전염되기 시작하던 때부터 동성애자 공동체들은 아픈 사람들을 돕고, 음식을 공급하고, 외로운 사람들에게 벗이 돼 주는 단체들을 만들었다. 이런 활동들은 그 이상의 의미가 있었는데, 남성 동성애자들이 죽어 가는 과정 때문이었다. 1981~1994년 에이즈 환자들이 흔히 걸리는 폐렴이나 구강칸디다감염증+ 같은 특정 질환에 대한 치료가 이뤄졌다. 그러나 면역 체계의 붕괴를 막는 약은 없었다. 사람들은 서서히 죽어 가면서 나아지다가 악화되고, 죽음의 문턱까지 갔다가 다시 회복되기를 거듭했다.

죽어 가는 과정은 힘겹고 길고 고통스러웠다. 미국, 라틴아메리카, 유럽 등 전 세계에서 수많은 남성 동성애지들이 아주 남담히 그 길을 갔다. 나는 새로운 약들이 상용화되기 전에 런던에서 6년간(2년은 전화로 4년은 진료소에

+ 구강 내 곰팡이 감염.

서) HIV 상담사로 일했다. 그 덕분에 어떻게 하면 잘 죽을 수 있는지를 배웠다. 이는 매우 평범한 일이지만 동시에 매우 어려운 일이기도 하다. 내가 만났던 그 사람들은 살아 있는 이들을 위해 죽었다. 그들은 자신들 다음에 똑같은 죽음에 맞닥뜨릴 남성 동성애자들이 있다는 것을 알았다. 그들은 진실한 삶을 살기 위해 노력했다. 그들은 소리치고, 숨지 않으며, 부끄러움 없이 죽어 가는 모범이 되기 위해 노력했다. 때때로 자신의 몸을, 그리고 늘 몸 안의 바이러스를 증오했을지라도 말이다.

사람들이 계속해서 사용한 은유는 자신들이 전쟁을 치르고 있다는 것이었다. 그들은 병사였고 죽어야만 할지도 모른다. 그러나 다른 사람들을 위해 싸웠다. 다른 남성 동성애자들은 헤아릴 수 없이 많은 작은 친절로 화답했다. 사람들은 병문안을 가고, 얼굴을 보러 들르고, 소풍을 가고, 에이즈 이야기를 하지 않으려고 애쓰고, 귀 기울이려 노력하고, 그들이 울면 보듬어 줬다. 동성애자해방운동 초창기에는 '동성애자 공동체(커뮤니티)'에 관해 떠들어 댔지만, 그것은 정치적 허구였다. 이제 그 공동체는 실체가 됐다. 그것은 사람들이 서로를 위해 한 행동이었다.

에이즈가 동성애자 병이 아니라는 것은 남성 동성애자들에게 매우 중요했다. 누구나 에이즈에 걸릴 수 있다. 더 나아가 남성 동성애자들이 이 병을 이겨 내려면 어떻게든 도움이 필요했다. 정치적으로는 약을 얻는 데도 도움이 필요했다. HIV에 감염된 남성 동성애자들은 직장이 있었다. 그들은 동료들의 이해와 배려가 필요했다. 병가도 쓸 수 있어야 했다. 언제나 남성 동성애자들은 게토 너머로 손을 내밀었다. 남성 동성애자들과 에이즈에 관한 소설과 영화에는 항상 그들을 사랑하고 받아들인 가족들이 있다. 모든 어머니와 아버지, 누나들이 그런 것은 아니지만, 그렇게 한 사람들이 변화를 이끌어 냈다. 그리고 레즈비언 진영도 병상으로 다가왔다. 자신들이 겪는 동일한 편견에 의해 이 남성들이 고통받고 있다는 것을 이해했기 때문이었다.

에이즈에 걸린 남성 동성애자들은 다른 사람들에게 손을 내밀었다. 도움이 필요하기 때문이기도 했지만, 그들이 자신을 탓하는 정치를 갖고 있지 않았기 때문에 손을 내미는 것이 가능했다. 이렇게 내민 손이 미국의 정치를 변화시켰다. 레이건은 남성 동성애자들이 존재하지 않는 것처럼 굴수 있었다. 그러나 1994년에 이르면 미국의 거의 모든 사람들이 주변에 HIV에 감염된 사람을 알고 있었다. 사람들은 대부분 감염인들이 인간적 존중과 의학적 치료를 받아야 한다고 생각했다. 마침내 대통령인 부시 1세마저 공개적으로 에이즈에 관해 말할 수밖에 없었다. 1994년에 의회에서 통과된 라이언 화이트 법은 수혈로 에이즈에 감염돼 죽은 10대 백인 소년의 이름을 딴 법률이었다. 물론 면피용이었다. 그러나 이 법 덕분에 대다수 HIV 감염인들에게 약과 치료비가 제공됐다. 미국에서 이런 지원이 이뤄지는 질병은 신부전증과 에이즈, 단 두 가지밖에 없다.

남성 동성애자들 사이의 지속적 애정과 돌봄은 또한 게이 운동과 레즈비언 운동이 다른 운동과 달리 1980년대 초보다 1980년대 말에 더욱 강력해지는 결과를 낳았다. 여전히 편견은 존재했지만 조금씩 사그라지고 있었다. 1987년 10월에는 워싱턴 DC에서 게이와 레즈비언의 권리를 요구하는 행진에 50만 명이 참여했다.[18] 에이즈 환자들이 선두에 섰다.

그렇다고 해서 이 전염병이 겪을 만한 가치가 있었다는 얘기는 아니다. HIV 감염인 대다수는 남성 동성애자가 아니다. 미국에서는 주사제 마약 사용자는 물론이고 점점 더 많은 수의 아주 평범한 이성애자들도 에이즈에 걸렸다. 세계의 다른 곳에서 HIV는 도시와 가난한 사람들의 병이다. 그리고 감염인 수는 계속 증가하고 있다. 2001년 말 유엔은 전 세계적으로 HIV

감염인이 4000만 명에 이를 것으로 추산했다. 그중 2850만 명은 사하라 사막 이남 아프리카에, 660만 명은 아시아에, 100만 명은 미국에 살고 있다.[19] 여기에는 남아프리카공화국의 500만 명이 포함돼 있는데, 이는 그 나라 성인 인구의 5분의 1에 달한다. 비율이 이렇게 높은 이유는 남아프리카공화국이 도시국가이기 때문일 것이다. 아시아의 감염인 수는 십중팔구 과소 추정치인 것이 확실한데, 인도와 중국 정부가 전염병의 확산 정도를 은폐하려 하기 때문이다. 현재 인도의 합리적 추정치는 400만~500만 명 정도다. 중국은 추산하기 더 어려운데 HIV가 여전히 감춰져 있기 때문이다. 중국의 HIV 감염인은 50만~200만 명일 것이다.

2001년에 사하라 사막 이남 아프리카에는 세계 절대 빈곤 인구의 40퍼센트, HIV 감염인의 70퍼센트가 있었다. 그러나 이 비율이 달라졌다. 인도와 중국을 합하면 인구가 20억이 넘는데, 두 나라 정부 모두 HIV 바이러스의 확산을 막기 위한 조치를 전혀 취하지 않았다. 유엔은 2010년까지 중국의 HIV 감염인의 수는 1000만~1500만 명, 인도는 2000만~2500만 명이 될 것으로 추산한다.[20] 이렇게 되면 이 전염병이 사라지기 전에 최소 1억 명이나 그 이상이 죽음에 이를 것이다.

많은 사람들이 고통스럽게 죽을 것이다. 이 사람들이 피할 수도 있을 죽음을 맞이하는 이유는 두 가지다. 우선 WTO와 미국 정부가 사람들이 약값을 감당할 수 없게 만들고 있다. 그리고 각국의 정치인들이 안전한 성 관계가 불가능하도록 만들었다.

먼저 안전한 성 관계에 대해 이야기해 보자. 안전한 성 관계는 남성 동성애자들이 창안했으며, 인간의 섹슈얼리티를 즐기는 것에 입각했다. 안전한 성 관계는 생물학적 측면에 주목했고 "콘돔을 사용하라"고 말했다. 그러면 원하는 만큼 관계를 맺어도 된다는 것이다. 무엇보다 안전한 성 관계의 핵심은 어느 누군가가 HIV에 감염됐다고 해도 안전하다는 것이다.

이런 접근 방식은 기독교 우파와 이성애 도덕의 수호자들에게는 용납할 수 없는 것이었다. 미국의 TV나 학교에서 이성애자들에게 전달하는 메시지는 "콘돔을 사용하되, 가능한 한 적은 수의 파트너와 관계를 맺어야 한다"는 것이었다. 그들은 에이즈가 죽을병이라고 말했다. 에이즈 때문에 모든 것이 변했고, 성적 문란함의 시대는 끝났다는 것이다.

이것은 치명적인 충고였다. 전혀 앞뒤가 맞지 않는 이야기였기 때문이다.[21] 사람들은 이렇게 자문했다. '콘돔이 효과가 있다면 왜 파트너를 줄여야 하지? 콘돔이 소용 없으면 그걸 왜 써야 하는데?' 사람들은 학교나 TV에서 항상 듣는 말들이 거짓이라는 것을 알았다. 그러나 어느 부분이 거짓인지는 헷갈렸다. '콘돔이야, 아니면 성적 문란이야?' 사람들은 대체로 콘돔을 사용하지 않고 성 관계를 맺었다.

아프리카계 미국인 정치인들, 교회와 지역공동체 지도자들의 대응 역시 부적절했다. 주사제 마약 사용자들은 특히 뉴욕에서 매우 위험한 상황에 처해 있었는데, 그 가운데 많은 수가 흑인이었다. 뉴욕 경찰은 헤로인과 코카인을 규제하는 법은 제대로 집행하지 않았지만, 주사기를 파는 약사들을 규제하는 법은 엄격하게 집행했다. 1987년 HIV 예방 활동가들은 그에 따른 결과를 알았다. 중독자들이 주사기를 공유하는 건 그럴 수밖에 없기 때문이었다. 약사들이 모든 사용자들에게 주사기를 공급하는 것이 정치적으로 불가능했기 때문이다. 뉴욕의 공중 보건 활동가들은 주사기를 나눠 주기 위해 1987년에 시 기금으로 '주사기 교환' 단체를 세우려고 했다.

당시는 마약과의 전쟁이 한창 진행되는 때였고, HIV 예방 활동가들의 이런 시도는 아프리카계 미국인 정치인들과 교회 지도자들에게 문제를 안겨 줬다.[22] 그들이 청결한 주사기 사용 캠페인을 지지하면, 뉴욕의 마약 사용자들과 그 애인들 수만 명의 생명을 살릴 수 있었다. 이를 통해 마약과의 전쟁도 약화될 터였다. 이는 흑인 정치인들이 그런 사람들에게 연민과 연대감을 느낀다는 점, 그리고 마약 사용자 처벌보다 인간의 목숨을 구하는 것을 더 중요하게 여긴다는 점을 보여 줄 것이었다. 그러나 동시에 많은 아프리카계 미국인들이 마약을 사용한다는 사실이 드러날 것이었다. 그래서 아프리카계 미국인 정치인, 언론인, 목사들은 주사기 교환을 통렬하게 비판했다. 1989년 자유주의자인 아프리카계 미국인 데이비드 딘킨스는 뉴욕 시장에 당선하자 주사기 교환 프로그램을 중단시켰다.

마약중독 치료사들과 일부 마약 사용자들은 계속 비밀리에 불법으로 주사기를 배포하는 한편, 정치인들에게 지속적으로 압력을 넣었다. 1995년 이들이 논쟁에서 승리해 뉴욕에서 주사기 교환 프로그램이 시행됐다. [그러나] 이 프로그램의 시행이 지연되는 바람에 수만 명이 죽었다.

2000년에 미국에서 HIV 양성반응을 보인 사람 중 57퍼센트가 아프리카계 미국인이었다. 한 가지 원인은 HIV가 특정 지역, 특히 뉴욕에 집중됐다는 것이다. 전 세계적으로 HIV는 대도시와 가난한 사람들 사이에서 나타난다. 다른 원인은 주사기 교환이 부족했기 때문이다. 또 하나는 백인과 마찬가지로 많은 흑인들이 동성애자이거나 양성애자이기 때문이었다. 교회 지도자들은 이 사실을 알고 있었지만 인정하기를 꺼렸다. 마지막으로 흑인 공동체에서는 안전한 성 관계가 이뤄지지 않았다. 이것은 우연이 아니었다. 흑인 공동체 지도자들은 처음부터 에이즈가 동성애자들의 병, 따라서 백인들의 병이라고 주장했다. 이 지도자들은 대부분 교회 출신이거나 체면에 집착하는 전문직 계급에 속했다. 미국에서 흑인의 섹슈얼리티에 대한 백인들의 편견이 심하다는 사실 때문에 흑인 지도자들은 흑인 10대들의 섹슈얼리티를 인정하는 캠페인에 절대 참여하려 하지 않았다.

이 모든 과정에서 미국의 흑인 사회 지도자들은 백인 지도자들과 조금도 다르지 않았고, 미국의 대응은 세계적으로 보수적인 기성 체제 전반의 분위기에 영향을 미쳤다.[23] 아프리카와 아시아 전역의 거의 모든 정부들이 처음에 감염자 규모를 은폐하려고 했다. HIV에 대응한 경우에도 기껏해야 미국의 노선을 따랐다. 콘돔을 사용하고 파트너의 수를 줄이라는 것 말이다. 최악의 상황은 가톨릭의 영향력 때문에 콘돔 사용조차 반대하는 것이었다. 콘돔을 무료로 배포한 국가는 거의 없었다. 태국은 예외였다. 이곳의 상층계급은 민감하게 반응해, 자기 자신과 다른 사람들을 보호하기 위해 매춘부들에게 콘돔을 권하는 국가 차원의 캠페인을 벌였다. 태국의 지배계급과 중간계급 남성들은 여성을 착취한다는 것에 대해 자기 자신과 남들에게 솔직했다. 그들은 깨끗한 매춘부를 원했다.

더 일반적으로, 수천만 명의 생명을 살리기 위해서는 미국 동성애자들의 모범 사례에 입각한 국가적 캠페인이 필요했다. 사람들이 모든 억압에 맞선 투쟁의 일환으로서 안전한 성 관계를 주장하는 기층 운동을 건설하는 것 말이다. 그것은 주교들, 기업가들, 대통령들이 "콘돔을 사용합시다. 저도 씁니다" 하고 말하는 섹슈얼리티의 축제를 뜻했다.

반대로 HIV가 가장 빠르게 확산되는 경로는 사람들이 가장 억압받고 절망하고 외로운 곳에 있었다. 이 외로움을 두드러지게 보여 주는 무미건조한 글에서 캐서린 캠벨 교수는 남아프리카공화국 광산에서 성 노동자와 이주 노동자의 거래를 이렇게 묘사한다.

여성들은 보통 네다섯 명이 무리를 지어 하루 종일 고객을 기다린다. 일반적으로 고객은 자신이 선택한 성 노동자를 지목하거나 신호를 보낸다. 그녀는 고객에게 다가가고, 다음과 같은 매우 전형적인 대화가 이어진다.

성 노동자 : 도와 드릴까요?

고객 : 도와줄 수 있겠어요?

성 노동자 : 돈 있으세요? 20랜드예요.

고객은 돈을 꺼내 건넨다. 성 노동자는 그 돈을 안전하게 보관하기 위해 동료에게 맡긴다. 고객과 노동자는 조금 떨어진 곳으로 옮겨 가능하면 수풀 더미 뒤로 가는데, 그마저 없으면 동료들이 볼 수 있는 곳인 경우도 흔하다. 성 노동자는 팬티를 벗은 채 등을 대고 눕고, 고객은 바지를 무릎 정도까지만 내린다. 삽입 성행위가 진행된다(보통 3분 정도 걸린다). 그러고 나면 두 사람은 일어나서 옷을 입고 고객은 떠난다. 처음의 흥정을 제외하면 서로 말이 오가는 경우는 드물다.

곁에 동료들이 있는 것이 중요하다. 남성이 관계를 맺은 뒤에 칼을 꺼내 들고 돈을 다시 달라고 하거나, [어떤 — 지은이] 실업자 남성이 숨어 있다가 두 사람이 관계를 맺는 동안 공격해 돈을 뺏어 갈 수도 있기 때문이다.[24]

이 남성들은 대개 이웃 나라들에서 온 이주 노동자들로 기숙사 생활을 한다. 그들이 이렇게 먼 곳에 와서 일하는 이유는 가족을 먹여 살려야 하기 때문이다. 성 노동자와의 만남은 육체적 사랑일 뿐이다. 이들은 감정을 드러내지 않는다. HIV에 대한 두려움도 광산에 대한 두려움과 다를 게 없었다. 사람들이 광산에서 죽는 일은 늘 있었다. 처음 지하 3킬로미터 아래로 내려가는 승강기를 타면 다른 사람들이 안심시켜 주곤 한다. 캠벨이 한 광부에게 물었다.

캠벨 : 승강기에 탔을 때 사람들이 어떻게 안심시켜 주던가요?

광부 : 이런 상황에서는 내가 광산에 있고 사나이라는 걸 알아야 한다

고, 그리고 두려움 없이 모든 것에 맞서야 한다고 이야기해 줬어요. ……
사나이라는 말이 힘이 되고 위안이 됐어요. …… 사람들은 이런 말을 해요.
"남자는 양이야. 절대로 울지 않지." 대부분 이런 식으로 격려하고 위로하
는 거지요.

　[캠벨이 왜 남자가 양인지를 물었다. ― 지은이]

　광부 : 양은 아무리 세게 때려도, 심지어 잡아 죽여도 절대로 우는 소리
를 내지 않거든요. 우는 동물은 염소지요. 그러니까 어떤 고통을 당해도 남
자는 울지 않는다는 것을 빗댄 거지요.[25]

　성 노동자 여성들은 대부분 결혼을 하지 않았는데, 그것이 이 일을 해야
만 하는 한 가지 이유였다. 광부들은 대부분 아내가 있었다. 어느 날 남편
들이 HIV를 집으로 가져갔을 것이다. 모두가 입 밖에 내서는 안 되는 상황
에 갇혀 있었다. 수치심이 이들을 침묵하게 만들었다.

　그리고 침묵은 액트업이 말했던 것처럼 죽음이다. 캠벨은 작은 지역의
HIV 예방 사업에 광부들, 성 노동자들과 함께 참여했다. 그들은 어느 정도
성공을 거뒀다. 그러나 진정한 변화를 위해서는 사회 전체에 퍼져 있는 태
도를 바꿀 대중운동이 필요했다. 캠벨이 참여한 사업은 가난한 나라에서
NGO들이 운영하는 많은 사업들과 비슷했다. 그들은 권력에는 도전하지 않
는다. 현지 정부와 자신들에게 기금을 대는 유엔, 미국, 유럽연합이 허락하
는 범위를 벗어나지 않는다. 아프리카 국가든, 유엔이든, 유럽과 미국의 기
부자들이든 안전한 성 관계와 자유로운 성생활을 권장하도록 허용하지는
않을 것이다.

　미국에서는 대부분의 사람들이 치료받았지만 아프리카에서는 그렇지
못했다. 원인은 WTO와 미국 정부였다. WTO는 아주 많은 것들과 관계가

있었다. WTO는 두 가지 측면에서 세계화 계획을 넘어섰다. 첫째, WTO는 제조업뿐만 아니라 서비스산업에 대한 국제적 투자를 보장했다. 서비스산업은 모든 국가의 경제에서 점점 더 큰 비중을 차지했다. 또한 고정자본 투자가 더 적기 때문에 이윤율을 끌어올릴 수 있는 분야였다. WTO는 국민국가가 자국 서비스산업을 규제할 권리를 박탈하는 규정을 점차 강화했다. 그 대신 제네바의 WTO가 중재하게 됐는데, WTO는 대체로 다국적기업에 유리한 판결을 내렸다.

WTO는 '서비스 무역에 관한 일반 협정(GATS, 예전의 GATTS와는 다른 것)'이라는 일련의 규정을 갖고 있었다.[26] GATS에 따르면 한 국가가 어떤 서비스 부문에서든 사기업 활동을 허용했다면, 그 부문에 속하는 정부의 모든 사업에 해외 기업과 국내 기업이 입찰할 수 있어야 한다. 한 국가가 사립학교나 사립병원을 몇 개 허용했다면, 그다음에는 기업들이 모든 학교와 병원 운영에 뛰어들 수 있도록 허용해야 하는 것이다. 이 조항이 적용된 경우는 아직 많지 않지만, 이 조항은 존재하고 앞으로 강화될 계획이다.

둘째, WTO는 특허권을 보호하는 규정을 갖고 있다. '지적 재산권'에 관한 이 규정은 '무역 관련 지적 재산권 협정TRIPS'이라고 부른다.

미국의 동성애자 운동은 에이즈 치료제 생산과 정부의 승인을 위해 싸웠다. 미국에서 이 약들을 1년 동안 복용하려면 1만 5000달러의 비용이 들고, 영국에서는 1만 달러가량 든다. 아프리카에 사는 사람들은 대부분 그 비용을 감당할 수가 없었다. 아프리카 정부들이 감당할 수 있는 수준도 아니었다. 남아프리카공화국에서 500만 명에게 약을 제공하려면 한 해에 500억 달러의 비용이 들 터였다. 그런데 1990년대 중반에 인도의 한 제약 회사가 한 해에 300달러의 비용이 드는 에이즈 약을 만들어 냈다. 사하라 이남 지역에서 가장 부유한 국가인 남아프리카공화국은 이 정도 비용은 댈

수 있었다. 다른 아프리카 국가들은 감당할 수 없었지만, 세계에는 어렵지 않게 아프리카에 치료제를 공급할 수 있을 정도로 충분한 돈이 있었다.

다국적 제약 회사들은 이런 생각에 매우 적대적이었다. 인도의 약값이 저렴한 이유는 그것이 '복제약'이기 때문이었다. 복제약은 부유한 나라에서 특허권의 보호를 받는 약을 화학적으로 똑같이 모방해 만든 것이다. 1990년 대까지 가난한 나라들은 모두 복제약을 사용했다. 이를 뒷받침한 것은 가난 한 사람들은 서방에서 특허받은 약값을 감당할 수 없다는 생각이었다. 이들 은 살기 위해서 값싼 약이 필요했다. 1990년대에 WTO가 등장하기 전까지 는 이것이 인간에 대한 사회 일반의 예의의 문제로 여겨졌다. 1950년대에 소아마비 백신을 발명한 조나스 솔크는 백신의 특허권이 누구에게 있느냐는 질문을 받고 이렇게 답했다. "누구에게도 없습니다. 왜냐고요? 태양에 특허 를 낼 수 있습니까?"[27]

그런데 '지적 재산권' 규정인 TRIPS는 이제 의약품, 소프트웨어, 그리고 다른 모든 발명품에 대한 특허권이 부유한 나라뿐만 아니라 가난한 나라에 도 적용돼야 한다고 주장한다. 과거에는 국가들이 경제적으로 더 선진화된 국가에서 사용하는 공정을 모방함으로써 산업화했다. 미국과 독일이 바로 이런 방식으로 영국을 따라잡았다. 한국과 일본이 미국을 따라잡고 있었던 것도 같은 방식을 통해서였다. 특허권과 저작권에 관한 새로운 규정들이 이를 가로막는다. 그 규정들은 새로운 공정을 개발하거나 단지 처음 특허 권을 얻은 기업(거의 언제나 부유한 나라의 기업이고 보통은 미국 기업이다)에만 독점권을 부여하는 것이다. 원칙상 의약품 특허권은 10년 동안만 유효하지 만 여러 가지 방법을 동원해서 연장할 수 있다.

특허권은 몇 가지 이유 때문에 다국적 제약 회사들, 즉 '거대 제약 회사 들Big Pharma'에게 중요하다. 이들은 모두 대체로 3~10가지 정도의 몇몇

'대히트 약'을 통해 수입의 대부분을 얻는다. 이 약들은 급성질환 약이 아니다. 급성질환의 경우는 호전되면 투약을 중단하기 때문이다. 몇몇 대히트 제품들은 당뇨, 천식, 고혈압 같은 만성질환 약이다. 그 외에는 항우울제와 비아그라, 다이어트 약, 발모제 같은 삶의 질을 개선하는 약들이다. 신약 개발에 드는 최소 비용은 현재 10억 달러 정도다. 따라서 열대지방에서 발견되는 급성질환에 대한 신약 개발은 경제성이 전혀 없는 것이다.

의료 활동 NGO인 국경 없는 의사회는 거대 제약 회사들이 1975~1997년에 1200개의 약품을 개발해 판매했다는 것을 알아냈다. 그중 13개가 열대병을 치료하기 위한 실험에 쓰였다. 13개 중 5개는 이미 동물들에게 사용되는 동물 약품이었고, 4개는 베트남 전쟁 당시 미국 군대가 개발한 것이었다. 즉 1200개 가운데 열대병 치료를 위해 제약 회사가 자체적으로 개발한 것은 4개뿐이다.[28]

몇 가지 사례만 들어 보자. 아프리카에서는 수면병으로 한 해에 15만 명이 죽는다.

현재 수면병에 사용할 수 있는 유일한 치료제는 70년 된 약으로 산화멜라센과 프로필렌글리콜(부동액에 넣으며 비소에 버금간다)을 혼합해 만든 것이다. 이 약을 주사로 맞은 사람 중 5퍼센트가 이 약 때문에 사망했다.

아벤티스와 바이엘에서 만든 대체 약이 있었지만 두 회사 모두 생산을 중단했다. 그사이 수면병의 한 변종은 시장에 남아 있는 유일한 약에 내성이 생겼지만, 이 질환에 대해 새로운 연구를 진행하는 제약 회사는 없다. ……

세균성수막염은 한때 '클로람페니콜'이라는 치료제로 값싸고 손쉽게 치료했다. 이 약은 루셀 위클라프가 제조했지만 …… 1995년에 루셀이 생산을 중단했다. 이제는 아무도 생산하지 않는다.

리슈만편모충증이라는 병은 기생충 때문에 걸리는데 심각한 피부 손상을 일으키고 때로 사망에 이르기도 한다. 이에 대한 치료제가 제약 회사 실험실에 존재한다는 이야기가 있다. 치료제를 보유하고 있다고 의심받는 회사 중 어느 누구도 이를 인정하지 않을 것이다.[29]

말라리아와 결핵 치료제 연구도 거의 이뤄지지 않는다. 기생충이 일으키는 회선사상충증이라는 서아프리카 병도 마찬가지였다. 1985년에 로이 바젤로스가 미국의 제약 회사 머크의 최고 경영자가 됐다. 머크는 개의 심장사상충 치료에 사용되는 약을 만들었다. 머크 소속 과학자 모하메드 아지즈는 그 약이 회선사상충증도 치료할 수 있음을 발견했다. 바젤로스는 훌륭한 사람이었다. 그는 비록 그 약을 필요로 하는 사람들이 "진흙 움막에 살고 약값을 지불할 형편이 전혀 되지 않았"는데도 생산하기로 결정했다. 훗날 바젤로스를 인터뷰한 작가 제프리 로빈슨의 글을 보자.

법률 고문단은 바젤로스에게 그 약이 예기치 않은 반발을 불러 일으킬 경우 회사가 골치 아픈 일에 휘말릴 우려가 있다고 말했다.

월 가와 주주들을 담당하는 부하 직원들은 이렇게 하면 투자자들을 불안하게 할 수 있다고 말했다. …… 자금 담당 직원들은 이 일이 선례가 돼 다른 약이 필요한 사람들에게 약을 헐값에 주지 않았을 때 머크가 곤란해질 수 있다고 말했다.

다른 거대 제약 회사의 최고 경영자들은 머크가 이런 일을 반복하면 자신들도 똑같이 하라는 기대를 받을 수 있다고 불평했다. …… 그들은 머크가 계속해서 자신들을 이렇게 곤란한 처지로 몰아간다면 연구를 중단하는 수밖에 없다고 경고했다.[30]

바젤로스는 여하튼 밀어붙였다. 그러나 머크의 자금을 쓸 수는 없었다. 한 해에 10만 명에게 약을 제공하기 위해서는 2000만 달러가 필요했다. 그는 유엔 산하 기구인 세계보건기구를 찾아갔지만 거절당했다. 아프리카 정부들도 돈이 없다고 말했다. 바젤로스는 워싱턴으로 갔다. 그가 최고 경영자였기 때문에 유력한 정부 인사들이 그를 만나 줬다. 바젤로스는 이렇게 말했다.

우리는 많은 돈을 요구하지 않았습니다. 모두가 내게 이것이 좋은 일이고 해야만 하는 일이라고 말했습니다. 나는 백악관에서 로널드 레이건의 수석 보좌관 돈 리건을 만났는데, 그는 이 일이 우리가 해야만 하는 일이고 꼭 하고 싶다고 말했죠. 그러나 우리가 그의 사무실 밖으로 걸어 나오자마자 국제개발처AID에서 나온 사람이 무척 하고 싶지만 돈이 없다고 말했습니다. 나는 국무부에 갔고 그곳에서도 똑같은 경험을 했습니다. 국무부 부장관은 하고 싶다고 말했지만, 내가 사무실에서 나가는 순간 그의 부하가 말했습니다. 정말로 하고 싶지만 돈이 없다고. 상상이 가십니까?[31]

바젤로스는 회선사상충증이 그들의 우선순위에서 높은 자리를 차지하지 않는다고 생각했다. 그러나 그가 이해하지 못한 것이 있다. 정부는 약을 헐값에 주지 않기를 원했던 것이다. 단지 훌륭한 사람 앞에서 그것을 인정하기가 부끄러웠던 것이다. 결국 바젤로스는 회사 돈을 써서 약을 나눠 줬다. 첫 해에 10만 명이 그 약을 받았다. 그러나 그의 결정은 특이한 경우였다.

약을 헐값에 주지 않으려는 이유는 간단하다. 아프리카에서 약을 팔아 봐야 이윤이 남지 않는다. 북미, 서유럽, 일본이 제약 시장의 80퍼센트를 차지한다. 아프리카는 겨우 1퍼센트에 불과하다. 여기에는 아프리카의 정부 지출과 해외 원조가 모두 포함된다. 아프리카에 에이즈 약을 판매해서 돈을 벌려고 한 사람 역시 아무도 없었다.

문제는 아프리카에서 약이 싼값에 팔리면 미국인들이 그것을 알 수도 있다는 점이었다. 미국인들은 이미 캐나다의 약값이 더 저렴하다는 것을 알고 있고, 미국의 의사들은 환자들에게 인터넷으로 캐나다 약을 구해 먹으라고 권하는 실정이다.

미국인들은 전 세계 제약 회사 매출의 40퍼센트를 소비한다. 그러나 전체 제약 산업 이윤의 60퍼센트가 미국에서 나온다. 미국은 민간 의료가 지배적이고, 국민 건강보험이나 약값을 낮추기 위한 규제 장치도 없기 때문이다. 특허권은 노다지와 같다. 거대 제약 회사들은 평균적인 기업 이윤보다 서너 배 많은 이윤을 얻는다. 가장 많이 팔리는 25개 약품 가운데 20개를 미국계 다국적기업들이 소유하고 있다.

아프리카인들이 에이즈 치료제를 구할 수 없는 데는 더 큰 이유가 도사리고 있다. 미국은 국민총생산의 14퍼센트를 의료비로 지출한다. 이는 다른 어느 나라보다도 높은 비율인데, 미국의 의료가 대부분 민영화됐기 때문이다. 민간 의료는 비싸고 비효율적이다. 이 때문에 세계에서 가장 큰 규모의 경제에서 의료가 가장 큰 산업이 됐다. 민간 의료라는 원칙은 미국 경제의 이익에 중요하다. 기업들은 WTO를 통해 민간 의료를 세계적 기준으로 만들고 싶어 한다. 그들은 이를 위해서라면 살인도 마다하지 않을 것이다.

이해를 돕기 위해 비교해 보자면, 미국은 자기 다음으로 군비 지출이 많은 9개 나라를 모두 합친 것보다 더 많은 액수를 군사비로 지출한다. 그런데 이러한 미국의 군비 지출은 공공 지출과 민간 지출을 합쳐 의료에 지출하는 돈의 절반도 되지 않는다.

거대 제약 회사들은 어떤 약을 새로 내놓을 때, 비싼 가격을 개발비로 정당화한다. 그러나 〈보스턴 글로브〉의 조사 결과 "세계에서 가장 많이 팔리는 상위 50개 약들 가운데 45개의 발견·개발·실험이 납세자들의 돈으로 이뤄졌다."[32]

수년간 소수의 부자들을 제외하고 아프리카에서 에이즈 약을 구할 수 있는 사람은 아무도 없었다. 그러다 남아프리카공화국에서 마침내 사람들이 운동을 건설하기 시작했다.

넬슨 만델라가 이끄는 아프리카민족회의ANC가 1994년에 정권을 잡았다.[33] 30년간 ANC는 사회정의를 약속했다. 아파르트헤이트를 종식시킨 협상을 중재한 것은 미국 정부였다. 이 협상을 통해 백인들이 계속 산업을 지배하는 대신에 선출된 흑인 정권이 허용됐다. 소수의 흑인 정치인들과 노동조합 지도자들은 주요 기업의 이사직에 앉았다. ANC는 권력을 잡고 나서 세계화 정책들을 빠짐없이 모두 채택했다. 실업이 늘어나고 공공 지출이 줄었다. ANC는 노동자들에게 새집을 제공하겠다고 약속했지만, 오히려 집세를 내지 않았다는 이유로 공공 주택에서 실업자들을 쫓아내기 시작했다. 그들은 전기를 민영화해 요금을 인상하고 돈을 내지 못하는 사람들에게 전기 공급을 끊었다. 수도도 마찬가지였다. 수도가 끊긴 이웃들과 물을 나눠 쓰면 그 사람들의 물 공급도 끊었다. 물 공급이 끊긴 많은 사람들이 연못이나 도랑에서 오염된 물을 마시기 시작했다. 산업용 전기 요금은 가정용보다 훨씬 쌌다.

자유를 위해 싸우던 지도자들이 거의 모두 매수됐다. 그런데도 사람들은 다시 ANC를 뽑았다. ANC는 오랫동안 사람들의 희망이었고, 다른 선택은 옛 지배자인 백인 야당뿐이었다. 1990년대 말에 아프리카인, 인도인 등 유색인 노동계급 거주지에서 새로운 운동이 일어났다. '투쟁하는 전력 노동자'들이 전기를 다시 연결하기 시작했다. '투쟁하는 수도 노동자'들은 물을 다시 공급했다. 경찰이 사람들을 집에서 내쫓으려고 오면 온 마을 주민들이 나와서 맞서 싸웠다. 경찰은 최루탄과 고무 총탄으로 반격했다.

치료행동캠페인TAC도 이 새로운 운동의 일부였다. TAC의 창립자는 에이즈 활동가 재키 아흐마트였다. 그의 어머니와 이모들도 노동조합 활동가였다. 아흐마트는 동성애자였다. 그는 ANC 활동 때문에 교도소에 수감돼 있던 동안 HIV에 감염됐다. 동성애자 해방, 자유를 위한 투쟁, 노동조합운동이 아흐마트라는 한 사람 안에 모두 있었다. 그는 TAC를 창설하면서 자신은 약을 구할 수 있지만 평범한 남아프리카공화국 사람들이 병원에서 약을 받기 전까지는 약을 먹지 않겠다고 선언했다.

TAC의 목표는 에이즈 복제약에 대한 접근권을 획득하는 것이었다. TAC 회원들은 사람들이 HIV 감염을 몹시도 수치스러워하는 나라에서 HIV 양성이라고 적힌 티셔츠를 입고 행진했다. 그들은 정치인들을 압박하고 시위를 벌이고 정부를 법정에 세웠다. 그들은 법정에서 헌법이 건강권을 보장하고, 따라서 HIV 감염인들이 복제약을 먹을 수 있어야 한다고 주장했다. 남아프리카공화국 정부가 TAC의 법정 소송을 지지할 것처럼 보이자, 미국 정부가 대응했다.

1999년 2월, [미국] 국무부는 남아프리카공화국을 상대하기 위해 "사용할 수 있는 모든 수단을 동원할 것"이라고 의회에 보고했다. 보고서를 보면 부통령실도 거기에 포함됐다. 앨 고어는 [만델라의 뒤를 이어 — 지은이] 남아프리카공화국 대통령이 될 타보 음베키와의 회담에서 그 문제를 최우선 의제로 삼았다. 로비 단체인 미국제약산업협회PhRMA는 자신들이 그 시점에 미국 정부가 남아프리카공화국을 '우선 협상 대상국'으로 지정하고 시한을 정해 나중에 무역 제재를 가하도록 압력을 넣었다고 인정했다.[34]

앨 고어는 또다시 사회보장의 적이었다. 새로 선출된 대통령 음베키는 물러섰다. 물론 미국의 압력 때문만은 아니었다. 새 정부의 전략은 다른 곳에서 진행되는 세계화와 마찬가지로 사람들이 이미 누리고 있던 사회 혜택에 대한 권리를 앗아 가는 데 달려 있었다. 그들은 공공 지출을 삭감하고자 했다. 그렇다. 정부는 약값을 감당할 수 있다. 그러나 상당한 비용이 들어간다. 그러면 예산의 균형을 어떻게 맞춰야 할까? 정부가 에이즈 약을 제공할 수 있다는 것을 인정한다면, 실업자들에게 깨끗한 물을 제공하는 것은 왜 안 되겠는가?

음베키와 그의 각료들은 이런 상황을 용납할 수 없었다. 남아프리카공화국에는 성인 다섯 명 중 한 명꼴인 500만 명이 HIV에 감염돼 있었다. 이는 사람들이 대부분 사랑하는 누군가를 땅에 묻을 것이라는 이야기였다. 이미 많은 사람들이 그렇게 했다. 모두 두려워하고 있었다. 아흐마트와 TAC가 나타나기 전에는 이런 이야기를 별로 하지 않았다. 사람들은 이것이 정치적 쟁점이라는 것을 이해하지 못했다. 이제는 알았다. 음베키가 사람들에게 절실히 필요한 것을 단순히 거부한다면, 폭풍이 몰아칠 상황이었다.

그래서 그는 난데없이 좌파적 펑계를 대기 시작했다. 음베키는 에이즈의 원인이 HIV가 아니라고 말했다. 백인 제국주의자들의 신화라는 것이었다. 가난이 에이즈를 낳으니 사람들에게 필요한 것은 약이 아니라는 논리였다. 사실 음베키와 남아프리카공화국 정부는 고어의 지시를 따른 것이었다. 그리고 훨씬 더 멀리 나아갔다. TAC는 정부가 HIV에 감염된 어머니한테서 태어난 모든 신생아들에게 에이즈 약인 아지도티미딘AZT 단기 투약을 제공하라고 요구하는 운동을 벌였다. 유럽에서 진행된 연구 결과 이를 통해 아이가 HIV에 감염될 가능성을 80퍼센트나 낮출 수 있었다. 남아프리카공화국 정부는 얼마 되지도 않는 그 알약을 어렵지 않게 제공할 수 있었지만, 음베키는 이 제안도 거절했다.

　브라질도 미국의 압력에 맞닥뜨렸다. 브라질은 약값을 내리지 않으면 복제약을 사용하겠다고 거대 제약 회사들을 위협해서 필요한 환자들에게 에이즈 약을 제공했다. 미국 정부는 브라질을 제네바의 WTO에 제소했다. 브라질이 물러서지 않았다면 미국은 브라질 제품의 미국 수출을 금지했을 것이다.

　그때 시애틀이 등장했다.

10장 시애틀과 아프가니스탄

2003년 봄 〈뉴욕 타임스〉는 사설에서 오늘날에는 미국과 세계 여론이라는 두 개의 슈퍼파워가 존재한다고 썼다. 이 장과 다음 장에서는 시애틀 WTO 반대 시위 이후 이 둘 사이의 경합을 다룰 것이다. 따라서 이것은 제노바, 부시, 9·11, 아프가니스탄, 이라크, 반전운동, 기후변화에 관한 이야기이기도 하다.

1999년 초, 미국 북서부 연안에 있는 시애틀의 활동가들은 차기 WTO 각료 회담이 자신들의 도시에서 열린다는 소식을 들었다.[1] 그들은 기뻤다. 시애틀은 한 세기 동안 급진적 노동조합의 도시였다. 베트남 전쟁에 반대하는 운동도 강력했고, 여전히 환경 운동과 반핵 운동의 중심지였다. 지역의 활동가들은 시위를 벌여 가능한 한 WTO 각료 회담을 저지하기로 결정했다. 이들은 시애틀 노동조합의 본부인 노동자 회관에서 회의를 했다. 노동조합은 처음부터 참여했고 시위 참가자의 대다수도 노동조합 참가단이었다. AFL-CIO의 지도자 존 스위니도 참석했다. 대규모로 참가한 철강노조와 팀스터스+는 좌파는 아니었다. 노동조합이 미국 대통령과 정부의 외교정

+ 트럭운송노조.

책에 맞서 좌파와 연대해 시위를 벌인 것은 아주 새로운 일이었다. 시애틀 이후 다른 나라들의 거리에서도 이와 비슷한 새로운 동맹이 나타났다.

노동조합이 참여한 이유는 조합원들이 오랫동안 고통받았기 때문이었다. 1980년대와 1990년대의 패배는 사람들을 무력감에 빠뜨렸다. 정치인, 언론, 학자들은 모두 세계화가 막을 수 없는 대세이기 때문에 미국의 노동조합들이 싸워서는 안 된다고 얘기했다. 기업들은 공장을 옮기겠다고 협박했고 NAFTA와 WTO는 이를 기정사실화했다. 이 때문에 WTO가 문제라면 그들의 회담장에서 저항하자는 말이 노동조합원들에게 설득력이 있었다.

정치 활동의 저변에 깔려 있던 감정의 구조에 획기적 변화가 일어났다. 한 세대에 걸쳐 진행된 공공 지출 삭감과 불평등 심화 때문에 사람들은 기업이 자신의 적이라는 것을 아주 분명하게 알고 있었다. 나는 1999년을 미국에서 지냈다. 나는 독재국가도 아니면서 정부의 말과 사람들의 개인적 생각 사이의 간극이 그토록 큰 나라에서 살아 본 적이 없다. 마이클 무어는 세기의 전환기에 진행된 여론조사를 이렇게 요약했다.

미국 대중의 57퍼센트는 낙태가 전부나 대부분의 경우에 합법이어야 한다고 생각한다. …… 확고하게 낙태 합법화가 바람직한 일이었다고 생각하는 사람들은 53퍼센트다. …… 이에 비해 30퍼센트만이 낙태 합법화가 잘못한 일이라고 생각한다.

86퍼센트에 달하는 압도 다수의 사람들이 …… "공민권운동의 목표에 동의한다"고 말한다. …… "나는 다른 민족 집단이나 인종의 사람들과 공통점이 별로 없다"는 항목에 동의하지 않는다고 답한 사람은 74퍼센트로 영국, 프랑스, 독일, 러시아에서 동일한 질문에 동의하지 않는 비율보다 훨씬 높다.

다른 인종의 아이를 입양할 수 있느냐는 질문에는 77퍼센트가 그렇다고 응답했고, 다른 인종의 사람과 사귀거나 결혼한 친구나 가족이 있는 경우도 61퍼센트에 달했다.

환경 운동의 목표에 동의한다고 답한 사람은 83퍼센트였고 …… 94퍼센트가 총기 제작과 사용에 대해 연방 정부 차원의 안전 규정 시행을 원한다고 답했다. …… 총기 소지자는 25퍼센트에 불과했다.

미국인 10명 중 8명은 미국에 사는 모든 사람들에게 건강보험이 평등하게 적용돼야 한다고 생각한다. …… 62퍼센트는 비폭력 범죄자들이 교도소에 덜 가도록 현행법을 개정하는 것을 지지했다. …… 74퍼센트가 비폭력 마약 사범들에 대해서 [교도소 수감보다 - 지은이] 치료와 보호관찰을 선호했다.

85퍼센트가 게이와 레즈비언이 직장에서 동등한 기회를 보장받는 것을 지지했다. 또 동성애자 피고용인을 차별한 사람을 처벌하는 법률 제정에 대해서는 68퍼센트가 동의했다. …… 동성애 커플이 아이를 입양하는 것에 대해서는 절반의 사람들이 아무 문제 없다고 답했다.

[2002년에 - 지은이] 노동조합에 찬성하는 사람은 58퍼센트였던 반면 …… 반대한 사람은 32퍼센트에 불과했다. …… 72퍼센트는 미국 정부가 노동하는 미국인들을 거의 신경 쓰지 않는다고 생각한다. …… 88퍼센트가 기업 경영자들을 전혀 신뢰하지 않거나 거의 신뢰하지 않고 …… 74퍼센트가 미국 재계의 문제들이 탐욕과 부도덕성 때문이라고 생각한다.[2]

무어가 이 수치들을 강조하는 이유는 이것이 대다수 미국인들의 다른 미국인들에 대한 기존의 생각을 정면으로 반박하기 때문이다. 2004년까지는 신문을 읽거나 TV를 보거나 라디오를 들을 때면 나라 전체가 우파 같았다.

좌파에게도 획기적 변화가 일어나고 있었다. 사람들은 정체성 정치를 벗어나 스스로를 '활동가'라고 부르기 시작했다. 캐나다인 나오미 클라인은 베스트셀러 ≪노 로고≫에서 그 변화에 대해 이렇게 썼다.

돌이켜 보면 놀라운 것은 PC[정치적 올바름 — 지은이] 정치가 자기 자신에게 가장 몰두하던 그 시기에 나머지 세계에서는 전혀 다른 일을 하고 있었다는 것이다. 즉 나머지 세계는 밖을 내다보며 확장하고 있었다. 대부분의 좌파 진보주의자들이 시야가 좁아져 자기 주변만 보고 있던 바로 그 순간에 세계적 기업들은 지평을 넓혀 전 세계를 에워싸고 있었다. …… 이처럼 새로운 세계화라는 상황에서 정체성 정치가 거둔 승리는 불타는 집에서 가구 배치를 바꾼 것이나 마찬가지였다. …… 북미에서는 여성들이 실제로 영향력이 있을지 모른다. 그러나 아시아와 라틴아메리카에서는 여성들이 결국은 [북미] 여성들을 경쟁에 뛰어들게 해 줄 '여성들의 세상Girls Rule'이라는 구호가 새겨진 티셔츠와 나이키 운동화를 만드느라 여전히 혹사당하고 있었다. 페미니즘이 이런 사실을 보지 못한 것은 단순한 실수가 아니다. 이는 배신이다. ……

되돌아보면 의도적으로 보지 않았던 것 같다. 여성운동과 공민권운동은 급진적 경제학이라는 토대를 포기하면서 …… 행동의 정치가 아니라 이미지의 정치 속에서 한 세대의 활동가들을 키워 내는 데 성공했다. …… 우리는 벽에 비친 그림을 분석하느라 너무 바빠서 그 벽 자체가 팔려 나간 줄도 모르고 있었던 것이다.[3]

미국에서 시애틀이 새로웠던 것은 서로 다른 여러 운동에서 활동하던 사람들이 이 도시에 모여 세계 체제 자체에 맞서 함께 싸웠다는 것이다. 사람들은 세계 각지에서 왔지만 시위 참가자의 다수와 조직자 대부분은 이 지역 사람들이었다. 벤 화이트 역시 조직자였다.

화이트는 젊은 시절에 공민권, 평화, 반핵, 환경, 동물권 쟁점과 관련해 활동했다. 그는 초기부터 노동자 회관에서 열린 회의에 참석했고, 그러다 바다거북에 대해 생각하게 됐다. 1980년대 말에 "매년 수십만 마리의 바다 거북들이 새우 잡는 그물에 걸려 죽었다."[4] 50~400달러 정도면 새우 잡이 배가 그물을 처음 드리울 때 거북이들이 빠져나가게 할 수 있는 장치를 갖출 수 있었다. 1991년 환경 운동의 압력으로 미국은 이 장치를 갖춘 배에서 잡은 새우여야만 미국에서 팔 수 있도록 하는 법안을 통과시켰다. 일반적으로 WTO 권력이 행사되는 방식과는 정반대로 인도, 말레이시아, 파키스탄, 태국이 미국을 WTO에 제소했다. 1998년 WTO는 거북이를 보호하는 미국의 법규가 자유무역을 제약한다고 판결했다.

벤 화이트는 시애틀에서 7가지 종류의 바다거북이 모두 멸종 위기에 처했다는 것을 알았다. 그는 시위를 위해 마분지로 만든 거북이 의상을 240벌 준비하기로 결심하고, 견본을 만들어 시애틀 곳곳에서 열린 거북이 [의상 만들기 모임에 보냈다.

WTO 각료 회담은 1999년 11월 30일 화요일에 개막할 예정이었다. WTO는 이런 회의를 2~3년마다 개최한다. 각료 회담에서는 지난 몇 년간의 무역 협상 결과를 승인하고 또 다른 협상 라운드를 시작한다. 회담은 매번 세계화의 규칙들을 더욱 강화했다. 시애틀 지역의 활동가들은 회담 개최를 저지하기로 결정했다. 월요일 밤 각료들과 대통령들이 시애틀 중심가의 호텔에 도착했다. 미국 국무장관 매들린 올브라이트도 왔고, 클린턴 대통령이 둘째 날 대표들에게 연설하기로 돼 있었다.

시위자들은 계획을 세웠다. 시애틀과 북서부에는 환경 · 평화 · 반핵 시위에서 직접행동의 전통이 있었다. 시위대는 상징적인 대열을 지었다. 체포되고 싶지 않은 사람들은 바깥쪽에 섰다. 조직자들이 경찰에게 '연행될 수 있는 사람들'이 누구인지 통보하면 경찰은 그 사람들을 연행해 조서에 올렸다.

이는 매우 온건한 시위 양식이었다. 경찰 역시 이런 방식에 익숙했다. 이는 체포돼 기소되는 것을 감당할 수 있는 중간계급 중심의 시위에 알맞은 방식이었다. 노동계급은 직장을 잃거나 자녀 양육권을 잃을 수도 있었다. 그들은 대부분 체포당하는 것을 상당히 두려워했다. 그들의 세계에서는 체포의 의미가 달랐다. 그래서 공민권운동이 체포되는 것이 아니라 대규모 시민 불복종 비폭력 저항을 중심으로 진행됐던 것이다. 1999년에도 많은 노동계급이 경찰을 두려워하는 것은 당연했다. 중간계급 시위자들은 이런 정서를 공유하지 않았다.

시위대는 회담장 주변을 에워싸고 가운데로 대표단이 통과할 길을 터줄 계획이었다. 시위대는 새벽부터 나와서 연좌시위를 준비했다.

활동가들이 연좌하는 동안 노동조합원들은 운동장에서 집회를 열고 있었다. 이 집회는 참석한 사람들에게 인생 최고의 짜릿한 순간으로 남았다. 운동장에 3만~4만 명의 노동자, 시내에 대략 2만 명의 활동가들이 있었고, 파업 중인 소수 철강 노동자들도 이미 시내 중심가에 와 있었다.

상황은 활동가들의 계획대로 진행되지 않았다. 시위대의 수가 너무 많았다. 이 정도 규모의 군중과 대면하면 경찰은 상징적으로 몇 명만 잡아들일 수 없었다. 누군가 체포될 때마다 체포하는 경찰도 현장을 떠나야 했다. 경찰은 금방 수적 열세에 몰리고 만다. 시애틀 경찰은 대규모 군중을 해산시켜야 할 때 다른 모든 경찰이 쓰는 방법을 사용했다. 사람들이 겁먹고 도망가게 만들기 위해 폭력을 휘두른 것이다.

그러는 동안 WTO 대표단들은 감히 시위대를 뚫고 호텔 밖으로 걸어 나오지 못했다. 그들은 권력을 가진 남자들과 여자들이었으므로 그런 모욕을 감당할 수 없었다. 매들린 올브라이트는 분노에 떨며 호텔방에 머물렀다. 클린턴은 시애틀 시장과 경찰청장에게 무슨 수단을 동원해서라도 거리를 정리하라고 압력을 가했다.

아침이 밝아 오면서 시위대는 WTO 첫날 회담이 무산됐다는 소식을 들었다. 그들은 미국 흑인들이 익히 잘 알고 있는 경찰 폭력을 경험했다. 검은 헬멧, 다스 베이더 복장 같은 시위 진압복, 최루탄과 곤봉. 경찰은 연좌하는 사람들 뒤로 다가와 사람들 얼굴에 대고 최루가스를 뿌려 댔다. 근거리에서 쏜 고무 총탄에 맞은 사람들은 다리가 부러지거나 얼굴이 짓이겨지는 상처를 입었다. 시애틀 시장은 수압이 높은 소방 호스를 사용하려 했지만 소방관들이 거부했다. 몇 시간에 걸쳐 경찰들이 차츰 시내를 장악했고, 시위대를 학생 거주지로 밀어냈다. 시위대는 "이것이 민주주의의 모습이다" 하고 외쳤다. 이 구호의 의미는 저들은 우리가 민주주의를 누리고 있다고 말하지만 실상은 이렇다는 것이었다.

시내에서 이런 일이 벌어지고 있을 때 노동조합원들은 따로 행진하고 있었다. 노동조합 간부들은 조합원들이 시내로 가지 못하게 하려고 애썼다. 상당수의 노동자들이 간부들을 무시하고 대오에서 떨어져 나와 회담장으로 향했다. 주로 급진적인 항만노조와 선원노조, 그리고 트럭 운전사의 노동조합인 팀스터스 노동자들이었다. 이런 외침이 울려 퍼졌다. "팀스터스와 거북이들이 함께한다."

시위대가 밀려날 때 일부가 스타벅스, 맥도널드, 나이키 매장의 유리창을 부쉈다. TV에서는 계속 깨진 유리창을 보여 줬다. TV가 전달하는 메시지는 시위대가 폭력적이라는 것이었다. 그러나 효과는 없었다. 대부분의 미국 노동자들을 묶는 정서가 있었다면, 그것은 주체할 수 없는 분노였다. 맥도널드에서 잠시 일한 적이 있거나, NAFTA 때문에 직장을 잃었거나, 형제가 감옥에 간 적이 있는 수백만의 사람들은 기업 재산이 어떻게 되든 신경 쓰지 않았다. 사유재산을 파괴한 것이 많은 평화주의자들에게는 무척 거슬리는 일이었지만 대부분의 미국인들에게는 꼭 그런 것만은 아니었다.

다음 날 아침 더 많은 사람들이 시위에 참가했다. 이번에는 경찰이 대표단을 위해 넓은 길을 확보했기 때문에 클린턴이 올 수 있었다. WTO 대표단은 미국이 세계를 지배하고, 그래서 클린턴이 말하는 대로 따라야 한다고 생각하면서 시애틀에 왔다. 그런데 이제 그들 마음속 깊은 곳에 있던 세계화에 대한 모순된 감정들이 겉으로 드러났다. 대표단은 자문하기 시작했다. 클린턴이 자기 나라 국민조차 통제하지 못한다면, 왜 우리가 그 사람 말을 들어야 하는가? WTO 회담은 어떤 합의도 도출하지 못한 채 끝났다. 시위대의 승리였다.

그 결과 새로운 운동이 전 세계로 급속하게 확산됐다. 나중에 많은 사람들이 올바르게 지적했듯이 이 운동은 그날 미국에서 시작된 것은 아니었다. 오늘날 많은 사람들은 이 운동이 1994년 NAFTA가 발효되던 날 시작된 멕시코 사파티스타 봉기와 함께 남반구의 가난한 나라들에서 시작됐다고 주장한다. 그 전에는 카라카스와 다른 여러 도시에서 IMF에 반대하는 폭동이 있었다. 부유한 나라들에서도 있었는데, 프랑스에서는 1995년 공공 부문이 총파업을 벌였고, 심지어 영국에서도 1998년 버밍엄에서 열린 G8 정상회담 회담장 밖에서 교회가 조직한 제3세계 부채 탕감 촉구 시위에 5만 명이 참가했다.

미국에서 일어난 정치 지형의 심대한 변화가 전 세계 도처에서 벌어졌고 더 빠른 속도로 진행되는 지역도 많았다. 시애틀이 중요한 기점이 된 것은 시애틀 시위를 통해 수많은 세계적 저항들이 하나의 운동임을 인식하게 됐기 때문이다.

이 점은 강조할 가치가 있다. 남반구의 활동가들에게는 북반구와 남반구 모두에서 계급투쟁이 벌어진다는 사실을 아는 것이 사활이 걸린 중요한 문제이기 때문이다. 북반구의 계급투쟁을 보지 못하면 남반구에서도 볼 수 없다. 멕시코의 활동가가 미국 권력의 중요성을 인정하지 않는다면 길을 잃는다. 그러나 세계의 중심적 투쟁이 부유한 나라와 가난한 나라 사이에서 벌어진다고 생각해도 혼란에 빠지기 쉽다. 그렇게 되면 멕시코 지배계급의 힘과 그들이 유럽, 미국의 지배계급과 동맹을 맺고 있다는 사실을 놓치고 만다. 지난 세기에 급진적인 제3세계 민족주의자들은 거듭해서 자국의 지배계급에게 허를 찔렸다.

미국의 노동계급을 보는 것은 남반구 활동가들에게 매우 중요한 일이었다. 이를 통해 활동가들이 자신들과 연대할 수 있는 세력이 누구인지 알 수 있기 때문이다. 예를 들면 오늘날 미국의 이라크 점령에 대해 전 세계가 반대한다. 여기에는 이라크의 저항, 전 세계적 반전 시위, 그리고 미국의 평화운동이 포함된다. 이 세 가지 운동 중 어느 하나만으로는 미국의 점령을 끝낼 수 없다. 베트남에서 그랬듯이, 저항은 이라크에서 가장 강력하다. 그러나 미국의 점령을 끝장내려면 미국 노동계급의 참여가 결정적으로 중요하다.

시애틀 시위는 규모가 작았다. 참가자는 6만 명 정도에 불과했다. 이는 워싱턴에서 열린 1987년 동성애자 권리 시위, 1989년 낙태권 시위, 1995년 '100만 대행진' 같은 시위들보다 규모가 훨씬 작았다. 2004년 인도 세계사회포럼, 2001년 제노바 G8 반대 시위, 2003년 2월 14일[한국에서는 15일] 이라크 전쟁에 반대한 대규모 행진에 비해서도 작은 규모였다.

그러나 시애틀이 중요한 이유는 이것이 미국에서 일어난 일이기 때문이다. 나는 2000년 5월에 인도에서 벌어진 세계화에 반대하는 3000만 노동자들의 하루 총파업에 참여했다. 이 사건은 인도 바깥의 사람들에게는 별로 알려지지 않았다. 인도의 파업 노동자들은 시애틀 시위를 알고 있었다. 세계 체제의 핵심, 지구에서 가장 강력한 힘을 가진 국가에서 일어나는 일은 전 세계에 전해진다.

시애틀이 중요한 다른 이유는 20년 세계화 계획의 압축적 상징인 조직에 맞섰다는 점이다. 시위 참가자들은 지구상 모든 권력 집단의 대표자들에 맞서 전 세계에서 벌어지는 모든 일들에 항의한 것이었다.

시애틀이 중요한 또 다른 이유들은 노동조합이 핵심 구실을 했다는 점, 시위대가 급진적이었다는 점, 그리고 그들이 이겼다는 점이다. 전 세계의 많은 사람들은 미국인들, 다른 누구도 아닌 미국인들이 행동하는 것을 지켜봤다. 그들이 할 수 있다면 우리도 할 수 있었다.

반자본주의 운동

시애틀 이후 18개월 동안 비슷한 시위들이 정상회담과 국제 협상이 열린 워싱턴 DC, 퀘벡, 프라하, 니스, 예테보리, 나폴리, 포트모르즈비, 멜버른, 취리히, 서울, 더반, 그 밖의 여러 곳에서 이어졌다.

새로운 운동은 다양한 이름으로 불렸다. 영국에서는 흔히 반자본주의라고 불렸고, 이탈리아에서는 반세계화, 프랑스에서는 또 다른 세계화를 의미하는 대안 세계화라고 불렸다. 모든 곳에서 사람들은 세계화 자체에 반대하는 것이 아니라 현재 진행되는 종류의 세계화에 반대하는 것이라고 설명하는 데 주의를 기울였다. 운동은 한 가지 핵심 구호를 채택했다. "다른 세계는 가능하다." 다른 세계가 무엇인지에 관해서는 상당한 이견이 존재하며 다른 세계를 어떻게 쟁취할지에 대해서는 대체로 불분명하다. 그러나 인기 있는 또 다른 구호를 통해 사람들이 반대하는 것이 무엇인지를 분명히 알 수 있었다. "세계는 상품이 아니다."

두 가지 사건이 중요한 의미가 있었다. 세계사회포럼과 제노바 [G8 회담항의 시위다. 제1회 세계사회포럼은 2001년 초 브라질의 포르투알레그레에서 열렸다. 전 세계의 NGO, 사회운동 활동가, 노동조합이 모여들었고, 브라질의 노동조합들과 무토지 농민 운동, 그린피스, 프랑스의 주요 반자본주의 단체인 아탁이 후원했다. 포럼은 시위라기보다는 토론의 축제였다. 그리고 다소 주류적인 경향을 보였는데, 거리 시위와 달리 정장을 입은 사람들과 관료들이 많았다. 어떤 면에서는 이것이 장점이었는데, 그 덕분에 주류 운동이 새로운 운동에 동참할 수 있었다. 세계사회포럼을 계기로, 1년도 지나지 않아 유럽과 아시아에서 대륙별 사회포럼이 생겼다. 세계사회포럼은 처음으로 남반구와 부유한 나라의 운동들 사이에 조직적 연계를 만들어냈다. 2004년 인도 뭄바이 세계사회포럼에 이르면, 세계사회포럼은 전 세계의 짓밟힌 사람들을 조직하는 강력한 풀뿌리 운동의 축제가 됐다.

사실 새로운 운동에서 일어난 놀라운 변화는 남반구와 북반구 활동가들 사이의 관계였다. 오랫동안 부유한 나라의 많은 활동가들은 가난한 나라와의 관계를 가장 억압받는 사람들과의 연대로 생각했다. 그런데 이제 초점이 바뀌었다. 북반구의 활동가들은 자신들이 남반구 운동이 맞서는 것과 똑같은 세력에 맞서 싸우고 있음을 깨달았다. 세계화 계획이 세계를 재편하는 방식 때문에 부유한 나라와 가난한 나라의 노동자들이 비슷한 경험을 하게 됐다. 이라크가 보여 주듯이 연대는 사라지지 않았다. 그러나 연대에서 동정심은 크게 사라졌다.

또 다른 중요한 사건은 제노바에서 일어났다.[5] G8 국가(미국, 캐나다, 영국, 프랑스, 독일, 이탈리아, 일본, 러시아)의 지도자들이 2001년 6월 이곳에서 연례 정상회담을 개최했다. 이탈리아 운동은 유럽 전역의 활동가들을 불러 모아 정상회담을 봉쇄하려는 시도를 벌였다. 첫날 5만 명이 지배자들을 에워싼 장벽을 향해 행진했다. 경찰은 물리력을 동원해 대응했고, 시위 참가자 카를로 줄리아니를 죽였다. 이탈리아 운동의 지도자들은 그날 밤 TV 생방송에 출연해 다음 날 거대한 평화 행진을 벌일 수 있도록 모든 이탈리아인들이 참여해 달라고 호소했다. 30만 명이 호소에 응답했다. 거리를 행진하면서 우리는 시애틀에서처럼 외쳤다. "이것이 민주주의의 모습이다." 이번에는 경찰에 대해 말하는 것이 아니었다. 우리가 바로 민주주의라는 뜻이었다.

그날 밤 경찰은 잠자고 있던 시위 참가자 90명을 연행해 구타하고 고문하고 시위 공모 혐의로 기소했다. 시위에 참가한 30만 명은 집으로 돌아가 이탈리아 전역에서 행진을 조직했다. 처음에는 제노바에서, 다음은 로마에서 현수막들이 도시 전체를 뒤덮어 공원과 거리, 경찰서 앞까지 휘날렸다. 현수막에는 이렇게 적혀 있었다. "살인자들." 경찰을 두고 하는 말이었다. 정부는 연행된 시위 참가자들을 모두 무혐의로 석방할 수밖에 없었다. 부시와 블레어의 지지를 받던 이탈리아 정부는 폭력으로 새로운 운동을 분쇄하려 했지만 수모만 당하고 말았다.

유럽의 운동은 상승세에 있었다. 남아프리카공화국에서 벌어진 일도 그에 못지않게 중요했다. 남아프리카공화국에서는 시애틀 시위 직전에 에이즈 약을 위한 치료행동캠페인TAC이 설립됐다. 1999년 말 미국 정부는 여전히 거대 제약 회사들을 지지하고 있었다. 시애틀 시위 이후 대통령 선거가 다가오자 앨 고어 개인은 개입을 중단했다. 남아프리카공화국 정부가 거대 제약 회사들을 상대로 소송을 건 것은 원래 복제약 수입이 불법이라는 판결을 받아 내기 위해서였다. 따라서 음베키 정부는 소송 지원을 거부했다. TAC가 음베키를 압박했다.

재판이 시작되자 TAC는 전 세계에서 시위를 벌여 줄 것을 호소했다. 가장 중요한 시위는 예일 대학교에서 있었다. 예일 대학교는 미국의 엘리트 아이비리그 대학이다. 2000년 대선에 출마한 주요 후보 네 명(부시, 체니, 고어, 리버먼)이 모두 이 대학 출신이다. 부시 1세도 마찬가지였고, 빌 클린턴과 힐러리 클린턴도 이곳에서 만났다. 남아프리카공화국 법정 소송에 휘말린 에이즈 약 중 하나도 예일 대학교에서 개발된 것이었다. 약을 개발한 과학자는 그 약이 무료로 복제되길 원했으나 제조사인 화이자는 전혀 그렇지 않았다. 예일 대학교 학생들은 TAC와 연대하는 시위를 벌였다.

시애틀 시위가 없었더라면 세계적 운동이 그런 식으로 진행되지 못했을 것이다. 이 운동 때문에 거대 제약 회사들은 반대 소송을 취하할 수밖에 없었다. 몇 달 뒤에 미국도 브라질에 대한 WTO 제소를 취하했다. 그렇다고 아프리카 사람들이 에이즈 약을 얻은 것은 아니었다. 승소했는데도 음베키는 자국의 의료 서비스를 통한 에이즈 약 제공을 거부했다. 그가 여전히 미국의 압력을 받았고, 복제약일지라도 예산 확충이 필요하기 때문이었다.

거대 제약 회사들은 아프리카에 조금 더 낮은 가격으로 약을 제공하겠다고 약속했지만, 아프리카 사람들에게는 여전히 터무니없이 비싼 가격이었다. 그들은 일부 약을 무료로 제공하겠다고 약속했다. 이는 남아프리카공화국의 복제약 사용을 막기 위한 것이었다. 무상으로 약을 제공하는 것은 일시적 이벤트였고, 복제약은 영구적인 것이었다. 어쨌거나 약속했던 선물은 오지 않았다. 코피 아난과 유엔은 가난한 나라의 결핵, 말라리아, 에이즈 치료를 위한 기금으로 100억 달러를 모으려 했지만, 복제약은 사용하지 않겠다고 했다. 돈은 모이지 않았다.

2003년 남아프리카공화국 정부는 마침내 약이 필요한 모든 사람들에게 점진적으로 복제약을 제공하는 프로그램을 시행했다. 단, 전국으로 확대되기 위해서는 몇 년이 걸린다는 단서가 달렸다. 2004년에 몇몇 센터를 통해 처음으로 환자들이 약을 받기 시작했다. 이는 엄청난 승리였다. 보츠와나를 제외한 나머지 아프리카에서는 여전히 거의 모두가 그냥 죽어 가고 있었다.

9·11과 조지 부시

제노바 시위가 벌어지고 3개월 뒤인 2001년 9월 11일, 대부분 중간계급 사우디아라비아인인 남성 19명이 세 대의 민간 여객기를 타고 뉴욕의 세계무역센터와 워싱턴의 국방부로 돌진했다. 미국 바깥에서 TV를 통해 그 광경을 지켜본 세계는 심정이 복잡했다.

사람들은 연민을 느꼈다. 그토록 끔찍한 폭파 장면은 처음이었다. 우리는 사람들이 뛰어내려 죽는 모습을 봤다. 평범한 노동자들이 거리에서 인터뷰하며 슬픔과 공포 속에서 혼란스러워하는 모습도 봤다. 그들에게 연민이 가는 것은 당연했다.

이런 느낌은 미국에서 가장 강력했다. 그러나 동시에 의문이 제기됐다. 왜 미국이 공격당했는가? 언론과 정치인들은 미국이 중동에서 한 일을 미국인들이 알지 못하도록 체계적으로 가로막아 왔다. 9월 11일은 사실 오랫동안 진행된 전쟁에서 또 한 번의, 특별히 끔찍한 죽음의 행렬일 뿐이었다. 그러나 대부분의 미국인들에게 이 사건은 말 그대로 청천벽력이었다.

전 세계의 많은 사람들은 '이제 당신들도 어떤 기분인지 알겠지?' 하고 생각하기도 했다. 그런 생각을 당당히 드러내는 사람들은 없었지만, 그런 생각은 분명히 존재했다.

미국 정부는 9월 11일을 혼란의 도가니에서 보냈다. 다음 날 무엇을 해야 할지 결정하기 위해 백악관에서 회의가 열렸다. 일부는 아프가니스탄을 침공해 폭탄을 퍼붓자고 했고, 일부는 곧장 이라크로 가자고 했다.

부시 정부가 내린 결정을 이해하기 위해서는 조지 부시가 무엇을 위해 움직이는지 분명히 하는 것에서 출발해야 한다. 많은 사람들은 그가 바보이거나 미쳤다고 생각한다. 둘 다 아니다. 부시는 지난 20년간의 승리를 통해 자신만만해진 미국의 지배계급을 대표한다.[6] 조지 W 부시는 지배계급의 총아다. 부시 가족은 3대에 걸쳐 월 가의 돈줄이었고, 정계와 CIA하고도 가까운 사이였다. 그의 아버지 조지 부시 1세는 텍사스로 옮겨 와 석유 사업을 시작했다. 어린 조지는 그곳에서 자라 텍사스 억양을 익혔다. 그러나 부시는 동부의 엘리트 사립학교로 진학했고 예일 대학교와 하버드 경영대학원을 다녔다. 가장 똑똑한 학생도 아니었지만 가장 멍청하지도 않았다. 아버지가 대통령에 출마했을 때는 악역을 맡아 인종차별적인 광고를 담당했다. 누군가를 해고해야 할 때, 그 일을 한 것도 조지였다.

동시에 그는 텍사스에서 사업을 시작했다. 처음에는 석유, 그다음에는 야구에 손을 댔다. 두 사업 모두 순전히 대통령의 아들과 가까워질 필요가 있는 사람들의 후원과 투자 덕분이었다. 그리고 1994년 조지 W 부시는 텍사스 주지사에 당선했다. 당시 텍사스 주 의원들과 기업주들은 그가 일을 잘한다고 여겼다.

그러나 그가 대통령이 되겠다고 나서기 시작하면서 문제가 불거졌다. 그는 냉혹하고 잔인한 불량배 같은 사람이었다. 입만 열면 대부분의 미국인들이 받아들이기 어려운 말들을 쏟아 냈다. 그의 보좌관들은 '인정 많은 보수주의자'로 보이는 법을 훈련시켰으나 그에게는 오랫동안 쉽지 않았고, 그래서 대충 말을 흐렸다.

9·11 이후 부시는 본래의 자신으로 돌아왔다. 이제 그는 복수를 위한 대통령이었다. 잔인함이 유행이 됐다. 부시는 군인들을 격려하는 연설을 했는데, 지나치게 긴장을 풀고 준비되지도 않은 얘기를 해 버렸다. 동굴에 숨은 테러리스트들을 끝까지 쫓아가 잡을 거라고 말했던 것이다. 그는 사람들을 짐승처럼 묘사하면서 자신이 살인을 즐긴다는 것을 분명히 드러냈다. 그가 쏟아 낸 말은 모두 뜻이 분명했다.

전 세계의 많은 사람들은 미국인들이 왜 저런 사람에게 투표했는지 의아해했다. 간단하게 답하면, 미국인들은 그에게 투표하지 않았다. 그는 일반투표에서 다수를 획득하지 못했다. 플로리다의 공화당 간부들과 주지사인 그의 동생 젭 부시가 부시에게 유리하게 선거를 조작했고, 최종적으로 대법원이 5 대 4로 그를 선출했다.[7]

이는 모두 사실이지만 우리가 쉽게 지나치는 또 다른 사실은 부시가 일반투표에서 거의 이길 뻔했다는 것이다. 공정하게 했어도 부시는 쉽게 당선할 수 있었을 것이다. 한 가지 이유는 미국인들이 대체로 투표를 하지 않기 때문이다. 2000년 대선에서는 성인 미국인의 절반만이 투표했다. 선거인 등록자로 치면 비율이 더 높긴 하지만 말이다. 이는 4년마다 치르는 대선의 전형적인 모습이었다. 대선 사이에는 2년마다 '중간'선거가 있다. 이때 주지사, 상원 의원, 하원 의원, 지방의원들을 선출한다. 중간선거 때 투표하는 사람은 성인 인구의 3분의 1도 안 된다. 모든 선거에서 상위 5분의 1에 드는 사람들은 언제나 대다수가 투표한다. 인구의 5분의 4를 차지하는 노동계급은 다수가 투표에 참여하지 않는다. 더 가난한 노동자일수록 투표하지 않는 경우가 많다. 예외는 노인들이다. 그들은 투표가 여전히 중요하다고 생각하고 사회보장을 방어하고자 하기 때문이다.

따라서 실제로 투표하는 사람들은 평균적 미국인보다 부자이고 특권층이며, 따라서 더 우파적이다. 그러나 투표율이 더 높은 다른 나라들에서도 우파들이 승리하는 경우가 많다. 미국은 이 세상에서 벌어지는 일의 좀 더 극단적인 형태일 뿐이다. 전통적 좌파 정당들과 노동운동은 스스로 자본주의를 받아들이면서 소심해졌다. 이런 배신에 대한 반응은 점점 더 많은 노동계급 유권자들이 투표하지 않는 것이다. 설령 투표하는 경우에도 그저 집권당에 반대해서 표를 던지는 경우가 많다. 2000년 대선은 부시의 승리가 아니었다. 고어의 패배였다. 사람들은 고어가 사회보장이나 에이즈 약에 대해 무슨 일을 하려고 했는지 몰랐지만, 어떤 사람인지는 느낄 수 있었다.

그리고 지금의 부시는 전쟁광으로 보이지만 선거 당시만 해도 그렇지 않았다. 클린턴은 소말리아·아이티·코소보 전쟁을 지휘했고, 이라크에 대한 경제제재를 고집했다. 이와 달리 부시는 지나친 개입에 반대한다고 말했다.

9·11에 대한 대응

즉 조지 부시는 전혀 바보가 아니며 미국인 대다수도 광신적인 우파 지지자들이 아니다. 그렇다면 9·11 이후 백악관에서 나온 정책들은 어떻게 이해해야 할까?[8] (911은 영국의 999[한국의 119]처럼 미국에서 긴급 구조를 요청할 때 누르는 번호다.)

첫째, 테러리스트들의 공격은 미국의 지배계급에게 하나의 기회였다. 베트남 전쟁 이후 최초로 미국인들이 미국의 외교정책을 위해 자녀들의 죽음을 용인할 것 같았다. 갑작스럽게 지상전이 가능해진 것이다. 그리고 미국 정부가 이 기회를 잡아서 지금 군대를 사용하지 않으면, 다시는 그럴 기회가 오지 않을지도 몰랐다.

둘째, 미국의 권력은 타격을 받았다. 미국은 세계의 많은 지역에서 적어도 어느 정도의 대중적 동의를 받으며 지배했다. 예컨대 영국과 유럽 대부분의 지역이 그랬다. 그러나 중동처럼 미국의 군사력에 대한 두려움과 미국의 지지를 받는 현지 독재자들에게 의존해 권력이 유지되는 곳도 있었다. 군사력의 핵심인 국방부가 불길에 휩싸이는 장면은 미국이 취약하다는 것을 드러냈다. 두려움을 복원해야 했다. 그러지 않으면 미국의 석유 통제력이 위험에 처할 터였다. 9·11이라는 공개적 망신은 더 큰 복수로 털어없애야 했다.

또 다른 고려 사항도 있었다. 세계경제와 미국은 경기후퇴를 겪고 있었다. 1990년대에는 미국 경제가 성장했다. 성장률은 1960년대의 절반 수준이었지만, 성장한 것은 사실이었다. 실업률도 4퍼센트로 떨어졌다. 산업 이윤율 역시 어느 정도 회복돼 1960년대에 잃어버린 이윤율의 25~50퍼센트 정도를 되찾았다. 증권시장도 또 다른 거품(이번에는 인터넷에 대한 환상에 기초를 둔)에 힘입어 치솟아 올랐다. 연방준비제도이사회와 주식 분석가, 언론이 합세해 거품을 떠받쳤다. 월 가에는 자만심에 찬 승리의 분위기가 가득했다. 사람들은 경기후퇴가 끝났고 이제 미국 경제가 멈추지 않을 거라고 이야기했다.[9]

부시가 대통령이 되자마자 이 모든 것들이 무너져 내렸다. 이것은 부시에게 정치적 타격이었다. 지배계급과 기업들에게는 더 심각한 문제였다. 그들은 노동자들에게 체제가 계속 성장할 것이라고 주장함으로써 체제를 정당화했다. 이제 시장은 부분적으로 신용을 잃었다.

경기후퇴 때문에 기업 도산이 잇따랐다. 가장 유명한 예는 엔론이었다. 휴스턴 주의 에너지 기업이었던 엔론은 복합 선물거래와 파생금융상품을 전문으로 다뤘다. 이는 시장에서 어떤 일이 벌어질지에 도박을 거는 일이었다.[10] 엔론의 최고 경영자였던 켄 레이는 텍사스에서 부시의 뒤를 봐주던 중요한 후원자였다. 행정부의 다른 인물들 역시 언론과 밀접한 관계를 유지하고 있었다. 이는 역설적이게도 언론이 곤란에 빠졌을 때, 함께 파멸할까 봐 두려워 정부가 감히 구원의 손길을 뻗지 못하는 결과를 낳았다. 언론이 사실상 더 힘센 다른 기업들에게 사기를 쳤기 때문이었다. 언론은 한때세계 10대 기업에 든다고 주장했지만 사실이 아니었다. 이들은 자신들이준비한 모든 거래를 자신들의 매출인 것처럼 계산했다. 주식중매인이 자신이 판매한 주식을 자신이 벌어들인 수입으로 계산하는 것이나 마찬가지였다. 그 주식중매인의 실제 수입은 자신이 판매한 주식 값의 몇 퍼센트에 불과한 수수료다. 그래서 언론이 망하면서도 부채 체계 전체를 위협하지는않을 수 있었던 것이다.

그러나 정부는 경영인들에 대한 반감이 확산되는 것에 민감한 반응을보이며, 언론과 다른 도산 위기에 있는 기업의 몇몇 경영자들을 체포했다.이들은 '범죄자 행진'+을 해야 했다. 경찰이 그 범죄자가 일하는 곳에 가서그에게 수갑을 채우고 카메라 앞으로 데리고 나왔다.

경기후퇴 때문에 서유럽, 중국과의 긴장도 강화됐다. 미국의 이윤율은조금 회복됐지만 유럽의 이윤율은 회복되지 않았다. 미국 경제가 잘나갈때는 서로 다른 강대국들 사이의 경제적 경쟁이 별 문제가 아니었다. 이제세계경제가 다시 경기후퇴로 들어서자 경쟁이 심해졌다. 미국 경제는 수출한 것보다 훨씬 더 많이 사들이고 있었고, 균형을 맞추기 위해 지속적으로막대한 외국인 투자에 의존했다. 유럽연합이 자본투자를 위한 더 안전한장소로 여겨질 가능성이 언제나 도사리고 있었다. 만일 투자가 유럽으로옮겨 가기 시작하면, 그때는 달러화 대신 유로화가 국제통화가 될 것이었다. 그렇게 되면 미국의 경제적 제국과 국내 경제는 붕괴할 것이 뻔했다.

+ perp walk. 체포된 용의자가 공개된 장소에서 카메라 세례를 받으며 걸어가는 것.

중동은 특히 우려되는 지역이었다. 중동의 정권들과 갑부들은 엄청난 돈을 자국의 생산 투자보다는 미국에 투자했다. 중동에서 미국에 대한 적대감이 늘어나면서 미국의 지배계급은 이 자금이 달러화에서 유로화로 옮겨 갈까 봐 조바심을 내기 시작했다. 그래서 이라크의 사담 후세인이 석유 대금을 유로화로 지급할 것을 요구했을 때 미국 정부의 심기를 건드린 것이다. 아랍의 지배계급에게 계속 세계 최고의 강대국으로 비치는 것이 미국으로서는 무엇보다 중요했다.

다른 걱정거리도 있었다. 조지 부시가 그토록 불량배처럼 행동하는 것은 우연이 아니었다. 조지 부시라는 사람은 세계의 많은 지역에서 벌어진 노동 현장의 관계 변화를 보여 주고 있었다. 세계화의 압력, 생산성 향상, 민영화, 외주화의 결과, 불량배 짓이 예사가 됐다. 중간 관리자들과 작업반장들은 이윤을 높이라는 압력에 늘 시달렸다. 공공 부문과 새롭게 민영화된 기업들도 노동의 구조를 완전히 다시 짜라는 압력을 받았다. 이는 의료, 교육과 같이 노동자와 전문직 종사자들이 환자나 학생들을 우선시하는 데 익숙한 부문에서 특히 심했다. 시간 기록계나 생산 라인이 아직 도입되지 않은 곳에서는 변화를 위해 매일매일 끊임없이 사람들을 괴롭혀야 했다. 괴롭히는 사람들이 관리자가 될 가능성이 더 높았고 기존의 관리자들은 괴롭히는 사람들로 변해 갔다. 미국의 교도관이나 경찰의 경우와 마찬가지로 이것 역시 개인의 잔인함을 양산하는 공간을 열었다. 영국에서 이런 일들을 가까이에서 지켜봤는데, 내가 아는 많은 사람들이 일을 끝내고 집으로 돌아가서는 울다 지쳐 잠들거나 밤새 폭력적인 복수를 상상한다고 했다.

조지 부시의 불량배 같은 태도는 미국 지배계급의 자신감을 상징하는 것이기도 했다. 그들은 미국의 노동조합들을 물리쳤고 냉전에서 승리했으며 흑인 노동계급을 감옥에 가뒀고 세계경제를 자기네 식으로 만들었다.

20년간 그들의 개별적 경험은 승리의 연속이었다. 이제 그들은 자신이 우주의 지배자라고 믿었다.

다른 한편으로 되풀이되는 공격과 패배는 세계적 불만을 낳아 커져 가는 세계적 저항의 자양분이 되고 있었다. 이 저항은 가장 자신만만하고 오만한 미국 지배계급의 권력에 대항했다. 지배계급은 9·11에 대한 대응으로 새로운 반자본주의 운동이 흔적도 없이 묻혀 버리기를 바랐다.

이 모든 사항을 고려하면 조지 부시와 그 일당들에게 9·11은 엄청난 기회였다. 동시에 이 대응이 성공하지 못한다면 미국의 세계 지배가 심각한 곤란에 처할 터였다. 그렇게 되면 미국 내 지배계급의 권력도, 세계화라는 사상과 모든 국가에서의 '자유시장'의 득세도 마찬가지 신세가 된다. 이 사상들이 미국의 권력과 밀접하게 연결돼 있기 때문이다. 그러면 이 세상의 노동 현장에서 사람들을 괴롭히던 자들도 모두 힘이 약해질 터였다. 모든 것이 여기에 걸려 있었다. 조지 부시와 그의 동료들은 뭔가를 해야만 했다. 문제는 무엇을 하느냐였다.

이라크냐, 아프가니스탄이냐?

2001년 9월 12일에 백악관에 모인 사람들은 아프가니스탄을 침공할지, 이라크를 침공할지를 두고 논쟁을 벌였다. 행정부의 많은 사람들은 오랫동안 이라크를 '손봐 주려고' 벼르고 있었다. 누구나 알듯이 이유는 석유였다. 페르시아 만 국가들(사우디아라비아, 이라크, 이란, 쿠웨이트, 아랍에미리트)은 세계 석유 매장량의 65퍼센트를 지배했다. 이곳의 석유를 지배한다는 것은 산업화된 세계 전체를 지배한다는 것을 뜻했다. 또한 이를 통해 석유 가격을 낮은 수준으로 유지할 수 있었다. 이런 점들은 오랫동안 중요한 고려 사항이었다.

그러나 두 가지 새로운 요소가 생겼다. 미국 지배계급은 경제제재 정책이 이라크에서 군사 쿠데타를 유발해 자신들과 협력할 수 있는 독재자가 나타나기를 기대했다. 이런 상황은 일어나지 않았고 오히려 경제제재에 대한 국제적 반대만 늘어났다. 미국 기업이 아니라 러시아와 프랑스 기업들이 이라크 석유 계약을 따냈다. 이미 미국에 적대적이던 이란 정권도 다른 나라들과 석유 거래를 했다. 그리고 사우디아라비아 정권은 위기에 처해 있었다.[11]

사우디아라비아는 중동에서 가장 강력한 미국의 동맹이었다. 세계 석유 매장량의 4분의 1이 이 나라에 있었지만, 석유 가격이 몇 년 동안 떨어지는 추세였다. 사우디아라비아의 통계 수치는 쓸모가 없지만, 합리적 추론에 의하면 1인당 국민소득이 20년 전에 비해 3분의 1 수준으로 줄어든 상태였다.[12] 사우디아라비아 국민들은 자신들의 전제적 통치자들을 오랫동안 경멸해 왔다. 오사마 빈 라덴에 대한 폭넓은 공감은 이슬람주의적 해결책에 대한 지지가 확산되고 있다는 한 가지 신호에 불과했다.

사우디아라비아, 이라크, 이란은 세계 지배를 위해서만 중요한 것이 아니었다. 이 국가들은 민영화와 세계화에 가장 적대적이었다. 중동의 정권들은 1960년대와 1970년대에 다국적기업들한테서 석유 채굴과 생산의 소유권을 넘겨받았다. 최근에 러시아의 석유가 민영화됐지만, 세계 석유 생산은 대부분 여전히 국가의 수중에 있다. 중동은 가장 완고하게 저항하면서 유일하게 석유 제조와 채취 산업 모두 정부가 소유하고 있었다.

이라크, 이란, 사우디아라비아와 걸프 지역의 왕국들은 또한 복지국가였다. 이라크는 경제제재를 당하면서도 유엔이 운영하는 석유-식량 프로그램을 통해 계속해서 대다수 국민에게 싼값에 식량을 제공했다. 이란의 이슬람주의자들은 옛 샤 정권보다 더 관대한 보조금과 복지 혜택을 제공하면서 권좌를 지켰다. 사우디아라비아는, 이주 노동자들은 제외됐지만, 자국 국민들에게 무상교육, 건강보험, 연금과 온갖 종류의 보조금을 제공했다. 사우디아라비아 정부는 미국 재무부, IMF, 세계은행과 주류 경제학자들의 끊임없는 '개혁' 압력에 시달렸다.[13] 사우드 왕가는 아직 이를 거절할 만한 경제력을 갖고 있었다. 그들은 또한 그런 개혁을 했다가는 국민들이 자신을 산산조각 낼지 모른다는 것도 알고 있었다.

석유와 중동의 복지국가들은 세계화주의자들에게 최후의 도전 과제였다. 부시 정부는 석유에 남다른 이해관계가 있었다. 부시, 체니, 라이스, 럼즈펠드, 울포위츠 모두 석유 기업의 임원을 지냈다. 라이스는 심지어 자신의 이름을 딴 셰브런 유조선도 갖고 있었다. 그들 중 나이 많은 사람들은 중동의 석유가 국유화됐던 치욕을 뼛속 깊이 기억하고 있었다. 마침내 이라크를 침략했을 때 그들은 이라크의 석유를 자신과 친구들에게 팔아넘길 상세한 계획을 가지고 있었다.

부시 자신은 때때로 별 볼일 없었지만, 그 주위의 조력자들은 국제 문제에서 경험이 많은 똑똑한 인물들이었다. 그들은 중동에 대해서 웨스트텍사스의 퍼르미언베이슨+만큼이나 속속들이 알았다. 그리고 이전의 다른 어떤 정부보다도 세계적으로 사고하는 경향이 있었다. 바로 석유 기업가들이 사고하는 방식인데, 그들이 세계적으로 활동하기 때문이었다. 그들은 무식하지 않았다. 무엇을 해야 하는지 알았다. 다른 미국 기업들에게는 위험부담이 있을지라도 석유 기업들에게는 절호의 기회였다.

그래서 럼즈펠드, 체니, 울포위츠는 취임한 첫날부터 호시탐탐 이라크를 노렸다. 그 당시 부시의 재무장관이던 폴 오닐 역시 오랫동안 그렇게 말해 왔다.[14] 그러나 그렇게 할 수는 없었다. 반대하는 주장이 강력했다.

+ Permian Basin. 텍사스의 석유, 천연가스 생산 지대.

1991년 걸프전에서 조지 부시 1세의 이라크 침공을 가로막은 것과 똑같은 주장이었다.

9·11 전에 이라크 침략을 시도했다면 미국은 국제적으로 고립됐을 것이다. 미국은 사우디아라비아, 터키, 바레인, 그리고 쿠웨이트의 기지마저 사용할 수 없었을 것이다. 미국은 이 기지들 없이는 이라크를 공격할 수 없었다. 알코아 알루미늄의 전 최고 경영자이자 전체 기업들의 대변인이던 오닐이 이라크 공격에 반대했다. 직업군인, 외교관, 지배계급의 이해를 대변한 국무장관 콜린 파월 역시 반대했다. 미국 노동자들도 용인하지 않았을 것이다. 그래서 럼즈펠드가 한발 물러섰다.

이런 의미에서 9·11이 행정부 내 강경 우파들이 어차피 했을 일을 하는 구실이 된 것은 아니다. 더 정확히 말하자면, 9·11이 없었다면 할 수 없는 일을 하는 기회를 준 셈이었다.

그러나 그때조차도 [이라크 침략을] 즉각 실행에 옮길 수는 없었다. 럼즈펠드는 9월 12일 국가안보회의에 참석해 이라크 공격을 주장했다. 파월이 반대하면서 지금은 아프가니스탄을 치자고 말했다. 파월이 이겼다.

이유는 어떤 침공이든 미국인들이 지지해야 한다는 것이었다. 탈레반 정부의 보호 아래 아프가니스탄에 머물던 오사마 빈 라덴이 조직자가 아니라면 조력자로서라도 어떤 방식으로든 9·11에 연루됐을 것이라는 주장은 그럴듯해 보였다. 미국인들은 9·11 이후 기꺼이 전쟁에 나설 태세였지만 구식 전쟁과 같을 수는 없었다. 미국은 여전히 다른 나라의 지원이 필요했다.

따라서 부시는 기다리기로 결정했다. 9일 뒤인 9월 20일, 그는 토니 블레어에게 아프가니스탄 다음에 이라크를 칠 것이라고 말했다. 계획이 실행에 옮겨졌다. 이들의 계산은 아프가니스탄 전쟁을 승리로 이끌어, 베트남 증후군을 치유하고 전 세계 다른 정부들을 겁주는 것이었다. 그다음엔 이라크를 처리할 수 있을 터였다.

그러나 공개적으로는 아프가니스탄에 집중했다. 마약과의 전쟁처럼 다시 한 번 미국의 지배계급 전체가 단결했다. 의회가 전쟁을 승인했을 때, 반대표를 던진 것은 미국에서 가장 자유주의적 선거구인 버클리의 여성 하원 의원 한 명뿐이었다.

아프가니스탄

아프가니스탄은 복수극의 무대로서 두 가지 이점이 있었다. 하나는 빈라덴이 그곳에 있다는 것이었고, 다른 하나는 그곳이 지구 상에서 가장 힘없는 지역이라는 점이었다. 아프가니스탄인들은 23년 동안 전쟁을 겪었다. 그들은 평화를 갈망했고, 탈레반 정부는 지지를 받지 못했다.

1988년 러시아의 점령이 실패로 돌아가자,[15] 미국은 그 전에 지원하던 이슬람주의 저항 단체인 무자헤딘에 대한 모든 원조를 중단했다. 무자헤딘의 지도자들도 서로 갈라서기 시작했다. 수도 카불은 소련의 융단폭격을 받지 않았지만, 이제 경쟁하는 무자헤딘 지도자들이 통제권을 장악하기 위해 싸움을 벌이면서 도시가 폐허로 전락했다. 무자헤딘 사령관들은 또한 지역에서 세력 기반을 구축했다. 그들은 흔히 아프가니스탄 농민들이 생존을 위해 경작하던 아편 무역에 연루돼 있었다. 아프가니스탄인들은 이슬람의 이름으로 소련에 저항했지만, 이제는 무자헤딘의 부패를 혐오하며 평화와 안정을 열망했다.

1995년에 미국 정부의 오랜 동맹이던 파키스탄 군부와 사우디아라비아 정보기관이 개입했다. 그들은 파키스탄 국경 지대에 탈레반이라는 새로운 군대를 만들었다. 탈레반이라는 말은 학생이라는 뜻이었고, 병사들은 대부분 파키스탄 난민 수용소의 종교학교에 다니는 소년들이었다. 장교들은 파키스탄에서 장교로 복무했거나 아프가니스탄 공산주의자 출신의 이슬람 율법학자 물라들이었다.

미국이 얻을 보상은 중앙아시아의 석유와 가스였다. 소련의 무슬림 지역은 이제 모두 독립국가가 됐는데, 한 곳만 빼고 모두 상당한 석유 매장지였다. 러시아, 중국, 미국이 이 석유의 통제권을 놓고 경합을 벌였다. 미국은 근처에 군사기지가 없고 중앙아시아의 석유와 가스를 빼내 올 방법이 없다는 약점을 갖고 있었다. 기존의 송유관은 모두 러시아로 들어갔고, 그 덕분에 러시아 정부가 산출량 가운데 상당한 몫을 차지할 수 있었다. 미국은 지중해까지 이어지는 긴 송유관을 건설할 계획이 있었다. 이 송유관은 몇몇 분쟁 지역(아제르바이잔, 그루지야, 터키의 쿠르디스탄)을 통과하거나 근처를 지나야 했다. 중앙아시아 정권들이 손쉽고 안전하고 값싸게 석유를 세계시장에 내다 파는 방법은 이란을 지나 페르시아 만으로 통하는 송유관이었다. 그러나 이란은 미국의 적이었다. 프랑스, 독일, 러시아 기업들이 우세했다.

해결책은 아프가니스탄과 파키스탄 일부를 남쪽으로 관통해 바다로 똑바로 이어지는 송유관이었다. 미국 기업인 유노컬이 건설 계획을 갖고 있었다. 그러나 서로 경합하는 지역 군벌들이 지배하는 아프가니스탄에서는 불가능한 일이었다. 미국은 탈레반이 질서를 잡아 송유관 건설이 가능해지기를 원했다.

처음에는 성공적이었다. 탈레반 군대는 남쪽 국경에서부터 북쪽으로 거침없이 올라갔고 저항도 거의 없었다. 지역 군벌들은 미국이 탈레반을 지원한다는 것을 알았다. 그러나 탈레반은 대부분 아프가니스탄에서 가장 큰 언어권 집단인 파쉬툰족으로서 주로 남부와 동부 출신이었다. 탈레반의 공식 이데올로기는 사우디아라비아를 모델로 한 종교적 우파 이슬람의

한 형태였고, 그 기저에 파쉬툰족 우월주의가 깔려 있었다. 아프가니스탄의 정치는 30년 동안 민족이 아니라 이데올로기에 따라 분열돼 있었다. 이제 아프가니스탄인들은 공산주의든 정치적 이슬람이든 둘 다 신뢰하지 않았다. 사람들을 전쟁에 동원할 수 있는 방법은 이제 민족성밖에 없었다. 탈레반 세력이 북쪽으로 올라오면 지역 군벌들과 그들의 추종자들은 파쉬툰 전사들에게 땅을 빼앗길 터였다. 북부의 소수민족들은 탈레반에게 저항했다. 1년 만에 탈레반이 북부의 주요 도시들을 대부분 장악했지만, 옛 무자헤딘이 이끌고 비파쉬툰으로 구성된 북부동맹이 시골 지역을 상당 부분 통제했다. 이 때문에 중앙아시아 송유관 계획이 불가능했다. 클린턴은 탈레반에 대한 지지를 철회했다. 탈레반은 오사마 빈 라덴에게 피난처를 제공했다.

그리고 2001년 9월 미국은 침공을 결정했다. 탈레반은 빈 라덴을 미국에 넘기기 위한 협상을 시작했다. 미국은 관심이 없었다. 이번에야말로 질서를 회복하고 송유관을 건설할 것이기 때문이었다.

미국인들은 직접 쳐들어가지 않았다. 그 대신 CIA와 특수부대를 파견하고 공중폭격을 퍼부으면서 현지 동맹 세력으로 북부동맹 군대를 활용했다. 베트남 증후군이 여전히 살아 있기 때문이었다. 미국 정부는 러시아의 아프가니스탄 침략을 기억했기 때문에 아프가니스탄인들이 심하게 저항할 수도 있다는 것을 알았다. 그래서 파키스탄을 같은 편으로 붙잡아 둬야 했다. 파키스탄은 군부독재였지만, 아프가니스탄 전쟁에 대한 대중적 반감이 강했다. 전쟁이 시작되자 파키스탄 전역에서 시위가 벌어졌다. 대규모 미군 병력을 투입했다가는 항의 시위에 불을 지필 수도 있었다.

그러나 대규모 침투 부대가 없다 보니, 미국의 계획은 금세 난관에 부딪히고 말았다. 다른 아프가니스탄인들처럼 수천 명 남짓한 북부동맹 군대

역시 전쟁에 지쳐 버렸다. 그들은 싸우고 싶어 하지 않았다. 폭탄은 계속 떨어졌지만, 미국이 지원하는 카불 진격은 시간만 끌고 있었다.

그러는 동안 파키스탄, 영국, 그리고 미국에서 항의 시위가 늘어났다. 미국 정부는 교착상태에서 벗어나야 한다고 느꼈다. 파키스탄 정보기관의 도움으로 탈레반과 협상이 벌어졌다. 탈레반은 권력과 카불을 포기하기로 했다. 원하는 사람들은 남부와 동부의 자기 마을과 촌락이 있는 고향으로 돌아갈 수 있었다. 그곳에서는 그들의 영향력이 보장될 것이었다. 나머지 사람들은 파키스탄 국경 지대의 파쉬툰족 지역에 보내 주기로 했다. 파키스탄 군대와 경찰이 감히 그곳에서 위험을 무릅쓰지는 않았기 때문에 탈레반은 안전할 것이었다. 오사마 빈 라덴 역시 그곳으로 도망갈 수 있었다. 이 거래는 대부분 지켜졌다. 고위급 탈레반 지도자들은 파키스탄 대사였던 한 사람을 제외하면 아무도 잡히지 않았다. 수천 명의 말단 탈레반 전사들은 북부에 고립됐다. 그중에는 탈레반을 돕기 위해 외국에서 온 자원자도 몇백 명 있었다. 이들 중 다수가 도널드 럼즈펠드의 명령에 의해 학살당했다. 나머지 외국인들은 쿠바 해안에 있는 미군 기지인 관타나모 만으로 끌려갔다.

그곳으로 끌려간 사람들은 미국 국내법의 보호를 받지 못했고 미국 법정에 호소할 수도 없었다. 굴욕을 당하고 들것에 실려 고문받으러 가는 남성들의 사진이 전 세계 언론에 뿌려졌다. 이 사진들은 국방부가 스스로 찍거나 국방부의 허락 아래 찍은 것이었다. 의도는 명백했다. 중동과 미국에서 공포를 조장하기 위한 것이었다. 재소자들은 미군 병사들이 군사법원에서 누리는 일반 권리를 박탈당한 채 특별군사재판에 회부됐다. 그런데도 재판은 거의 열리지 않았다. 이 사람들은 아무도 아니기 때문에 재판조차 받을 수 없다. 미국이 탈레반과 알 카에다의 주모자들을 모두 도망치게 해

췄기 때문이다.

아프가니스탄에서는 대체로 이런 사실을 알고 있었다. 그러나 세계무대에서는 카불 함락이 미국의 완벽한 승리처럼 보였다. 미국은 단 한 곳을 제외한 중앙아시아 북쪽의 모든 산유국과 파키스탄에 군사기지를 확보하고 전쟁에서 빠져나왔다. 이란 국경에 인접한 파키스탄의 대규모 심수항인 과다르 항에서 작업이 시작됐다. 과다르 항은 새로운 송유관의 최종 지점이 될 것이고, 미국에게는 이란 국경에 인접한 대규모 군사기지를 제공할 것이다. 세계은행이 자금을 대고 중국 정부가 계약을 체결해 항구를 건설하고 있다.

미국은 아프가니스탄에 하미드 카르자이를 대통령으로 앉혔다. 카르자이는 파쉬툰 지주 가문 출신의 아프가니스탄 사람이다. 아프가니스탄 사람들은 대부분 카르자이가 CIA의 첩자라고 생각했다. 그는 북부동맹과 쉽지 않은 협력 관계를 맺으며 통치했다. 이런 상황에서 버팀목을 만들기 위해 카르자이와 미국은 점점 더 파쉬툰족 우월주의 정치에 기댔다. 이 때문에 북부 사람들과의 관계가 꼬여 가기 시작했다.

2만 명의 나토군이 카불을 점령했고, 1만 5000명가량의 미군 부대가 남부와 동부를 순찰했다. 이들은 대중적 지지를 거의 받지 못했다. 탈레반과 옛 무자헤딘 일부가 이끄는 저항이 시작됐다. 1년도 안 돼서 카불의 나토군은 매일 오후 5시에 철수해서 다음 날 아침 8시까지 돌아오지 못했다. 미국인과 미군 기지에 대한 공격도 이틀에 한 번꼴로 이어졌다. 일부 지역들은 옛 군벌들이, 다른 일부 지역들은 반군들이 장악했다. 카르자이는 더는 어떤 아프가니스탄인도 믿을 수 없게 됐고, 그를 지키는 경호원들은 모두 미국인 용병이었다. 미국은 아프가니스탄 재건에 많은 비용을 들일 것이라는 기대를 받았다. 그러나 미국 정부는 결코 그런 약속을 한 적이 없었고, 그렇게 하지도 않았다.

세계의 언론은 아프가니스탄을 떠났다. 미국의 알맹이 없는 승리 역시 분명히 드러나지 않았다. 부시 정부는 카불을 함락한 뒤 극도로 자신감에 차 있었다. 이제 그들은 이라크를 손볼 수 있게 됐다.

11장 이라크와 지구

아프가니스탄 전쟁으로 미국의 지배계급이 얻은 이득은 시애틀 이후 최초의 대규모 회의인 2001년 11월 도하 WTO 각료 회담에서 가장 분명하게 드러났다. 도하를 개최지로 선택한 이유는 이곳이 페르시아 만의 왕국 카타르에 있고, 독재 정권 때문에 시위가 불가능하기 때문이었다. 카타르는 아프가니스탄 전쟁과 밀접하게 관련돼 있었고, 대표단들은 미국의 분노를 아주 잘 알고 있었다. 이들은 미국이 시키는 대로 했다. 시애틀의 패배를 한순간이나마 만회한 것이다.[1]

조지 부시는 2002년 1월 신년 국회 연설에서 이라크를 침공하겠다는 의사를 사실상 천명했다. 그는 이라크와 이란, 북한을 '악의 축'으로 묶었다. 북한은 미국이 무슬림만을 공격하는 게 아니라는 인상을 주기 위해 끼워 넣은 것이다. 북한 정권은 핵무기를 갖고 있었고, 중국 정부는 미국에게 국경과 근접한 곳에 어떤 공격이라도 있을 경우 대응하겠다는 뜻을 분명히 전달했다. 그러나 이란은 진짜 목표였고, 이라크가 첫 표적이 될 것이었다.[2]

의회는 부시의 연설에 환호를 보냈고 언론도 동의했다. 그러나 [아프가니스탄 전쟁과 달리] 이라크 침공에는 심각한 문제가 있었다. 부시는 마약과의 전쟁을 본떠 '테러와의 전쟁'을 선언했다. 서로 다른 정치 신념을 가진 많은 사람이 9·11 테러범들이 정의의 심판을 받아야 한다는 요구에 동감했다. 물론 아프가니스탄 전쟁에 반대하는 시위들도 분명히 벌어졌고, 특히 런던에서는 나를 포함해 10만 명이 행진했다. 그러나 아프가니스탄 전쟁이 실제로는 미국 제국을 위한 전쟁일 뿐이라고 생각한 사람은 소수였다.

그러나 이라크를 공격하려는 부시의 방향 전환은 테러와의 전쟁으로 정당화될 수 없었다. 부시 정부는 미국인들 일부와 대다수 미국 언론을 설득했다. 나머지 세계에서는 연민과 이해심에서 아프가니스탄 전쟁을 지지했던 사람들이 자신들의 선의가 이용당했다고 느끼기 시작했다.

미국 정부는 몇 가지 근거를 제시했다. 그들은 은연중에 미국인들에게 빈 라덴과 사담 후세인 둘 다 무슬림이고 적이며, 따라서 똑같다고 암시했다. 더 공개적으로는 사담이 독재자이기 때문에 동유럽인들이 독재 정권 종식을 환영했듯이 이라크인들도 해방을 환영할 것이라고 주장했다. 또 그들은 사담이 세계를 위협하는 대량살상무기를 갖고 있다고 주장했다.

이 마지막 주장이 영국의 토니 블레어에게 특히 중요했다. 블레어 정부는 한결같이 부시를 지지했다. 이는 부분적으로는 1945년 이후 모든 영국 정부의 외교정책에서 미국과의 동맹이 주춧돌 구실을 하고 있었기 때문이다. 영국은 제국을 잃어버렸고 더는 혼자 힘으로 군사적 전쟁을 벌일 힘이 없었다. 영국은 포클랜드 전쟁 같은 소규모 전쟁은 벌일 수 있었지만, 심각한 전면전을 치를 수는 없었다. 영국의 기업과 은행은 여전히 중요한 국제적 투자자였고, 영국의 경제 규모는 세계 5위였다. 영국의 지배계급은 미국의 우산 아래에 들어가 있어야 했다. 영국은 경제적으로는 덩치가 크고 잃을 것이 많았지만, 스스로를 방어할 만큼 충분히 강하지는 않았다.[3]

블레어가 부시를 지지한 데는 다른 이유도 있었다. 부유한 나라들 중에서 미국을 제외하고 민영화, 세계화, 복지 삭감이 가장 많이 진척된 것은 영국과 뉴질랜드였다. 영국에서 불평등은 급격히 커졌다. 1985년에 마거릿 대처에게 광부 파업이 패배한 것은 1980년 이후 유럽 노동운동의 가장 큰 굴욕이었다. 2000년부터 독일, 프랑스, 이탈리아, 스페인, 그리스의 노동조합과 반자본주의 운동은 대대적인 '개혁'에 맞서 투쟁을 벌였다. 이런 개혁의 거의 대부분이 영국에는 이미 도입돼 있었다. 이는 보수당 정권 아래에서 시작됐지만, 블레어의 '신노동당' 아래에서도 지속됐다.

부시처럼 토니 블레어라는 사람도 우파와 지배계급의 비슷한 승리를 표현했다. 그가 노동당의 당수로 선출돼 계속 그 자리를 지킨 이유는 노동당 지도부가 이제 대안이 없다고 생각했기 때문이었다. 사회의 토대에서 일어난 세력균형의 변화가 상부구조에 반영됐다. 영국이 미국을 굳건히 지지한 것은 그 둘이 같은 처지에 있었기 때문이다.

그러나 영국의 지배계급 모두가 미국과의 밀접한 동맹 관계에 만족한 것은 아니었다. 영국의 투자는 유럽과 미국 양쪽으로 흘러 들어갔지만 수출은 대부분 유럽을 향하고 있었다. 산업부문의 기업들에게는 유럽과 연계를 유지하는 것도 중요했다. 만일 미국과 유럽이 갈라서면 이들은 유럽 편에 붙고자 했다.

그런 분열이 일어나기 시작했다. 분열을 강제한 것은 성장하는 국제적 반전운동이었다. 이는 부시와 그 동료들이 예측하지 못한 일이었다. 그와 같은 규모의 운동은 벌어진 적이 없었기 때문이다. 시위 참가자들의 규모는 수를 헤아리기 힘들 정도였다. 20만 명이 넘어서면 경험 많은 기자들도 숫자를 가늠하기 어려워진다. 오랫동안 활동가들은 간단한 공식을 사용했다. 경찰 추정치와 조직자들의 추정치의 평균을 내는 것이다. 그러나 이제 경찰은 터무니없이 숫자를 축소했다. 우리가 숫자를 확인해 본 것은 2003년 2월

15일 런던 반전 시위가 유일했다. 그날 조직자들은 200만 명으로 추정했다. 다음 날 전국 여론조사에서 본인의 집에 시위에 참가한 사람이 있느냐고 질문했다. 조사 결과를 바탕으로 추정하면 120만 가구가 참가했다. 대부분의 사람들이 가족이나 같이 사는 사람들과 함께 오기 때문에 200만 명이라는 추정치가 맞는 셈이다.

대부분의 지역에서 반전운동은 이미 반자본주의 운동의 일부로 참가하고 있던 활동가들과 조직자들에 의해 시작됐다.[4] 이들은 수첩, 휴대폰, 이메일 주소를 들여다보면서 사람들과 연락을 취하기 시작했다. 기존 극좌파 정당들의 태도도 사태 발전에 상당히 중요한 기여를 했다. 한 예로 영국의 사회주의노동자당과 이탈리아의 재건공산당은 모두 반전운동의 중심에 있었다. 프랑스와 독일 같은 몇몇 나라에서는 기존 좌파들이 이슬람주의 정치에 적대적이어서 아프가니스탄 전쟁 반대 운동을 건설하지 않았다. 이나라들에서는 이라크 전쟁 반대 시위 역시 규모가 작았지만, 여전히 중요한 의미가 있었다.

미국과 유럽 대부분의 나라에서 반전운동은 곧 반자본주의 운동보다 더 강력해졌고 행진 규모도 훨씬 컸다. 2002년 봄, 바르셀로나의 반자본주의자들은 '전쟁과 세계 자본주의 반대' 시위를 호소했다. 인구 300만의 도시에서 50만 명이 시위를 벌였다. 반전 연합체들은 보통 반자본주의 연합체들보다 훨씬 광범위했다. 영국에서는 네 가지 이유 덕분에 반전운동의 규모가 컸다. 첫째는 토니 블레어와 영국이 전쟁에 참여했다는 사실 때문이었다. 둘째는 전쟁저지연합이 테러와의 전쟁 자체에 반대하는 캠페인을 열심히 전개했고, 모든 도시의 이슬람 사원을 방문해 거대한 무슬림 공동체를 참여시켰기 때문이다. 이를 통해 규모가 커졌을 뿐 아니라, 우파가 전쟁을 정당화하는 데 이용한 반反무슬림 편견과 결별할 수 있었다.

운동의 규모가 컸던 셋째 이유는 대부분의 노동조합 지도자들이 운동을 지지하면서 집회에서 연설하고 거리에서 함께 행진했기 때문이었다. 넷째는 영국에서 가장 큰 극좌파 조직인 사회주의노동자당이 처음부터 전쟁저지연합 활동에 매우 적극적이었기 때문이다. (나를 포함해) 사회주의노동자당 당원들은 미국 제국주의에 대한 일관된 반대와, 좌파·무슬림·노동조합이 단결해야 한다는 단호한 주장을 운동에 제공했다.

이탈리아와 스페인에서도 운동의 규모가 영국만큼 컸다. 영국에서처럼 사람들의 삶에서 오랫동안 누적된 뿌리 깊은 불만이 전쟁에 대한 분노에 불을 붙였다. 이는 공식적인 주장에서는 분명히 드러나지 않았지만, 그들과 나눈 모든 대화에서 아주 분명하게 느낄 수 있었다.

2001~2003년 반자본주의 운동은 노동조합으로 확산됐다. 세계화에 대한 거부는 노동조합 활동가들에게 희망을 줬다. 아주 오랫동안 이들은 자본주의가 아닌 대안을 상상할 수 없었기 때문에 뒤로 물러나 있었다. 이제 사람들은 "다른 세계는 가능하다"고 말했다. 현실을 있는 그대로 받아들여야만 하는 것은 아니라는 생각이 순식간에 퍼져 나갔다.

그러는 동안 경기후퇴와 경쟁 때문에 지배자들 사이에서는 세계화 압력이 커져 갔다. 이탈리아, 스페인, 그리스, 인도의 정부들은 오랫동안 지켜온 고용과 연금 혜택을 공격하는 '개혁'을 추진했다. 노동조합은 하루 총파업으로 대응했다. 반세계화·반전 운동은 수많은 개인들을 결집시켰다. 이제 노동조합은 대규모 작업장 대부분에서 다수를 동원했다. 프랑스에서도 2003년 여름에 거대한 공공 부문 파업이 있었다. 중국에서도 WTO 가입이 초래한 고용 축소와 연금 삭감에 맞서 매년 수만 건의 시위가 지역에서 벌어졌다.

그러나 라틴아메리카의 운동이야말로 가장 규모가 컸고 권력에 도전하는 데 가장 근접한 듯했다. 베네수엘라에서는 군사 쿠데타를 일으킨 적이 있는 우고 차베스가 가난한 사람들 편에 서겠다고 선언하면서 선거에서 압도 다수의 지지로 당선했다.[5] 실제로 그가 가난한 사람들을 돕기 위해 한 일은 거의 없었고, 민영화도 속도는 느렸지만 계속 진행됐다. 그러나 그의 외교정책은 미국에게 도전장을 내미는 것이었다. 베네수엘라는 석유 생산국으로 미국이 가장 많은 석유를 수입하는 나라였다. 차베스는 석유수출국기구OPEC를 강화하려고 시도했고 공급을 제한해 석유 가격을 끌어올렸다. 그러나 일반 대중의 삶에 실질적 변화가 없었기 때문에 차베스는 취약해진 것처럼 보였다. CIA가 부추겨 베네수엘라의 지배계급이 군사 쿠데타를 일으켰다. 카라카스 주변 산동네에서 노동자들이 쏟아져 나와 군대를 에워쌌다. 병사들은 이미 차베스 사살을 거부했다. 차베스는 풀려나 의기양양하게 권좌에 복귀했다. 미국에게는 치욕이었다. 그러나 2004년 초에 아이티에서 벌인 비슷한 작전은 성공했다.

라틴아메리카 인구의 3분의 1이 살고 있는 브라질에서는 2002년에 룰라와 그의 노동자당이 당선했다. 룰라 자신은 자동차 노동자 출신으로 해방신학의 영향을 받았고, 1980년대 독재 정권 시절에 공장에서 활동했다. 노동자 운동이 독재를 타도하고, 이제 마침내 노동계급이 어떤 권력을 가진 듯했다. 미국은 상황을 지켜봤다. 룰라는 미국에게 IMF가 부과한 정부지출 삭감을 실행하겠다고 약속한 바 있었다. 그는 실제로 그렇게 했고, 미국의 이라크 공격을 공개적으로 지지했다. 미국은 일단 안도했다.

아르헨티나에서는 2001년 12월에 통화위기가 닥쳤다. 직접적 원인은 IMF가 정부를 압박해서 국민 연금 체계를 폐기하고 사적 연금으로 대체했기 때문이었다. 정부는 보험료가 전혀 들어오지 않는데도 기존의 연금 수령자들에게 연금을 지급해야 했고, 그래서 국가재정이 붕괴했다. 그러나 장기적 측면의 원인은 아르헨티나 산업이 세계화에서 경쟁력이 없었다는 것이었다. 은행들이 문을 닫으면서 부에노스아이레스에서 200만 명이 몰려나왔다. 그들의 분노는 순식간에 네 개의 정부를 잇달아 갈아 치웠다. 운동의 주요 세력은 실업자들과 저축한 돈을 잃어버린 중간계급이었다. 노동조합은 계속 정부와 결탁했던 '페론주의자'들이 통제했다. 마침내 선거를 하게 됐을 때, 대중운동은 아직도 기꺼이 IMF의 말을 들을 태세였던 좌파 페론주의자에게 표를 던졌다.

페루, 볼리비아, 에콰도르에서도 비슷한 과정이 반복됐다. 봉기나 총파업이 벌어져 새로운 정부가 들어선 뒤, 그들이 세계화 정책을 지속한 것이다. 새로운 운동들은 '다른 세계'에 도달하는 방법을 전혀 알지 못했다. 실천에서 이 운동들은 세계화된 자본주의 세계에서 다시 한 번 하나의 국민경제가 이윤을 남기게 만들려고 애쓰는 정치인들을 지지했다. 운동은 저항하는 법을 알았지만, 아직 권력을 장악하는 법은 알지 못했다. 물론 15년 전에 폭발한 IMF 폭동이 원통한 패배로 끝난 지역에서, 오늘날 새로운 운동이 정권을 무너뜨릴 정도로 강력하다는 것은 대단한 일이었다.

미국의 권력과 기업의 권력에 대한 도전이 커져 갔다. 이라크 국경으로 군대가 모여들자 반전운동도 성장했다. 2002년 9월에 런던에서 40만 명이 반전 시위를 벌였다. [당시로서는] 영국 역사상 최대 규모였다. 포르투알레그레 세계사회포럼을 계기로 대륙별 사회포럼이 탄생했다. 첫 유럽사회포럼이 2002년 11월 이탈리아 피렌체에서 개최됐다. 영국의 [9월 반전] 행진에 고무된 포럼 국제조직위원회는 반전 시위와 포럼을 호소했다. 이탈리아의 반자본주의 운동은 열정적으로 응답했다. 100만 명이 피렌체에서 행진을 벌였다. 포럼 조직자들은 참석자 대다수의 지지에 힘입어 모든 유럽의 수도에서 2003년 2월 15일에 반전 시위를 벌이자고 호소했다. 반자본주의 운동과 반전운동이 결합됐다.

유럽의 활동가들은 2003년 1월 브라질에서 열린 세계사회포럼에 가서 국제적 시위를 호소했다. 처음에 라틴아메리카 운동의 지도자들은 대부분 라틴아메리카에서 진짜 전쟁은 가난과의 전쟁이지 이라크 전쟁이 아니라고 말했다. 포럼이 끝날 무렵 참가자들은 라틴아메리카의 많은 도시와 세계 많은 지역에서 시위를 조직할 각오를 하고 있었다.

2월 15일 200만 명이 런던에서 행진했고, 로마에서도 비슷한 숫자가 행진했다. 스페인 전역의 도시에서 300만~400만 명이 행진에 참가했다. 9 · 11 이 발생한 뉴욕의 맨해튼에서도 50만 명이 불법 시위에 참가했다. 전 세계적으로 대략 1500만 명이 100여 개 국가에서 행진했다. 몇 달 뒤 파리에서 열린 유럽사회포럼에서 만난 노르웨이 환경 운동가는 내게 스칸디나비아 반도에서만 80개 이상의 시위가 있었다고 설명해 줬다. 그는 또 남극의 과학 연구 기지에서 시위가 한 건만 있었다는 것은 사실이 아니라는 얘기도 했다. 사실은 두 건이 있었다.

미국의 패권에 대한 위협이 갑작스럽게 현실이 돼 버렸다. 2월 15일 이 전에 유엔 안전보장이사회는, 수많은 말들 속에 그런 표현은 없었지만, 사실상 미국의 이라크 침공을 허용하는 결의안을 반대표 없이 승인했다. 이제 200만 명에게 압력을 받은 토니 블레어는 의회의 반발을 두려워하며 부시에게 안전보장이사회로 돌아가야 한다고 종용했다. 프랑스의 보수적 대통령 자크 시라크와 독일의 사회민주당 총리는 둘 다 아프가니스탄 전쟁을 지지했다. 두 나라 모두 첫 유엔 결의안에 찬성표를 던졌다. 시위 이후, 이들은 자국의 여론이 그렇게 해서는 안 될 수준이라는 결론을 내렸다. 두 번째 결의안은 미국, 영국, 스페인만 지지해 부결됐다.

프랑스와 독일 정부는 어느 정도는 기꺼이 미국에 맞선 것이기도 했다.

한동안 고조돼 온 유럽과 미국 사이의 경제적 경쟁이 이제 정치적 형태를 취하고 있었다.

시위는 중동에서도 시작됐다. 상대적으로 자유로운 국가인 레바논과 터키에서는 규모도 매우 컸다. 터키의 항의 시위는 의회가 미국 군대의 [터키 영토] 통과를 거부하도록 만들었다. 중동의 독재국가들에서는 시위 규모가 작았고 불법이었다. 이집트 카이로에서는 수천 명의 시위대가 경찰의 무자비한 진압과 대규모 체포, 고문에 직면했다. 그러나 이집트의 분위기는 독재자인 대통령 무바라크조차 TV에 나와 미국의 전쟁을 비난할 수밖에 없을 정도였다.

결과적으로 미국과 영국은 사실상 둘만의 힘으로 전쟁을 벌여야 했다. 부시는 물러설 수 없었다. 세계적 규모의 반대 때문에 후퇴하면 미국 권력의 결정적 패배가 될 터였다. 그러므로 부시는 전쟁에서 이겨야만 했고, 뒤이어 점령도 유지해야 했다. 그러나 이런 상황은 점령을 유지하는 것이 매우 힘들 것임을 의미했다.

바그다드 진격은 순식간에 이뤄졌고 성공했다. 세계 여론이 주시하고 있었기 때문에 1991년 걸프전 때와 같은 규모로 폭격할 수는 없었다. 이번에는 이라크인 사망자가 군인과 민간인을 합쳐 2만 명 이내였고, 대부분의 기반 시설도 파괴되지 않았다. 바그다드를 접수하면서 미군은 100명 남짓한 이라크인들을 모아 전 세계 카메라들 앞에서 사담 후세인의 흉상을 쓰러뜨렸다. 카메라의 각도 덕분에 그 광장이 횅했다는 사실을 감출 수 있었다.

도널드 럼즈펠드, 국방부, 딕 체니는 이라크 대중이 미국인 침략자들을 지지할 것으로 기대했다. 그러나 쿠르드족이 있는 북부를 제외하면 대중의 지지는 거의 없었다. 대부분의 지역에서 존재한 것은 사담이 사라졌다는 깊은 안도감이었다.

미국 점령에 대한 저항은 시위로 시작됐다. 팔루자 시에서는 미군이 행진 대열을 향해 발포해 13명을 죽였다. 팔루자는 그 이후로 무장 저항의 중심이 됐다.

사담 집권기에는 다수인 시아파는 권력에서 배제됐고, 소수인 수니파가 권력을 차지했다. 미국의 점령 세력은 시아파, 수니파, 쿠르드족을 분열시키려고 했다. 이는 이제 미국의 모든 점령에서 표준화된 방법이었다. 부분적으로는 자국에서의 경험 때문에 미국 지배계급이 인종 분리와 적대감을 자연스러운 것으로 여기는 측면이 존재한다. 또 다른 이유는 점령지의 정치가 양극화될 수 있는 방법이 세 가지밖에 없기 때문이다. 사람들은 유럽, 라틴아메리카, 남아시아의 정당들처럼 계급에 따라 분열할 수 있다. 이는 점령자들에게는 악몽이다. 또 아프가니스탄과 이라크에서 점차 그렇게 됐듯이 점령 반대를 기준으로 사람들이 나뉠 수 있다. 그것도 아니면 민족이나 종교에 따라 분열할 수 있다. 미국 당국은 세 번째를 선호했다. 미국은 점령지의 모든 정치 상황을 부족적, 분파적, 민족적 경쟁으로 설명했다.

이라크에서도 한동안은 제한적이나마 이런 방식이 통했다. 시아파 공동체의 고위 종교 지도자들이 미국이 지명한 임시정부에 협조했다. 그러나 협력을 그만두라는 아래로부터의 압력이 자라났다. 수니파 지역은 이미 공공연한 반란 상태였다. 유엔 경제제재 시기에 수많은 아이들이 죽었고, 이 때문에 이라크 사람들 대다수가 서방 침략자들에 대한 적대감으로 단결했다.

미국의 장군들은 국제 반전운동의 규모 때문에 몇 가지 문제에 부딪혔다. 첫째, 전 세계, 특히 중동에서 벌어진 시위가 아랍의 독립 위성 TV를 통해 방영됐다. 이라크 사람들 역시 이를 봤다. 이것이 이라크인들의 저항에 그것이 없었다면 불가능했을 활력과 자신감을 불어넣었다. 이라크인들은 세상이 자신들의 편이라는 것을 알았다.

둘째, 침공에 대한 이라크 군대의 저항 수준을 고려할 때 미국은 간접 통치에 의존할 수 없다는 것을 확신하게 됐다. 내버려 두면 이라크 군대가 반기를 들 수 있었다. 미국은 병사들에게 일시급으로 35달러를 주겠다고 약속해 집으로 돌려보냈다. 이 돈은 거의 지급되지 않았다. 미군은 이라크 병사들이 집으로 돌아갈 때 무기를 갖고 가는 것을 막을 수 없었다. 미군 병사들이 직장과 연금을 잃고 실업자가 돼서 집으로 돌아갈 때 기관총과 로켓포를 가져간다면, 그들이 무슨 짓을 할지 미국인이라면 쉽게 상상할 수 있을 것이다. 많은 이라크의 전직 군인들이 그렇게 했다.

셋째, 미국의 점령에 대한 강력한 반대가 미국에게 충분한 지상군이 없다는 사실과 맞물렸다. 미국은 흔히 세계 최대의 군대를 갖고 있다고 회자된다. 실제로 미국이 갖고 있는 것은 세계에서 가장 값비싼 군대다. 병력은 210만 명에서 냉전 이후 140만 명으로 줄었다. 이들 대부분이 지원부대, 해군, 공군이거나 이미 다른 지역에 주둔하고 있다. 베트남 전쟁과 그 이후에 미국이 벌인 모든 전쟁에서와 달리, 현재 이라크에 있는 미군의 절반은 주 방위군과 예비군이다. 이들은 대부분 실전 훈련을 거의 받지 않았다. 이들은 이라크를 떠나길 원하고, 가족들 역시 공개적으로 그렇게 얘기하고 있다. 그런데 이런 군대를 합해도 현재 미군은 인구 2000만 명인 이라크에 고작 13만 5000명이 주둔하고 있다. 베트남에는 50만 명의 미군이 있었다. 미군을 지원하는 것은 적은 수의 영국군과 자국 병사들이 대규모로 죽는 것을 원하지 않는 여러 나라들의 미미한 병력뿐이다. 이 밖에 전투를 위한 대규모 용병과 수의계약을 맺은 지원단이 있다.

그러나 미국은 자국 내 반대 여론을 자극할까 봐 병력을 대규모로 늘릴 수 없다. 공식 집계된 미군 사망자 600명⁺은 이미 국방부를 곤란하게 만들기에 충분한 숫자다. 베트남 증후군은 사라지지 않았다.

그러나 병력 증강 없이는 미국이 이라크 경찰이나 협력자들을 보호할 수 없다. 다시 말해 미국을 위해 일할 사람이 아무도 없다는 것이다. 어떤 점령이든 현지의 지지자, 행정관, 정보원, 조사관들로 이뤄진 체계가 필요하다. 이라크에는 이것이 없다.

넷째, 북부의 쿠르드족 지역을 빼면 미국의 점령은 실제 사회 세력의 대중적 협조를 전혀 얻지 못하고 있다. [아프가니스탄에서는] 나토군이 매일 오후 5시에 카불을 떠나면 북부동맹 병사들이 남는다. 남베트남에서는 미국이 지주들의 지지를 받았고, 도시에 안전한 피난처들이 있었으며, 남베트남 군대도 있었다. 이라크에서는 그러한 현지의 지지를 전혀 받지 못한다.

다섯째, 아랍 TV 방송국을 포함한 전 세계 언론이 아직도 이라크에 남아 있다. 현재 아프가니스탄에서 벌어지는 상황은 거의 주목받지 못하지만, 이라크에서 일어나는 미국인들의 죽음은 낱낱이 보도되고 있다. 이는 2월 15일 반전 시위의 영향 때문이다.

여섯째, 반전운동이 사라지지 않았다. 이 때문에 점령군이 할 수 있는 행동이 제약받고 있다. 광범한 지지를 받는 무장 저항에 직면한 점령군은 보통 엄청난 물리력으로 반격한다. 현지 주민들이 겁에 질려서 저항 세력에게 그만둘 것을 종용하게 만드는 것이 목표다. 독일 점령자들이 유럽에서 하려 했고, 미국이 베트남에서 쓴 방식이 바로 이것이다. 미군 사령관들은 점점 더 이라크에서도 똑같이 하고 싶어 한다. 미군의 폭격으로 북베트남과 남베트남에서 죽은 사람들은 대략 200만 명이었다. 이라크에서는 그

⁺ 2004년 통계. 미군 사망자 수는 그 후 계속 늘어, 2008년 5월 현재 미군 공식 집계로도 4083명에 달한다.

런 규모가 가능하지 않다.

일곱째, 점령 비용이 늘어나고 있다. 미국의 계획은 이라크의 석유를 차지하는 것이었다. 단기적으로는 그 수익으로 점령에 필요한 돈을 대고, 장기적으로는 미국 기업들이 석유를 장악하려는 것이었다. 그러나 저항 세력이 끊임없이 송유관을 파괴하고 있다. 석유 생산은 유엔 경제제재 당시 사담에게 허가됐던 낮은 수준도 회복하지 못하는 실정이다. 벡텔 같은 건설업체들은 이라크를 거저먹을 것으로 기대했다. 그러나 그들의 외국인 직원들은 이라크에서 안전하게 이동할 수 없다. 석유도 없이 점령 비용만 불어나고 있는 것이다. 부시는 2003년 의회에 870억 달러를 요구해야 했고, 앞으로도 그 이상을 요구할 것이다. 이는 미국 경제에 부담이 되고 있다. 경기후퇴에서 회복했지만 일자리 창출이 거의 없는 상황에서 노동하는 미국인들이 받아들일 수 없는 것이다. 여론조사에 따르면 미국인 대다수가 870억 달러에 대한 의회 승인에 반대했다.

끝으로 이라크 저항의 규모 때문에 미국 정부는 이라크 사람들이 투표하는 것을 허락할 수 없다. 민주적으로 선출된 정부라면 누구든 석유 통제권을 되찾고 미국인들에게 떠나라고 요구할 것이다. 그러나 선거를 거부하면 점령 반대 운동에 불을 지피는 형국이 될 뿐이다. 그리고 선거를 허용할 수 없다면, 파업을 파괴하고 시위대에 발포해야 할 것이다. 이는 또다시 더 큰 저항을 불러올 것이다.

이제 미국의 점령은 악순환의 덫에 걸려 있다. 국가를 제대로 통제하지 못하면 야만적 폭력으로 대응할 수밖에 없다. 병력이 너무 적어서 이것이 효과가 없으면 더 큰 폭력으로 대응한다. 궁지에 몰리면 그 나라에서 새로운 동맹 세력은 절대로 만들 수 없다. 늘어 가는 살인이 거의 모든 이라크인들을 이간질하고, 이 때문에 더 많은 반대 세력을 분쇄해야 하고 더 많은 사람들을 죽여야 한다. 토니 블레어가 영국 사람들에게 한 주된 거짓말은 대량 살상 무기에 관한 것이었다. 그러나 조지 부시가 미국인들에게 떠들어 댄 주된 거짓말은 미군이 환영받고 있다는 이야기였다. 미국인들은 전쟁을 지지하던 것에서 급속하게 돌아서고 있다.

이 모든 이유들 때문에 조지 부시가 실수를 한 것처럼 보인다. 어찌 보면 미국의 지배계급에게는 존 케리를 지지하고 철군하는 것이 현명한 행동일 수 있다. 이 글을 쓰는 2004년 봄, 여론조사를 보면 유권자들이 거의 반반으로 나뉘어 있다. 많은 미국인들이 투표에 참여하지 않기 때문에 여론조사는 실제로 질문에 대답한 사람들의 통계를 제시하지 않는다. 특정 응답자들이 투표할 가능성을 반영해 수치를 바꾸는 것이다. 노동자들과 민주당 지지자들이 투표할 확률이 적기 때문에 여론조사에서 팽팽하다는 것은 미국인들 사이에서 케리 지지가 다수라는 것을 보여 준다.

가능성은 여러 가지다. 선거는 우연으로 가득하다. 케리의 당선이 필연적으로 점령을 종식시키지는 않을 것이다. 케리는 오래전부터 클린턴과 고어처럼 '신민주당' 지지자였다. 이들은 해외와 국내에서 미국 기업의 이익을 지지했으며 케리 역시 그럴 것이다. 케리는 아프가니스탄과 이라크 전쟁에 찬성표를 던졌고, 점령을 지지했고, 이라크에 더 많은 군대를 보내야 한다고 주장했고, 2004년 4월 새로 선출된 스페인 총리에게 전화를 걸어 이라크에 군대를 남겨 둘 것을 요청했다. 미국의 지배계급 일부와 언론의 대다수는 케리가 믿을 만한 사람이 되길 바라면서 그를 지지하고 있다. 그렇게 되면 과거는 부시에게 버리고 케리가 현재를 처리할 수 있지 않을까 하는 생각인 것이다. 다른 한편으로 지배계급의 다수는 부시의 패배가 세계적으로 미국 패권의 패배로 받아들여질까 봐 두려워하고 있다.

현재 미국 지배계급의 다수는 유엔을 끌어들이는 타협안을 지지하고 있다. 이것은 별 소용이 없을 것이다. 경제제재 때문에 유엔에 대한 적대감이 여전히 매우 높다. 대부분의 이라크 사람들은 미군이 떠나야만 유엔을 받아들일 것이다. 이것이 미국 지배계급의 가장 큰 문제. 이들에게 이라크에서 물러나는 것은 부시나 케리 그 어느 누가 자리를 차지하고 있든 간에 위험투성이다. 이라크가 세계 최대의 정치 쟁점으로 떠오른 지 이미 50년이 됐다. 미군의 철수는 이라크 저항과 전 세계적 반전운동의 승리가 될 것이다. 그렇게 되면 몇 가지 결과를 낳을 수 있다. 미국은 사우디아라비아한테서도 철군을 요구받을 수 있다. 사우디아라비아, 이집트, 요르단의 저항 세력이 용기를 얻어 독재자들을 내쫓을 수도 있다. 미국은 아마도 중동 석유에 대한 통제권을 잃을 것이고, 다른 나라 기업이나 중동의 민중, 또는 둘의 연합체에 넘겨줄 수도 있다. 파키스탄, 아프가니스탄, 이스라엘의 정권들이 심각한 위기를 겪을 것이다.

그러나 결과가 이보다 더 심각한 수준이 될 수도 있다. 미국의 패권 자체에 의문이 제기될 것이다. 미국의 민중은 앞으로 오랫동안 또 다른 침공을 용납하지 않을 것이다. 미국인들은 '이라크 증후군'을 겪을 것이다.

갓 등장한 유럽의 경제적 정치적 연합체 역시 강화될 것이다. 이는 인류를 위해서는 반드시 좋은 일이라고 볼 수는 없다. 미국이 유일한 악의 제국은 아니다. 영국, 프랑스, 독일, 러시아, 중국, 일본의 지배계급들은 모두 과거 한때 자신들이 미국에 필적할 만한 악마가 될 수 있다는 것을 보여 줬다. 20세기의 첫 89년 동안 세계는 경쟁하는 강대국들의 지배 아래 살았다. 그 시대의 전쟁은 사실 지금의 전쟁보다 더 비참했다. 단지 세계대전만이 아니라 오랜 냉전 기간 벌어진 치열한 대리전쟁들도 마찬가지였다. 유럽 애국주의도 지금 미국 애국주의가 미국인들에게 그런 것만큼이나 유럽인들을 순식간에 위협할 수 있다.

이라크에서 철군하는 것은 가난한 나라들에 대한 미국의 지배력 역시 위협할 것이다. WTO 도하 회담은 미국에게 거저먹기였다. 그다음 회담은 2003년 가을, 이라크에서 저항이 성장하는 와중에 멕시코의 칸쿤에서 개최됐다. 당시 멕시코 좌파와 노동조합들은 동원을 하지 않았기 때문에 회담장 밖에서 반대 시위를 벌인 시위대는 수천 명밖에 되지 않았다. 그러나 회담장 안에서는 가난한 나라 대표단들이 사실상 중국과 인도의 우파 정권들이 주도해 합의를 거부했다. 이것 역시 이라크 저항의 결과였다.

이라크에서 미국이 패배하면, 25년 동안 심화된 미국 내 불평등이 위협받을 것이다. 미국의 모든 저항운동이 조지 부시의 굴욕에 용기를 얻을 것이다. 유럽 세력의 득세와 중동 석유에 대한 통제력 상실은 적어도 달러화와 미국의 부채를 위협할 것이다.

이런 가능성 중 단지 일부만 현실이 될 수도 있다. 그러나 미국의 지배계급이 이 모든 가능성을 우려한다는 것은 분명하다. 이런 이유 때문에 조지 부시와 존 케리 모두 미국이 이라크에 계속 남아야 한다고 말하는 것이다.

그러나 이것만으로는 모든 나라의 지배계급들이 염려하는 또 다른 쟁점을 설명하지 못한다. 세계화 프로젝트는 이윤 증대를 위한 세계 재편과 미국의 권력을 결합했다. 이 둘은 한 꾸러미로 제시돼 왔다. 만일 미국의 권력이 약화된다면 세계화에 반대하는 모든 사람들이 용기를 낼 것이다. 이윤을 향한 질주는 다른 대안은 없다는 생각으로 뒷받침돼 왔다. 이 질주의 가장 큰 강점은 확고함과 모든 것을 포괄하는 주장이었다. 그러나 사상과 권력이 경직돼 잘 구부러지지 않으면 부러져 버릴 수 있다. 만일 점령 세력이 이라크에서 쫓겨난다면 그다음에는 프랑스, 독일, 러시아 기업들이 해외에서의 이익과 자국 노동자들의 저항을 걱정해야 할 것이다. 프랑스, 영국, 러시아의 지배계급들은 모두 자신들이 미국의 이라크 점령을 지지한다고 말해 왔다. 전쟁을 벌인 것은 잘못된 일이었을지 모르지만, 미국이 철수하는 것은 원하지 않는다는 말이다. 그들은 정말로 진심이다.

만일 미국이 철군하면 전 세계의 사람들이 서로 이렇게 말할 것이다. 이라크 사람들이 할 수 있다면, 그렇다면 우리도 우리 관리자들에게 맞설 수 있지 않을까?

이제, 이라크가 아니라 지구와 관련된 이야기로 마무리하려 한다.

기후변화

몇 년 동안 과학자들 사이에서는 기후변화를 둘러싼 논쟁이 진행돼 왔다.[6] 지금은 결론이 난 상태다. 이 주제에 관해 조금이라도 알고 있는 모든 과학자들은 이제 그들의 정치적 견해와 관계없이 지구 온난화가 발생하고 있으며 그것도 심각한 수준이라고 확신하고 있다. 예외가 있다면 석유 기업들에게 돈을 받는 몇몇 사람들뿐이다. 과학자들은 다른 사람들도 확신을 갖게 만들었다. 돈 많은 사람이든 가난한 사람이든 사람들은 모두 이제 뭔가 해야 한다는 것을 알고 있다. 그러나 실행에 옮겨진 것은 아무것도 없다. 이유는 세계화와 이윤 때문이다. 이제 설명을 해 보자.

지구 온난화는 '온실 가스'가 원인이다. 가장 중요한 것은 이산화탄소이지만 다른 모든 온실 가스들도 동일한 작용을 한다. 이산화탄소는 지구를 뒤덮는 한 방향의 덮개 같은 작용을 한다. 이산화탄소는 태양열을 통과하도록 해 주지만, 지구에서 우주로 빠져 나가는 열은 일부 차단한다. 공기 중에 이산화탄소의 비율이 높아지면 지구는 더워진다.

이 비율이 점점 더 높아지는 이유는 주로 석유, 천연가스, 석탄과 같은 화석연료를 태우기 때문이다. 화석연료는 원래 탄소 생명체에서 만들어진 것이다. 따라서 연소되면 탄소가 산소와 결합한다. 지구 온난화는 대부분

화석연료를 사용하는 두 가지 방식이 원인이다. 하나는 산업과 가정에 필요한 전기를 만들기 위해 연료를 태우는 것이다. 다른 하나는 자동차, 트럭, 비행기의 휘발유다. 이산화탄소는 공기 중에 오래 머물기 때문에 배출의 효과는 누적된다. 나무가 공기 중의 이산화탄소를 흡수하는데, 거대 삼림들이 잘려 나가고 있다. 그러나 이 요소는 화석연료만큼 중요하지는 않다. 다른 종류의 온실가스들도 있지만, 이산화탄소가 지구 온난화 원인의 80퍼센트다.

최근 세계적으로 기온이 올라가고 있으며 특히 극지방에서 심하다는 것은 분명한 사실이다. 이 때문에 극지방의 빙하가 녹기 시작했다. 이런 일이 눈에 띌 정도로 진행되면 해수면이 상승할 것이다. 저지대의 섬과 뉴욕, 워싱턴, 보스턴, 네덜란드, 벨기에, 런던, 방글라데시, 콜카타, 홍콩, 상하이 같은 연안 지역과 세계의 많은 농경지가 물에 잠길 것이다.

기온의 변화는 세계의 기후 체계를 불안정하게 해서 심한 홍수와 가뭄, 폭풍이 발생할 것이다. 이는 이미 소규모로 벌어지기 시작했다. 최근 방글라데시에서는 홍수로 이미 수십만 명이 죽었다.

얼마 못 가서 세계의 종種 대다수가 서식지의 변화 때문에 멸종할 것이다. 또 다른 문제는 불평등이다. 수백만 명의 사람들이 폭풍이나 해수면 상승으로 모든 것을 잃어버릴 것이다. 보험은 이 피해를 보상해 주지 않을 것이다. 우리는 이 사람들에게 새로운 보금자리와 따뜻한 음료, 새 옷을 주고, 일자리와 미래를 보장하며 존중하는 세상을 상상해 볼 수 있다. 그러나 우리가 지금 살고 있는 세상은 그렇지 않다. 그런 상황에서 기근, 전염병, 전쟁이 벌어지는 게 우리가 사는 세계다.[7]

그리고 과학자들이 계속해서 상기시키듯이 결과는 이보다 더 끔찍할 수 있다. 과학자들은 신중하게 말을 가려서 하려고 노력한다. 분별력 없어

보이고 싶지 않고, 실수하고 싶지도 않거니와, 미래를 확신할 수 없기 때문이다. 그런데도 과학자들은 몇몇 반작용을 염려한다. 어떤 일도 확실하게 발생한다고 말할 수 없지만, 어떤 일도 일어날 수 있다. 지구가 걷잡을 수 없이 뜨거워지면, 이 중 어느 한 가지가 파국으로 치닫는 상황을 낳을 수 있다.

따라서 우리는 공기 중으로 대량 방출되는 이산화탄소의 양을 줄여야 한다. 대부분의 과학자들에게 해결책은 매우 분명하다. 이 해결책은 미국과 유럽만이 아니라 중국과 전 세계 모든 가난한 나라에도 적용돼야 한다. 우리는 자동차와 비행기 대신 버스, 기차, 트럭 같은 대중교통이 필요하다. 집과 공장과 사무실은 완벽하게 단열 처리를 해서 전력 생산을 줄여야 한다. 이런 일은 거대한 규모의 공공사업을 통해서만 이뤄질 수 있다. 더 많은 나무를 심어야 하고, 전력을 만드는 데 이용 가능한 풍력, 태양력, 수력 기술을 활용해야 한다. 그리고 이 모든 일들을 당장 해야 한다.

진지하게 이런 조치를 취한다면, 이산화탄소 배출량을 절반 이하로 줄일 수 있다. 인구를 줄이지 않고도 이것은 가능하다. 이 점이 중요하다. 우리는 이 세상에 사람들이 너무 많고 그들이 너무 많이 소비한다는 말을 자주 듣는다. 사실 모든 나라에서 인구 증가율은 감소하고 있다. 대다수 선진국에서는 인구가 줄고 있다. 이는 세계 인구가 두 배에 달할 때까지 계속 증가하다가 그 뒤에는 하락할 것임을 뜻한다.

세계의 자원에 비해 사람들이 너무 많은지 아닌지를 놓고 진지한 논쟁을 벌일 수 있다. 나는 몇 가지 조건을 달면 그렇지 않다고 생각하는 쪽에 속한다. 그러나 이 논쟁은 기후변화와 관련해서는 완전히 핵심을 벗어난 이야기다. 세계 인구가 두 배가 되고 우리가 계속 같은 방식으로 화석연료를 사용한다면, 우리는 그야말로 지구를 구워 삶는 것이다. 그러나 세계 인구가 지금과 같은 수준을 유지한다 해도 근본적으로 아무런 변화가 없다면, 이것 역시 세상을 뜨겁게 데울 것이다. 화석연료 사용을 멈추고 대체에너지를 활용하고 숲을 조성한다면, 세계 인구가 두 배가 돼도 괜찮다.

이산화탄소를 통제하면 가난한 나라들이 결코 발전할 수 없을 것이라는 이야기도 종종 들린다. 그러나 화석연료를 사용하지 않는 새로운 공장과 발전소들은 다른 곳과 마찬가지로 가난한 나라에도 어렵지 않게 세울 수 있다. 노동자가 더 많이 필요한 것이 문제라면, 그곳에는 정말이지 노동자가 충분하지 않은가.

다시 말해 지구 온난화를 막는 것은 정말로 가능하다. 그러나 현재의 경제체제가 그것을 가로막고 있다. 지구 온난화를 막는다는 것은 석유와 자동차를 없앤다는 뜻이다. 세계 40대 대기업 중 16개가 석유나 자동차를 판다. 이는 세계 체제에서 어마어마한 권력이다. 흔히 어떤 산업 경제의 상태를 판단하는 기준은 지난달 신차 판매량이다. 중동, 러시아, 나이지리아, 중앙아시아, 베네수엘라는 전체 국가 경제가 석유에 의존하고 있다. 미국의 권력 역시 석유 통제력에 기대고 있다.

규제를 둘러싼 문제도 존재한다. 이윤율을 높이려는 모든 국가에서 지난 25년 동안 세계화와 이윤 추구의 기조는 환경 규제를 포함한 규제 완화였다. 국제 협정의 전체 기조 역시 가난한 나라에는 통제를 강요하고 부유한 나라에 대한 통제는 없애는 것이었다. 우리 삶의 모든 측면에서 권력을 가진 자들은 인간의 필요가 아니라 시장의 지배를 옹호했다.

최근에 WTO 도하 각료 회담과 기후변화에 관한 교토협약의 협상 과정을 설명한 책 두 권이 발간됐다.[8] 두 책 모두 정부에 로비 활동을 한 활동가가 썼고, 심야 협상, 제3세계 대표단들의 분노와 눈물, 특별실 내 미국의 조작이라는 똑같은 이야기를 들려준다. 두 책 모두에서 인상적인 점은 미국 대표단이 미국의 기업 대표를 회의에 참석시켰다는 점이었다. 산업계 사람들이 합의문 초안의 문구들을 작성한다. 거대 석유 기업과 거대 제약 회사는 미국 공무원들을 신뢰하거나 존중하지 않는다. 산업계 로비스트들은 케냐나 태평양 저지대 산호섬 출신의 어느 누구도 문구를 수정하지 못하도록 밤늦게까지 자지 않고 노트북 자판을 두드린다.

마찬가지로 기업들은 무슨 수를 써서라도 환경 규제를 피하려 한다. 지구 온난화를 막기 위한 국제 협정이 정반대 방향으로 작동할 정도다. 사람들과 이 지구를 위해 변화가 필요하다. 따라서 정부들은 경제구조를 크게 바꿔야 한다. 이렇게 하면 규제가 다시 자리 잡을 것이다. 이는 합의에 의한 대대적 변화의 선례가 되어 그다음에는 에이즈, 핵, 주택문제 등 다른 문제에도 적용할 수 있을 것이다. 대체에너지 개발에는 엄청난 규모의 공공사업이 필요할 것이다. 공공사업은 세금을 뜻한다. 이렇게 되면 에너지 가격이 상승해도 사람들에게 끔찍한 일이 아닐 것이다. 사람들에게 일자리도 생길 것이다. 그러나 이 모든 것은 이윤을 압박한다.

지배계급의 사람들조차 기후변화가 심각한 위협이라는 점은 인정한다. 문제는 그들이 실천에서는 변화를 우연에 맡긴다는 것이다. 세계의 모든 정부가 리우 회담과 그 뒤에 교토에서 진행된 회의에 대표단들을 보냈다. 마침내 교토에서 [온실가스] 배출 증가 수준을 줄이는 데 합의했다. 이 협약은 허점투성이에다 강제 조항은 단 한 줄도 없다. 일부 환경 운동가들은 교토의정서가 소용은 없지만 적어도 출발로서는 의의가 있다고 말했다. 다른 사람들은 소용 없는 정도가 아니라 더 나빠졌다고 이야기했다.

클린턴 정부는 교토의정서에 동의했지만, 실제로 서명하지는 않았다. 클린턴이 이처럼 서명을 거부했기 때문에 조지 부시가 당선했을 때 공개적으로 서명을 거부하겠다고 이야기할 수 있었다. 그러자 이번에는 러시아

대통령 푸틴 역시 비준하지 않겠다고 할 수 있었고, 교토의정서는 그렇게 끝났다.+

지금 지배자들은 이라크에서 후퇴할 수 없다. 세계화와 이윤을 위한 질주가 위협받을 것이기 때문이다. 똑같은 이유로 그들은 지구 온난화를 규제할 수 없다. 그들은 지구 온난화를 더욱 악화시키는 석유를 태우기 위해 이라크에 남아 있다.

시애틀에서 외쳤듯이 팀스터스[노동자 운동]와 거북이[환경 운동]가 연대해야 한다. 나는 지금까지 미국의 문제가 세계의 문제라고 주장했다. 오늘날 수백만 명이 어떻게 다른 세계를 만들지를 놓고 토론하고 있다. 우리 모두를 이 지경으로 몰아넣은 세계적 이윤의 위기는 아직 사라지지 않았다. 따라서 위로부터의 압력, 지배계급의 압력 역시 점점 커지고 있다.

압력과 저항이 모두 커지면 미래는 예측하기 어려워진다. 걸려 있는 판돈이 크다. 여러분이 할 수 있는 일을 하기 바란다.

+ 러시아는 교토의정서를 WTO 가입 조건의 협상 카드로 사용했다. 그러다 이 책이 출간되고 몇 달 뒤인 2004년 10월에 교토의정서를 비준함으로써, 교토의정서 발효 조건이 충족됐다.

한국어판에 부치는 후기

이 책의 한국어판 후기를 부탁받은 것은 내게 큰 영광이다. 제국주의에 대한 한국인들의 뿌리 깊고 강한 불신을 보여 준 위대한 시위가 벌어진 지 두 주 뒤인 2008년 7월에 이 글을 쓰고 있기 때문에 특히 더 영광이다.

이 책의 집필을 마친 것이 2004년이었기에 나는 이 후기에서 간략하게나마 그 후에 벌어진 일들을 쓰고자 한다.

미국과 전 세계의 상황은 2004년 이후 극적으로 변했고, 또다시 극적인 변화를 겪기 시작하는 것 같다. 미국의 부자들, 권력자들, 기업의 소수 특권층은 다양한 위기에 직면해 있다.

그 하나는 미국의 이라크·아프가니스탄 점령 실패다. 이라크는 장기간의 괴롭고 끔찍한 교착상태에 빠졌다. 저항 세력도 점령 세력도 승리할 수 없는 상황이다. 아프가니스탄과 파키스탄 국경 지역에서 점령 세력은 퇴각하고 있다. 미국에서는 두 전쟁에 대한 지지율이 낮아졌으며, 미국 국민의 다수가 이라크 전쟁에 반대한다. 미국의 군인 가족들은 3년, 4년, 5년째 중동의 전쟁에 발이 묶인 병사들을 보면서 점점 절망하고 있다. 현대 의학 덕분에 미군 부상병 생존자 비율은 과거 어느 전쟁보다도 훨씬 높다. 그러나 부상병들은 죽을 때까지 지속될 심각한 상처를 입고 돌아와, 부적절한 의학적 사회적 치료만 받을 뿐이다.

그와 동시에 캐나다인들과 유럽의 거의 모든 나라들은 이 두 전쟁에 자국 군인들이 참전하는 것을 반대한다. 나토가 아프가니스탄에서 패배하지 않으려면 더 많은 병력이 필요하지만, 유럽 각국 정부들은 대부분 전투병 파병을 거부하고 있다.

정치에서 확실한 것은 아무것도 없다. 그러나 이라크와 아프가니스탄의 저항, 미국과 유럽의 국내 여론이 결합돼 이라크와 아프가니스탄에서 미군을 철수시킬 수 있는 현실적 가능성이 존재한다. 이렇게 되면 전 세계에서 미국 지배계급의 권력이 심각한 타격을 받을 것이다. 미국이 이라크에서 철수하면, 아프가니스탄 사람들도 미국의 점령이 얼마 남지 않았다는 것을 알게 될 것이다. 아프가니스탄에서 미국이 철수하면, 이라크 사람들도 같은 생각을 할 것이다. 그렇게 되면 미국은 이라크의 석유뿐만 아니라 중동 석유 전체에 대한 통제력도 잃어버릴 것이다. 이집트, 사우디아라비아, 요르단, 걸프 지역의 독재자들이 미국의 군사적 정치적 지지에 기대어 목숨을 연명하고 있기 때문이다. 미국이 굴욕을 당하면, 독재국가의 국민들이 정권을 타도할 가능성이 있다. 사태가 그렇게까지 발전하지 않더라도 독재자들은 중동의 신흥 강국들과 아랍 거리[의 민중]에게 잘 보이기 위해 애를 써야 할 것이다. 어느 경우든 미국은 석유에 대한 통제력을 잃어버릴 것이다.

그러나 미국 권력의 전망은 이것보다 훨씬 더 암울하다. 내가 이 책에서 얘기했듯이, 이라크 침략은 석유 통제력만이 아니라 미국 정부와 기업의 세계경제 지배력을 확립하기 위한 것이었다. 이라크는 베트남처럼 쌀을 수출하는 나라가 아니다. 우리 시대를 규정짓는 전투라고 스스로 주장했던 전쟁에서 미국이 지면, 미국의 지배는 전 세계 모든 곳에서 위협에 직면할 것이다. 브라질, 남아프리카공화국, 이탈리아, 그 밖의 모든 나라 정부들이 미국의 말을 전처럼 고분고분 듣지 않을 것이다.

미군이 이라크와 아프가니스탄에서 패배하면 이런 일이 벌어질 가능성은 더욱 높아질 것이다. 그러나 두 가지 이유로 상황이 더 악화할 수도 있다. 하나는 이 책에서 자세히 얘기했듯이 요즘 평범한 미국인들이 신자유주의가 자신의 삶에 미친 결과에 정말로 넌더리를 내고 있다는 것이다. 다른 하나는 점점 더 확대되고 심화되는 신용위기와 경기 침체다.

지난 40년 동안 대다수 나라의 생활수준은 높아졌다. 반면에 평범한 미국인들은 현재 조부모 세대 수준의 시간당 임금을 받고 있고, 인구의 79퍼센트는 이런 수준의 임금도 못 받는다. 노동시간은 늘었고, 일자리는 구하기가 더 어려워지면서 질은 더 떨어졌으며, 사회복지는 삭감됐고, 의료보험은 더 나빠지고 있다. 아메리칸드림은 이런 것이 아니었다. 사람들은 고통과 혼란을 겪고 있다.

이 쓰라린 고통은 WTO에 반대한 시애틀 시위 때 정치적으로 표출되기 시작했다. 이것은 9·11에 대한 대중의 반응에 밀려 후퇴했다. 그러나 2006년에 이르자 뉴욕에서 35만 명이 참가한 반전 시위가 벌어졌고, 이민자들의 권리를 요구하는 시위들이 전국에서 벌어졌다. 세계 대다수 나라에서 좌파들은 난민에 대한 처우 개선을 요구하는 운동을 벌인다. 미국의 이민자들도 모든 불법 이민자의 합법화를 요구하는 시위를 벌였다. 로스앤젤레스에서 100만 명이 행진했고, 가장 우파적인 도시인 텍사스의 댈러스에서도 40만 명이 행진했다. 2007년 4월에는 800여 개의 도시와 지역에서 13만 명이 기후변화 관련 시위에 참가했다.

그 뒤, 신용위기와 경기 침체가 발생했다. 그 배경은 이 책의 본문에서 설명했다. 무엇보다 1960년대 말에 선진 공업국의 산업 이윤율이 반토막 났다. 이에 대한 기업 엘리트와 각국 중앙은행의 반응은 복잡했다. 이러한 반응의 한 측면이 투기 증가와 금융 거품이었다. 또 다른 측면은 중앙은행, 특히 미국 연방준비은행이 정말로 심각한 경기 침체 위협에 대처하면서 더 쉽게 대출할 수 있게 만든 것이다. 그 결과 가난한 나라의 외채, 미국의 외채, 카드 빚, 주택 부채, 투기 자금에 대한 부채 등 온갖 부채들이 엄청나게 늘어났다. 그렇게 부풀려진 부채가 이번에는 다시 투기를 부추겼다.

그러다가 2007년 8월 은행들과 기업들은 부채의 누적 규모에 갑작스럽게 공포를 느꼈다. 은행들과 대부업자들은 대출금을 회수하고 새로운 대출을 거부했다. 이것이 지금 미국을 고통스럽게 하는 경기 침체의 원인이다. 이 경기 침체는 앞으로 유럽으로 확산될 것이고, 아시아에 심각한 타격을 가할 가능성이 있다.

신용위기는 전 세계적 문제이지만, 가장 큰 위협에 직면한 것은 미국의 지배계급이다. 우선 신자유주의 사상의 지배력은 시장이 제대로 작동한다는 확신에 기반을 두고 있다. 만약 시장이 작동을 멈춘다면, 이런 사상의 정당성은 도전받게 될 것이다. 게다가 미국의 기업인, 노동자, 집주인 들은 이미 고통을 겪고 있는 상황에서 더한층 어려움에 직면할 것이고, 미국의 세계 패권도 이미 도전받고 있다. 그리고 해외의 중요한 전쟁에서 패배한 정권은 흔히 국내에서도 분출하는 저항과 파업에 직면할 것이다.

이 모든 것이 의미하는 바는 미국 지배계급을 곤경에 빠뜨릴 엄청난 폭풍이 닥칠 수 있다는 것이다. 그렇다고 해서 폭풍이 반드시 닥친다는 말은 아니다. 미국 기업과 정부의 소수 특권층도 이 가능성을 인식하고 있으며 그런 재앙을 막기 위해 어떻게 해야 할지를 둘러싸고 서로 갑론을박하고 있다는 말이다. 특히 해외에서 미국이 영향력을 상실하고 국내에서 경제 위기가 심화하면 달러가 더는 세계의 준비통화 구실을 못하게 될 수도 있다. 지금은 달러가 준비통화이기 때문에 미국은 어마어마한 외채를 갚지 않아도 된다. 만일 세계 통화가 유로나 다른 통화로 대체되면 미국은 외채를 갚아야 할 것이고, 그렇게 되면 미국에 파멸적인 경제적 결과가 닥칠 것이다.

이런 일이 반드시 일어난다는 보장은 없다. 경기 침체가 얼마나 심각할지, 언제까지 지속될지 지금은 확실히 말할 수 없다. 미국 군대가 이라크와 아프가니스탄에 계속 주둔할 수 있고 미국인들이 그것을 용납할 수도 있다. 그러나 어쨌든 미국의 권력은 곤경에 처한 듯하다.

이런 상황을 배경으로 현재 미국의 소수 특권층 사이에서는 두 가지 전략이 논의되고 있다. 하나는 이판사판의 길을 선택하는 것이다. 이스라엘이 이란을 전면 폭격하거나 미국이 아프가니스탄 접경 파키스탄 산악 지역에 군사 개입을 감행하는 것이다. 언뜻 보기에는 둘 다 미친 짓처럼 보인다. 그러나 두 가지 모두 진지하게 논의 중이고, 실행 가능성을 완전히 배제할 수 없다. 사람들과 마찬가지로 정부도 끔찍한 상황에서 선택의 여지가 없을 때는 결국 미친 짓을 저지르곤 한다. 이스라엘 정부는 특별한 압박을 받고 있다. 만약 미국이 이라크를 떠나고 중동의 권력관계가 바뀌면 미국 지배계급이 이스라엘을 버릴 가능성이 농후하다. 그런 일이 벌어지지 않는다고 해도 미국이 중동에서 대실패를 겪은 뒤에는 미국인들이 이스라엘을 지지하는 군사적 개입을 용납하려 하지 않을 것이다. 상황이 이렇다 보니, 이스라엘 지배계급은 모든 위험을 무릅쓰고라도 빨리 행동해야 한다고 생각한다.

그러나 더 그럴싸한 가능성, 지배계급 내에서 더 많이 지지받는 가능성은 미국 제국주의의 포장을 바꾸는 것이다. 버락 오바마 표 미국 제국주의로 말이다.

오바마 현상은 두 측면에서 이해할 수 있다. 첫째, 이것은 미국인들이 지금 얼마나 넌더리가 나 있는지 보여 준다. 즉 미국인들이 얼마나 왼쪽으로 이동했는지를 보여 준다. 모든 민주당 대선 후보들(오바마, 힐러리 클린턴, 에드워즈 등)이 지난 40년 동안 민주당의 어느 대선 후보보다도 훨씬 더 좌파적인 언어로 말했다. 이는 그들의 여론조사팀이나 초점 집단+들이 미국인들이 듣고자 하는 말이 그런 것이라고 이야기해 줬기 때문이다.

특히 오바마는 강력한 정서를 불러 일으켰다. 오바마 유세장에 많을 때는 7만 5000명이나 되는 사람들이 몰렸다. 이는 1860년 링컨-더글러스 논쟁 이후 주류 정치에서는 볼 수 없었던 현상이다. 오바마는 주로 젊은 활동가들의 강력한 지지를 받고 있다. 그들은 오바마가 변화를 실현할 수 있으리라고 믿는다. 4년 전에 미국은 50 대 50으로 양분됐다. 양극화와 분노가 조지 부시에 집중됐다. 이제 그 균형은 깨졌고, 대다수가 부시에 반대한다. 지금은 많은 사람들이 부시를 골칫거리로, 오바마를 해결사로 생각한다.

따라서 한편으로 변화에 대한 열망과 심각한 분노가 오바마 지지로 결집됐다고 볼 수 있다. 오바마가 흑인이라는 점도 중요하다. 상당수의 백인들은 오바마가 흑인이기 때문에, 인종차별 사회에 살고 싶지 않아서 그를 지지한다. 모든 사람들이 지금이 역사적으로 중요한 순간임을 인식하고 있다.

그러나 또 다른 측면은 오바마 역시 대기업들의 후보라는 점이다. 거액의 선거 자금이 힐러리 클린턴이나 공화당이 아니라 오바마에게 돌아갔다. 월 가의 모든 주요 기업들의 고위 임원들이 오바마를 밀고 있다. 그의 경제 자문단은 월 가 출신들이고, 외교정책 자문단은 민주당과 제국주의 전통 출신의 인사들이다.

+ 심층 면접이나 집단 토론 등을 통해 여론의 반응이나 추이를 알아보기 위해 선발, 소집된 소규모 집단.

오바마는 이라크 전쟁 초기에는 전쟁에 반대하는 목소리를 높였다. 이제는 상황이 허락하는 한 되도록 빨리 미군을 철수하겠다고 말한다. [그러나] 상원에 전쟁 자금 조달 법안이 상정됐을 때 오바마는 반대하지 않았다. 또 아프가니스탄에 더 많은 병력을 보내야 한다고 주장한다.

물론 오바마는 이라크 문제에서는 힐러리 클린턴보다 왼쪽에 있었다. 그러나 중요한 노동계급 쟁점들에서는 힐러리보다 오른쪽에 있었고, 이 때문에 힐러리가 백인, 히스패닉계, 아시아계 노동계급 유권자들한테서 더 많은 지지를 받은 것이다. 여기에서 핵심은 건강보험이다. 힐러리는 모든 미국인들에게 의료보험 혜택을 주는 방안을 지지했다. 반면에, 오바마의 계획대로 하면 여전히 수백만 명이 보험 적용을 받지 못한다. 이는 정치적 이해득실의 문제가 아니다. 여론조사 결과를 보면 미국인의 80퍼센트 이상이 국민건강보험을 지지하기 때문이다. 오바마의 중도 우파 [정치] 원칙의 문제인 것이다.

또한 오바마는 내가 이 글을 쓰고 있는 2008년 여름에 분명히 오른쪽으로 이동하고 있다. 흔히 이것을 선거 전술 차원으로 설명한다. 그러나 그것은 사실과 다르다. 오바마는 현재 여론조사에서 1위를 달리고 있다. 국민건강보험과 이라크 철군을 약속한다면 압도적으로 승리할 것이다. 그런데 오바마는 오히려 미국 지배계급과 타협하고 있다. 그가 너무 많이 타협해서 대선에서 매케인에게 패배하는 것도 얼마든지 가능하다. 그러나 아직은 오바마가 승리할 가능성이 더 큰 듯하다.

따라서 오바마의 대선 승리는 모순이다. 오바마가 그토록 열렬한 지지를 받는 이유는 수많은 사람들이 변화를 간절히 원하기 때문이다. 그러나 오바마의 당선은 미국 제국주의가 세계 패권을 유지할 수 있는 최선의 대안이기도 하다. 11월 대선에서 오바마가 승리하면 거의 전 세계가 기뻐 춤출 것이고 모든 대륙에서 파티가 벌어질 것이다. 외국인이든 미국인이든 모두 변화를 기대할 것이다. 그러나 오바마는 최소한의 변화만을 실현하려 할 것이다.

그러면 어떻게 될까?

불길한 신호가 하나 있다. 2006년 말까지 미국에서는 저항과 소요가 커져 가고 있었다. 그런데 11월 중간선거에서 민주당이 의회 다수파가 됐고, 사람들은 민주당이 이라크 전쟁을 끝내 주리라고 기대했다. 그러나 민주당은 아무것도 하지 않았다. 오히려 모든 정치 기사들은 세계 역사상 가장 긴 선거운동에 집중됐다. 우리는 정부가 무엇을 할 것인지 묻지 말고 누가 정부를 운영할지를 물어 보라는 말을 들었다. 결정적으로 중요한 것은 그 기간에 기층 대중운동이 침묵했다는 사실이다. 대규모 반전 시위도 없었고 대중적인 이민자 시위도, 기후변화 집회도 벌어지지 않았다. 민주당이 이 모든 운동을 지배하기 때문이 아니다. 민주당은 그러지 못한다. 운동이 침묵한 이유는 활동가들이 조지 부시를 문제의 핵심으로 여기고 부시를 미워하는 만큼 민주당을 지지하기 때문이다. 그래서 활동가들은 시위가 일부 유권자들을 소외시킬 것이라고 주장하며 자발적으로 활동을 중단했다. 그 대신에 예컨대 거의 모든 평화운동이 득표 활동으로 전환했다.

이 때문에 오바마가 선거 이후 옳은 일을 할 가능성은 훨씬 낮아졌다. 그럴 압력이 사라져 버렸기 때문이다. 더욱이 오바마가 선거에서 이기면 그에게 기회를 줘고 지켜보라는 압력이 미국뿐 아니라 전 세계에서도 강력해질 것이다.

그런 상황에서 가장 중요한 일은 시위, 파업, 항의 운동 등 저항이 지속되고 더 활발해지도록 활동가들이 노력하는 것이다. 두 가지 핵심 요인이 그 결과를 좌우할 것이다. 하나는 전 세계에서 벌어지는 시위와 행동의 규모일 것이다. 다른 하나는 오바마를 지지했던 활동가들이 사기 저하할 것인지, 아니면 그를 넘어서고 결국에는 그를 비판하게 될 것인지 하는 선택이다. 나는 후자의 가능성이 더 크다고 생각하는데, 사람들이 지금까지 겪었고 앞으로 겪을 고통의 규모가 여전히 클 것이기 때문이다.

그러나 앞서 말했듯이 오바마의 승리 역시 결정된 것이 아니다. 매케인이 승리하더라도 평화운동이 미군을 이라크에서 몰아내고 노동조합이 기업들을 공격하는 것이 여전히 가능할 것이다. 잊지 말아야 할 점은 20세기의 가장 위대한 미국인인 마틴 루서 킹은 어떤 공직에도 결코 선출된 적이 없었다는 것이다. 그는 자신이 상대했던 대통령들보다 훨씬 더 위대한 인물이었다. 어느 순간 대중운동이 정부보다 더 강력해질 때가 있기 때문이다. 게다가 미군이 베트남에서 철수한 것은 공화당 대통령인 닉슨 집권기였다.

오바마의 정치적 본능이나 지배계급에 대한 충성심 때문에 오바마 정권이 변할 수 없다고 이야기하는 것은 아니다. 오바마를 압박해서 미군을 철수하게 만들 수도 있고, 그가 재임하는 동안 노동자들이 자신들을 위한 싸움을 시작할 수도 있다.

이 중 어느 것이 가능하다고 확실히 말할 수 없는 이유는 우리가 불안정한 세계에 살기 때문이다. 세계경제가 불안정하고, 세계의 권력균형도 불안정하며, 신자유주의 사상의 정치적 지배력 역시 불안정하다. 그 결과는 부분적으로 끔찍할 것이고, 거의 완전한 공포를 자아낼 수도 있다. 그러나 그 결과가 1930년대와 1960년대에 그랬듯이 미국에서 거대한 대중운동으로 이어질 수도 있다. 세계를 지배하는 강대국에서 그런 규모의 운동이 벌어진다면 그 메아리가 전 세계에서 울려 퍼질 것이다.

1장 이윤

1 마르크스주의 경제학에 대한 쉬운 입문서는 Harman, 1995 참고. 그렇지만 마르크스주의 경제학의 핵심을 진정으로 이해하려고 한다면 마르크스의 《자본론》 1권 (Marx, 1976)은 필독. 알려진 것보다는 그렇게 어렵지 않다. 가장 어려운 곳이 시작 부분인데, 마르크스가 자신의 철학적 배경과 씨름하는 부분이기 때문이다. 그 뒤부터는 점차 더 구체적이어서 쉽게 읽을 수 있다. 더 쉽게 읽으려면 4장부터 끝까지 읽고 난 뒤에 다시 처음으로 돌아가는 방법도 좋다. 만약에 이해하기 어려우면 《자본론》을 이해하는 데 좋은 입문서가 될 수 있는 Baran, 1973을 참고해도 좋을 것이다. 이 책은 똑같은 주장을 더 이해하기 쉽게 풀어 놓았다.

2 이에 대한 논의는 Harman, 1999 참고. 하먼은 Kidron, 1970과 1974에서 발전한 '영구 무기 경제'를 바탕으로 주장을 펼치고 있다.

3 Rees, 1994, p 71.

4 Rees, p 7.

5 이후의 통계들은 대부분 Brenner, 2002에서 인용했는데, 이 책은 내가 본 가장 상세하고 신뢰할 만한 책이다. 경제학자들은 내가 수치들을 반올림했다는 것을 주의해야 한다. 이를테면 13.6퍼센트는 14퍼센트로 수정했다. 이렇게 하면 수치는 다소 덜 정확할 수 있겠으나 비전문가들이 쉽게 이해할 수 있는 이점도 있다. 어떻게 보면 수치들은 실제로 꼭 그렇게 정확한 것이라고 볼 수 없는 측면도 있다. Brenner, 2002는 이윤율 하락과 그 결과를 처음 공부할 때 읽을 만한 최고의 책이기도 하다. 이를 보충하는 책이 Brenner, 1998이라고 할 수 있다. Harman, 1999는 이윤율이 하락하는 이유를 더 설득력 있게 설명하고 있지만 초보자들이 이해

하기는 더 어려운 책이다. Harvey, 1982 역시 읽어 볼 만하다. 그런 다음에, 전문적 논의는 Shaikh and Tonak, 1994, Mosely, 1991 그리고 *Historical Materialism*, 1999에 수록된 글들, 특히 Anwar Shaikh, Chris Harman, Fred Mosely, Ben Fine 등이 쓴 글들을 살펴보면 좋을 것이다. 이들은 ≪자본론≫ 3권 (Marx, 1981, Chapters 1-15)에 나오는 마르크스의 이윤율 하락 경향 이론을 바탕으로 논지를 전개하고 있다.

6 Brenner, 2002, p 21. 1970년대의 수치는 사실 1969~1979년에 해당하며 1990년대 수치는 실제로는 1979~1990년에 해당한다.

7 Brenner, p 8.

8 나라별로 서로 다른 회계 체계를 갖고 있기 때문에 이윤율의 수치도 다를 수 있다. 통계는 나라별로 서로 다른 방식으로 수집되고 분석된다. 어느 통계학자도 내가 '총이윤(gross profit)'이라고 부른 것과 정확하게 동일한 수치를 제시하고 있지 않다. 미국 회계 체계의 문제점은 Shaikh and Tonak, 1994 참고. 요점은 각 나라 안에서는 통계 수치가 수집되고 분석되는 방식이 매년 동일하다는 것이다. 1990년대에 미국 회사들이 장부상 이윤을 부풀리고, 그래서 주가를 높이기 위해 회계 체계를 바꾸기 시작한 것은 사실이다. 그렇지만 이런 기록 방식은 이윤율을 낮춰 잡는 것이 아니라 부풀리는 경향이 있었다.

9 Brenner, 2002, p 33.

10 Brenner, p 47.

11 당시 그들은 왜 그런지 아무도 몰랐다. 최근 들어 그들 중에 많은 사람들이 생산성과 경기 침체의 장기파동 이론을 받아들였다. 이에 따르면, 새로운 기술이 한 세대 동안 경제를 성장시킨 다음에 또 다른 기술이 나타나기 전까지 침체기를 겪게 된다는 것이다. 이런 생각은 원래 20세기 초 경제학자 콘드라티예프(Kondratiev)가 주장했는데, 기이하게도 마르크스주의 경제학자 에르네스트 만델(Ernest Mandel)이 Mandel, 1978을 통해 주류 경제학에 도입했다. 이 설명은 내가 보기에는 그다지 유용하지 않으며, 이윤율이 급락할 때 그 이유를 제대로 설명해 주지도 못한다. 그러나 여하튼 중요한 것은 1970년대와 1980년대에 주류 경제학자들은 아무것도 설명

하지 못했다는 점이다. 그들은 뭔가가 고장 난 이유도 모르면서 그것을 고치려고 애썼다고 볼 수 있다.

12   Harman, 1999, Brenner, 1998 and 2002, Harvey, 1982. 다른 급진적 설명들도 있었지만, 시간의 검증을 통과한 것은 위의 책들에 나오는 주장들이다.

13   미국의 정책 변화를 이해하는 데 도움이 되는 최고의 지침서는 Meeropol, 1998이며 세계 전체에 대한 것은 Whitfield, 2001을 참고할 수 있다.

14   Brenner, 2002, pp 59-78, 특히 68~73쪽 참고.

15   Brenner, 1998 and 2002.

16   쉽게 읽을 수 있는 입문서로는 Bond, 2000a 참고. 그 뒤에 Harvey, 1982 and 2003을 읽으시오.

17   Harman, 1995 and 1999.

2장 미국의 계급

1   이런 계급 개념에 대해 더 알고 싶으면 Zweig, 2000 참고. 미국에 관해서는 Callinicos and Harman, 1987 참고. 영국에 관해서는 German, 1996 참고.

2   Zweig, 2000, p 30에서는 노동계급을 매우 협소하게 규정하면서도 노동인구 비율을 62퍼센트로 제시한다.

3   Zweig, p 31.

4   Mishel, Bernstein and Boushey, 2003, p 398.

5   Mishel et al, pp 120, 128, and 395-432에서 인용한 통계.

6   Mishel et al, pp 425.

7   Mishel et al, p 244.

8   Mishel et al, p 405.

9   미국의 지배계급에 대한 입문서는 Zweig, 2000을 참고. Domhoff 1967 and 1983, Munkirs, 1996, and Mintz and Schwartz, 1985은 지배계급을 결속하는 네트워크를 잘 보여 준다. 특별한 상황에서 지배계급이 실제로 어떻게 지배하는지에 대해서는 베트남 전쟁 정책에 대한 자유주의적 관점을 보여 주는 Halberstam, 1986,

경제정책에 관한 지배계급의 관점을 보여 주는 Woodward, 1994, 파업에 관한 급진적 관점을 보여 주는 Franklin, 2001 그리고 경제정책에 관한 마르크스주의 관점을 보여 주는 Meeropol, 1998을 참고할 수 있다.

10 이에 관해서는 많은 책들이 있다. Palast, 2003에서 시작하는 것도 좋을 것이다.

11 그들의 세계에 대해서는 재미있는 Aldrich, 1998 참고.

12 '새로운 미국의 세기'에 대해서는 특히 Callinicos, 2003, and Harvey, 2003 참고.

13 Zweig, 2000, p 58.

3장 저항 세력

1 CIO에 대해서는 Dubofsky and Van Tine, 1977, pp 181-279를 먼저 읽고 Preis, 1964, pp 3-85, Fine, 1969, Milton, 1982, Bernstein, 1971 and Honey 1993을 읽으면 좋다.

2 Preis, 1964, pp 257-286 참고.

3 기업의 반격에 대해서는 Lipsitz, in Bergin and Garvey, 1983, Fones-Wolf, 1994, and Harris, 1982 참고.

4 반공산주의에 대해서는 Schrecker, 1998을 먼저 읽는 것이 좋다. 그러고 나서 Caute, 1978, and Navasky, 1980 참고.

5 공산주의 국가와 냉전에 대한 이런 식의 분석은 Cliff, 1987 참고. 혁명 이후 러시아에 무슨 일이 일어났는지에 관해서는 Harman, 1988 참고. 동유럽에 관해서는 Harris, 1978, 중국에 관해서는 Hore, 1991, 베트남에 관해서는 Neale, 2003a 참고.

6 1930년대 공산주의자들에 대한 제대로 된 설명은 Keeran, 1980, Naison, 1983, and Hudson, 1979 참고.

7 공민권운동에 대해서는 Garrow, 1993, Clayborne, 1995, Halberstam, 1998 참고.

8 Garrow, 1993, p 249.

9 Garrow, 1993, p 250.

10 북부의 반란에 대해서는 Fogelson, 1971 참고.

11 Clayborne, 1995은 블랙파워 운동의 분열에 대해서 잘 서술했다.

12 베트남 전쟁과 반전운동에 대해서는 Neale, 2003을 먼저 보시오. 그리고 Kolko, 1985, Appy, 1993 and 2003, Wells, 1994, and Halstead, 1978 참고.

13 Caputo, 1977, p xvii.

14 Wells, 1994, p 23.

15 군대 내의 반전운동에 대해서는 Cortright, 1975, Moser, 1996, Neale, 2003a, pp 149-184, and Lutz, 2001, pp 131-170 참고.

16 Neale, 2003a, pp 157-158.

17 See Stacewicz, 1997, Kovic, 1976, Moser, 1996, and Nicosia, 2001.

18 Moser, 1996, pp 113-114.

19 Moser, 1996, p 49.

20 O'Brien, 1973, pp 113-114 and 173.

21 1968년에 대해서 알아보려면 Harman, 1988을 먼저 보고 나서 Ali and Watkins, 1998 참고.

22 Wells, 1994, p 395.

23 George and Sabelli, 1994, pp 41-42.

24 여성해방운동의 초기 시절에 대해서는 Evans, 1980 참고.

25 Gorney, 2000, pp 21-22.

26 Gorney, p 15.

27 스톤월 항쟁과 동성애자해방운동에 대해서는 Duberman, 1993 참고.

28 Coles, 1971, pp 133-134.

29 DRUM에 대해서는 Geschwender, 1997 참고.

4장 파업과 세금

1 항공 관제사들의 파업에 대한 설명은 Norlund, 1998를 참고했다.

2 Norlund, 1998.

3 Parenti, 1999, p 39.

4   1980년대와 1990년대 노동조합 투쟁의 일반적 양상에 대해서는 Franklin, 2001이 폭넓은 사례 연구의 모범을 보여 준다. Moody, 1988는 초기 시절의 조사 연구로서 훌륭하다. Rosenblum, 1994, Lendler, 1997, Erem, 2001, Sacks, 1988은 특히 훌륭한 사례 연구들이다.

5   Pollin, 2003, p 55.

6   Franklin, 2001, pp 80-81.

7   Geoghegan, 1991, pp 4-8.

8   Woodward, 2000, p 168.

9   이런 직장에 어떤 것들이 해당되는지에 대해서는 Ehrenreich, 2001 참고.

10 이런 조직화에 따르는 즐거움과 어려움에 대해서는 Erem, 2001 참고.

11 Zweig, 2000, pp 68-69.

12 Mishel, Bernstein and Bushey, 2003, p 128를 참고했다.

13 Mishel et al, p 128를 참고했다.

14 Mishel et al, p 130를 참고했다.

15 카터의 경제정책과 그에 따른 선거 결과에 대해서는 Meeropol, 2000, pp 52-56 and 70-79 참고.

16 Meeropol, pp 55-56.

17 Brenner, 2002, p 54.

18 총이윤은 회사가 세금을 내기 위해 신고하는 순이익이다. 그러나 여기에는 이자 지급, 임대료, 신규 설비에 대한 재투자 금액 등도 포함되는데, 이들은 모두 장부에 이익이 아니라 손실로 기재된다. 물론 실제로는 이보다 더 복잡하다. 기업들이 총이윤 가운데 신규 투자액에 대해서는 세금을 내지 않기 때문이다. 신규 투자는 장부에 손실로 기록되고, 그래서 과세 대상 이윤에서 제외된다.

19 Meeropol, 2000, p 107.

20 Meeropol, p 334에 실린 도표 참고.

21 Meeropol, p 19.

22 클린턴의 경제정책 분석은 Meeropol을 참고했으며, 일상적 논쟁의 세부 사항은

Woodward, 1994을 참고했다.

23   Woodward, 1994, p 91.

24   Woodward, pp 141-143.

25   Woodward, p 93.

26   미국 의료 체계의 부정행위에 대해서는 Abraham, 1993, Himmelstein, Woolhandler and Hellander, 2001, and Woolhandler, 2003 참고.

5장 인종과 교도소

1   이 장에서 설명하는 마약과의 전쟁과 수감에 대한 내용은 특히 Parenti, 1999, Abramsky, 2002, Cole, 1999, Baum, 1996, Prashad, 2003, Bergner, 1998, Tonry, 1995, and Mauer and Chesney-Lind, 2002를 참고했다.

2   Baum, 1996, p 13에서 인용.

3   Parenti, 1999, p 7.

4   Jim Dwyer, 2002, p 161.

5   Parenti, 1999, p 50.

6   Moore, 2001, pp 59-60.

7   Parenti, 1999, pp 55-56.

8   Parenti, pp 56 and 57.

9   Lusane, 1991, p 45.

10   Abramsky, 2002, pp 192-193.

11   Abramsky, PP 13 and 119.

12   Prashad, 2003, p 90.

13   Abramsky, 2002, pp 14 and 73-74.

14   Abramsky, p 11.

15   Abramsky, p 11.

16   Western, Pettit, and Geutzkow, 2002, p 169.

17   Western at al, p 170. 일반교육개발[GED, 미국의 고졸 검정고시] 증명서를 소지

한 사람들은 고등학교를 졸업한 것으로 인정된다.

18 Abramsky, 2002, p 90.

19 Hallinan, 2003, pp 5-6.

20 Hallinan, p 8.

21 Bergner, 1998, p 83.

22 Abramsky, 2002, p 90.

23 Parenti, p 182에서 인용.

24 Parenti, p 182에서 인용.

25 Parenti, p 64에서 인용.

26 Mishel, Bernstein and Boushey, 2003, pp 138-139.

27 Braman, 2002, pp 129 and 134.

28 Braman, p 130.

29 Braman, p 132.

30 Callinicos, 1993, p 53. 폭동을 전체적으로 조망한 책으로는 Callinicos, pp 52-57, and Davis, 1992 참고.

31 Callinicos, p 53.

6장 가족 가치

1 Kelley, 1991.

2 Mishel, Bernstein and Boushey, 2003, p 232.

3 이하 수치들은 Mishel et al, pp 130 and 132에서 인용.

4 Mishel et al, pp 208-209.

5 Faludi, 1999.

6 Faludi, p 112.

7 Faludi, p 121.

8 Faludi, p 121.

9 낙태의 정치학에 대해서는 Gorney, 2000 필독. 이 책은 양쪽 편 모두의 이야기를

공정하게 전달하는 어려운 일을 잘 해낸, 인간적이며 서사적으로도 매력적인 책이
다. 그리고 Ginsburg, 1989, and Saletan, 2003 참고.

10   Gorney, 2000, p 337에서 인용.

11   Gorney, pp 472-473에서 인용. 내가 시에서 발췌한 부분에는 마침표를 찍지 않기
로 했다.

12   Gorney, pp 476-477.

13   이하의 페미니즘 분석에 대해서는 German, 1998 and 2003, Lindisfarne, 2001
and 2002을 참고했다.

14   Ehrenreich, 2002, pp 87-93. Ehrenreich, 2001, pp 51-120에 나오는 청소 작업에
대한 설명도 참고.

15   공공부조의 정치학에 대해서는 Prashad, 2003, and Gans, 1995 참고. 공공부조에
의존하는 삶이 어떠한지에 대해서 탁월하게 묘사한 Leblanc, 2003 참고.

16   Prashad, 2003, p 142에서 인용.

17   Prashad, p 147에서 인용.

18   Prashad, p 146.

19   Gans, 1995 참고.

20   Newman, 1999, pp 164-165 and 190-191.

21   LeBlanc, 2003, p 32.

22   Prashad, 2003, p 151.

23   Prashad, pp 154-155에서 인용.

24   Prashad, p 146.

25   이하 정신 질환 관련 논의의 일부는 영국에서 상담사로 일했던 내 경험을 바탕으
로 하고 있다. 1980년대와 1990년대에 미국의 치료법이 변화한 서로 다른 측면들
에 대해서는 Luhrman, 2000, Rhodes, 1991, Breggin, 1991, and Young, 1995 참
고. Shem, 1999은 과장법을 사용해 많은 것을 설명하는 재미있고 재기발랄한 소
설이다.

26   Norwood, 1985. Faludi, 1999, pp 347-356의 논평도 참고하라.

27　Gray, 1993.

7장 세계화

1　세계화와 가난한 나라에 대해서는 Neeraj, 2001를 먼저 읽어 보면 좋고 유럽에 대해서는 Whitfield, 2001을 권한다. 그리고 사례들에 대한 훌륭한 설명이 들어 있는 몇몇 책들도 참고하면 좋을 것이다. 남아프리카공화국에 대해서는 Bond, 2000a, 라틴아메리카에 대해서는 Green, 2003, 미국과 멕시코의 의류 회사에 대해서는 Collins, 2003, 영국에 대해서는 Monbiot, 2000, 수단에 대해서는 de Waal, 1997 참고. 그 밖에 Bond, 2000b, Garson, 2001, Bello, Cunningham, and Rau, 1994 도 유용할 것이다. 세계은행에 대해서는 George and Sabelli, 1994, Caulfield, 1997 참고. Stiglitz, 2002은 IMF에 대해서는 매우 잘 설명하지만 자신이 전에 몸 담고 있던 세계은행에 대해서는 너무 온건하다. 해외 원조와 NGO에 대해서는 Maren, 1997부터 읽으면 좋을 것이다. 세계화가 각국의 평범한 사람들에게 미친 영향에 대해서는 남아프리카공화국의 경우 Desai, 2002, 카자흐스탄은 Nazpary, 2002, 브라질에 대해서는 Scheper-Hughes, 1992 참고.

2　이런 견해를 표명한 가장 유명한 책은 Hardt and Negri, 2000이다. 이 책에 대한 비판은 Callinicos, 2001, Nimtz, 2002, 특히 Petras, 2003, Chapters 1, 4, 5 참고.

3　Anderson, Cavanagh, and Lee, 2000, p 68.

4　광부 파업에 대해서는 Callinicos and Simons, 1985 참고. 뭄바이 섬유 노동자들의 파업에 대해서는 van Wersch, 1992.

5　Green, 2003, pp 46-49.

6　Green, p 87.

7　Green, pp 87-89. 인용문은 Moser, 1993에서 직접 인용한 것이 아니라 모저의 책을 요약한 그린의 글에서 발췌한 것이다.

8　Turshen, 1999, p 14.

9　Turshen, p 10.

10　Ferguson, 1994, p 5.

8장 전쟁

1   Chomsky, 1999, pp 119-120 and note 3, p 180.

2   Lembcke, 1998.

3   스타워즈에 대해서는 Grossman, 2001 참고.

4   Kissinger, 1999, pp 803-808 and 829-832.

5   니카라과에 대해서는 Gonzalez, 1985, and Gonzalez, 1990 참고.

6   해방신학에 대한 감을 잡기 위해서는 Kidder, 2003을 보시오. 이 책은 미국의 활동가 폴 파머(Paul Farmer)의 삶을 그린 탁월한 전기라고 할 수 있다. 브라질의 해방신학에 대해서는 Scheper-Hughes, 1992, 아이티의 해방신학은 Wilentz, 1994 참고.

7   엘살바도르에 대해서는 Bonner, 1984 참고.

8   Cockburn and St Claire, 1998. CIA와 마약의 연결고리를 알고 싶다면 McCoy, 1991, Naylor, 1987 참고.

9   경제봉쇄가 어떻게 노동계급 거주지에 영향을 미쳤고, 그와 함께 산디니스타에 대한 지지가 어떻게 점차 사그라졌는지에 대해서는 Lancaster, 1992 참고.

10 아프가니스탄에 대해서는 Neale, 1981, 1988, 2001b, 2003b 참고.

11 아프가니스탄의 공산주의자들에 대해서는 Anwar, 1988 참고.

12 이슬람주의 저항 세력에 대해서는 Bonner, 1987, Roy, 1986, Kakar, 1995 참고.

13 워싱턴의 정치와 반군에 대한 CIA의 지원에 대해서는 Crile, 2003 참고. 이 책은 CIA 내부가 어떻게 돌아가는지를 매력적이면서도 상당히 재미있게 서술하고 있다.

14 그레나다에 대해서는 O'Shaughnessy, 1984, Ferguson, 1990 참고.

15 파나마에 관해서는 Johns and Johnson, 1994, Woodward, 1991 참고.

16 중동 정치에 관한 괜찮은 입문서는 Aburish 1996 and 1997 추천. 그리고 Ali, 2002, Aburish, 1999 and 2000, Batatu, 1979 참고.

17 Anderson, Cavanagh and Lee, 2000, p 68.

18 Klare, 2001, p 55.

19 이슬람주의에 대해서는 Alexander, 2000, Ali, 2002, Lindisfarne, 2002 참고.

20 이란 혁명에 대해서는 Marshall, 1988, Bayat, 1987 참고.

21 레바논에 대해서는 Fisk, 1992 참고.

22 이라크에 대해서는 Aburish, 2000, Batatu, 1979, Ali, 2003 참고.

23 Woodward, 1991 참고.

24 George Bush and Brent Scowcroft, *A World Transformed*, Knopf, New York, Senator Edward Kennedy in 'Iraq, America and Presidential Leadership', a speech to the Center for American Progress, January 14, 2004에서 인용.

25 봉쇄 결과에 대해서 살펴보려면 Arnove, 2000, Simons, 1998 참고.

26 소말리아에 대해서는 Maren, 1997, Simons, 1995 참고.

27 아이티에 대해서는 Goff, 2000를 먼저 읽기를 추천. 이 책은 매우 지적이면서도 잘 정리된 책이다. 그리고 Ridgeway, 1994, Wilentz, 1994 참고.

28 보스니아와 코소보에 대해서는 Glenny, 1996, German, 1999, Hudson, 2003 참고.

9장 WTO와 에이즈

1 국제기구의 중요성은 새로운 반자본주의 운동의 경제학 문헌들에서 과장되곤 한다. 이런 글의 대부분은 국제기구에 열중하는 NGO 관계자들이 썼다. NGO는 유엔, 미국, 영국에서 많은 기금을 지원받는다. 이런 자금 지원의 조건은 공개된 적이 없다. 그러나 NGO가 국제기구의 정책들을 비판할 수는 있지만 미국 정부의 정책을 비판하는 경우는 거의 없다는 점을 감안하면 그런 조건이 어떤 것인지 분명히 알 수 있다. NGO는 미국 대통령을 실명으로 비판해서도 안 되고 자신들이 활동하는 제3세계의 정부를 비판해서도 안 된다.

2 NAFTA에 대해서는 MacArthur, 2000부터 읽어 보기를 권한다. Collins, 2003, Bacon, 2004, 그리고 Wise, Salazar and Carlsen, 2003a에 실린 글들도 도움이 될 것이다.

3 MacArthur, 2000, p 133.

4 MacArthur, p 281.

5   Wise, Salazar and Carlsen, 2003b, p 4.

6   Wise et al, p 3.

7   Green, p 145.

8   Wise, Salazar and Carlsen, 2003b, p 3, Green, 2003, pp 146-148, Acuna Rodarte, 2003.

9   MacArthur, 2000, p 276에서 인용.

10 WTO 내부 작동에 대해서는 Jawara and Kwa, 2003 참고.

11 인도에 대해서는 Neeraj, 2001 참고.

12 문화혁명 시기 중국 노동자들에 대해서는 Perry, 1993 참고. 그 이후 상황에 대해서는 Pun, 1998 참고.

13 Collins, 2003 참고.

14 Hooper, 1999.

15 미국의 HIV에 대해서는 Shilts, 1987를 먼저 읽어 보기를 권한다. 그리고 Cohen, 1999, Siplon, 2002, Neale, 1991 참고.

16 동성애자 운동 초기의 논쟁과 '안전한 성 관계'의 창안에 대해서는 Shilts, 1987 참고. 그리고 Bayer, 1989, Berkowitz, 2003, Kramer, 1990, Silverside, 2003도 참고.

17 액트업에 관해서는 Kramer, 1990, Crimp and Rolston, 1990, Stockdill, 2003 참고.

18 Silverside, 2003, p 126는 경찰 공식 추산을 20만 명, 주최 측 추산을 60만 명으로 제시한다.

19 Irwin, Millen and Fallows, 2003, p 14.

20 Irwin et al, p 6.

21 내가 여기에서 설명하는 내용은 이성애자들과 많은 성 상담을 진행한 것을 포함해 HIV 상담사로 6년간 일했던 경험에 기초를 두고 있다.

22 뉴욕의 1989년에 대한 설명은 Perrow and Guillen, 1990 참고. 더 일반적으로 아프리카계 미국인 정치인들의 대응을 알아보려면 중요한 책 Cohen, 1999 참고. 아울러 Stockdill, 2003 역시 흥미롭다.

23 가난한 나라의 HIV에 대해서는 Dube, 2000, Beyer, 1998, Barnett and Whitside, 2002, Campbell, 2003, Hooper, 1990, Farmer, 1999, Farmer, 2003, Kidder, 2003, Irwin, Millen and Fallows, 2003, Neale, 1991, Neale, 2003, pp 73-88, Robinson, 2001, TAC 웹사이트 www.tac.org.za 참고. 이하 주장은 이런 자료들을 바탕으로 한 것이지만 내 자신의 견해다.

24 Campbell, 2003, pp 66-67.

25 Campbell, p 32.

26 Sexton, 2003.

27 Robinson, 2001, p 46. 이하 거대 제약 회사 관련 논의들은 Robinson을 참고했다.

28 Robinson, pp 19-20.

29 Robinson, pp 17 and 19.

30 Robinson, p 117.

31 Robinson, p 118.

32 Robinson, p 121.

33 1994년 이후의 남아프리카공화국에 대해서는 Bond, 2000a을 참고하고 이어서 Desai, 2002, Peter Dwyer, 2002, Bond, 2000b 참고.

34 Robinson, p 96.

10장 시애틀과 아프가니스탄

1 새로운 대안 세계화 운동에 대한 감을 잡기 위한 최선의 방법은 서로 다른 정치에 기반을 둔 풀뿌리 운동가들이 쓴 책 세 권, 즉 시애틀에 대해서는 Thomas, 2000, 제노바의 저항과 유럽의 운동에 대해서는 Neale, 2002, 남아프리카공화국 운동에 대해서는 Desai, 2002를 읽는 것이다. 일반적인 견해를 살펴보려면 Bircham and Charlton, 2001, Callinicos, 2003a 참고. 시애틀에 대해서는 Thomas, 2000, Charlton, 2000, Cockburn and St Claire, 2000 참고.

2 Moore, 2003, pp 168-174.

3 Klein, 2000, pp 122-124.

4   Thomas, 2000, p 19. 벤 화이트와 거북이에 대해서는 Thomas, pp 18-24 참고.

5   Neale, 2002 참고.

6   부시에 대해서는 Hatfield, 2002, Ivins and DuBose, 2002, Philips, 2004 참고.

7   Philips, 2004, pp 97-108 참고.

8   부시의 테러와의 전쟁에 대한 이하의 분석은 2001년 이후 〈인터내셔널 해럴드 트
     리뷴〉, 〈파이낸셜 타임스〉, 〈가디언〉, 〈인디펜던트〉, 〈소셜리스트 워커〉, 영국의
     채널4 등을 보면서 정리한 것이다. 자료들을 모두 스크랩하지는 않았기 때문에 기
     사에 대해서는 각주를 달지 않았다. 더 일반적인 분석이나 상세한 내용은
     Callinicos, 2003b, Harvey, 2003, Koshy, 2003, Ahmed, 2004, Prashad, 2002a,
     Chomsky, 2003, Rees, 2001, Alexander, 2000 and 2001, Susskind, 2004에도 실려
     있으므로 참고하면 좋을 것이다. 반전운동과 세계 정의 운동에 관해서는 내가 일
     상 활동을 하면서 회의를 하거나 개인적으로 대화하는 과정에서 배운 것들에 의존
     해서 적었다. 특히 아프가니스탄 같은 중동 지역 사람들과 대화를 나누면서 매우
     많은 내용들을 배울 수 있었다. 이하의 내용은 이런 다양한 자료들을 종합해서 설
     득력 있는 분석을 내놓으려 한 노력의 일환이다.

9   거품의 서로 다른 측면과 그것이 어떻게 터졌는지 설명하는 글은 Frank, 2000,
     Brenner, 2002, Cruver, 2003, Krugman, 2003 참고.

10   언론에 대해서는 Cruver, 2003, Prashad, 2002b 참고.

11   Champion, 2003은 대체로 신자유주의의 관점에서 최근 사우디아라비아 경제에
     대한 유용한 설명을 제공한다. Aburish, 1996는 1996년까지 사우디아라비아 왕국
     을 다룬 책 중에서 여전히 최고다.

12   이는 Aburish가 제시한 수치이며 믿을 만한 근거가 있다고 판단된다. Champion
     은 사우디아라비아 통계의 약점을 잘 지적한다.

13   Champion, 2003에서도 유사한 주제를 다루는데, 더 폭넓은 기반에서 접근한다.

14   Susskind, 2004.

15   아프가니스탄에 대한 더 상세한 설명은 Neale, 2001b and 2003b, Rashid, 2000,
     Griffin, 2001, Lindisfarne, 2002, Maley, 1988 참고.

11장 이라크와 지구

1   Jawara and Kwa, 2003 참고.

2   이라크 전쟁에 대한 이하의 설명은 10장 후주 8에서 인용된 동일한 자료들에 기
     반하고 있다.

3   Curtis, 2003 참고.

4   Ashman, 2003.

5   Gott, 2000 참고.

6   지구 온난화에 대해서는 Lynas, 2004, Houghton, 1997, Godrej, 2001, Leggett,
     1999 참고. 논의는 이런 자료들에 근거한 것이지만 나의 견해다.

7   환경문제가 사회적 악몽이 될 수 있는 방식을 절절하게 서술하고 있는 Davis.
     2001 참고.

8   Jawara and Kwa, 2003, and Leggett, 1999. 어떻게 NAFTA가 환경규제를 막았는
     지를 뚜렷이 보여 준 사례는 Bejarano Gonzalez, 2003 참고.

참고도서

Laura Kaye Abraham, 1993, *Mama Might Be Better Off Dead : The Failure of Urban Health Care in America*. Chicago University Press, Chicago.

Sasha Abramsky, 2002, *Hard Time Blues : How Politics Built a Prison Nation*. Thomas Dunne, New York.

Said Aburish, 1996, *The Rise, Corruption and Coming Fall of the House of Saud*. St Martin's Press Press, New York.

Said Aburish, 1997, *A Brutal Friendship : The West and the Arab Elite*. Orion, London.

Said Aburish, 1999, *Arafat : From Defender to Dictator*. Bloomsbury, London.

Said Aburish, 2000, *Saddam Hussein : The Politics of Revenge*. Bloomsbury, London. [국역 : ≪사담 후세인 평전≫(사이드 K 아부리쉬, 자전거, 2003)]

Olivia Acuna Rodarte, 2003, 'Towards an Equitable, Inclusive and Sustainable Agriculture : Mexico's Basic Grain Producers Unite'. Wise, Salazar and Carlsen, 2003a.

Aijaz Ahmed, 2004, *Iraq, Afghanistan and the Imperialism of Our Time*. Left Word, Delhi.

Nelson Aldrich, 1998, *Old Money : The Mythology of America's Upper Class*. M. E. Sharpe, New York.

Anne Alexander, 2000, 'Powerless in Gaza : The Palestinian Authority and the Myth of the "Peace Process"'. *International Socialism* 89.

Anne Alexander, 2001, 'The Crisis in the Middle East'. *International Socialism* 93.

Tariq Ali, 2002, *The Clash of Fundamentalisms : Crusades, Jihads and Modernity*.

Verso, London. [국역 : 《근본주의의 충돌 : 아메리코필리아와 옥시덴털리즘을 넘어》(타리크 알리, 미토, 2003)]

Tariq Ali, 2003, *Bush in Babylon.* Verso, London.

Tariq Ali and Susan Watkins, 1998, *1968 : Marching in the Streets.* Verso, London. [국역 : 《1968 : 희망의 시절, 분노의 나날》(타리크 알리 · 수잔 왓킨스, 삼인, 2001)]

Sarah Anderson and John Cavanagh with Thea Lee, 2000, *Field Guide to the Global Economy.* The New Press, New York.

Raja Anwar, 1988, *The Tragedy of Afghanistan.* verso, London.

Christian Appy, 1993, *Working Class War : American Combat Soldiers and Vietnam.* University of North Carolina Press, Chapel Hill.

Christian Appy, 2003, *Patriots : the Vietnam War Remembered from All Sides.* Viking, New York.

Antony Arnove, editor, 2000, *Iraq Under Siege : The Deadly Impact of Sanctions and War.* Pluto, London. [국역 : 《미국의 이라크 전쟁》(노암 촘스키 외, 북막스, 2002)]

Sam Ashman, 2003, 'The Anti-capitalist Movement and the War'. *International Socialism* 99.

David Bacon, 2004, *Children of NAFTA : Labor Wars on the U.S./Mexico Border.* University of California Press, Berkeley.

Paul Baran, 1973, *The Political Economy of Growth.* Monthly Review Press, New York, first published 1957. [국역 : 《성장의 정치경제학》(폴 A 바란, 두레, 1984)]

Tony Barnett and Alan Whiteside, 2002, *AIDS in the Twenty-first Century.* Palgrave Macmillan, London.

John Batatu and Hanna Batatu, 1979, *The Old Social Classes and the Revolutionary Movements of Iraq.* Princeton University Press, Princeton.

Assaf Bayat, 1987, *Workers and Revolution in Iran : A Third World Experience of Workers' Control*. Zed Books, London.

Dan Baum, 1996, *Smoke and Mirrors : The War on Drugs and the Politics of Failure*. Back Bay Books, Boston.

R. Bayer, 1989, *Private Acts, Social Consequences : AIDS and the Politics of Public Health*. Macmillan, London.

Fernando Bejarano Gonzalez, 2003, 'Investment, Sovereignty, and the Environment : The Letalcald and NAFIA's Chapter 11'. Wise, Salazar and Carlsen, 2003a.

Walden Bello, Shea Cunningham and Bill Rau, 1994, *Dark Victory : The United States and Global Poverty*. Pluto, London.

Daniel Bergner, 1998, *God of the Rodeo : The Quest for Redemption in Louisiana's Angola Prison*. Ballantine Books, New York.

Richard Berkowitz, 2003, *Stayin' Alive : The Invention of safe Sex, a Personal History*. Westview, Boulder.

Chris Beyer, 1998, *War in the Blood : Sex, Politics and AIDS in Southeast Asia*. Zed Books, London.

Emma Bircham and John Charlton, editors, 2001, *Anti-Capitalism : A Guide to the Issues*. Bookmarks, London.

Patrick Bond, 2000a, *Elite Transition : From Apartheid to Neoliberalism in South Africa*. Pluto, London.

Patrick Bond, 2000b, *Against Global Apartheid : South Africa Meets the World Bank, IMF and International Finance*. University of Cape Town Press, Lansdowne, South Africa.

Arthur Bonner, 1987, *Among the Afghans*. Duke University Press, Durham.

Raymond Bonner, 1984, *Weakness and Deceit : U.S. Policy and El Salvador*. Times Books, New York.

Donald Braman, 2002, 'Families and Incarceration'. Mauer and Chesney-Lind, 2002.

Peter Breggin, 1991, *Toxic Psychiatry*. St Martin's Press, New York.

James Brennan, 1994, *The Labor Wars in Cordoba, 1955-1976 : Ideology, Work and Labor Politics in an Argentine Industrial City*. Harvard University Press, Cambridge.

Robert Brenner, 1998, 'The Economics of Global Turbulence'. *New Left Review*, 229.

Robert Brenner, 2002, *The Boom and the Bubble : The USA in the World Economy*. Second edition, Verso, London. [국역 : ≪붐 앤 버블≫(로버트 브레너, 아침이슬, 2002)]

Alex Callinicos, 1993, *Race and Class*. Bookmarks, London.

Alex Callincos, 2001, 'Toni Negri in Perspective'. *International Socialism*, 92.

Alex Callinicos, 2003a, *An Anti-Capitalist Manifesto*. Polity, Cambridge. [국역 : ≪반자본주의 선언≫(알렉스 캘리니코스, 책갈피, 2003)].

Alex Callinicos, 2003b, *The New Mandarins of American Power*. Polity, Cambridge. [국역 : ≪미국의 세계 제패 전략≫(알렉스 캘리니코스, 책갈피, 2004)].

Alex Callinicos and Chris Harman, 1987, *The Changing Working Class : Essays on Class Structure Today*. Bookmarks, London. [국역 : ≪노동자 계급에게 안녕을 말할 때인가≫(알렉스 캘리니코스 · 크리스 하먼, 책갈피, 2001)]

Alex Callinicos and Mike Simons, 1985, *The Great Strike; The Miners' Strike 1984-5 and its Lessons*. Bookmarks, London.

Catherine Campbell, 2003, *Letting them Die : Why HIV/AIDS Prevention Programmes Fail*. James Currey, Oxford.

Philip Caputo, 1977, *A Rumor of War*. Ballantine, New York.

Catherine Caulfield, 1997, *Masters of Illusion : The World Bank and the Poverty of Nations*. Macmillan, London.

David Caute, 1978, *The Great Fear : The Anti-Communist Purge Under Truman and Eisenhower*. Simon and Schuster, New York.

Daryl Champion, 2003, *The Paradoxical Kingdom : Saudi Arabia and the Momentum of Reform.* Columbia University Press, New York.

John Charlton, 2000, 'Talking Seattle'. *International Socialism*, 86.

Noam Chomsky, 1999, *The New Military Humanism : Lessons from Kosovo*. Pluto, London.

Noam Chomsky, 2003, *Hegemony or Survival : America's Quest for Global Dominance*. Hamish Hamilton, London. [국역 : ≪패권인가 생존인가 : 미국은 지금 어디로 가는가≫(노암 촘스키, 까치글방, 2004)]

Carson Clayborne, 1995. *Struggle : SNCC and the Black Awakening of the 1960s*. Harvard University Press, Cambridge, Mass.

Tony Cliff, 1987, *Revolution Besieged : Lenin, 1917-1923*. Bookmarks, London.

Alexander Cockburn and Jeffrey St. Claire, 1998, *Whiteout : The CIA, Drugs and the Press*. Verso, London.

Alexander Cockburn and Jeffrey St. Claire, 2000, *Five Days that Shook the World : Seattle and Beyond*. Verso, London.

Cathy Cohen, 1999, *The Boundaries of Blackness : AIDS and the Breakdown of Black Politics*. University of Chicago Press, Chicago.

David Cole, 1999, *No Equal Justice : Race and Class in the American Criminal Justice System*. The New Press, New York.

Robert Coles, 1971, *The Middle Americans : Proud and Uncertain*. Little Brown, Boston.

Jane Collins, 2003, *Threads : Gender, Labor and Power in the Global Apparel Industry*. University of Chicago Press, Chicago.

David Cortright, 1975, *Soldiers in Revolt : The American Military Today*. Anchor, Garden City, New York.

George Crile, 2003, *My Enemy's Enemy : The Story of the Largest Covert Operation in History : The Arming of the Mujahideen by the CIA*. Atlantic Books, London.

Douglas Crimp with Adam Rolston, 1990, *AIDS Demo Graphics*. Bay Books, Seattle.

Brian Cruver, 2003, *Enron : Anatomy of Greed*. Arrow, London. [국역 : ≪탐욕의 실체≫(브라이언 크루버, 영진닷컴, 2003)]

Mark Curtis, 2003, *Web of Deceit : Britain's Real Role in the World*. Vintage, London.

Mike Davis, 2000, *Magical Urbanism : Latinos Reinvent the U.S. Big City*. Verso, London.

Mike Davis, 2001, *Late Victorian Holocausts : El Niño Famines and the Making of the Third World*. Verso, London. [≪국역 : 엘니뇨와 제국주의로 본 빈곤의 역사≫ (마이크 데이비스, 이후, 2008)]

Ashwin Desai, 2002, *We Are the Poors : Community Struggles in Post-Apartheid South Africa*. Monthly Review press, New York.

G. William Domhoff, 1967, *Who Rules America?* Prentice-Hall, Englewood Cliffs, NJ.

G. William Domhoff, 1983, *Who Rules America Now? A View for the 1980s*. Prentice-Hall, Englewood Cliffs, NJ.

Sidarth Dube, 2000, *Sex, Lies and AIDS*. HarperCollins, Delhi.

Martin Duberman, 1993, *Stonewall*. Dutton, New York.

Melvyn Dubofsky and Warren Van Tine, 1977, *John L. Lewis, A Biography*. Quadrangle, New York.

Jim Dwyer, 2002, 'Casualty in the War on Drugs' Mike Gray, editor, 2002, *Busted : Stone Cowboys, Narco-Lords and Washington's War on Drugs*. Thunder's Mouth Press, New York.

Peter Dwyer, 2002, 'South Africa under the ANC : Still Bound to the Chains of Exploitation'. Leo Zeilig, editor, *Class Struggle and Resistance in Africa*. New Clarion, Cheltenham, UK.

Barbara Ehrenreich, 2001, *Nickel and Dimed : On (Not) Getting By in America*. Henry Holt, New York. [국역 : ≪빈곤의 경제≫(바바라 에렌라이히, 청림출판, 2002)]

Barbara Ehrenreich, 2003, 'Maid to Order'. Barbara Ehrenreich and Arlie Russell Hochschild, editors, *Global Woman : Nannies, Maids and Sex Workers in the New Economy*. Granta, London.

Suzan Erem, 2001, *Labor Pains : Inside America's New Union Movement*. Monthly Review Press, New York.

Sara Evans, 1980, *Personal Politics : The Roots of the Women's Liberation Movement in the Civil Rights Movement and the New Left*. Random House, New York.

Susan Faludi, 1991, *Backlash : The Undeclared War Against American Women*. Anchor, New York.

Paul Farmer, 1999. *Infections and Inequalities : The Modern Plagues*. University of California Press, Berkeley.

Paul Farmer, 2003, *Pathologies of Power : Health, Human Rights and the New War on the Poor*. University of California Press, Berkeley.

James Ferguson, 1990, *Grenada : Revolution in Reverse*. Latin America Bureau, London.

James Ferguson, 1994, *Venezuela : A Guide to the People, Politics and Culture*. Latin America Bureau, London.

Sidney Fine, 1969, *Sit-Down : The Gneral Motors Strike of 1937-1937*. University of Michigan Press, Ann Arbor.

Robert Fisk, 1992, *Pity the Nation : Lebanon at War*. Second edition, Oxford University Press, Oxford.

Robert Fogelson, 1971, *Violence as Protest : A Study of Riots and Ghettos*. Doubleday, New York.

Elizabeth Fones-Wolf, 1994, *Selling Free Enterprise : The Business Assault on Laber and Liberalism, 1945-60*. Illinois University Press, Urbana.

Thomas Frank, 2000, *One Market Under God : Extreme Capitalism, Market Populism and the End of Economic Democracy*. Doubleday, New York.

Stephen Franklin, 2001, *Three Strikes : Labor's Heartland Losses and What They Mean for Working Americans.* Guilford Press, New York.

Herbert Gans, 1995, *The War Against the Poor : The Underclass and Antipoverty Policy.* Basic Books, New York.

David Garrow, 1993, *Bearing the Cross : Matin Luther King, Jr. and the Southern Christian Leadership Conference.* Vintage, London, first published 1986.

Thomas Geoghegan, 1991, *Which Side Are You On? Trying to be for Labour When It's Flat on its Back.* Farrar, Straus & Giroux, London.

Susan George and Fabrizio Sabelli, 1994, *Faith and Credit : The World Bank's Secular Empire.* Westview, Boulder.

Lindsey German, 1996, *A Question of Class.* Bookmarks, London.

Lindsey German, 1998, *Sex, Class and Socialism.* Bookmarks, London. [국역 : ≪여성과 마르크스주의≫(린지 저먼, 책갈피, 2007)]

Lindsey German, editor, 1999, *The Balkans : Nationalism and Imperialism.* Bookmarks, London.

Lindsey German, 2003, 'Women's Liberation Today'. *International Socialism* 101.

James Geschwender, 1997, *Class, Race and Worker Insurgency : The League of Revolutionary Black Workers.* Cambridge University Press, Cambridge.

Faye Ginsburg, 1989, *Contested Lives.* University of California Press, Berkeley.

Barry Glassner, 1999, *The Culture of Fear : Why Americans are Afraid of the Wrong Things.* Basic Books, New York. [국역 : ≪공포의 문화≫(배리 글래스너, 부광, 2005)]

Misha Glenny, 1996, *The Fall of Yugoslavia : The Third Balkan War.* Third edition, Penguin, London.

Dinyar Godrej, 2001, *The No-Nonsense Guide to Climate Change.* Verso, London. [국역 : ≪기후변화, 지구의 미래에 희망은 있는가?≫(디냐르 고드레지, 이후, 2007)]

Stan Goff, 2000, *Hideous Dream : A Soldier's Memoir of the US Invasion of Haiti.*

Soft Skull Press, New York.

Mike Gonzalez, 1985, *Nicaragua : Revolution Under Siege.* Bookmarks, London.

Mike Gonzalez, 1990, *Nicaragua : What Went Wrong?* Bookmarks, London.

Cynthia Gorney, 2000, *Articles of Faith : A Frontline History of the Abortion Wars.* Second edition, Simon and Schuster, New York.

Richard Gott, 2000, *The Shadow of the Liberator : Hugo Chavez and the Transformation of venezuela.* Verso, London.

John Gray, 1993, *Men are from Mars, Women are from Venus : A Practical Guide for Improving Communication and Getting What You Want in Relationships.* Thorsons, London. [국역 : ≪화성에서 온 남자 금성에서 온 여자≫(존 그레이, 동녘라이프, 2008)]

Duncan Green, 2003, *Silent Revolution : The Rise and Crisis of Market Economies in Latin America.* Monthly Review Press, New York.

Michael Griffin, 2001, *Reaping the Whirlwind : The Taliban Movement in Afghanistan.* Pluto, London.

Karl Grossman, 2001, *Weapons in Space.* Seven Sisters Press, London.

David Halberstam, 1986, *The Best and the Brightest.* Random House, New York, first published 1972.

David Halberstam, 1998, *The Children.* Random House, New York.

David Halberstram, 2002, *War in a Time of Peace : Bush, Clinton and the Generals.* Bloomsbury, London.

Joseph Hallinan, 2003, *Going up the River : Travels in a Prison Nation.* Second edition, Random House, New York.

Fred Halstead, 1978, *Out Now! A Participant's Account of the American Movement against the Vietnam War.* Pathfinder, New York.

Michael Hardt and Antonio Negri, 2000, *Empire.* Harvard University Press, Cambridge. [국역 : ≪제국≫(안토니오 네그리·마이클 하트, 이학사, 2001)]

Chris Harman, 1988a, *Class Struggles in Eastern Europe, 1945-1983*. Third edition, Bookmarks, London. [국역 : ≪동유럽에서의 계급투쟁≫(크리스 하먼, 갈무리, 1994)]

Chris Harman, 1988b, *The Fire Last Time : 1968 and After*. Bookmarks, London. [국역 : ≪세계를 뒤흔든 1968≫(크리스 하먼, 책갈피, 2004)]

Chris Harman, 1995, *Economics of the Madhouse*. Bookmarks, London. [국역 : ≪신자유주의 경제학 비판≫(크리스 하먼, 책갈피, 2001)]

Chris Harman, 1999, *Explaining the Crisis : A Marxist Reappraisal*. Bookmarks, London, first published 1987. [국역 : ≪마르크스주의와 공황론≫(크리스 하먼, 풀무질, 1995)]

Howell Harris, 1982, *The Right to Manage : Industrial Relation, Politics of American Business in the 1940s*. University of Wisconsin Press, Madison.

David Harvey, 1982, *The Limits to Capital*. Basil Blackwell, Oxford. [국역 : ≪자본의 한계 : 공간의 정치경제학≫(데이비드 하비, 한울, 2007)]

David Harvey, 2003, *The New Imperialism*. Oxford University Press, Oxford. [국역 : ≪신제국주의≫(데이비드 하비, 한울, 2005)]

James Hatfield, 2002, *Fortunate Son : George W. Bush and the Making of an American President*. Vision Paperbacks, London.

David Himmelstein, Steffi Woolhandler and Ida Hellander, 2001, *Bleeding the Patient : The Consequences of Corporate Health Care*. Common Courage Press, Monroe, Maine.

Historical Materialism, 1999 4 : 'Special issue on the falling rate of profit'.

Michael Honey, 1993, *Southern Labor and Black Civil Rights : Organizing Memphis Workers*. University of Illinois Press, Urbana.

Ed Hooper, 1990, *Slim : A Reporter's Own Story of AIDS in East Africa*. Bodley Head, London.

Edward Hooper, 1999, *The River : A Journey Back to the Source of HIV*. Penguin,

London.

Charlie Hore, 1991, *The Road to Tiananmen Square*. Bookmarks, London. [국역 : ≪천안문으로 가는 길≫(찰리 호어, 책갈피, 2002)]

John Houghton, 1997, *Global Warming : The Complete Briefing*. Second edition, Cambridge University Press, Cambridge. [국역 : ≪지구온난화≫(존 휴턴, 한울, 2007)]

Hosea Hudson, 1979, *The Narrative of Hosea Hudson : His Life as a Negro Communist in the South*. Edited by Nell Painter, Harvard University Press, Cambridge.

Kate Hudson, 2003, *Breaking the South Slav Dream : The Rise and Fall of Yugoslavia*. Pluto, London.

Alexander Irwin, Joyce Millen and Dorothy Fallows, 2003, *Global AIDS : Myths and Facts*. South End Press, Cambridge.

Molly Ivins and Lou Dubose, 2002, *Shrub : The Short But Happy Political Life of George W. Bush*. Second edition, Vintage, New York.

Fatoumata Jawara and Aileen Kwa, 2003, *Behind the Scenes at the WTO : The Real World of International Trade Negotiations*. Zed Books, London.

Christine Johns and P. Ward Johnson, 1994, *State Crime, the Media, and the Invasion of Panama*. Praeger, Westport.

M. H. Kakar, 1995, *Afghanistan : The Soviet invasion and the Afghan Response, 1979-1982*. University of California Press, Berkeley.

Roger Keeran, 1980, *The Communist Party and the Auto Workers Unions*. Indiana University Press, Bloomington.

Kitty Kelley, 1991, *Nancy Reagan : The Unauthorized Biography*. Simon and Schuster, New York. [국역 : ≪낸시 레이건 : 허가받지 않은 전기≫(키티 켈리, 대오문화사, 1991)]

Tracey Kidder, 2003, *Mountains Beyond Mountains*. Random House, New York.

Michael Kidron, 1970, *Western Capitalism Since the War*. Second edition, Penguin, London.

Michael Kidron, 1974, *Capitalism and Theory*. Pluto, London.

Henry Kissinger, 1999, *Years of Renewal*. Simon and Schuster, New York.

Michael Klare, 2001, *Resource Wars : The New Landscape of Global Conflict*. Henry Holt, New York. [국역 : ≪자원의 지배≫(마이클 클레어, 세종연구원, 2002)]

Naomi Klein, 2000, *No Logo : Taking Aim at the Brand Bullies*. Flamingo, London. [국역 : ≪No Logo≫(나오미 클라인, 랜덤하우스코리아, 2002)]

Gabriel Kolko, 1985, *Anatomy of a War : Vietnam, the United States and the Modern Historical Experience*. Pantheon, New York.

Ninan Koshy, 2003, *The War on Terror : Reordering the World*. LeftWord, Delhi.

Ron Kovic, 1976, *Born on the Fourth of July*. Simon and Schuster, New York. [국역 : ≪7월 4일생≫(론 코빅, 한마음사, 1990)]

Larry Kramer, 1990, *Reports from the Holocaust : The Making of an AIDS Activist*. Penguin, London.

Paul Krugman, 2003, *The Great Unraveling : From Boom to Bust in Three Scandalous Years*. Allen Lane, London, 2003.

Roger Lancaster, 1992, *Life is Hard : Machismo, Danger and the Intimacy of Power in Nicaragua*. University of California Press, Berkeley.

Adrian Nicole LeBlanc, 2003, *Random Family : Love, Drugs, Trouble and Coming of Age in the Bronx*. Flamingo, London.

Jeremy Leggett, 1999, *The Carbon War : Global Warming and the End of the Oil Era*. Penguin, London.

Jerry Lembcke, 1998, *The Spitting Image : Myth, Memory and the Legacy of Vietnam*. New York University Press, New York.

Marc Lendler, 1997, *Crisis and Political Beliefs : The Case of the Colt Firearms Strike*. Yale University Press, New Haven.

Nancy Lindisfarne, 2001, *Thank God We're Secular : Gender, Islam and Turkish Republicanism* (in Turkish). Iletism, Istanbul.

Nancy Lindisfarne, 2002, 'Starting From Below : Fieldwork, Gender and Imperialism Now'. *Critique of Anthropology* 22 : 4.

George Lipsitz, 1982, *Class and Culture in Cold War America : A Rainbow at Midnight.* J. F. Bergin, New York.

T. M. Luhrmann, 2000, *Of Two Minds : An American Anthropologist Looks at American Psychiatry.* Vintage Books, New York.

Clarence Lusane, 1991, *Pipe Dream Blues : Racism and the War on Drugs.* South End Press, Boston.

Catherine Lutz, 2001, *Home Front : A Military City and the American 20th Century.* Beacon Press, Boston.

Mark Lynas, 2004, *High Tide : News from a Warming World.* Flamingo, London. [국역 : ≪지구의 미래로 떠난 여행 : 투발루에서 알래스카까지 지구온난화의 최전선을 가다≫(마크 라이너스, 돌베개, 2006)]

John MacArthur, 2000, The Selling of 'Free Trade' : NAFTA, Washington and the Subversion of American Democracy. University of California Press, Berkeley.

Alfred McCoy, 1991, *The Politics of Heroin : CIA Complicity in the Global Drug Trade.* Lawrence Hill, Brooklyn.

William Maley, editor, 1998, *Fundamentalism Reborn? Afghanistan and the Taliban.* Hurst, London.

Ernest Mandel, 1978, *Late Capitalism.* Verso, London. [국역 : ≪후기자본주의≫(에르네스트 만델, 한마당, 1985)]

Michael Maren, 1997, *The Road to Hell : The Ravaging Effects of Foreign Aid and International Charity.* Free Press, New York.

Phil Marshall, 1988, *Revolution and Counter-Revolution in Iran.* Bookmarks, London.

Karl Marx, 1976, *Capital, Volume One*. Penguin, London. [국역 : ≪자본론≫ 1권, (칼 마르크스, 비봉출판사, 2005)]

Karl Marx, 1981, *Capital, Volume Three*. Penguin, London. [국역 : ≪자본론≫ 3권, (칼 마르크스, 비봉출판사, 2004)]

Marc Mauer and Meda Chesney-Lind, editors, 2002. *Invisible Punishment : The Collateral Consequences of Mass Imprisonment*. The New Press, New York.

Michael Meeropol, 1998, *Surrender : How the Clinton Administration Completed the Reagan Revolution*. University of Michigan Press, Ann Arbor.

David Milton, 1982, *The Politics of U.S. Labor from the Great Depression to the New Deal*. Monthly Review Press, New York.

Beth Mintz and Michael Schwartz, 1985, *The Power Structure of American Business*. University of Chicago Press, Chicago.

Lawrence Mishel, Jared Bernstein and Heather Boushey, 2003, *The State of Working America, 2002/2003*. Cornell University Press, Ithica.

George Monbiot, 2000, *Captive State : The Corporate Takeover of Britain*. Macmillan, London.

Kim Moody, 1988, *An Injury to All : The Decline of American Unionism*. Verso, London.

Michael Moore, 2001, *Stupid White Men and Other Sorry Excuses for the State of the Nation*. Regan Books, New York. [국역 : ≪멍청한 백인들≫(마이클 무어, 나무와 숲, 2003)]

Michael Moore, 2003, *Dude, Where's My Country?* Warner, New York. [국역 : ≪이 봐 내 나라를 돌려줘!≫(마이클 무어, 한겨레신문사, 2004)]

Fred Moseley, 1991, *The Falling Rate of Profit in the Postwar United States Economy*. Macmillan, London.

Caroline Moser, 1993, 'Adjustment from Below : Low-Income Women, Time and the Triple Role in Guayaquil, Ecuador'. Sarah Radcliffe and Sallie Westwood, editors,

Viva : Women and Popular Protest in Latin America. Routledge, London.

Richard Moser, 1996, *The New Winter Soldiers : GI and Veteran Dissent During the Vietnam War.* Rutgers University Press, New Brunswick.

John Munkirs, 1996, *The Transformation of American Capitalism : From Competitive Market Structures to Centralized Private Secter Planning.* M. E. Sharpe, Armonk.

Mark Naison, 1983, *Communists in Harlem during the Depression.* University of Illinois Press, Urbana.

June Nash, 1979, *We Eat the Mines and the Mines Eat Us : Dependency and Exploitation in the Bolivian Tin Mines.* Columbia University Press, New York.

Victor Navasky, 1980, *Naming Names.* Viking, London.

R. T. Naylor, 1987, *Hot Money and the Politics of Debt.* Unwin, London.

Joma Nazpary, 2002, *Post-Soviet Chaos : Violence and Dispossession in Kazakhstan.* Pluto, London.

Jonathan Neale, 1981, 'The Afghan Tragedy'. *International Socialism* 12.

Jonathan Neale, 1988, 'Afghanistan : The Horse Changes Riders'. *Capital & Class* 35.

Jonathan Neale, 1991, 'The Politics of Aids'. *International Socialism* 53.

Jonathan Neale, 2001a, *The American War : Vietnam, 1960-1975.* Bookmarks, London.

Jonathan Neale, 2001b, 'The Long Torment of Afghanistan. *International Socialism* 93.

Jonathan Neale, 2002, *You Are G8, We Are 6 Billion : The Truth Behind the Genoa Protests.* Vision Paperbacks, London.

Jonathan Neale, 2003a, *A People's History of the Vietnam War.* The New Press, New York, second edition of Neale, 2001a. [국역 : ≪미국의 베트남 전쟁≫(조너선 닐, 책갈피, 2004)]

Jonathan Neale, 2003b, 'Afghanistan', Farah Reza, editor, *Anti-imperialism : A Guide to the Issues.* Bookmarks, London.

Neeraj (Jain), 2001, *Globalisation or Recolonisatien?* Alaka Joshi, Pune.

Katherine Newman, 1999, *No Shame in my Game : The Working Poor in the Inner City.* Vintage, New York.

Gerald Nicosia, 2001, *Home to War : A History of the Vietnam Veterans' Movement.* Crown, New York.

August Nimitz, 2002, 'Class Struggle Under 'Empire' : In Defense of Marx and Engels'. *International Socialism,* 96.

Willis Norlund, 1998, *Silent Skies : The Air Traffic Controllers' Strike.* Praeger, Westport.

Robin Norwood, 1985, *Women Who Love Too Much : When You Keep Wishing and Hoping He'll Change.* Pocket Books, New York. [국역 : ≪너무 사랑하는 여자들≫(로빈 노우드, 한마음사, 1996)]

Tim O'Brien, 1973, *If I Die in a Combat Zone, Box Me Up and Send Me Home.* Delacorte, New York.

Hugh O'Shaughnessy, 1984, *Grenada : Revolution, Invasion and Aftermath.* Sphere, London.

Greg Palast, 2003, *The Best Democracy Money Can Buy : An Investigative Reporter Exposes the Truth about Globalisation, Corporate Cons and High-Finance Fraudsters.* Robinson, London. [국역 : ≪돈으로 살 수 있는 최고의 민주주의≫ 그레그 팔라스트, 평민사, 2004)]

Christian Parenti, 1999, *Lockdown America : Police and Prisons in the Age of Crisis.* Verso, New York.

Charles Perrow and Mauro Gillen, 1990, The *AIDS Disaster : The Failure of Organizations in New York and the Nation.* Yale University Press, New Haven.

Elizabeth Perry, 1993, *Shanghai on Strike : The Politics of Chinese Labor.* Stanford University Press, Stanford.

James Petras, 2003, *The New Development Politics : The Age of Empire Building and the New Social Movements.* Ashgate, Aldershot.

Kevin Phillips, 2004, *American Dynasty : How the Bush Clan Became the World's Most Powerful and Dangerous Family.* Allen Lane, London.

Robert Pollin, 2003, *Contours of Descent : U.S. Economic Fractures and the Landscape of Global Austerity.* Verso, London.

Colin Powell with Joseph Persico, 1995, *My American journey.* Random House, New York. [국역 : ≪콜린 파월 자서전≫(콜린 파월·요셉 E 퍼시코, 샘터사, 1997)]

Vijay Prashad, 2002a, *War Against the Planet : The Fifth Afghan War, Imperialism, and other Assorted Fundamentalisms.* LeftWord, Delhi.

Vijay Prashad, 2002b, *Fat Cats and Running Dogs : The Enron Stage of Capitalism.* Zed Books, London.

Vijay Prashad, 2003, *Keeping Up with the Dow Joneses : Debt, Prison, Workfare.* South End Press, Cambridge.

Art Preis, 1964, *Labor's Giant Step : Twenty Years of the CIO.* Pathfinder, New York.

Pun Ngai, 1998, *Becoming Dagongmei : Body, Identity and Transgression in China.* SOAS PhD Thesis, University of London.

Ahmed Rashid, 2000, *Taliban : Islam, Oil and the New Great Game in Central Asia.* Yale University Press, New Haven. [국역 : ≪그레이트 게임≫(아메드 라시드, 월간조선사, 2001)]

John Rees, 1994, 'The New Imperialism'. Alex Callinicos and others, *Marxism and the New Imperialism.* Bookmarks, London.

John Rees, 2001, 'Imperialism, Globalisation, the State and War'. *International Socialism* 93.

Lorna Rhodes, 1991, *Emptying Beds : The Work of an Emergency Psychiatric Unit.* University of California Press, Berkeley.

James Ridgeway, editor, 1994, *The Haiti Files : Decoding the Crisis.* Essential Books, Washington.

Jeffrey Robinson, 2001, *Prescription Games : Money, Ego and Power inside the Global Pharmaceutical Industry*. Simon and Schuster, London.

Jonathan Rosenblum, 1994, *Copper Crucible : How the Arizona Miners' Strike of 1983 Recast Labor-Management Relations in America*. Cornell University Press, Ithica.

Olivier Roy, 1986, *Islam and Resistance in Afghanistan*. Cambridge University Press, Cambridge.

Karen Sacks, 1988, *Caring by the Hour : Women, Work, and Organizing at Duke Medical Centre*. University of Illinois Press, Urbana.

William Saletan, 2003, *Bearing Right : How Conservatives Won the Abortion War*. University of California Press, Berkeley.

Nancy Scheper-Hughes, 1992, *Death Without Weeping : The Violence of Everyday Life in Brazil*. University of California Press, Berkeley.

Ellen Schrecker, 1988, *Many are the Crimes : McCarthyism in America*. Little Brown, Boston.

Kasturi Sen, editor, 2003, *Restructuring Health Services : Changing Contexts and Comparative Perspectives*. Zed Books, London.

Sarah Sexton, 2003, 'Trading Healthcare Away : the WTO's General Agreement on Trade in Services (GATS)'. Sen, 2003.

Anwar Skaikh and E. Ahmet Tonak, 1994, *Measuring the Wealth of Nations : The Political Economy of National Accounts*. Columbia University Press, New York.

Samuel Shem, 1999, *Mount Misery*. Black Swan, London, first published 1997.

Randy Shilts, 1987, *And the Band Played On : Politics, People and the AIDS Epidemic*. Penguin, New York.

Ann Silverside, 2003, *Aids Activist : Michael Lynch and the Politics of Community*. Between the Lines, Toronto.

Anne Simons, 1995, *Somalia Undone : Networks of Dissolution*. Westview, Boulder.

Geoffrey Simons, 1998, *The Scourging of Iraq : Sanctions, Law and Natural Justice*. Macmillan, Basingstoke.

Patricia Siplon, 2002, *AIDS and the Policy Struggle in the United States*. Georgetown University Press, Washington, D.C.

Richard Stacewicz, 1997, *Winter Soldiers : An Oral History of the Vietnam Veterans*. Twayne, New York.

Joseph Stiglitz, 2002, *Globalization and its Discontents*. Penguin, London. [국역 : ≪세계화와 그 불만≫(조지프 스티글리츠, 세종연구원, 2002)]

Brett Stockdill, 2003, *Activism Against AIDS : At the intersections of Sexuality, Race, Gender and Class*. Lynne Reiner, Boulder.

Ron Susskind, 2004, *The Price of Loyalty : George W. Bush, the White House, and the Education of Paul O'Neill*. Simon and Schuster, New York.

Janet Thomas, 2000, *The Battle in Seattle : The Story Behind and Beyond the WTO Demonstrations*. Fulcrum, Golden, Colorado.

Michael Tonry, 1995, *Malign Neglect : Race, Crime and Punishment in America*. Oxford University Press, Oxford.

Meredith Turshen, 1999, *Privatizing Health Services in Africa*. Rutgers University Press, New Brunswick.

Hubert van Wersch, 1992, *Bombay Textile Strike, 1982-83*. Oxford University Press, Bombay.

Alex de Waal, 1997, *Famine Crimes : Politics and the Disaster Relief Industry in Africa*. James Currey, Oxford.

Dexter Whitfield, 2001, *Public Services or Corporate Welfare : Rethinking the Nation State in the Global Economy*. Pluto, London.

Tom Wells, 1994, *The War Within : America's Battle over Vietnam*. University of California Press, Berkeley,

Bruce Western, Becky Petit and Josh Guetzkow, 2002, 'Black Economic Progress in the Era of Mass Imprisonment'. Mauer and Chesney-Lind, 2002.

Amy Wilentz, 1994, *The Rainy Season : Haiti Since Duvalier.* Vintage, London.

Peter Winn, 1986, *Weavers of Revolution : The Yarur Workers and Chile's Road to Socialism.* Oxford University Press, Oxford.

Timothy Wise, Hilda Salazar and Laura Carlsen, 2003a, *Confronting Globalization : Economic Integration and Popular Resistance in Mexico.* Kumarian, Bloomfield.

Timothy Wise, Hilda Salazar and Laura Carlsen, 2003b, 'Introduction : Globalization and Popular Resistance in Mexico,' in Wise, Salazar and Carlsen, 2003a.

Bob Woodward, 1991, *The Commanders.* Simon and Schuster, New York. [국역 : ≪사령관들≫(보브 우드워드, 중앙출판사, 1991)]

Bob Woodward, 1994, *The Agenda : Inside the Clinton White House.* Simon and Schuster, New York.

Bob Woodward, 2000, *Maestro : Greenspan's Fed and the American Boom.* Simon and Schuster, New York. [국역 : ≪마에스트로 그린스펀≫(밥 우드워드, 한국경제신문, 2002)]

Steffie Woolhandler, 2003, 'The Sad Experience of Corporate Health Care in the USA'. Sen, 2003a.

Allen Young, 1995, *The Harmony of Illusions : Inventing Post-Traumatic Stress Disorder.* Princeton University Press, Princeton.

Michael Zweig, 2000, *The Working Class Majority : America's Best Kept Secret.* Cornell University Press, Ithica.